언약설교의 실제

신구약에 나타난 하나님의 언약

언약설교의 실제
신구약에 나타난 하나님의 언약

발행일   2025년 8월 31일

지은이   안상혁
펴낸이   김기영
펴낸곳   도서출판 영음사

주　소   서울특별시 강남구 광평로 56길 8-13, 1406호
전　화   02-3412-0901
팩　스   02-3412-1409
이메일   biblecomen@daum.net
등소록   2008년 4월 21일 제2021-000311호

978-89-7304-199-2(03230)

※ 신저작권법에 의하여 보호받는 저작물이므로 무단 전재와
　 무단 복제를 금합니다.
※ 책 값은 뒷표지에 있습니다.
※ 잘못된 책은 구입처에서 교환하여 드립니다.

언약설교의 실제

신구약에 나타난 하나님의 언약

안상혁 지음

도서출판 영음사

머리말

본서는 성경의 언약을 공부하기 원하는 독자들을 위한 안내서입니다. 특별히 필자는 본서를 합동신학대학원대학교에서 언약신학 강좌의 부교재로 활용하기 위한 실용적인 목적으로 출판하게 되었습니다. 2011년 언약신학 강좌를 처음 개설했을 당시, 세 가지 현실적인 한계를 절감했습니다. 첫째, 강독할 만한 원사료가 절대적으로 부족했고, 둘째, 역사신학 분과에서 사용할 만한 종합적인 개론서가 없었으며, 셋째, 언약신학의 역사적, 교리적 쟁점을 반영하면서도 성경 전체를 관통하는 '언약설교의 실제'로 참고할 만한 설교 교재를 찾기 어려웠습니다. 그로부터 십여 년이 지난 지금 시점에서 살펴보니 그동안 유익한 교재들이 적지 않게 출간되었음을 확인할 수 있습니다. 이를 매우 기쁘게 생각합니다. 저 또한 이러한 긍정적인 변화에 조금이라도 기여하기 위해 세 권의 책을 출간하게 되었습니다.

① 일차사료: 사무엘 루더포드의 『생명 언약』
　(수원: 합신출판부, 2020, 2022, 전2권)

② 개론서: 『언약신학: 쟁점으로 읽는다』 개정확대판
　(수원: 영음사, 2024),

③ 적용: 『언약설교의 실제: 신구약에 나타난 하나님의 언약』
　(수원: 영음사, 2025)

앞선 두 책이 각각 '언약신학 연구사' 강의의 전반부를 위한 것이었다면, 본서는 후반부에 해당하는 '성경의 언약들'을 다룹니다. 그간 필자는 성경에 등장하는 언약을 배우면서 '깊은 은혜'와 '달콤함'을 경험했습니다. 그러나 『언약신학: 쟁점으로 읽는다』에서는 이 같은 말씀의 은혜를 충분히 담아내지 못했던 아쉬움이 있었습니다. 이번 책에서는 그 아쉬움을 메우고자 했습니다.

본서에는 2022년부터 23년까지 화평교회 주일 오후예배를 통해 연속으로 선포한 20편의 언약설교를 18개의 장으로 재구성하여 실었습니다. 본서는 언약신학이 강의실에서 이루어진 신학 수업에 그치지 않고, 주일 강단에서 선포된 설교에 어떻게 적용될 수 있는지를 예시하고 있습니다. 무엇보다 성경이 가르치는 하나님의 언약에 담긴 깊은 은혜를 독자들과 공유하고자 하는 설교자의 소원이 본서의 매 장에 배어 있습니다.

이 책이 나오기까지 여러 사람이 수고해 주셨습니다. 본서를 기꺼이 출판해 주신 도서출판 영음사에 감사를 드립니다. 다윗 언약 편을 녹취하고 교정해 준 화평교회 김하나 집사님과 설교 영상을 편집하고 QR 코드를 만들어 각 장을 설교 영상으로 연결하는 작업을 해주신 이정재 집사님 부부께 특별히 고마운 마음을 전합니다. 부족한 사람을 강단에 세워주시고 늘 격려해 주시며 추천사까지 작성해 주신 양운섭 담임 목사님께 감사드립니다.

반년 넘는 시간 동안 매주 언약 설교 시리즈를 경청하신 화평교회 교우들께도 깊은 감사를 드립니다. 모든 설교의 녹취와 교정, 편집까지 전 과정을 인내와 성실함으로 감당해 준 아내 반정임에게 지극한 감사와 사랑의 마음을 전합니다.

아울러 시내산 언약을 설교한 네 개의 장은 필자가 집필한 합신출판부 포켓북 시리즈 『세 가지 관점으로 보는 시내산 언약』의 내용을 교정 편집하여 재수록하였음을 밝혀둡니다.

Soli Deo Gloria
2025년 8월
안상혁

추천사

하나님 앞에서 한없이 부족한 자에게 하나님의 종 안상혁 교수님의 저서인 『언약설교의 실제: 신구약에 나타난 하나님의 언약』을 추천할 기회를 주신 삼위 하나님께 영광을 올려 드립니다.

저자가 화평교회 주일 오후예배 시간에 하나님을 경외하는 마음으로 전한 설교를 통해서 성도들과 저는 큰 은혜를 받았습니다. 성경에 계시된 하나님의 언약에 대한 새로운 이해를 경험했고 그것은 화평교회 성도들에게 참된 믿음의 내용이 되었습니다. 하나님 아버지께서 안상혁 교수님을 통해 화평교회에 주신 신령한 복이었습니다.

개혁주의 신학에 바탕을 둔 안상혁 교수님의 설교에 녹아 있는 하나님의 언약적 사랑에 근거한 예수 그리스도의 십자가와 부활의 복음을 마음으로 받으며 구원의 감격과 기쁨을 회복할 수 있었습니다. 특별히 설교 마지막 부분에서 하나님의 언약에 대한 믿음을 신자의 삶에 어떻게 적용해야 할지에 대한 저자의 가르침은 성도들과 저에게 매시간 실제적인 도움이 되었습니다. 하나님의 절대 주권과 하나님의 은혜의 결과인 신자의 열심은 오직 하나님의 언약 안에서만 좌우로 치우침이 없이 해석할 수 있다는 것을 배웠습니다.

하나님의 언약은 성경을 하나님께서 의도하신 대로 바르게 그리고 일관되게 해석할 수 있는 절대적인 지침입니다. 하나님을 대적하는 세상에서 오직 믿음으로 살아야 하는 하나님의 백성에게 하나님의 언약에 대한 인격적인 앎은 아무리 강조해도 결코 지나치지 않습니다.

특별히 말씀과 기도로 예수 그리스도의 몸인 교회를 섬기는 목회자들과 목회자 후보생들에게 『언약설교의 실제: 신구약에 나타난 하나님의 언약』은 나침반과 같은 역할을 할 것입니다. 이 책이 하나님을 기쁘시게 하고 하나님의 영광을 드러내며 예수 그리스도의 몸인 교회를 든든히 세우는 데 귀하게 사용되기를 간절히 바랍니다. 무명한 자에게 추천사를 부탁하신 안상혁 교수님에게 진심으로 감사를 드립니다.

주후 2025년 8월 19일
화평교회 담임목사 양운섭

목차

1. 창조 언약 · 창 2:7-17 · 13
2. 여자의 후손 · 창 3:15 · 39
3. 노아 언약 · 창 9:11-13 · 61
4. 아브라함 언약 · 창 22:17-18 · 83
5. 시내산 언약: 결혼 언약 · 출 19:1-6 · 101
6. 시내산 언약: 모세의 중보 · 출 32:30-35 · 121
7. 시내산 언약: 교회 언약 · 출 19:5-6 · 141
8. 시내산 언약: 하나님 나라 언약 · 출 20:1-3 · 165
9. 다윗 언약: 다윗의 눈물(1) · 삼하 7:8-16 · 185
10. 다윗 언약; 다윗의 눈물(2) · 대상 17:14 · 211
11. 엘리야: 엘리야의 승천 · 왕하 2:1-11 · 237
12. 엘리야: 세미한 소리 · 왕상 19:9-12 · 259
13. 새언약: 신약 교회의 탄생 · 행 2:36-41 · 279
14. 새언약의 원리: 자명성 · 렘 31:31-34 · 295
15. 새언약의 원리: 자발성 · 렘 31:31-34 · 313
16. 새언약의 원리: 완전성 · 렘 31:31-34 · 329
17. 새언약의 원리: 확실성 · 히 8:8-13 · 351
18. 구속언약 · 시 2:7-8 · 369

1.
창조 언약

창세기 2:7-17

⁷여호와 하나님이 땅의 흙으로 사람을 지으시고 생기를 그 코에 불어넣으시니 사람이 생령이 되니라. ⁸여호와 하나님이 동방의 에덴에 동산을 창설하시고 그 지으신 사람을 거기 두시니라. ⁹여호와 하나님이 그 땅에서 보기에 아름답고 먹기에 좋은 나무가 나게 하시니 동산 가운데에는 생명 나무와 선악을 알게 하는 나무도 있더라. ¹⁰강이 에덴에서 흘러 나와 동산을 적시고 거기서부터 갈라져 네 근원이 되었으니, ¹¹첫째의 이름은 비손이라. 금이 있는 하윌라 온 땅을 둘렀으며, ¹²그 땅의 금은 순금이요 그 곳에는 베델리엄과 호마노도 있으며, ¹³둘째 강의 이름은 기혼이라 구스 온 땅을 둘렀고, ¹⁴셋째 강의 이름은 힛데겔이라. 앗수르 동쪽으로 흘렀으며 넷째 강은 유브라데더라. ¹⁵여호와 하나님이 그 사람을 이끌어 에덴 동산에 두어 그것을 경작하며 지키게 하시고, ¹⁶여호와 하나님이 그 사람에게 명하여 이르시되 동산 각종 나무의 열매는 네가 임의

로 먹되 ¹⁷선악을 알게 하는 나무의 열매는 먹지 말라. 네가 먹는 날에는 반드시 죽으리라 하시니라.

성경은 언약의 책입니다. 성경 66권은 구약과 신약으로 이루어져 있고 여기에서 나오는 '약'(約)은 언약에서 나온 말입니다. 한글 사전은 구약과 신약을 다음과 같이 정의합니다.

> 구약: 예수가 나기 전 하나님이 이스라엘 민족에게 준 구원의 약속
> 신약: 하나님이 예수를 통하여 인간에게 새롭게 한 약속

하나님께서 당신 자신을 우리에게 계시하실 때 왜 약속의 방식으로, 언약의 방식으로 사용하셨는지 이해할 필요가 있습니다. 우리가 섬기는 하나님은 우주 만물을 창조한 분이십니다. 우리와는 다른 존재 양식을 갖는 초월자입니다. 우리는 하나님을 어떻게 알 수 있으며, 하나님을 어떤 방식으로 예배하고, 어떻게 하나님과 의미 있는 관계를 맺을 수 있을까요? 이 모든 질문에 대해서 우리는 아무런 대답을 할 수 없습니다. 이에 대해 하나님께서 언약의 책으로 친히 계시해 주시기 전까지는 그렇습니다.

제가 주일학교 교사였을 때, 이 주제를 학생들에게 가르치고 싶었습니다. 어떻게 하면 우리 주일학교 아이들이 쉽게 이해할 수 있을까? 생각하며 다음과 같은 그림을 그려보았습니다.

여기 두 개의 원이 있습니다. 아주 커다란 원이 하나님이고 그 옆에 작은 원이 우리라고 가정해 봅시다. 하나님은 모든 존재의 근원이시고 우리를 창조하신 창조주이십니다. 옆의 아주 작은 원인 피조세계(우리)는 모든 것을 큰 원으로부터 받습니다. 하나님

에게서 나오지 않은 것이 하나도 없습니다. 이 때문에 두 원을 같은 색깔로 표현했습니다. 사실 우리가 하나님께 선한 무언인가를 드린다고 해도 이것이 하나님께는 새로울 것이 없습니다. 자, 이제 큰 원을 단계적으로 확대해 보겠습니다. 이 원이 커지면서 어느 순간 작은 원과 만납니다. 그다음에는 어떻게 될까요? 작은 원은 큰 원 속으로 들어가 사라지고 맙니다. 마치 태평양 한가운데에 스포이트 한 방울의 물을 떨어뜨릴 때 그 물 한 방울이 바닷속으로 흡수된 것과 같습니다. 물 한 방울과 태평양의 만남은 별 의미가 없는 것이죠.

하나님은 무한하신 분이고 우리는 유한한 존재입니다. 철학자들은 무한과 유한이 의미 있는 만남을 이루는 것은 불가능하다고 생각했습니다.

> 유한은 무한을 품지 못한다(*Finitum non capax infiniti*).

철학자들이 공유하는 명제입니다. 이 원리에서 볼 때, 무한하신 하나님께서 유한한 우리와 의미 있게 교제한다는 것 자체가 기적입니다. 그래서 언약이라든지 약속이라든지 하는 표현은 하나님께서 하나님을 스스로 경계 지으신다는 의미가 있습니다. 우리가 영어로도 어떤 단어를 외울 때 그 정의가 무엇이냐? 말합니다. 영어 동사로는 '디파인'(define)이라고 하고 그 의미는 경계를 지운다는 뜻이에요. 경계가 없으면 파악이 되지 않습니다. 이렇듯 하나님이라는 개념이 우리 인식 안으로 들어와 파악되는 것 자체가 어려운 일입니다. 이것은 하나님께서 당신 자신을 스스로 경계 지으셨기 때문에 가능한 일입니다. 하나님께서는 이를 언약의 방식으로 가능케 하셨습니다. <웨스트민스터 신앙고백서> 제7장은 '언약'을 이렇게 정리하고 있습니다.

제7장 인간과 맺으신 하나님의 언약

제1절. 하나님과 피조물의 차이는 너무나 크다. 따라서 이성적 피조물은 그들의 창조자에게 순종할 의무가 있는 한편, 이러한 순종을 근거로 그들은 결코 그분으로부터 축복과 보상을 얻어낼 수 없다. 이것은 오로지 하나님 편의 자발적 비하로 가능하다. 하나님은 이것을 언약이라는 방식을 통해 나타내시길 기뻐하셨다.

우리가 모든 것을 하나님께 받았는데 '하나님 나에게 보상해 주세요.' 이렇게 말하는 것 자체는 창조주와 피조물의 관계에서 모순이라는 것입니다. 이것은 오로지 하나님 편에서의 자발적인 비하로만 가능한데 하나님께서는 이것을 '언약'이라는 방식을 통해 나타내시길 기뻐하셨다는 것입니다. 우리가 가지고 있는 성경책은 약속의 책, 곧 언약의 책입니다. 이 책 안에서 하나님께서는 우리에게 예측 가능한 하나님으로 다가오십니다. 하나님께서는 영원하신 분입니다. 우리는 길어야 100년 살고 사라집니다. 하나님께서 우리 인생을 보실 때, 마치 우리가 하루살이와 이야기하는 것과 같은 느낌이 드실 것입니다. 하나님께서는 우리에게 늘 "언약을 기억하라"라고 말씀하십니다. 과거의 언약, 우리의 조상에게 했던 언약입니다. 4천 년 전 아브라함과 맺으신 언약은 여전히 우리 인생 전체를 커버하고도 남습니다. 주님은 "내가 세상 끝날까지 너희와 함께하겠다"라고 말씀하셨습니다. 이 또한 앞으로 재림의 날까지 살아갈 모든 신자의 전 생애에 적용되는 약속입니다. 찰나적인 존재인 우리는 하나님을 언약의 하나님으로 믿습니다. 비록 100년 살고 사라지는 인생이지만, 이 짧은 인생에서도 우리는 영원하신 하나님과 교제할 수 있습니다. 언약이 있기 때문에 그렇습니다. 언약 안에서 우리의 시야는 창조로부터 구속의 완성 시점까지 확대될 수 있습니다. 이런 이유에서 우리는 약 4천 년 전에 아브라함과 맺은 하나님의 언약을 성경 공부합니다. 또한, 약 2천 년 전에 주님께서 제자들에게 주신 약속을 공부합니다. 이처럼 우리는 하나님과 대화하기 위해 그분의 계시 말씀인 성경과 언약 안에서 최소한 수천 년의 폭을 가지고 나아가는 것입니다. 여러 면에서 언약이라는 것은 많은 의미를 지닙니다. 신학자들은 하나님이 언약이라는 방식으로 자기를 속박하시고 이렇게 제한을 두셨다고 말합니다. 그러니 어떤 의미에서는 우주 만물을 창조한 하나님이 좀 비유가 그렇지만 램프의 요정처럼 언약 안에 스스로 갇혀 계신 것입니다. 무소 부재하시고 정말 능력이 많으신 하나님을 우리가 약속의 말씀을 가지고 "하나님이 이러기로 하셨잖아요"라고 말하며 간구하면 하나님께서 약속하신 대로 응답해 주십니다. "과거에 이렇게 약속하셨는데 기억해 주세요." 그러면 그 말씀에 따라서 우리에게 응답하십니다. 그러니 어떻게 우리가 성경을 공부하지 않을 수가 있겠습니까? 우리는 잠깐 왔다 가는 인생을 살지만 그럼에도 하나님의 언약 안에서 수천 년 전에 계시하신 말씀을 기억하고 믿으며 하나님과 교제할 수 있는 것입니다.

"하나님과 피조물의 차이는 너무나 크다"라는 말은 다음의 성경 말씀을 이해하는 데 도움을 제공합니다.

> 네가 내 얼굴을 보지 못하리니 나를 보고 살 자가 없음이라 (출 33:20).

하나님께서 모세에게 하신 말씀입니다. 모세와 같이 훌륭한 인물이라도 하나님을 직접 대면할 수 있는 존재가 아님을 우리는 확인할 수 있습니다. 이사야 역시 비슷한 경험을 합니다. 환상 중에 여호와의 현현을 목격한 이사야 선지자는 이렇게 고백했습니다.

화로다 나로 망하게 되었도다 … 여호와이신 왕을 뵈었음이로다(사 6:6).

위대한 선지자였던 모세와 이사야라도 하나님 앞에서는 그분의 현현을 감당할 수 없는 연약한 피조물에 불과했던 것입니다.

한편 "하나님은 이것을 언약이라는 방식을 통해 나타내시길 기뻐하셨다"라는 말 역시 성경의 언약을 설명하는 중요한 신학적 진술입니다. <웨스트민스터 신앙고백서> 제7장 2절과 3절에 따르면, 하나님께서는 타락 전에는 아담과 더불어 행위 언약을 맺으셨고, 타락 이후에는 하나님의 백성과 더불어 은혜 언약을 맺으셨습니다. 행위 언약과 은혜 언약은 모두 하나님의 약속, 혹은 언약이라는 공통점을 가지고 있습니다. 물론 이 두 개의 언약은 다음의 서로 다른 원리에 기초하고 있습니다.

행위 언약: 행하라.
사람이 이를 행하면 그로 말미암아 살리라(레 18:5).

은혜 언약: 믿으라.
네 마음에 믿으면 구원을 얻으리라(롬 10:9).

타락 이전에 첫 사람 아담은 전심으로 하나님을 사랑할 능력을 갖추고 있었습니다. 하나님께서 아담에게 선악수(善惡樹)의 열매를 먹지 말라고 금령을 주셨을 때, 그분은 아담에게 전심의 사랑에 기초한 율법의 원리를 요구하신 것입니다. "전심으로 나를 사랑하고 내 계명을 지켜라. 그리하면 죽지 않고 살리라." 이것은 선악수 금령이 전제하는 원리입니다. 만일 아담이 이 원리에 머물렀다면 하나님께서는 그에게 영원한 생명을 주셨을 것입니다. 한편 아담의 타락 이후, 율법(사랑)의 원리를 따라 구원을 얻을 자는 아무도 없습니다. 죄인은 하나님을 전심으로 사랑할 수 없기 때문입니다. 죄를 범한 마음은 하나님의 심판에 대한 두려움을 갖게 되었습니다. 이러한 두려움이 동기가 되는 행위는 율법의 요구를 성취하지 못합니다.

> 사랑 안에 두려움이 없고 온전한 사랑이 두려움을 내쫓나니 두려움에는 형벌이 있음이라. 두려워하는 자는 사랑 안에서 온전히 이루지 못하였느니라(요일 4:18).

성경은 타락한 인류가 하나님과 원수가 되었고(롬 5:1) 하나님의 진노 아래 놓이게 되었음(엡 2:3)을 선포합니다. 이제 더 이상 하나님을 사랑할 수 없게 된 인류에게 하나님께서는 행위(사랑)의 원리가 아닌 또 다른 길을 제시하셨습니다. 바로 '믿음의 길' 혹은 은혜 언약의 원리입니다. 로마서 10장 9절("네 마음에 믿으면 구원을 얻으리라")과 사도행전 16장 31절("주 예수를 믿으라 그리하면 너와 네 집이 구원을 받으리라")은 은혜 언약의 원리를 잘 구현하고 있습니다.

이제부터 우리는 성경에 계시된 언약을 자세하게 공부하고자 합니다. 먼저 하나님께서 타락 전 첫 사람과 맺으신 '행위 언약' 혹은 '창조 언약'에 대해 살펴보겠습니다.

1. 창조 언약

하나님께서 타락 이전의 아담과 맺으신 언약을 가리켜 행위 언약 혹은 창조

언약이라고 부릅니다. 언약을 맺으신 시점을 생각하면 창조 언약이 어울리고, 언약이 기초하고 있는 원리를 고려하면 행위(사랑) 언약이라고 부르는 것이 자연스럽습니다. 이 언약을 이해하는 데 있어 핵심어는 '사랑'과 '자유' 그리고 '생명'입니다. 먼저 '사랑'에 대해서 살펴보겠습니다.

1) 창조적 사랑

1517년 10월, 마르틴 루터가 95개 테제를 발표하자 유럽 전역이 크게 동요했습니다. 이듬해 마르틴 루터가 속해 있었던 아우구스티누스파 수도회의 회의가 하이델베르크에서 개최되었습니다. 여기에 루터가 초대받았습니다. 루터는 이곳에서 "하이델베르크 논제"를 발표합니다. "하이델베르크 논제"의 28번 논제는 다음과 같습니다.

> "하이델베르크 논제(1518) #28"
> 하나님의 사랑은 그 사랑의 대상을 찾지 않고 창조해 내신다. 반면에 인간의 사랑은 그 사랑의 대상에 의해서 만들어진다.

하나님의 사랑은 '창조적 사랑'임을 표현한 논제입니다. 이 사랑은 이성을 향한 인간의 사랑과 차별화됩니다. 이해를 돕기 위해 다음의 질문을 드려보겠습니다.

여러분은 지금의 배우자를 왜 선택하셨습니까? 과연 내가 배우자를 사랑하게 된 원인은 무엇일까요? 많은 경우 우리는 그 원인을 배우자 안에서 찾습니다. 그 사람이 예쁘거나 멋지게 생겨서, 똑똑해서, 재력이나 능력이 많아서, 혹은 내 눈에 너무 매력적으로 보여서 사랑에 빠지게 되는 경우가 많습니다. 한 마디로 사랑의 원인이 대상 안에서 발견됩니다. 이 때문에 사람은 자신이 사랑할 대상을 찾느라고 혈안이 되어 있습니다. 이것이 바로 인간의 사랑입니다.

과연 하나님의 사랑도 그럴까요? 하나님께서는 사랑할 만한 자를 찾으신다기보다는 먼저 사랑하신 대상을 선택하시거나(신 7:7-8), 이미 사랑하셨으나 잃어버린 자를 찾아내시는 분입니다(눅 15:4-7). 이는 하나님께서 창조주이심을 인식할 때 쉽게 이해할 수 있습니다. 하나님은 창조주입니다. 하나님은 자기가 사랑하고자 하는 대상을 말 한마디로 창조하실 수 있습니다. 이런 면에서 루터는 하나님의 사랑은 창조적인 사랑이라고 말한 것입니다. 하나님은 사랑의 근거를 하나님 자신 안에 가지고 있습니다. 이런 맥락에서 볼 때, 사랑받는 처지에서는 하나님께서 왜 나를 이처럼 사랑하시는지 온전히 이해할 수 없을지도 모릅니다.

인간의 사랑 가운데 하나님의 창조적 사랑을 닮은 사랑이 있습니다. 바로 자녀에 대한 부모의 사랑입니다. 부모는 자녀가 부모의 사랑을 잘 이해하고 있으리라 기대합니다. 그러나 그렇지 못한 경우가 많이 있습니다. 자녀들은 종종 이런 생각을 합니다.

'엄마 아빠가 날 사랑하는 건 내가 공부를 잘하기 때문이야.'

'내가 아빠를 닮아서 아빠가 날 더 사랑하고 엄마를 안 닮아서 엄마가 날 더 미워하는 거야.'

자녀들은 별의별 생각을 다 합니다. 부모가 자녀를 사랑하는 제일 큰 원인이 무엇일까요? 내 자식이기 때문에 사랑하는 것입니다. 사랑의 원인이 부모 안에 있는 것입니다. 그럼에도 자녀들은 종종 부모의 사랑을 조건적 사랑으로 오해합니다. 이 때문에 부모는 자녀에게 반복하여 다음 사실을 얘기해 줘야 합니다.

"네가 비록 공부 못해도, 네가 비록 좀 못생겼어도, 그리고 성격이 좀 모가 났어도, 엄마 아빠는 널 사랑해."

우리 신자들은 하나님으로부터 무조건적이며 창조적인 사랑을 받았습니다. 이제 신자는 하나님 사랑을 닮아야 합니다. 하나님의 창조적 사랑을 실천할 수 있다면, 우리가 이 세상에 품지 못할 사람은 없습니다. 실제로 신자가 사랑하지 못할 사람은 없습니다. 사랑의 원인이 신자 안에 내주하시는 예수님께 있기 때문입니다. 사랑받는 사람으로서는 이해할 수 없는 경우도 있습니다. '저 사람이 왜 나를 이렇게 사랑하지?' 이러한 사랑을 할 수 있게 된 존재가 바로 신자입니다.

2) 자유 의지
하나님의 창조적 사랑은 인간 창조에서 나타났습니다. 하나님께서 인간을 창조하신 목적은 바로 우리를 사랑하시기 위해서입니다. 또한, 우리 역시 하나님과 이웃을 사랑하는 존재로 지음을 받았습니다.

> 너는 마음을 다하고 뜻을 다하고 힘을 다하여 네 하나님 여호와를 사랑하라(신 6:5; 마 22:37).

> 네 이웃을 네 자신 같이 사랑하라(마 22:39).

> 새 계명을 너희에게 주노니 서로 사랑하라 내가 너희를 사랑한 것 같이 너희도 서로 사랑하라(요 13:34).

상기한 말씀은 우리에게 주신 하나님의 명령이자 율법의 핵심입니다. 율법의 정신은 바로 '사랑'입니다. 예수님께서 친히 율법을 '하나님 사랑과 이웃 사랑'으로 정리해 주셨습니다. 이 사랑은 보통 사랑이 아닙니다. 내 전부를 걸고 하는 사랑입니다. 사랑은 원래 전부를 거는 것입니다. 하나님께서 이러한 사랑을 우리에게 요구하셨습니다. 그런데 이러한 사랑을 요구하시기 전에 전제가 되어야 하는 요소가 있습니다. 바로 자유의지입니다. 사람은 자유의지를 가진 존재로 지음받았습니다. 자유의지를 활용하여 사랑할 수 있는 존재가 된 것입니다. 이런 면에서 인간은 다른 짐승들로부터 차별화되었습니다.

'자유의지'를 가졌다는 것이 얼마나 특별한 일인지 생각해 봅시다. 창세기 1장에 보면 계속 반복해서 등장하는 표현이 있습니다. 하나님께서 말씀하시면 그대로 이루어졌다는 구절들입니다.

> 하나님이 이르시되 빛이 있으라 하시니 … 빛이 있었고(3절).
> 하나님이 이르시되 … 물과 물로 나뉘라 … 그대로 되니라(4-7절).
> 하나님이 이르시되 … 뭍이 드러나라 … 그대로 되니라(9절).
> 하나님이 이르시되 … 나무를 내라 … 그대로 되어(11절).
> 하나님이 이르시되 … 땅을 비추라 … 그대로 되니라(14-15절).
> 하나님이 이르시되 … 종류대로 내라 … 그대로 되니라(24절).
> 하나님이 이르시되 … 먹을 거리로 주노라 … 그대로 되니라(29-30절).

하나님께서는 '말씀으로' 우주 만물을 창조하셨습니다. 얼마나 놀랍습니까? 말씀 한마디로 천하 만물을 창조하신 분이 하나님입니다. 그런데 창세기 2장에 이르면 이러한 패턴을 깨뜨리는 파격적인 구절이 등장합니다.

> 여호와 하나님이 그 사람에게 명하여 이르시되 … 선악을 알게 하는 나무

의 열매는 먹지 말라 네가 먹는 날에는…(창 2:16-17).

하나님께서 특별히 엄하게 명령하시는 장면이 기록되어 있습니다. 아담에게 선악을 알게 하는 나무의 열매는 먹지 말라고 명령하시는 장면입니다. 창세기 1장의 패턴을 따르자면 이 명령 후에 "그대로 되니라" 이런 말씀이 나와야 합니다. 일례로 선악과를 보는 즉시 아담의 눈이 어두워진다든지, 입이 닫힌다든지, "선악과에 접근하니 몸이 굳어지더라" 이런 표현이 등장해야 자연스럽지 않겠습니까? 그러나 이어지는 표현은 "네가 먹는 날에는"입니다. 지금까지의 창조 기사에 이러한 표현은 등장하지 않았습니다. 감히 하나님께서 말씀하셨는데, 그것도 명령의 형태로 엄하게 말씀하셨는데, 하나님의 명령을 정면으로 거스를 수 있는 피조물이 존재할 수 있을까요? 예, 그러한 존재를 하나님께서 창조하셨습니다. 인간을 자유의지를 가진 존재로 만드신 것입니다.

그렇다면 하나님께서 인간에게 자유의지를 부여하신 목적은 무엇일까요? 결론부터 말하자면, 이것을 가지고 하나님을 사랑하는 데 쓰라고 주신 것입니다. 진정한 사랑이 성립되기 위해서는 자유로운 의지를 갖는 것이 필수적이기 때문입니다. 인간에게 부여된 자유의지의 범위는 굉장히 넓습니다. 인간은 간혹 스스로 자기 목숨을 앗아가는 데 이 자유의지를 사용하기도 합니다. 정말 대단하죠. 한 걸음 더 나아가, 하나님께서는 (극적으로 이야기하자면) 사람이 되신 하나님을 십자가에 못 박는 행동까지 할 수 있는 자유를 인간에게 부여하셨습니다.

오늘날 과학자들은 AI 로봇들을 만드는 데 에너지를 쏟고 있습니다. 아무리 인간이 성능 좋은 로봇을 만든다고 해도 최소한 두 가지 기능은 부여하지 않으려 할 것입니다. 로봇이 스스로 죽는 일과 로봇이 인간 주인을 해치는 일을 하지 않도록 만들 것입니다. 그런데 하나님께서는 이 두 가지 일을 행할 수 있는 자유를 인간에게 주셨습니다. 다시 한번 말하지만 '사랑하는 존재'로 인간을 지으셨기 때문입니다. 사랑의 전제 조건은 자유입니다. 이 놀라운 자유가 인간에게 부여된 것이죠.

하나님이 우리와 의미 있는 만남을 위해서 하나님 편에서 경계를 지으신 것이 '언약'입니다. 언약 안에서 사람은 자신에게 부여된 '자유의지'를 활용하여 창조주의 명령을 정면으로 거스를 수 있는 존재가 되었습니다. 하나님의 율법 앞에서 "No!"라고 할 수 있는 자유를 주신 것입니다. 하나님의 부르심 앞에서 요나 선지자는 소명을 거절하고 다시스로 도망갔습니다. 하나님의 은혜가 임할 때, 많은 경우 이 은혜는 우리의 자유의지를 무효화하는 방식으로 임하지 않습니다. 하나님은 인격적으로 우리를 설득하는 방식으로 다가오십니다. 하나님의 주권적인 은혜는 우리의 마음을 바꾸시어, 결국 우리가 자발적으로 하나님이 원하시는 길을 선택하게 하십니다. 하나님의 은혜는 우리를 로봇처럼 대하시지 않습니다.

3) 생명 언약

하나님께서 아담에게 선악수의 열매를 먹지 말라고 명하시면서 "네가 먹는 날에는 반드시 죽으리라"라고 말씀하셨습니다.

> 여호와 하나님이 그 사람에게 명하여 이르시되 동산 각종 나무의 열매는 네가 임의로 먹되 선악을 알게 하는 나무의 열매는 먹지 말라 네가 먹는 날에는 반드시 죽으리라 하시니라(창 2:15-17).

"반드시 죽으리라." 이것이 의미하는 것은 무엇일까요? 사람은 하나님과의 관계가 단절될 때, 혹은 하나님을 사랑하지 않을 때 삶의 의미를 상실한다는 것입니다. 하나님과의 관계 단절을 초래하는 것이 죄이고(사 59:2), 죄로 인해 우리가 영적인 사망의 상태에 놓이게 되었다(엡 2:1)는 것이 바로 성경의 가르침입니다. 반대의 경우를 생각해 봅시다. 만일 우리가 하나님과 좋은 관계를 유지하고, 한 걸음 더 나아가 하나님을 전심으로 사랑할 수 있다면, 이때야말로 우리는 삶의 진정한 의미를 찾게 되고 말로 형용할 수 없는 기쁨과 행복을 누리게 될 것입니다.

이 때문에 사람에게 있어 하나님을 예배하는 일은 삶의 본질적인 의미를 갖습니다. 사람이 존재하는 목적을 확인하는 순간이기 때문입니다. 예배는 하나님과의 관계를 건강하게 유지하는 비결이자 우리의 삶의 이유가 됩니다. 동일한 맥락에서 우리는 행위 언약을 이해할 수 있습니다. 행위 언약 안에서 우리는 인간 삶의 이유가 하나님과의 관계 안에 있음을 확인합니다. 이 때문에 행위 언약을 가리켜 '생명 언약'이라고 부르기도 합니다.

요약하자면, 앞서 살펴본 바대로 '자유'는 사랑의 전제 조건이 되고, 사람의 '생명'은 하나님과의 바른 관계 안에서 존재 이유를 발견한다고 말씀드릴 수 있습니다.

2. 교회의 기원

마르틴 루터에 따르면 하나님께서는 인간을 창조하신 후에 가정을 만들기에 앞서 이미 교회를 세우셨습니다. 언뜻 생각하면 이상하게 들릴 수 있습니다. 그러나 자세히 살펴보고 나면 설득의 여지가 전혀 없지는 않습니다. 신학교나 교회에서 교회론을 배울 때, 우리는 가견 교회의 세 가지 표지에 대해 들어 보았을 것입니다. 세 가지 표지가 발견되면 우리는 그 공동체를 교회라고 인정합니다. 세 가지 표지란 말씀과 성례와 권징(치리)입니다.

이제 세 가지 표지를 생각하며 과연 에덴동산에서 교회를 발견할 수 있는지 살펴봅시다.

첫째, '(계시) 말씀'이 존재했을까요? 하나님께서 아직 하와를 창조하시기 전에 아담에게 계시 말씀을 주셨습니다. "선악과를 따먹지 말라"라는 금령(율법)도 주시고 창조 명령도 주셨습니다.

둘째, 과연 성례도 있었을까요? 많은 신학자는 에덴에 있었던 생명나무와 선악과를 성례전적으로 해석합니다. 생명 나무를 하나님이 우리에게 주신 그리스도의 현현이라고 보는 신학자들이 있습니다. 선악수 역시 하나님의 말씀 혹은 율법을 가리키는 기표로서 일종의 성례의 역할을 수행했다고 생각하는 이들이 있습니다.

셋째, 치리(권징)가 존재했을까요? 하나님께서는 에덴에서 첫 사람에게 치리의 법을 주셨습니다. "선악과 열매를 따 먹지 말라"는 금령을 주시고 따먹는 날에는 정녕 죽으리라 말씀하셨습니다.

요컨대 에덴 동상에서 우리는 가견 교회의 3대 표지를 모두 발견합니다. 흥미로운 것은 이 세 가지 표지가 하와 창조 이전에 존재했다는 것입니다. 이런 맥락에서 루터는 교회가 가정에 선행한다고 담대하게 가르친 듯합니다.

이처럼 에덴에 교회가 존재했다고 전제하고 계속하여 교회의 모습을 그려보겠습니다. 교회 안에는 성직자가 있어야 합니다. 하나님은 아담을 세워 하나님의 대언자로 삼으셨습니다. 아담은 하나님을 대신하여 하와에게 계시 말씀을 대언해야 했습니다. 하나님께서 아담에게 이끌어 오신 하와는 교회의 회중을 대표합니다. 루터는 상상의 나래를 펴서 에덴 교회의 모습을 상세하게 그려냅니다. 에덴동산 중앙에 있는 선악수는 일종의 예배당 건물 역할을 할 것이었습니다. 루터는 선악수를 한 그루가 아닌 수종(樹種)으로 보았습니다. 시간이 흐름에 따라 여러 그루의 선악수 나무와 생명수 나무가 자라 예배의 장소를 구별 짓는 역할을 했을 것이라고 그는 상상합니다. 선악수를 수종(樹種)으로 보는 것은 루터만의 생각은 아니었습니다. 중세 시대까지 많은 신학자가 그렇게 생각했습니다. 칼빈도 이러한 견해를 언급하면서 명시적으로 반대하지는 않았습니다. 생명나무의 경우는 수종(樹種)으로 보는 견해가 더욱 우세합니다. 요한계시록 22장 2절에 따르면 생명나무는 "길 가운데와 강 좌우에" 심겨 있으니까 적어도 한 그루는 아닐 것입니다. 만약 아담과 하와가 죄를 짓지 않았다면 에덴동산에서 생육하고 번성하여 한곳에 모여서 마치 성찬과 같이 생명나무 열매를 따 먹고 예배드렸을 것입니다. 아담은 설교자가 되어 '하나님을 사랑하라,' 혹은 '하나님의 명령을 지키라'와 같은 주제로 말씀을 선포했을 것이고, 하와는 선포된 말씀에 '아멘' 했을 것입니다. 이들은 주로 시편 148편과 149편의 내용으로 찬양했을 것입니다. 이들은 시편에 기록된 것처럼 천사들의 찬양, 산들의 찬양, 바다의 찬양과 같은 내용을 가지고 창조주 하나님을 찬양했을 것입니다.

이 모든 내용에 다 동의할 필요는 없습니다. 그러나 분명한 사실이 있습니다. 하나님은 사람을 예배하는 존재로 지으셨다는 것입니다. 하나님을 예배하는 것과 예배의 삶을 통해 사람은 하나님께 대한 사랑을 표현하도록 지음 받았습니다. 이런 면에서 에덴을 예배의 장소로 해석한 루터의 시도는 정당하다고 생각됩니다.

3. 죄의 본질

하나님을 사랑하는 존재로 지음 받은 인간은 자유 의지를 부여받았습니다. 이 자유를 사용하여 하나님 사랑과 이웃 사랑을 실천합니다. 사람은 하나님 안에서 삶의 의미를 발견합니다. 무엇보다 하나님을 예배하며 행복을 누리는 존재입니다. 이러한 내용에 루터와 칼빈은 모두 동의합니다.

죄는 무엇일까요? 사람이 하나님을 상실하는 것, 여기에 죄의 본질이 있습니다. 사랑의 대상이자 예배의 대상을 상실하는 것입니다. 이는 첫 사람이 마귀의 유혹을 받아 타락하는 과정에서 잘 드러납니다.

> 뱀이 여자에게 이르되 너희가 결코 죽지 아니하리라 너희가 그것을 먹는 날에는 너희 눈이 밝아 하나님과 같이 되어 선악을 알 줄을 하나님이 아심이니라(창 3:4-5).

"하나님과 같이 되어"
더 이상 하나님을 사랑의 대상으로 삼지 않겠다는 의미입니다. 하나님 없이 살겠다는 뜻이지요. 마음의 왕좌에서 하나님을 밀어내고 스스로 그 자리를 차지하겠다는 의미입니다. 여기에 타락의 본질이 있습니다. 이로부터 인생의 모든 불행과 허무가 시작되었습니다. 하나님을 떠난 인간은 잠시 세상이 주는 쾌락에 취해 살면서 하나님을 잊을 수 있습니다. 그러나 마음 깊은 곳에는 하나님을 만나기 전까지는 결코 그 누구도 채울 수 없는 공허와 허무가 있습니다. 이 때문에 인류는 영적 우울증에 걸린 중환자들과 같습니다.

4. 율법

첫 사람의 실패는 사랑의 실패로 이해할 수 있습니다. 하나님을 사랑하는 존재로 지음 받은 인간이 하나님을 사랑하는 데 실패한 것입니다. 과연 하나님께서 우리에게 요구하신 사랑은 어떤 사랑일까요? 전심의 사랑 혹은 전인격적인 사랑입니다. 이것을 놓치면 우리는 성경에 기록된 율법의 정수를 제대로 이해하지 못합니다. <웨스트민스터 신앙고백서> 제7장 제2절에 보면 다음과 같이 나와 있습니다.

> 사람과 맺으신 첫 번째 언약은 행위언약이었다. 이 언약으로 완전하며 [전]인격적 순종을 조건으로 아담에게, 그리고 아담 안에 있는 그의 후손들에게 생명이 약속되었다.

위의 진술은 갈라디아서 3:10을 기반으로 하고 있습니다.

> 누구든지 율법책에 기록된 대로 모든 일을 항상 행하지 아니하는 자는 저주 아래에 있는 자라 하였느니라(갈 3:10).

우리가 하나님을 전심으로 사랑하는 마음에서 모든 계명을 지키지 않으면 율법을 지킨 게 아니라는 뜻입니다. 복음을 이해하는 데 있어 이러한 내용을 파악하는 것은 매우 중요합니다. 율법의 요구를 제대로 파악해야만 복음의 복음됨을 발견할 수 있기 때문입니다. 예수님께서는 율법의 원리를 두 가지로 압축해 주셨습니다.

> 예수께서 이르시되 "네 마음을 다하고 목숨을 다하고 뜻을 다하여 주 너의 하나님을 사랑하라" 하셨으니 이것이 크고 첫째 되는 계명이요 둘째도 그와 같으니 "네 이웃을 네 자신 같이 사랑하라" 하셨으니 이 두 계명이

온 율법과 선지자의 강령이니라(마 22:37-40).

이처럼 전심에서 우러나오는 사랑의 동기로 행하는 순종이 아니라면 우리는 하나님의 율법을 결코 만족시킬 수 없습니다. 그런데 이러한 내용을 설교하면 사람들은 들으려 하지 않습니다. "세상에 그런 사랑이 어디 있어?" 하고 비웃을 뿐입니다. 타락한 인류는 '사랑의 명령'에 순종하지도 않고 순종할 수도 없습니다. 그래서 성경은 타락한 인류의 마음을 종종 '돌과 같은 마음'이라고 비유합니다. 하나님을 떠난 인간의 마음은 돌과 같이 굳어져 있다고 합니다. 마음이 돌과 같다는 것은 생명이 없다는 말과 같습니다. 그러니 전심으로 하나님을 사랑하고 이웃을 내 몸같이 사랑하라는 말씀이 선포되어도 전혀 감흥이 일어나지 않습니다. 이 명령을 통해 하나님께서 신자들을 일깨우실 때야 비로소 '그렇구나, 내 마음이 돌이구나!' '나에게는 소망이 없구나!'라는 자각이 일어납니다. 하나님은 이렇게 깨어난 영혼을 그리스도께로 이끄십니다. 율법의 전문가로 알려진 바리새인과 서기관은 율법을 어떻게 해석하고 적용했을까요? 이들은 율법을 외면적인 행위의 규정으로 바꾸어 놓았습니다. 겉으로는 율법을 어렵게 만든 것처럼 보입니다. 율법을 세분화하여 600개 이상의 규정을 만들어 놓았으니까요. 그리고 이 모든 조항을 지키면 율법을 지키는 것이라고 스스로 믿고 사람들을 가르쳤습니다. 그러나 실상 이들이 한 일은 율법을 너무나 쉽게 만들어 놓은 것입니다. 사람의 부패한 마음과 본성을 비취는 율법의 기능을 마비시켜 단지 외면적인 행위를 비취는 저급한 기능으로 둔갑시켜 놓았기 때문입니다. 이들의 율법은 인간을 외식하는 위선자로 행동하도록 부추길 뿐이었습니다. 이 때문에 예수님은 외식하는 바리새인과 서기관들에게 크게 분노하셨습니다.

화 있을진저(마 23장, 7회).

마태복음 23장에는 "화 있을진저"라는 예수님의 저주가 7번이나 기록되어 있습니다. 이를 통해 우리는 하나님의 율법을 곡해하여 잘못 가르친 죄가 매우 위중함을 알 수 있습니다. 율법의 본의가 제대로 선포되어야 사람들은 '내가 죄인이구나!' '내 마음이 돌과 같구나!' 깨닫고 회개하며 그리스도께 나아올 것입니다. 그런데 이들의 율법 해석은 사람들로 하여금 '그리스도의 의'가 아닌 '자기 의'에 주저앉도록 독려했습니다. 자신이나 회중 모두 그리스도께 나아가지 못하고 있으니 "맹인이 맹인을 인도하는"(마 15:14; 눅 6:39) 모습이 되어 다 같이 망하게 된 것입니다. 주지하다시피 율법에는 두 가지 기능이 있습니다. 첫째는 정죄의 기능입니다. 하나님의 거룩한 율법은 내가 죄인 임을 깨닫고 내 안에 소망이 없다는 사실을 자각하게끔 합니다.

율법 조문은 죽이는 것이요(고후 3:6).

둘째는 정죄받은 영혼을 그리스도께로 이끄는 인도자의 기능입니다.

이같이 율법이 우리를 그리스도께로 인도하는 인도자가 되어, 우리로 하여금 믿음으로 말미암아 의롭다 하심을 얻게 하려 함이라(갈 3:24).

율법의 의도는 하나님의 백성이 메시아 신앙으로 나아오도록 인도하여 그리스도를 붙잡도록 하는 것입니다. 오직 그리스도께만 소망을 두도록 하는 것입니다. 그렇다면 그리스도께 나아와 그분 안에서 거듭난 신자는 어떻게 변화될까요? 성경은 거듭난 신자들에게 하나님께서 '새 마음'을 주신다고 말합니다.

> 내가 그들에게 한 마음을 주고 그 속에 새 영을 주며, 그 몸에서 돌 같은 마음을 제거하고 살 같은 마음을 주어(겔 11:29).

> 또 새 영을 너희 속에 두고 새 마음을 너희에게 주되 너희 육신에서 굳은 마음을 제거하고 부드러운 마음을 줄 것이며 또 내 영을 너희 속에 두어 너희로 내 율례를 행하게 하리니 너희가 내 규례를 지켜 행할지니라(겔 36:26-27).

여기 돌이 있습니다. 제가 이 돌을 늘 품에 안고 다니면서 "멋진 돌아, 내 심장이 되어주렴" 이렇게 말하고 쓰다듬으면 이것이 조금이라도 반응을 할까요? 절대 불가능한 일입니다. 돌은 천년, 만년 쓰다듬어 주어도 결코 쿵쾅쿵쾅 뛰는 심장이 되지 않습니다. 성경은 거듭나기 전의 마음을 '돌 같은 마음'이라고 선언합니다. 그리고 거듭난 신자의 마음을 '새 마음' 혹은 '살 같은 마음'이라고 말합니다. 사실상 새 마음은 성령께서 새롭게 창조하시는 마음입니다. 새 창조의 결과라는 뜻입니다. 돌이 조금씩 개선돼서 심장이 되는 것이 아닙니다. 이것은 새 창조입니다. 이런 맥락에서 존 플라벨(John Flavel)이라는 청교도 신학자는 다음과 같이 말했습니다.

> "그런즉 누구든지 … 새로운 피조물이라"(고후 5:17). 자연을 창조하셨던 그 능력의 하나님께서 말씀으로 영적인 빛을 창조하시는 것입니다. 그러므로 자기 스스로 회개하고 믿는다는 말은 마치 "내 스스로 나를 만들어 존재하게 하였다"라고 하는 말과 같습니다. 사람을 새롭게 창조하신 하나님의 역사하심은 전능하심의 산물입니다(엡 1:12). 하나님의 능력의 지극히 크심이 그 일을 이루어 내신 것입니다. 그 전능하신 능력이 아니고서야

어떻게 소경 된 마음이 눈을 뜨고, 돌 같은 마음이 부수어지고, 굳어진 의지가 구부러지는 일이 일어날 수 있겠습니까?[1]

플라벨이 말한 대로 우리가 거듭나서 '새 마음', '살 같은 마음', '부드러운 마음'을 갖게 되는 것은 실로 우주적인 사건입니다. 이는 마치 하나님께서 "빛이 있으라" 말씀하시며 첫 번째 우주를 창조하신 것과 마찬가지로 동일한 창조의 능력으로 새 피조물을 창조하신 것과 같습니다. 그러니 나 스스로 믿고 나 스스로 구원을 이루겠다는 것은 마치 나 스스로 창조자가 되겠다고 말하는 것과 다름없는 신성 모독적인 발상입니다. 그렇습니다. "빛이 있으라"라고 말씀하신 창조주께서 더욱 강한 능력으로 여러분의 마음에 믿음을 창조하시고 하나님을 사랑하는 새 마음을 창조하신 것입니다. 개선의 결과가 아닙니다. 새 창조의 결과입니다. 이것이 얼마나 놀라운지 모르겠습니다.

5. 적용

두 가지를 묵상하고 적용점을 말씀드리겠습니다.

첫째, 하나님의 창조적 사랑입니다. 루터의 말처럼 하나님의 사랑은 그 사랑의 대상을 찾지 않고 창조해 내십니다. 우리는 모두 하나님의 창조적 사랑의 결과물입니다. 첫 번째 창조의 결과로 지음 받은 사람은 타락했습니다. 하나님이 허물과 죄로 죽은 우리를 그리스도 안에서 성령님으로 거듭나게 하신 후에 새 마음을 주셨습니다. 새 창조입니다. 이처럼 새 창조에서도 우리는 하나님의 창

---

[1] 존 플라벨, 『은혜의 방식』, 서문강 옮김(서울: 청교도신앙사, 2017), 457, 484.

조적 사랑을 받았습니다. 알고 보면 내 마음에서 하나님을 믿는 믿음이 생긴 것과 하나님을 사랑하는 마음이 생긴 것 모두가 다 기적입니다. 우리가 두 차례나 하나님의 이 창조적 능력을 경험한 자들입니다. 그렇다면 우리도 하나님의 사랑을 닮아야 하지 않겠습니까?

오늘 이후로 내 마음과 맞는 친구들을 찾기 위해 너무 애쓰지 않으면 좋겠습니다. 특히 믿음의 공동체 안에서 나와 성격이 맞는 사람만을 골라 교제하려고 하는 것은 합당하지 않습니다. 사랑의 원인을 그 사람에게서가 아니라 내 안에서 발견하려고 노력하시기 바랍니다. 내 안에 내주하시는 성령님과 예수님 안에서 원인을 발견하면 이 세상에 사랑하지 못할 대상은 없습니다. 이제 자기중심적인 애착으로부터 자유로워지십시오. "하나님 내 옆에 누구를 붙여 주시든지 그 사람을 창조적 사랑으로 사랑하겠습니다. 제 안에 새로운 사랑을 창조해 주세요." 이렇게 기도하시길 바랍니다.

둘째, 우리가 공동체의 일원으로 지음 받았음을 묵상해 봅시다. 사람의 사람 됨을 이해하기 위해서는 이 측면을 살펴보는 것이 유익합니다.

개미를 연구하는 학자 중에 몇 년 전에 돌아가신 하버드 대학교의 에드워드 윌슨(Edward O. Wilson) 박사님이 있습니다. 국내에는 그분의 제자인 최재천 교수님이 계시죠. 이분들의 연구물을 재미있게 읽은 기억이 납니다. '개미란 어떤 생명체인가?' 이 질문에 답하기 위해서 개미 한 마리를 잡아 해부하고 해부도를 잘 그리면 개미를 이해할 수 있을까요? 과연 개미 한 마리를 잘 연구해서 개미 박사가 될 수 있을까요? 그렇지 않습니다. 적어도 수많은 개미 집단을 연구해야 합니다. 하나님께서 개미라는 피조물을 '사회성 곤충'으로 만드셨기 때문입니다. 일례로, 남아메리카의 가위개미는 엄청나게 큰 개미집을 짓습니다. 마치 하나의 큰 제국 같아요. 가위개미 한 마리를 키워서는 이러한 결과

물을 볼 수 없습니다. 예전에 아프리카 흰개미를 소개하는 영상을 보고 경이로움을 느낀 적이 있습니다. 흰개미들이 만든 집들이 정말 높이 솟아 있습니다. 얼마나 튼튼하게 지어졌는지 코끼리가 자기 몸을 개미집에 대고 막 긁는데도 안 부서집니다. 더 놀라운 것은 내부의 구조입니다. 내부 설계도가 끝내줍니다. 공기의 흐름과 온도를 고려하여 고도의 기술로 집을 짓기 때문에 각 방의 온도와 습도가 다르게 조절된다고 합니다. 음식을 저장하는 곳은 선선하고 알을 부화시키는 곳은 따뜻하답니다. 방송을 보니, 개미집의 내부 설계도를 모방하여 만든 건물이 소개되었습니다. 그 건물에는 에어컨 시설이 없습니다. 그럼에도 건물 안에서 사람들이 시원함을 느끼도록 잘 설계가 되어 있습니다. 정말 놀랍지 않습니까?

개미를 이해하기 위해 개미 집단을 알아야 하듯이 사람이 어떤 피조물인지를 알기 위해서는 우리는 개인뿐만 아니라 공동체를 생각해 보아야 합니다. 하나님께서 사람을 사회적 존재로 지으셨기 때문입니다. 하나님께서 언약을 개인과 맺지 않고 공동체와 맺으신 것도 이러한 측면을 반영합니다. 하나님께서는 우리를 언약 공동체로 부르셨습니다. 성경은 우리 신자를 가리켜 '교회'라고 부릅니다. 지금 우리가 성경의 언약을 배울 때도 혼자가 아닙니다. 교회 공동체 안에서 하나님의 언약을 배우고 있습니다. 사람이 존재하는 목적을 가르치는 이사야 43장 21절 말씀을 생각해 봅시다.

> 이 백성은 내가 나를 위하여 지었나니 나를 찬송하게 하려 함이라(사 43:21).

인간의 존재 목적은 하나님을 찬송하고 예배하는 목적으로 지음 받았습니다. 여기서 첫 단어가 '이 백성'입니다. 개인이 아니라 공동체입니다. 따라서 본문의 말씀은 개인에게만 적용되는 것이 아닙니다. 교회 공동체에게 적용됩니다. 하나님을 찬송하기 위해 지음 받은 것은 교회가 존재하는 목적입니다. 그렇다면 교회 공동체를 이룬 우리는 하나님을 예배하는 일에 마음을 모아 하나가 되어야 합니다.

> 만군의 여호와여 주의 장막이 어찌 그리 사랑스러운지요 내 영혼이 여호와의 궁정을 사모하여 쇠약함이여 내 마음과 육체가 살아 계시는 하나님께 부르짖나이다(시 84:1-2).

시편 기자가 주의 장막을 사랑하고 사모하듯이 우리는 이러한 자세로 하나님을 예배하는 자리로 나아와야 합니다. 이처럼 하나님을 예배할 때 우리를 창조하신 창조 목적이 이루어지는 것입니다. 그리고 예배할 때 신자는 인생 지고의 행복감을 누립니다. 이 때문에 하나님께서는 태초부터 예배하는 날을 마련해 주시고 우리를 초청하신 것입니다. 교회는 예배 공동체입니다. 고단한 영혼들이 언제든지 나와서 기도할 수 있고 하나님을 예배할 수 있어야 합니다. 이 때문에 매일 새벽 예배가 있고, 수요예배와 금요예배가 있습니다. 주일날도 1부와 2부 예배, 젊은이 예배, 오후 예배, 저녁 예배 등 많은 예배의 자리가 마련되는 것입니다. 하나님께 나아와 예배하며 하나님의 말씀을 듣는 것이 복입니다. 하나님께 기도와 찬송을 드릴 때 우리의 영혼이 살아나고 강건해집니다. 이는 하나님께서 첫 창조 때부터 계획하신 복입니다. 언약 공동체로 부름 받은 우리가 참 예배 공동체가 되어 형제자매의 사랑을 나눌 때 하나님께서 참 기뻐하십니다. 앞으로 성경에 계시된 하나님의 언약을 함께 공부해 가면서 아름다운 예배 공동체의 모습이 더욱 강화되기를 간절히 기원합니다.

2.
여자의 후손

창세기 3:15

> 내가 너로 여자와 원수가 되게 하고 네 후손도 여자의 후손과 원수가 되게 하리니 여자의 후손은 네 머리를 상하게 할 것이요 너는 그의 발꿈치를 상하게 할 것이니라 하시고

1. 사탄의 오래된 거짓말

창세기 3장 4절과 5절에 보면 이렇게 나옵니다.

> 뱀이 여자에게 이르되 너희가 결코 죽지 아니하리라. 너희가 그것을 먹는 날에는 너희 눈이 밝아 하나님과 같이 되어 선악을 알 줄을 하나님이 아심이니라(창 3:4-5).

이 말씀이 바로 인간이 타락하게 된 결정적인 계기가 된 구절입니다.

지금 이 본문은 단지 아담과 하와가 에덴동산에서 선악과를 먹은 사건을 넘어, 오늘을 사는 우리에게도 깊은 통찰을 주는 말씀입니다. 대학에서 동양철학을 전공하신 후 합동신학대학원대학교에서 공부하시고 현재 ACTS에서 교수 사역을 하시는 안점식 교수님은 이 본문 속에서 사탄이 인간에게 던진 네 가지 거짓말을 추출하셨습니다. 그리고 네 가지 거짓말은 단지 고대의 유혹이 아니라, 오늘날에도 철학과 종교와 문화 속에서 여전히 반복되고 있다는 사실을 깨닫게 해 주셨습니다.

흥미롭게도 창세기 3장 4-5절 안에는 오늘날까지 이어지는 거대한 사탄의 거짓말이 담겨 있습니다. 사탄이 유혹하는 네 가지 거짓말은 오늘날 우리가 살아가는 모든 문화 속에, 종교 속에, 교육과 철학, 심지어 과학의 담론 속에도 고스란히 들어 있습니다. 그 거짓말은 우리를 하나님의 언약으로부터 멀어지게 만드는 강력한 힘으로 작용하고 있습니다.

사탄의 네 가지 거짓말

첫째, "너희가 결코 죽지 아니하리라."

이 말은 곧 죽지 않는다는 거짓말, 다시 말해 영생에 대한 왜곡입니다. 사탄은 "너는 절대 죽지 않을 거야"라고 말합니다. 이 말은 동양의 도교 사상, 특히 신선사상과 연결됩니다. 죽음의 문제를 극복했다는 것입니다. 인간은 수련을 통해 영생에 이를 수 있다는 생각을 하고 현대에는 과학이 그 거짓말을 이어받고 있습니다. 인간의 수명을 연장하고, 노화를 지연시키며, 마침내 죽음을 극복할 수 있다는 꿈이 기술과 과학의 이름으로 이어지고 있습니다. 사탄의 이 거짓말은 형식을 바꾸어 시대를 넘어 계속되고 있는 것입니다.

둘째, "너희 눈이 밝아져서…"
이것은 곧 계몽(啓蒙)을 말합니다. 눈이 밝아진다는 것은 지식이 생기고, 스스로 진리를 볼 수 있다는 말입니다. 17-18세기 유럽의 계몽주의 시대를 떠올려 보십시오. 인간 이성으로 진리에 도달할 수 있고, 인간 스스로 진보할 수 있다고 믿었던 시기였습니다. 성경이 아니라, 계시가 아니라, 이성으로 충분하다는 사고방식. 이것은 사탄의 거짓말 중 하나였습니다. 하나님 없이도 눈이 밝아질 수 있다는 말은 오늘도 우리를 늘 유혹하고 있습니다.

셋째, "선악을 알 줄을…"
오늘날에 가장 인기 있는 유혹입니다. 이 말은 선과 악의 기준이 인간 자신에게 있다는 말입니다. 오늘날 우리는 그 거짓말을 너무도 자연스럽게 받아들이고 있습니다. 포스트모더니즘, 상대주의, 주관주의가 그것입니다. "내가 선하다고 느끼면 그건 선이고, 내가 불쾌하면 그건 악이다." 선과 악의 절대 기준이 무너지고, 개인의 느낌과 판단이 기준이 되는 시대가 그것입니다. 이 거짓말은 문화 속에 너무 깊이 들어와 있어서 이제는 그것을 거짓말로 인식조차 못합니다. 이는 우리가 살아가는 이 시대를 지배하는 가장 큰 특징 가운데 하나입니다.

넷째, "하나님과 같이 된다."
이 말은 인간이 신이 될 수 있다는 주장입니다. 동양의 많은 종교 사상은 인간이 신이 될 수 있다고 말합니다. 서양의 철학도 마찬가지입니다. 신과 하나 됨을 넘어, 스스로 신이 되고자 하는 시도입니다. 신일합일 사상입니다. 요즘 자기계발 담론이나 명상, 심리학에서도 비슷한 흐름을 봅니다. 인간이 자아를 해방하고, 온전함에 도달하면 마침내 신성한 존재가 될 수 있다는 식의 주장입니다. 이것은 하나님 없이, 하나님처럼 되고자 하는 욕망이고, 사탄이 뿌려놓은 마지막 거짓말입니다. 우리에게는 '그리스도와의 연합'이라는 개념이 있습니다. 이 연합은 창조주와 피조물 사이의 간격을 절대 뛰어넘지는 않습니다. 우리는 천국에 가서도 여전히 피조물입니다. 우리의 인격이 그대로 보존되면서 그리스도와 사랑의 연합 관계를 이루는 것이지, 사람이 신이 되는 것은 결코 아닙니다.

이제 교회사를 공부하면서 발견한 인간의 타락 현상에 관한 가장 오래된 해석을 여러분께 소개해 드립니다. 이 해석은 앞서 살펴본 사탄의 거짓말을 이해하는 데에도 도움이 됩니다. 이 해석의 핵심어는 '사랑'입니다. 사탄은 거짓말을 통해 첫 사람의 마음에서 '하나님 사랑'을 지워버렸습니다. 원래 하나님을 사랑하도록 지음 받은 인간이 마귀의 유혹을 받아 결국 사랑에서 실패한 것입니다. 사랑의 대상인 하나님을 상실한 것이지요. 사탄의 네 가지 거짓말에는 하나님이 없습니다. 하나님과 같이 된다고 말하지만, 거기에는 하나님 없이 하나님같이 된다는 유혹만 있었던 것입니다.

하나님과 분리된 우리의 생명이 사실 무슨 의미가 있겠습니까? '죽지 않고 오래 산다'라는 것은 하나님 없이 그렇게 된다는 것이고, '눈이 밝아진다'라는 것은 하나님 없이 나 스스로 진리를 발견할 수 있다는 것이며, 하나님이 주시는 도덕의 판단 기준이 아니라 내가 스스로 나를 위한 선악의 기준을 마련하겠다는 것입니다.

결국, 사탄의 네 가지 거짓말은 하나님 없이 뭐든지 하겠다는 유혹입니다. 그래서 마귀의 유혹 가운데 핵심은 이것을 따먹느냐 아니냐보다, 하나님과의 관계를 파괴시키는 도전이었습니다. 하나님은 나를 지극히 사랑하시고, 우리는 하나님과 사랑을 나눌 존재로 지음 받았다는 것을 망각하게 만드는 것이었습니다. 이를 위해서 사탄은 사람의 마음에 하나님을 부당한 존재로 각인시키고, 하나님의 성품을 의심하게 하는 방식으로 유혹한 것입니다.

2. 죄의 본질

우리가 앞에서 살펴본 사탄의 네 가지 거짓말에는 단순한 유혹을 넘어서 깊은 영적 메시지가 담겨 있습니다. 이 메시지는 단지 아담과 하와에게만 던져진 것이 아니라, 오늘 이 시대를 살아가는 우리 모두에게 여전히 영향력을 미치는 유혹이라는 것을 확인했습니다. 이 거짓말은 왜 이처럼 강력한 힘을 가질까요? 왜 우리는 이 유혹 앞에서 자주 무너질까요? 그 이유를 알려면 죄의 본질에 대한 좀더 깊은 이해가 필요합니다.

초대 교회의 위대한 신학자이자 교부였던 아우구스티누스는 『고백록』에서 자신의 회심 이야기를 흥미롭게 기술합니다. 어느 날 정원에서 어린아이들이 부르는 노랫소리를 듣습니다.

> 톨레 레게, 톨레 레게(*Tolle lege, Tolle lege*)!
> "집어서 읽어라, 집어서 읽어라!"

당시에 영적으로 갈등하고 있었던 아우구스티누스는 곧장 성경을 펼쳤고, 로마서 13장 13-14절 말씀을 보게 됩니다.

> 방탕과 술 취하지 말며, 음란과 호색하지 말며, 다툼과 시기하지 말고 오직 주 예수 그리스도로 옷 입고 정욕을 위하여 육신의 일을 도모하지 말라(롬 13:13, 14).

그는 이 말씀 앞에서 무너졌습니다. 주님 앞에 무릎 꿇고 회개하며, 다시는 옛 생활로 돌아가지 않겠다고 결단했습니다. 그리고 예수 그리스도의 복음을 받아들였습니다.

여러분, 선악과가 어떤 나무였을까요?
대부분의 사람들은 모른다고 이야기 합니다. 흥미롭게도 교회사의 유명한 인물들 가운데 선악과를 무화과나 사과였을것이라고 추측하는 사람들이 적지 않았습니다. 아담과 하와가 무화과 나뭇잎으로 벗은 몸을 가렸다는 이야기가 창세기에 나오니까 적어도 무화과 나무가 에덴동산부터 있었다는 것은 확실합니다. 이 때문인지 미켈란젤로의 "천지창조" 그림에 무화과나무가 등장합니다. 선악수를 무화과나무로 그린 것입니다. 그와 비슷한 시기에 살았던 프라 안젤리코는 아우구스티누스의 회심을 그리면서 정원 안에 무화과나무를 그렸습니다. 아우구스티누스가 『고백록』에서 자신이 무화과나무 아래에서 회심의 은혜를 체험했다고 말했기 때문입니다.[2] 인간이 처음 타락했던 나무와 동일한 수종(樹種) 아래에서 아우구스티누스가 회심한 것입니다.

아우구스티누스의 『고백록』에 보면 또 다른 중요한 나무가 등장합니다. 어린 시절 친구들과 함께 남의 배나무에서 배를 훔친 이야기를 기록합니다. 그런데 그 일화를 서술하는 방식이 매우 특별합니다. 그가 배를 훔친 이유는 배가 맛

---

2) Augustinus, *Confessiones* VIII.12.28.

있어 보였기 때문이 아니었습니다. 그냥 친구들하고 시시덕거리면서 "저 배나무를 우리가 서리하자." 하나를 따봤더니 먹을 수가 없었습니다. 그때가 배나무가 열릴 철이 아니었거든요. 떫어서 먹을 수가 없었어요. 그러면 따지 말아야 하잖아요. 그런데 그걸 다 땄어요. 오히려 그는 그 배를 다 따서 돼지에게 던져 버렸습니다. 왜 그랬을까요? 아우구스티누스는 회심한 다음에 이렇게 고백합니다.

"나는 배가 먹고 싶어서가 아니라, 그것이 금지되었기 때문에 더욱 기쁘게 느껴졌다."

아우구스티누스는 회심한 다음에 자기의 어린 시절을 추억하면서 하나님 앞에서 기억이 미치는 한 자기가 잘못했던 것을 다 끄집어 내놓고 회개합니다. 기억이 미치지 못하는 어린 아기 시절은 내가 기억나지 않으니까 지금 아기들이 엄마에게 막 젖 달라고 울고 하는 그런 모습을 보고 '나도 저랬겠지!' 그러면서 아기 모습을 보면서 회개를 합니다. 아기 때부터도 죄의 본성을 가지고 있어서 필요 이상으로 엄마들을 막 괴롭힌다는 거죠. 우리 아이들 키울 때 생각해 보면 진짜 그런 것 같아요. 그렇게까지 울 필요가 없는데 말이죠. 이처럼 아우구스티누스는 최선을 다해 회개를 했습니다.

다시 배나무 서리 사건으로 돌아와 봅시다. 아우구스티누스는 이 에피소드를 소개하면서 우리에게 죄에 관한 매우 중요한 교훈을 가르쳐주고 있습니다. 죄의 본질, 곧 타락의 본질이 무엇인지 알아 듣기 쉽게 설명합니다.

> 어느 늦은 밤 나를 포함한 한 떼의 젊은 불량배들이 그 배나무를 흔들어 거기 달려 있는 배를 모두 도둑질해갔습니다. 그런데 그 많은 배들을 훔친 것은 먹기 위한 것이 아니었습니다. 먹기는커녕 그 모든 배들을 돼지우리에 던져 버렸습니다. 단지 몇 개만 맛을 보았을 뿐입니다. 이러한 행위

가 우리를 더욱더 기쁘게 했던 이유는 그 일이 바로 금지된 행동이기 때문이었습니다. 보소서 이것이 바로 내 마음입니다. 오 하나님, 이것이 바로 제 마음입니다. 제 마음은 바닥이 없는 구렁텅이에 빠진 비참한 상태였습니다. 이제 당신께 고백하오니 내 마음을 보소서! (*Ecce cor meum, Deus, ecce cor meum quod miseratus es in imo abyssi. Dicat tibi nunc ecce cor meum*) … 저는 악을 사랑했습니다[3].

라틴어 원문을 보면 '에케 코르 메움'이라는 어구가 반복하여 사용됨을 쉽게 알 수 있습니다.
"*Ecce cor meum*(에케 코르 메움)"이란 말에서 "*Ecce*(에케)"는 영어로 '보소서'에 해당합니다. 사실은 거의 탄식어에 가깝습니다. 그러니까 진짜 의미를 담는 단어는 두 개입니다. "코르"(심장), "메움"(나의)이고 이것을 번역하면 '내 심장'이란 말입니다. 여기서 우리는 '내 심장'을 '내 마음'으로 번역하고 있지요.
"내가 왜 배나무를 서리했는가?" 아우구스티누스는 스스로 묻고 생각합니다. 그것은 배고픔을 달래기 위함이 아니었습니다. 사실 아무 이유가 없었어요. 유일한 이유가 있다면 그것은 남의 정원에 들어가 몰래 열매를 따먹는 것이 오히려 금지된 행동이기 때문에, 즉 그것이 죄이기 때문이라는 것입니다. 죄이기 때문에 범죄 행위가 제공하는 즐거움을 누렸다는 뜻입니다. 실제로 아우구스티누스는 친구들하고 즐겁게 시시덕거렸죠. 이러한 모습을 떠올리며 그는 큰 깨달음을 얻습니다. 이는 비록 작은 사건 같지만, 아우구스티누스는 거기서 죄의 본질을 본 것입니다. '죄는 무엇인가?'라는 질문에 대해 "죄를 사랑해서 그 죄를 짓는 것"이라고 그는 대답합니다. 인용문의 맨 마지막에서 아우구스티누

---

[3] Augustinus, *Confessiones* II.4.9.

스는 '저는 악을 사랑했습니다'라고 고백합니다. 내가 죄를 지음으로써 죄인이 된다기보다는 내가 죄를 사랑하는 죄인이기 때문에 죄를 진다는 것을 고백하는 것입니다. 그것은 무저갱 속에 바닥이 없는 곳으로 한없이 추락해 가는 나의 자아를 본 것입니다. 거기서 그는 바로 하나님의 은혜를 발견합니다. 내 안에 전혀 희망이 없다는 걸 고백하는 거예요.

Ecce cor meum(내 심장을 보소서), *Ecce cor meum*(내 심장을 보소서).

아우구스티누스는 죄의 본질을 꿰뚫는 통찰을 보여줍니다. "나는 단지 죄를 지은 것이 아니라, 죄 자체를 사랑하고 있었다." 이것이 죄의 핵심입니다. 우리는 때때로 죄를 단순히 '행위'로 여깁니다. 하지 말라는 일을 했으니 죄다. 그러나 아우구스티누스는 말합니다. 죄는 단지 행동의 문제가 아니라, 존재의 문제이며 마음과 성향의 문제라고 말입니다. 죄는 단지 법을 어긴 행위가 아니라, 하나님을 사랑하지 않고, 죄를 사랑하는 마음으로부터 나온다는 것입니다. 자신의 마음이 하나님보다 죄를 더 사랑했고, 그 죄가 금지되었기 때문에 더욱 짜릿하고 매혹적이었던 그 마음. 이것이야말로 인간 내면의 타락이요, 우리가 타고난 죄의 성향입니다. 아우구스티누스는 이러한 자각 가운데 깊은 회개의 눈물을 흘립니다.

이해를 돕기 위해 가상의 예를 들어 보겠습니다.
어떤 큰 기업체의 사장님이 장로님인데, 비서와 바람이 났어요. 그런데 장로님이 바람을 피우면 안 되죠. 그것이 늘 마음에 걸렸어요. 아내도 모르고, 담임목사님도 몰라요. '내가 이것을 언젠가는 해결해야 되는데…'라고 생각해서 기도원에 들어가 40일을 금식하고 기도했습니다. 그리고 "하나님, 이 죄를 끊게 해주시옵소서" 기도를 드린 후, 결단을 내립니다. 은혜 체험을 했다는 생각에 좋은 마음으로 그 다음 날 회사에 출근합니다. 월요일에 그 비서가 눈에 보이는데 여전히 너무 아름다운 거예요. 자기도 모르게 화장실에서 거울을 보면서 '아, 하나님, 저는 이 여자가 너무 좋아요.' 갑자기 말이 툭 튀어나옵니다. 그리곤 스스로 깜짝 놀라는 거죠. 이 순간 자신에게 절망하며 탄식할 때 고백하는 말이 바로 "*Ecce cor meum*"(에케 코르 메움)입니다. 마음속 깊은 곳에서는 자신은 여전히 그 죄를 사랑하고 있는 거예요. 죄인 줄 몰라서 죄를 짓는 것이 아니라, 죄를 사랑해서 죄를 짓는 것입니다. 회개는 해야 하고, 끊어야 하는 것도 다 알아요. 그런데 마음속 깊은 데서부터 그 속마음을 스스로 정리할 수가 없는 거예요. 남자들은 대체로 음욕의 문제로 유혹을 받기 때문에, 예수님께서 산상수훈에서 이 문제를 다루신 것이 아닌가 생각합니다.[4]

산상수훈에서 예수님은 '미움'의 문제도 다루십니다.[5] 저는 이것이 특히 여자들이 인간관계 속에서 쉽게 영향받는 유혹 가운데 하나라고 생각합니다. 가령 이런 경우를 상상해 봅시다. 한 지역장이 구역장을 미워하게 되었습니다. 이유야 여러 가지가 있겠지만, 어쨌든 마음 깊은 곳에서 그 사람이 너무 싫은 겁니다. 마주치기만 해도 속이 불편하고, 소화가 안 될 정도입니다. 그래서 결심합니다. '이대로는 안 되겠다. 반드시 마음을 고쳐야지.' 그리고 금식 수련원에 들어가 40일 금식하며 간절히 기도합니다.

"이 집사님을 제 마음에 품게 해 주시옵소서."

"사랑의 마음을 부어 주시옵소서."

---

4) (마 5:28) 나는 너희에게 이르노니 음욕을 품고 여자를 보는 자마다 마음에 이미 간음하였느니라

5) (마 5:22) 나는 너희에게 이르노니 형제에게 노하는 자마다 심판을 받게 되고 형제를 대하여 라가라 하는 자는 공회에 잡히게 되고 미련한 놈이라 하는 자는 지옥 불에 들어가게 되리라

그렇게 기도하고 돌아와 주일 예배 날, 교회에 들어서자마자 그 집사가 보입니다. 그런데 어찌된 일입니까? 여전히 똑같이 미운 마음이 밀려옵니다. 갑자기 옛 기억이 떠오릅니다. '저 집사가 예전에 내 뒷담화를 하고 다녔지.' 그러면서 속으로 불쑥 이런 말이 나옵니다. '귀신은 뭐 하나, 저 사람 안 잡아가고….'

그 순간 스스로 깜짝 놀랍니다. 그리고 고백합니다. "*Ecce cor meum*(보소서, 이것이 내 진심입니다)". 내 마음속 가장 깊은 곳에는 여전히 그 사람을 용서하고 싶은 마음이 없습니다. 오히려 사라져 버렸으면 좋겠다는, 미움이 가득한 마음이 그대로 남아 있는 것입니다. 장로라는, 집사라는, 권사라는 직분 때문에 어쩔 수 없이 '화해해야 한다'는 의무감만 붙잡고 있을 뿐입니다.

아우구스티누스가 발견한 것이 바로 이것입니다. 하나님 앞에서 "나는 죄를 미워한다고 말하면서도, 사실은 죄를 사랑하는 죄인이구나!"라는 사실을 깨닫는 것입니다. 그 순간 그는 어찌할 수 없는 자신을 바라보며 탄식했고, 바로 그 절망의 자리에서 하나님의 은혜를 깊이 경험하게 되었습니다.

참된 회개란 "하나님, 이번에만 봐주시면 다시는 안 그러겠습니다"라는 말이 아닙니다. 그렇게 말하는 사람은 아직 자기 자신을 모르는 것입니다. '이번만 하나님께 들키지 않고 용서받으면 그다음부터는 내가 이 죄를 안 지을 자신이 있다'라고 생각하는 것 자체가, 아직 자신이 얼마나 깊이 죄를 사랑하고 있는지를 모른다는 증거입니다.

예를 들어, 바람난 장로님도 이렇게 기도할 수 있습니다. "이게 들통나면 신문에 나고, 우리 교회가 큰 타격을 입고, 아내와 자녀가 실망하며, 교회에서 하나님의 영광이 가려집니다. 하나님, 이 죄를 끊게 해 주시옵소서." 이런 기도는 얼마든지 할 수 있습니다. 그러나 이것은 회개의 본질에는 아직 이르지 못한 것입니다.

회개의 본질은 "이것이 죄이기 때문에 그 죄를 미워하게 해 주세요. 하나님이 미워하시는 죄를 나도 미워하게 해 주세요. 그리고 하나님을 사랑하게 해 주세요"라고 기도하는 데에 있습니다. 이것이 기독교 복음이 말하는 참된 회개입니다. 이러한 회개는 인간의 자연적인 능력으로는 결코 이룰 수 없습니다. 하나님께서 우리 안에 새 마음을 창조해 주셔야 비로소 하나님의 율법을 사랑한다고 고백할 수 있으며, 죄를 진심으로 미워할 수 있게 되는 것입니다.

바로 여기서 우리는 복음의 위대함을 다시 발견하게 됩니다. 복음은 죄인을 향한 하나님의 초청입니다. 단지 겉으로 드러나는 행위를 고치라는 것이 아니라, 죄를 사랑하는 우리의 마음을 하나님께 돌이키라는 부르심입니다. 그리고 하나님은 단지 돌이키라고만 하지 않으십니다. 우리 안에 새로운 마음과 새로운 영을 주셔서 하나님을 사랑할 수 있도록, 하나님의 뜻을 기뻐할 수 있도록 변화시켜 주십니다.

우리가 진정으로 회개한다는 것은 단지 "이제 안 할게요"라고 말하는 것이 아닙니다. 그것은 진짜 회개가 아니라 자기 개선의 다짐에 불과할 수 있습니다. 참된 회개는 "하나님, 이 죄를 미워하게 해 주세요. 하나님이 미워하시는 것을 저도 미워하고, 하나님이 사랑하시는 것을 저도 사랑하게 해 주세요"라고 기도하는 데서 시작됩니다.

3. 복음의 약속: "여자의 후손"

그렇다면 하나님은 이 죄와 타락의 문제에 대해 어떤 해결책을 주셨을까요? 바로 창세기 3장 15절이 해결책입니다.

> 내가 너로 여자와 원수가 되게 하고 네 후손도 여자의 후손과 원수가 되

> 게 하리니 여자의 후손은 네 머리를 상하게 할 것이요 너는 그의 발꿈치를 상하게 할 것이니라 하시고(창 3:15).

이 말씀은 원복음(原福音, *Protoevangelium*)이라고 불립니다. 인류 역사상 최초로 주어진 복음의 약속, 바로 여자의 후손, 곧 예수 그리스도에 대한 예언입니다.

우리가 유럽여행을 하다 보면 성당에 많이 갑니다. 가면 마리아 조각상이나 그림이 많습니다. 그런데 많은 경우 성모 마리아가 뱀을 밟고 있는 것을 자주 볼 수 있습니다.

> 여자의 후손은 네 머리를 상하게 할 것이요(창 3:15).

여기서 여자의 후손은 누구입니까? 바로 예수 그리스도이십니다. 그런데 이 말씀에 대하여 역사 속에서는 종종 왜곡이 일어나기도 했습니다. 예를 들면, 가톨릭에서는 이 "여자의 후손"이라는 말씀을 잘못 해석해서, 뱀의 머리를 밟는 존재가 마리아라고 주장하곤 했습니다. 그래서 많은 성당의 조각이나 그림을 보면 마리아가 뱀의 머리를 밟고 있는 모습을 볼 수 있습니다. 왜 그런 오해가 생겼을까요?

그 배경에는 라틴어 성경, 즉 불가타(Vulgata) 번역의 오류가 있습니다. 히브리어 원문에서는 "그가 너의 머리를 상하게 할 것이다"라는 표현이 남성 단수 형태로 분명하게 기록되어 있는데, 불가타 성경은 이 대목을 여성형으로 잘못 번역했습니다. 그래서 "그녀 자신이 네 머리를 상하게 할 것이다"(*ipsa conteret caput tuum*)로 되어버렸고, 이것이 마리아가 뱀의 머리를 밟는다는 신학적 왜곡을 만들어 낸 것입니다(입사 논쟁).[6] 그러니까 로마 가톨릭은 창세기 3장 15절을 읽는 교인들이 '성모 마리아께서 앞으로 와서 뱀의 머리를 밟는구나!' 이렇게 번역을 한 거죠. 당연히 오역입니다. 원래 히브리어 원문도 그렇게 되어 있지 않습니다.

종교개혁자 마르틴 루터는 이 부분을 매우 중요하게 다뤘습니다. 그는 성경을 독일어로 번역하면서 이 부분을 정확하게 옮겼습니다. "그 자신이 네 머리를 상하게 할 것이다." 그리고 옆에 주석을 달았죠. "이것이 바로 성경 속 첫 번째 복음이다. 오실 그리스도에 대한 최초의 예언이다."[7] 루터는 이 말씀을 얼마나 감격스럽게 받아들였는지, 이 구절에 '원복음'(Protoevangelium)이라는 이름을 붙였고, 성경 전체의 구조를 이 복음에서부터 풀어갔습니다.

종교 개혁자들이 종교개혁을 하면서 성경을 제대로 히브리어 원문대로 번역해야 한다고 계속 항의를 하니까 결국 교황청에서 손을 들었습니다. 1979년 새 번역에 해당하는 '노바 불가타' 성경이 출판되었습니다. '노바 불가타'의 창 3:15에서 '입사(ipsa)'가 '입숨(ipsum)'으로 바뀌었습니다.[8] 괜찮은 번역입니다. 왜냐하면, '여자의 후손'에서 '후손'에 해당하는 '세멘(semen)'이 중성명사이기 때문입니다. 결국 '노바 불가타'는 '여자의 후손이 네 머리를 박살 낼 것이다'라고 제대로 번역한 것입니다. 이것이 1979년의 일입니다.

불가타 성경이 번역되고 나서 약 1500년 정도 로마 가톨릭 교인들은 첫 번째

---

6) Genesis 3:15 "Inimicitias ponam inter te et mulierem, et semen tuum et semen illius: ipsa conteret caput tuum, et tu insidiaberis calcaneo eius." — Vulgata Hieronymi

7) 루터의 1534년 판본 창 3:15 측주에 다음과 같이 기록되어 있다. "Derselb: Dis ist das erst Euangelion vnd verheissung von Christo geschehen auff erden"

8) Genesis 3:15 "Inimicitias ponam inter te et mulierem et semen tuum et semen illius; ipsum conteret caput tuum et tu conteres calcaneum eius." — Nova Vulgata(1979)

복음을 만나지 못한 것입니다. 메시아를 만나지 못한 거예요. 이런 맥락에서 보니 성경 원어 한 글자를 제대로 번역하는 것이 이렇게 중요한 것입니다. 글자 하나 잘못 바꿔서 그동안 얼마나 많은 오해를 낳고 잘못을 저질렀습니까?

오늘날 우리는 개신교인이든 로마가톨릭 교인이든 창세기 3장 15절에서 여자의 후손, 곧 메시아를 만날 수 있게 되었습니다. 이쯤에서 우리는 의문을 품게 됩니다. 왜 중세교회는 그토록 오랜 기간 본문을 제대로 번역하지 않았을까요? 아마도 로마 가톨릭 교인들이 마리아를 너무 사랑했기 때문이라고 생각합니다. 마리아를 너무 사랑한 나머지, 그녀를 우상화하고 급기야 성경 원문에까지 손을 댄 것이죠. 설마 히에로니무스(제롬)가 처음 성경을 번역할 때부터 그렇게 했으리라고 생각하지 않는 학자들도 있습니다. 이 생각이 맞다면 제롬 이후 누군가가 원문에 손을 대었을 것입니다. 로마 교회는 왜 그렇게 마리아를 좋아했을까요?

프랑스 파리에 있는 노트르담 대성당 예배당의 입구 위에는 성모 마리아상이 자리하고 있습니다. 중세 시대의 교인들은 주일마다 예배당에 들어갈 때마다 이 조각을 보았습니다. 작품 속 중앙에는 심판의 주님이신 예수님이 근엄하게 앉아 계시고, 양쪽에는 천사들이 배치되어 있습니다. 예수님의 오른편에는 세례 요한이 있습니다. 세례 요한은 예수님의 오시는 길을 예비한 선지자이며, 종종 심판을 상징하는 도끼와 함께 앉아 있는 모습으로 묘사됩니다. 그리고 그 옆에는 '우주의 여왕'이라 불리는 성모 마리아가 앉아 있습니다.

그 표정을 보면, 예수님은 늘 최후 심판자의 모습으로 근엄하고 두렵게 느껴집니다. 이에 비해 인자한 표정의 성모 마리아는 사람들에게 마치 우리의 편에 서서 변호해 주실 분처럼 다가옵니다. 이렇게 해서 사람들의 마음은 자연스럽게 성모 마리아에게로 끌립니다. 비유하자면, 성모 마리아는 변호사, 세례 요한은 검사, 예수님은 판사로 여겨지는 구조가 형성된 것입니다. 로마 가톨릭 신자들이 성모 마리아를 깊이 사랑하게 된 배경 가운데 하나가 여기에 있습니다. 그러나 저는 이 배후에도 마귀의 유혹이 작용하고 있다고 생각합니다. 타락한 인류는 하나님을 상실하고, 자신을 사랑하는 방향으로 기울게 됩니다. 아우구스티누스의 표현을 빌리면, 인간은 자기 사랑에 빠진 존재입니다. 마귀의 거짓말에 넘어갈 때, 원래 하나님을 사랑해야 했던 그 자리에 자신을 앉혀 버린 것입니다. 성경은 이것을 '교만'이라 부릅니다. 곧 하나님 자리에 자신이 앉는 것입니다. 그러나 하나님께서는 인류를 치유하시고 하나님 사랑을 회복시키기 위해 사람이 되신 하나님, 곧 예수 그리스도를 보내주셨습니다. 하나님께서는 우리의 죄를 사하시기 위해 십자가에 달리신 예수님을 주셨는데, 마귀는 우리가 그 십자가에 달리신 주님께 시선을 두는 것을 시기하여, 시선을 다른 곳, 곧 성모 마리아로 돌려 버린 것입니다.

이러한 배경에서 우리는 마르틴 루터가 말한 '십자가 신학'을 제대로 이해할 수 있습니다. 그 요지는 분명합니다. '십자가에 달리신' 예수님을 바라보라는 것입니다.

마르틴 루터가 종교개혁자가 된 후, 그는 심판의 예수님이 아니라 십자가에 달리신 예수님을 일관성 있게 강조했습니다. 그의 어머니가 1531년 6월 30일에 돌아가셨습니다. 루터가 어머니의 옆에서 임종을 지켜보지 못했습니다. 그 대신 어머니가 돌아가시기 한 달 전에 다음의 내용으로 편지를 썼습니다.

<루터의 편지> 1531.5.20 (모친 사망: 1531.6.30.)

어머니 주님의 말씀["담대하라 내가 세상을 이기었노라", 요 16:33]을 묵상하면서 안심하세요. 또한, 교황주의자들의 온갖 오류로부터 벗어나 참된 지식으로 이끌어 주신 주님께 감사하세요. 그들은 우리로 하여금 우리 자신의 선행과 수도승들의 거룩함에 의지하도록 가르치고 있습니다. 반면

우리의 구세주를 위로자가 아닌 가장 엄한 심판자요. 폭군으로 생각하도록 만들었습니다. 그 결과 우리가 주님으로부터 그 어떠한 자비와 위로를 기대할 수 없게 만들었지요. 오히려 우리의 마음이 주님께로부터 벗어나 마리아와 다른 성인들에게로 도망치도록 가르쳐 왔습니다.

그러나 이제 달라졌습니다. 이제 우리는 하나님 아버지로부터 측량할 수 없는 동정심과 선하심을, 또한 우리의 중보자이신 예수 그리스도께서 모든 은혜의 디딤돌이 된다는 사실을 잘 알게 되었습니다. 또한, 예수님은 천국에 계신 우리의 목회자로서 날마다 우리를 위해 하나님 앞에서 중보하고 계심을 압니다. 그리고 오직 그만을 부르고 믿는 모든 신자를 위해 죄를 사해주심도 잘 알고 있습니다(롬 3:25; 히 4:16; 7:25). 예수님은 결코 엄한 심판자가 아닙니다 … 그분은 우리를 고소하거나 위협하는 분이 아닙니다. 오히려 우리를 위해 보혈을 흘리시고 자신의 죽음으로 우리 죄를 사하시고 중보하시는 분입니다. 우리는 이러한 주님을 결코 두려워해서는 안됩니다. 오히려 모든 구원의 확신을 가지고 그분께 다가가야 합니다. 그러면서 그분을 가장 친근한 구세주요, 또한 달콤한 위로자이시며, 우리 영혼의 참 목자로 불러야 합니다 … 어머니, 이러한 진실을 알게 하신 주님께 감사하시고, 이 진리 안에서 위로 받으시고, 어머니에게 베푸신 그 큰 은혜로 인해 기뻐하며 감사하세요.[9]

막상 죽을 때는 불안하잖아요. 우리도 믿음이 아무리 좋아도 죽을 때는 그동안 믿었던 자신의 선행, 수도승에게 의지한다는 것입니다. 그런데 그렇게 하지

---

9) 서신의 전체 내용은 다음을 보라. *D. Martin Luthers Werke: Kritische Gesamtausgabe* (Weimarer Ausgabe), Briefwechsel 7권, (Weimar: Hermann Böhlaus Nachfolger, 1937), 45–50.

말라는 거죠. 루터에 따르면, 중세 교회는 "우리의 구세주를 위로자가 아닌 가장 엄한 심판자요, 폭군으로 생각해서 우리가 주님으로부터 그 어떤 자비와 위로를 기대할 수 없게 만들었다"는 것입니다. 앞서 소개한 노트르담 성당의 구조물을 보고 루터의 편지를 읽으면 이 편지가 무슨 이야기를 하는지 우리는 금방 알 수 있습니다.

다시 창세기 3장 15절로 돌아와 봅시다. 그렇다면 하나님을 상실한 인간에게 어떻게 하나님은 사랑을 회복시켜 주실까요?

> 내가 너로 여자와 원수가 되게하고 네 후손도 여자의 후손과 원수가 되게 하리니 여자의 후손은 네 머리를 상하게 할 것이요. 너는 그의 발꿈치를 상하게 할 것이니라 하시고(창 3:15).

하나님의 해결책은 오직 한 분, 예수 그리스도이십니다. 하나님은 우리로 하여금 예수 그리스도를 바라보고 그분을 사랑하게 하심으로써, 자기 자신에 매몰된 타락한 인간을 치유하십니다. 그런데 이 예수 그리스도는 단순히 전능하신 하나님으로만 계신 분이 아닙니다. 그분은 상함을 입으신 메시아, 곧 십자가의 고난을 당하신 메시아이십니다. 우리는 십자가에 달리신 예수님을 바라볼 때, 그분의 성품에 대한 모든 의혹이 풀리고, 마음속 의심이 해소되며, 하나님의 사랑을 깊이 깨닫게 됩니다.

그러므로 하나님 사랑의 회복, 그것이 곧 '복음'입니다. 그리고 그 복음의 심장부에는 십자가에 달리신 예수님이 계십니다. 그러나 마귀는 우리의 마음과 시선이 이 복음의 중심이신 예수님께로 향하는 것을 질투합니다. 그래서 중세 시대에는 누군가를 충동질하여, 심지어 성경의 원문을 바꾸면서까지 우리의 시선을 성모 마리아에게로 돌리려 했던 것입니다.

구원의 핵심은 무엇입니까? 바로 십자가에 달리신 예수님을 바라보는 것입니다. 그리고 그 예수 그리스도를 온전히 사랑하는 것입니다.

4. 적용

다음은 마르틴 루터가 쓴 글입니다. 정말 진솔한 자기 마음을 잘 표현했어요.

> 나는 [안타깝게도] 나의 인자하시고 복되신 구주 예수 그리스도보다 내 아내 카테와 멜랑히톤에게 좀 더 친절함을 기대합니다. 그것이 인지상정일지라도, 실은 내 아내도 땅 위의 어떤 사람도 나를 위해 고난을 당하신 구주만큼 친절을 베풀지 못합니다. 그렇다면 왜 내가 주님을 두려워해야 합니까! 구주를 두려워하는 나의 어리석고 약한 모습을 생각할 때 몹시 슬픕니다. 우리는 복음서에서 구주께서 제자들을 얼마나 온유하고 인자하게 대하셨는지, 그들의 약함과 교만함과 어리석음을 얼마나 너그럽게 묵인하셨는지 잘 볼 수 있습니다. 주님은 그들의 불신앙을 지적하시고, 사랑으로 훈계하셨습니다. 더욱이 성경은 "여호와께 피하는 모든 사람은 다 복이 있도다"(시 2:12)라고 분명히 가르칩니다. 우리의 친척과 형제와 자매보다, 아니 부모가 자식을 사랑하는 것보다 더 큰 사랑과 친절과 온유와 관심으로 대해 주시는 주님을 두려워한다는 것이 얼마나 신앙에서 떠난 일입니까! 그런 생각에 시달리는 사람은 마음에 두려움과 상처를 주는 이가 그리스도가 아니시고 질투로 뭉친 마귀임을 알아야 합니다. 그리스도께서는 위로하시고 고치시고 회복시키는 분입니다.[10]

---

10) 마르틴 루터, 『탁상담화』, 이길상 역 (고양: 크리스챤다이제스트, 2005), 165-66, 168-69.

저희 아버지께서는 평생을 설교자로 사시면서도 언제나 겸손하셨습니다. 늦은 나이에 목회를 시작하셔서인지, 설교에 늘 무거운 부담을 가지셨습니다. 보통 목요일, 늦어도 금요일 저녁이 되면 어머니와 아들들 앞에서 설교를 연습하셨습니다. 원고를 읽으시면, 어머니께서는 정말 정직하고 소명감을 가지고 고칠 부분들을 말씀해 주셨습니다. 그러면 아버지께서는 그 말씀을 귀 기울여 들으시고, 설교문을 다시 다듬어 주일 설교를 준비하셨습니다. 저는 그렇게 설교문 앞에서 늘 겸손하신 아버지의 모습을 보며 자랐습니다.

마르틴 루터 목사님도 어쩌면 비슷하지 않았을까 생각됩니다. 설교자로 살아가면서 아내에게 의지하고, 아내의 칭찬을 바라며, 때로는 아내에게 꾸중을 듣기도 했습니다. 그리고 그런 순간에는 동역자인 멜랑히톤에게 기대기도 했습니다.

저도 아버지를 닮은 것 같습니다. 지난주 설교를 마친 후 아내에게 "어땠어?" 하고 물었더니, 돌아온 대답은 "너무 길었어"였습니다.

여러분, 아무리 "당신을 사랑한다"고 말하는 배우자라도, 실제로 여러분을 위해 십자가에 달려 죽은 사람은 없습니다. 저 역시 나를 사랑한다고 말하는 내 아내가 있지만, 사랑하는 아내가 나를 위해 십자가에 달린 적은 없습니다. 그런데 나는, 나를 위해 실제로 십자가에 달려 죽으신 놀라운 분, 곧 예수 그리스도를 나의 주님으로 모시고 있습니다. 그렇다면 왜 내가 그 주님을 두려워해야 하겠습니까? 어쩌면 그것은 중세 신앙의 잔재일지도 모릅니다.

우리가 유혹에 넘어지고 죄를 범했을 때, 주님께 달려가기보다 주님을 심판자이자 두려운 분으로만 여기며, 그분께 가까이 가기를 망설입니다. 대신 아내의 위로를 찾고, 동역자의 위로를 구하며, 사람에게 기대는 자신을 보게 됩니다.

사랑하는 배우자도, 의지하는 부모님도 때로는 우리 곁을 떠날 수 있습니다. 부모가 자식을 버리는 경우도 있고, 배우자가 사고로 갑자기 세상을 떠날 수도 있습니다. 안타깝지만 배신의 상처를 줄 수도 있습니다. 사랑하는 자녀가 먼저 세상을 떠나는 경우도 있고, 때로는 패륜적인 모습으로 마음을 아프게 할 수도 있습니다.

그러나 우리가 모든 부모, 배우자, 자녀보다 더 깊이 나를 사랑하시고, 나를 위해 십자가에 달리신 주님을 마음에 모시고 있다면, 인생에서 만나는 슬픔과 배신과 아픔을 능히 이길 수 있습니다. 우울한 일을 당해도 우울증에 빠지지 않을 수 있습니다. 지금 루터가 말하고 있는 것이 바로 이것입니다. 십자가에 달리신 하나님을 바라볼 때, 죄로 인해 자기 사랑에 갇힌 인류가 비로소 시선을 자기 자신에게서 떼고, 우상에게서도 떼어 하나님께로 향하게 됩니다. 그리고 그 하나님을 전심으로 사랑할 수 있게 됩니다. 이제 우리는 그분을 사랑하며 살아야 합니다. 그분이 우리에게 주신 말씀을 붙들고, 그분이 보여주신 사랑을 기억하며 살아가야 합니다.

여자의 후손이신 예수 그리스도를 사랑하며 살아가는 우리 모두가 되기를 주님의 이름으로 축원합니다.

3.
노아 언약

창세기 9:11-13

¹¹내가 너희와 언약을 세우리니 다시는 모든 생물을 홍수로 멸하지 아니할 것이라 땅을 멸할 홍수가 다시 있지 아니하리라. ¹²하나님이 이르시되 내가 나와 너희와 및 너희와 함께 하는 모든 생물 사이에 대대로 영원히 세우는 언약의 증거는 이것이니라. ¹³내가 내 무지개를 구름 속에 두었나니 이것이 나와 세상 사이의 언약의 증거니라.

1. 노아 언약의 성격

오늘 나눌 말씀의 주제는 창세기 9장에 기록된 노아 언약입니다. 창세기 9장은 총 29절로 이루어져 있습니다. 1-7절에는 홍수 이후 하나님께서 노아와 그의 아들들에게 복을 주시는 장면이 나옵니다. 8-17절에는 하나님께서 노아와 그의 후손과 언약을 맺으시고, 언약의 증거로 무지개를 주시는 장면이 나옵니다. 이후 18절부터는 조금 난해하게 느껴질 수 있는 사건이 펼쳐집니다. 노아가 포도주에 취해 벗은 채로 잠들었습니다. 이를 목격한 아들 함은 다른 형제들에게 가서 아버지의 수치를 드러냅니다. 셈과 야벳은 옷을 가지고 뒷걸음질 쳐서 들어가 아버지의 하체를 덮어 드립니다. 노아는 깨어난 후 함의 자손인 가나안을 저주하고, 셈과 야벳을 축복합니다. 29절에서 노아의 죽음이 기록되며 이 장은 마무리됩니다.

창세기 9장을 통해 하나님께서 홍수 이후의 인류와 어떤 관계를 맺으셨는지, 또한 이 관계 안에서 우리에게 요구하시는 것이 무엇인지 살펴보겠습니다.

먼저, 노아 언약의 성격을 생각해 봅시다. 과연, 노아 언약은 은혜 언약일까요? 보통 은혜 언약을 말할 때 우리는 예수 그리스도를 언약의 핵심으로 이해하고 있습니다. 그런데 언뜻 보기엔 노아 언약 안에는 예수 그리스도가 드러나지 않습니다. 구속사 전체의 흐름 속에서 그리스도와의 연결성이 잘 보이지 않습니다. 어떤 신학자들은 노아 언약을 일반 은총과 관련된 언약으로 파악합니다. 이는 하나님께서 자연과 더불어 맺으신 언약이고, 자연만물을 보존하시는 것이 언약의 핵심이라고 말합니다. 그리고 이 약속에 대한 보증으로 무지개를 주셨다고 설명합니다. 성경의 언약을 공부하는 신자들도 종종 이렇게 질문합니다.

"목사님, 노아 언약에서 어떻게 예수 그리스도를 발견하나요?"

노아 언약은 표면적으로만 보면 구원에 관한 은혜 언약으로 쉽게 읽히지 않습니다. 그리스도의 그림자가 선명하지 않고, 십자가와 직접 연결되는 구절도 보이지 않기 때문입니다. 그런데 우리가 성경 전체를 구속사의 관점으로 읽을 때, 즉 거시적인 관점에서 노아 언약에 접근할 때 우리는 은혜 언약의 본질이신 예수 그리스도의 존재와 사역에 관한 깊이 있는 내용을 발견할 수 있습니다.

8절부터 17절 내용을 간추려서 말하자면 이렇습니다. "내가 너희와 언약을 세우리니 다시는 모든 생물을 홍수로 멸하지 아니할 것이고 무지개가 구름 사이에 있으리니 내가 모든 육체를 가진 땅의 생물들 가운데 영원한 언약을 기억하리라." 과연, 노아 언약이 다루는 범위는 큽니다. 인간을 포함한 모든 자연 만물과 맺으신 언약입니다. 하나님께서 우주 만물을 보존하시겠다는 것과 이에 대한 증거로 무지개를 주신 것이죠.

이는 그리스도와 어떤 관련이 있을까요? 무엇보다 그리스도께서 이루실 구속 역사의 시공간을 확보하신다는 의미가 있습니다. 이해를 돕기 위해 비유를 들어보겠습니다.

컴퓨터에서 작업하다가 필요 없게 된 파일이 생기면 어떻게 하지요? 삭제 버튼을 누릅니다. 이 파일은 컴퓨터 바탕화면에 있는 쓰레기통 안에 들어갑니다. 그리고 일정한 시간이 지나면 쓰레기통에서 파일이 완전히 삭제됩니다. 완전히 삭제되기 전에는 실수로 지운 파일을 쓰레기통에서 다시 복원시킬 수 있습니다. 컴퓨터에 익숙한 학생들이라면 누구나 이 내용을 잘 이해합니다. 자, 이 쓰레기통을 완전히 비우는 것, 그것을 일종의 최후 심판이라고 가정해 봅시다. 혹은 사형 선고를 받고 기다리는 사형수의 사형 집행일이라고 상상해도 좋겠습니다. 보통의 경우 판사가 어떤 흉악범에게 사형을 선고해도 바로 그 자리에서 사형이 집행되지 않습니다. 사형 판결을 받은 죄인도 감옥에서 수년을 보내기도 합니다. 교화의 시간을 보내는 것이지요.

인간이 타락하고 죄를 범했을 때, 하나님께서는 즉각적인 심판을 선언하셨습니다.

"너는 흙이니 흙으로 돌아갈 것이니라"(창 3:19).

하나님께서는 이미 "너희가 반드시 죽으리라"라고 말씀하셨습니다(창 2:17). 그런데 선악과를 따먹은 이후 아담과 하와가 그 자리에서 죽었을까요? 물론 이들의 영혼은 하나님으로부터 분리되는 영적인 사망을 경험했을 것입니다. 그러나 육신의 생명은 에덴동산에서 끝나지 않았습니다. 이들의 죽음을 집행하는 시점은 심판자이신 하나님의 주권에 속한 일이었습니다. 언제라도 하나님께서 원하시는 때에 집행하실 수 있습니다. 하나님의 시각에서 보았을 때, 이 우주에서 하나님의 공의가 실패한 적이 없습니다. 인간이 타락했을 때, 공의의 하나님은 즉각적으로 심판을 선언하셨기 때문이죠. 비유컨대 범죄한 인간과 세상을 쓰레기통 안에 집어넣으셨습니다. 이것을 신학적으로는 타락이라고 표현합니다. 타락한 인류는 지금 쓰레기통 안에서 살고 있습니다.

이 쓰레기통 이미지를 좀 더 사용해 보겠습니다. 타락한 인류에 대한 구원을 계획하신 하나님은 인류 가운데 얼마를 자기 백성으로 선택하시고 구원하셨습니다. 이제 질문을 드려봅니다. 하나님께서 베푸신 구원의 역사는 쓰레기통 안에서 이루어졌을까요? 아니면 쓰레기통 밖에서 이루어졌을까요? 예, 쓰레기통 안에서 이루어졌습니다. 거룩하신 하나님께서 타락한 세상 질서 안으로 들어오셨습니다. 지금 우리가 살아가는 이 세상은 타락한 세상입니다. 어떻게 보면 이 세상은 거대한 쓰레기통과 같습니다. 쓰레기통 안에 쓰레기가 있는 것은 너무나 당연합니다. 예수님께서 이 땅에 오셔서 귀신들을 내쫓으실 때도 이들을 완전히 멸하지는 않으셨습니다. 귀신들도 자신들의 운명을 잘 알고 있었습니다. 자기들이 최후 심판 때 무저갱으로 던져질 것을 알고 있었습니다. 예수님께서 당장에 이들을 멸하지 않으신 이유는, 구속 사역이 아직 완성되지 않았기 때문입니다. 사탄과 더러운 영들이 무저갱에 떨어지는 일은 최후의 심판 때입니다. 주님의 구속 사역이 완성된 후에야 비로소 이루어질 것입니다.

"하나님은 선하신데 선하신 하나님이 창조하신 세계에 왜 이렇게 귀신이 많아요? 왜 이렇게 범죄자가 많아요?"

우리의 어린 자녀들이 종종 이렇게 질문합니다. 우리는 어떻게 대답하면 좋을까요?

"그건 우리가 쓰레기통 안에서(혹은 타락한 세상에서) 살아서 그래."

이렇게 대답하면 됩니다. 그렇습니다. 우리는 현재 타락한 질서 속에서 살아가고 있다는 사실을 인식할 필요가 있습니다. 우리가 이 땅에서 경험하는 수많은 악의 문제에 대해 당황하거나 절망할 필요가 없습니다. 특별히 우리 신자들은 절망에서 벗어나 소망을 품을 수 있습니다. 하나님의 구속 역사가 타락한 세상 안에서 시작되었기 때문입니다. 예수님의 성육신은 하나님께서 쓰레기통 안으로 들어오신 사건입니다. 예수님은 이 더럽고 무질서한 세상 한가운데서, 우리를 위한 구원의 사역을 완벽하게 이루어 주셨습니다.

이제 다시, 노아 언약의 주제로 돌아가겠습니다. 엉뚱한 발상이지만 반사실적 가정을 해봅시다. 만약 예수님께서 아직 공생애의 사역 기간에 계실 때, 즉 십자가에 달리시기 전에, 하나님께서 이 쓰레기통을 비워버리셨다면 어떻게 되었을까요? 구속 역사는 끝나버렸을 것입니다. 있을 수 없는 이야기입니다. 이런 차원에서 우리는 노아 언약의 중요성을 새롭게 조명해 볼 수 있습니다. 하나님께서 노아를 통해 우리에게 확증해 주신 것은, 예수 그리스도의 구속 사역이 완전히 성취되기 전까지는 하나님께서 이 타락한 세계에 대한 최후 심판을 집행하지 않겠다는 약속입니다. 다시 말해, 하나님은 쓰레기통을 미리 비우지 않으시겠다고 약속하신 것입니다. 표면적으로 볼 때, 노아 언약에 메시아는 언급되지 않습니다. 그러나 이 언약은 예수 그리스도의 구속 사역과 깊은 관련이 있습니다. 예수 그리스도의 구속 사역이 완성되기까지 하나님께서는 이 세상을 보존하시겠다는 의지가 반영되어 있습니다. 달리 표현하면 노아 언약은 그리스도께서 오셔서 구원의 역사를 펼쳐가실 무대와 시간을 확보한다는 의미를 가지고 있습니다. 하나님의 은혜와 오래 참으심, 죄에 대한 심판과 그 가운데서 건져내시는 구속의 틀을 그대로 담고 있습니다. 예수 그리스도 안에서 성취되는 은혜 언약의 본질이 노아 언약에도 직간접적으로 연결되어 있는 것입니다. 이러한 구속사적 관점에서 노아 언약에 담긴 복음적 교훈을 좀 더 깊이 살펴보겠습니다.

2. 심판 속에 드러나는 하나님의 은혜

흥미롭게도 성경에는 '둘째 아담', 혹은 '마지막 아담'이라는 표현이 나옵니다.

> 기록된 바 첫 사람 아담은 생령이 되었다 함과 같이 마지막 아담은 살려주는 영이 되었나니 그러나 먼저는 신령한 사람이 아니요 육의 사람이요 그 다음에 신령한 사람이니라 첫 사람은 땅에서 났으니 흙에 속한 자이거니와 둘째 사람은 하늘에서 나셨느니라(고전 15:45-47).

'둘째 아담'은 누구일까요? 예수 그리스도입니다. 고린도전서 15장은 창세기의 아담을 첫째 아담으로, 그리스도를 두 번째 아담으로 소개합니다. 첫 사람 아담에 대해 생각해 봅시다. 하나님께서 첫 사람을 다른 생물들하고는 다르게 창조하셨습니다. 일례로 하나님이 고등어를 창조하셨을 때 암수 고등어 두 마리만 창조하셨을까요? 그렇지 않았을 것입니다. "물들은 생물을 번성하게 하라(창 1:20)"라고 말씀하셨을 때 아마도 한 번에 수많은 고등어를 만드셨을 겁니다. 이와 대조적으로 인간만큼은 단 한 명의 개별자 아담을 먼저 창조하셨습니다. 최초의 인간 아담을 만드신 후에, 또 다른 개별자인 여자를 만드셨습니다. 그런데 여자를 아담과 무관하게 만들지 않았습니다. 둘을 생명의 관계로 연결하기 위해서 아담을 잠재우고 그의 갈비뼈를 취해서 여자를 만드셨습니다. 그리고 이 둘을 하나로 연합시키셨습니다. 이후의 인류는 아담과 하와로부터 출생하도록 만드셨습니다. 여기에 단 한 명의 예외도 있을 수 없습니다. 모든 인류를 아담의 머리 아래 한 몸으로 엮으신 것입니다. 주지하다시피 첫 사람 아담은 하나님의 형상으로 지음받았습니다. 그렇다면 아담의 모든 후손 역시 하나님의 형상으로 지음 받았다고 말할 수 있습니다.

그렇다면 하나님의 새 창조가 낳은 신자들의 경우는 어떨까요? 새 하늘과 새 땅을 가득 채울 천국 시민의 모습은 어떨까요? 이들은 국적과 인종을 초월하여 공유하는 공통점이 있을 것입니다. 바로 예수 그리스도의 형상입니다. 모든 신자는 그리스도와 연합한 자들입니다. 신자는 그리스도와 연합하여 옛사람은 죽고 속사람이 살아난 존재입니다. 신자는 자기 안에 그리스도께서 사신다고 고백합니다(갈 2:20). 하나님께서 우리를 예정하시고 선택하신 목적도 그리스도의 형상과 관련이 있습니다. 즉, 그 아들의 형상을 본받게 하기 위해 하나님께서는 우리를 선택하셨다고 성경은 말합니다(롬 8:29). 이런 면에서 볼 때 천국에 가서 만나게 될 모든 천국의 시민은 다 그리스도의 형상으로 지음 받았다고 말할 수 있습니다. 그런 의미에서 예수 그리스도를 둘째 아담 혹은 마지막 아담이라고 이야기를 하는 것입니다.

이러한 거시적 관점에서 노아의 위치를 생각해 보겠습니다. 첫 번째 창조 때, 하나님께서는 아담의 후손인 가인과 셋을 통해 인류를 크게 번성하게 하셨습니다. 그런데 홍수 이전 인류의 타락이 절정에 이르렀을 때, 하나님께서는 홍수 심판으로 노아와 그 가족을 제외한 모든 사람을 멸하셨습니다. 그리고 홍수 후에 노아의 가족으로부터 인류를 번성케 하셨습니다. 우리는 모두 아담의 후손이라고 말하지만, 사실 현생 인류는 예외 없이 노아의 후손이기도 합니다. 그렇다면 자연스럽게 떠오르는 질문이 있습니다. 첫째 아담은 에덴동산에서 지음 받은 아담이고, 둘째 아담은 노아, 셋째 아담은 예수님이라고 부르는 것이 자연스러워 보입니다. 그런데 성경은 노아를 '둘째 아담'이라고 부르지 않습니다. 그 이유는 어디에 있을까요?

오늘 본문인 창세기 9장에 그 단서가 기록되어 있습니다. 포도주를 먹고 술에 취한 아버지 노아와 아들들 사이에 있었던 사건을 살펴보겠습니다. 칼빈에 따르면 홍수 이후의 노아는 그리 즐겁게 살지 못했을 것입니다. 자신의 눈앞에서 인류가 하나님의 심판을 받아 멸망하는 장면을 직접 보았기 때문입니다. 어쩌면 그는 방주 안에서 밖에서 들려오는 비명 소리를 들었을지도 모릅니다. 이런 상황에서 어떻게 방주 안에서 행복하고 평온한 시간을 보낼 수 있었겠습니까? 노아는 심판의 이유를 잘 알고 있었습니다. 바로 죄 때문입니다. 노아가 구원을 받은 이유는 무엇일까요? 그 이유는 하나님께서 그를 의롭다고 인정해 주셨기 때문입니다. 좀 더 정확히 말하면, "믿음을 따르는 의의 상속자"(히 11:7)가 되었기 때문입니다. 루터에 따르면 노아는 '여인의 후손'(메시아)에 관한 약속을 믿는 믿음으로 말미암아 의롭다 하심을 받았습니다. 어쨌든 노아는 자신이 홍수 이후 새롭게 시작될 인류의 시조라는 사실을 잘 인식하고 있었을 것입니다. 새 역사의 출발점에서 노아는 죄악으로 물든 옛 세상과는 차별화되는 의의 역사를 시작해보자는 각오를 했을 겁니다.

그런데 어느 날 노아는 포도주를 마시고 취하게 됩니다. 창세기 9장 24절에 근거해 볼 때, 아마도 함은 아버지의 벌거벗은 모습을 보고 나와서 다른 형제들 앞에서 아버지를 조롱한 것으로 보입니다. 노아가 잠에서 깨어났을 때, 그는 함이 자신에게 행한 일을 알게 됩니다. 이 순간, 노아의 마음속에 어떤 감정이 몰려왔을까요? 현재 우리가 상상하는 것 이상의 절망감을 느꼈을 것입니다. 왜냐하면, 그는 함에게서 '죄'를 발견했기 때문입니다.

이해를 돕기 위해 비유를 들어보겠습니다. 지구상의 인류가 코로나 바이러스로 인해 멸망하게 되었다고 상상해 봅시다. 유일하게 한 가족만이 아직 바이러스에 감염되지 않았습니다. 인류가 우주의 역사 속에 사라지는 것을 막기 위해 과학자들은 그 가족을 태양계의 다른 행성으로 이주시키는 시도를 했고 마침내 이에 성공했습니다. 새로운 행성에서 이 가족은 새로운 삶을 시작했습니다. 그런데 얼마 후 이 가족의 자녀 가운데 한 명이 기침을 시작합니다. 검사를 해보니 코로나 바이러스에 감염되었습니다. 이 순간 이 가족의 심정은 어떨까요? 그야말로 절망감에 빠져들지 않을까요? 이와 유사한 상황이 노아의 가정에 일어난 것입니다. 저라면 아마 이렇게 탄식했을 것입니다. "하나님, 결국 이렇게 될 줄 모르셨나요? 또다시 죄악의 역사가 반복될 것을 미리 알고 계셨다면 왜 저더러 방주를 지으라고 하셨나요? 왜 우리 가족을 살려두셨습니까?" 아마도 노아는 깊은 실존적인 절망에 빠졌을 것입니다. '어차피 다시 한 번 죄로 인해 감염될 이 세상에서 다시 살아갈 의미가 무엇인가?'

이 순간 놀라운 반전이 일어납니다. 성령 하나님께서 노아에게 임하여 그를 감동하십니다. 이제 노아는 선지자로서 자녀들 앞에서 하나님의 구속 역사를 예언합니다. 선지자 노아는 죄악의 현실만 목격하지 않았습니다. 죄로 인해 감염된 인류의 역사 속에서 희망을 발견합니다. 하나님께서 창세기 3장 15절에서 약속하신 '여자의 후손', 곧 메시아의 씨를 보게 된 것입니다. 그리고 그의 입술에서 찬양이 터져 나옵니다. "셈의 하나님을 찬송할지로다!" 창세기 9장에서 노아는 저주만 선포한 것이 아닙니다. 셈의 후손으로 오실 메시아에 대한 신앙 고백과 찬양이 기록되어 있습니다.

한편으로는 이러한 노아의 절망을 이해하고, 다른 한편으로는 메시아에 관한 약속을 바라보며 기뻐한 노아의 찬양을 이해할 때, 우리는 비로소, 노아에 관한 성경 기사를 균형 잡힌 시각으로 해석할 수 있게 됩니다. 노아의 방주 안에는 두 개의 씨가 함께 타고 있었습니다. 하나는 아담으로부터 기원한 타락의 씨였습니다. 아담의 후손인 모든 사람의 본성에 깊이 뿌리내린 죄의 씨앗은 방주 안에서도 여전히 살아 있었습니다. 동시에 또 하나의 씨, 곧 여자의 후손으로 약속된 메시아의 씨 역시 그 방주 안에 함께 있었습니다. 후자로 인해 노아는 절망 가운데서도 위로를 받았습니다. 앞으로 인류의 역사는 분명 죄악으로 다시금 물들 것입니다. 그럼에도 하나님께서는 친히 죄의 문제를 해결하시고 만물을 회복하실 구원의 역사를 계속 수행하실 것입니다. 바로 이 사실로 인해 노아의 마음은 깊은 위로로 채워졌습니다.

루터는 이렇게 이야기를 했습니다.

> "셈의 하나님"을 찬양한 것은 곧 "약속의 자손"을 통해 주어지는 미래의 복의 탁월성을 찬양한 것이다. 야벳은 셈의 복(그리스도를 통해 주어지는 죄 용서, 성령, 영생)에 참여하는 이방인을 대표했다.

이런 맥락에서 루터와 칼빈 모두 노아의 저주를 단순히 한 개인의 탄식이나 저주로 해석하지 않습니다. 당시에 유일하게 존재한 교회에서 이루어진 일종의 공적인 선언으로 이해합니다. 노아의 저주와 찬양은 하나님께서 선지자 노아를 통해서 교회와 세상에 선포하신 공적인 계시인 것입니다.

3. 노아의 찬양

성경은 노아가 의인이라고 선언합니다. 그런데 노아는 자기 몸에서 나온 아들이 죄에 감염되었음을 바라보며 절망했을 것이라고 말씀드렸습니다. 흥미롭게도 노아는 곧이어 하나님을 찬양합니다. 신자로서 노아가 경험했던 절망과 찬양의 의미를 좀 더 생각해 보겠습니다.

세상 사람들은 자기에 대해서 심하게 실망할 때 종종 절망에 빠집니다. 그런데 신자는 좀 다릅니다. 자기에 대한 실망이 반드시 우울과 절망으로 연결되지 않습니다. 오히려 이를 계기로 주님의 놀라운 은혜를 발견하고 노아처럼 하나님을 찬양할 수 있습니다. 저도 이러한 경험을 한 일이 있습니다. 학력고사에 떨어지고 재수 생활을 시작했을 무렵입니다. 하나님 앞에 좀 죄송한 마음이 들었습니다. 대입을 위해 나름 열심히 공부할 때 오히려 죄책감이 들었습니다. 세상 공부를 이렇게 열심히 하면서 신앙생활에는 별다른 마음과 시간을 쓰지 않는 것 때문이었죠. '이번 한 해를 하나님을 기쁘시게 해드리는 한 해로 만들어 보자!' 이 시기에 제가 작성했던 큐티 노트에 이러한 마음을 표현했습니다. 제 삶에서 하나님이 별로 기뻐하시지 않은 요소가 있으면 끊어버리고 1년을 경건하게 살아보기로 마음먹었습니다. 당시로서는 마치 수도원적인 삶이 경건한 삶인 것처럼 느껴졌습니다. 그래서 소위 세속적인 요소를 다 끊고 오직 공부와 교회 생활에만 집중하기로 결심했습니다. 일례로 TV를 시청하거나, 영화를 보는 것, 그리고 잡지를 읽는 것도 모두 하지 않기로 했습니다. 일종의 미디어 금식을 실천하기로 한 것이죠. 친구들과 만나 오락을 즐기거나 노는 일도 그만두었습니다. 단순히 마음의 결심만을 한 것이 아니었습니다. 큐티 노트 앞에 점수판을 만들어 놓고 하루하루 나의 생활을 점검하면서 십여 개에 해당하는 항목을 정해 놓고 각 항목을 어겼을 때, 마이너스 1점에서 10점씩 깎았습니다. 성수주일이나 QT 항목을 어겼을 때는 마이너스 10점을 했습니다. 당시 학력고사를 고려하여 340점을 만점으로 1월부터 시작했습니다. 매일 밤 그날의 점수를 체크하고, 일주일의 통계를 내었고, 한 달이 지나면 전체 월 통계를 기록했습니다. 30년이 지난 지금까지 그때의 기록을 가지고 있습니다. 1년 동안 텔레비전을 딱 2시간 봤더군요. 영화는 두 번을 보았습니다. 한번 가족 여행을 갔는데 이것에 대해서는 마이너스 3점을 했습니다. 물론 친구 송별회에 참석한 것에 대해서도 마이너스 1점을 했습니다. 1년을 결산하며 26점이 감점되어 최종 314점의 점수를 받았습니다.

1년 후에 제가 깊이 깨달은 바가 있습니다. 일단 겉으로 볼 때는 제 생활에 큰 변화가 있었습니다. 많은 날을 게임하고 텔레비전을 시청하는 데 사용하던 아들이 오락실을 끊고 1년에 2시간밖에 TV를 보지 않았으니, 부모님의 눈에는 아이가 완전히 바뀐 것으로 보였을 것입니다. 어떤 면에서는 설득력이 있어 보입니다. 그런데 참 이상합니다. 내면에서의 저는 오히려 깊은 연속성을 느꼈습니다. 금년의 안상혁과 작년의 안상혁은 사실상 본질적으로 동일했습니다. 특히 마음의 부패한 생각에서는 별로 바뀐 게 없었습니다. 아직 어린 나이였지만 이 사실을 깨달았습니다. '겉으로 어떤 행동 양식을 바꾸었다고 해서 나의 내면이 그만큼 거룩해지는 것이 아니구나!' 어떤 면에서는 내 자신에게 실망하는 체험을 했습니다.

중세 시대에 유명한 수도승들은 돈과 이성과 명예의 유혹으로부터 벗어나기 위해 사회를 떠나 사막이나 산에 들어가 고립된 생활을 했습니다. 이곳에서도 이들은 적지 않은 시간을 들여 마음의 정욕과 더불어 투쟁해야 했습니다. 외면적인 고행과 훈련을 통해 어느 정도 욕구를 통제할 수 있을지는 모르지만, 수도원적인 수련이 인간 본성에 깊이 뿌리내리고 있는 죄의 문제를 해결할 수는 없습니다.

오늘 본문은 '당대의 의인'으로 평가받은 노아가 술에 취해 벌거벗은 모습으로 잠든 모습을 여과 없이 묘사합니다. 어떤 면에서는 하나님과 사람 앞에서 매우 수치스러운 모습을 노출한 것입니다. 노아의 입장에서는 자기 일생에서 지우고 싶은 한 장면인지도 모르겠습니다. 제 경우는 더욱 비참합니다. 제일 경건하게 살아간 1년조차도 수치스러운 정욕으로부터 결코 자유롭지 못했습니다. 제 점수표에는 남자 청소년들의 고민거리인 음란물과 자위행위 항목도 포함되어 있었습니다. 평소에는 별생각 없이 살았습니다. 그런데 이것들을 전부 끊고 안 해야겠다고 생각하니까 오히려 더욱 강력한 유혹이 밀려왔습니다. 비록 외면적인 삶이 변화되었다 해도 내면의 자아는 정욕의 문제에 무력하다는 사실을 깨닫게 되었습니다. 이 시기에 제 속사람은 인간의 전적인 부패와 무능력의 교리에 쉽게 동의했습니다. '아, 나는 나의 힘으로 나를 의롭다 할 수 없고 나의 힘으로 구원 얻는 게 아니구나!' 이러한 심정에서 은혜롭게 부를 수 있는 찬송이 있습니다. 찬송가 494장 "만세 반석 열리니"입니다. 3절 가사는 이렇습니다.

> 빈손 들고 앞에 가 십자가를 붙드네.
> 의가 없는 자라도 도와주심 바라고
> 생명샘에 나가니 나를 씻어 주소서

신자는 자신에게 의가 없다는 사실을 발견합니다. 그러나 절망하지 않습니다. 오히려 빈손으로 주님께 나아갑니다. 그리고 십자가를 붙듭니다. 십자가의 복음이 있기 때문에 신자의 절망은 우울증으로 연결되지 않는 것입니다. 오히려 찬양을 합니다. 우리의 모든 죄짐을 지고 십자가에 돌아가신 예수 그리스도께서 그분 자신의 의를 우리에게 전가해 주시고 우리를 의롭다고 선언하시기 때문입니다. 치처럼 신자는 그리스도의 의를 붙잡고 그분을 찬양합니다.

성경은 노아를 의인으로 평가합니다. "노아는 의인이요 당대의 완전한 자라 그가 하나님과 동행하였느니라." 어쩌면 노아도 '내가 의롭기 때문에 하나님의 선택을 받은 것이 아닐까?'라고 한순간이나마 생각했을 수 있습니다. 그러나 노아는 마음으로 이렇게 결론짓지 않았을 겁니다. 오히려 '하나님께서 나를 의롭게 여겨주신 것은 하나님의 은혜로 말미암은 것이지'라고 생각했을 것입니다. 성경 말씀도 이러한 생각을 지지합니다. "노아가 의인이요"라고 기록된 9절 말씀 바로 전 절을 봅시다. 8절은 "노아는 여호와께 은혜를 입었더라"라고 기록하고 있습니다.

> 노아는 여호와께 은혜를 입었더라(창 6:8).

> 노아는 의인이요 당대에 완전한 자라 그는 하나님과 동행하였으며(창 6:9).

은혜라는 말은 죄를 전제하는 개념입니다. 하나님께서 노아가 의인이기 때문에 선택한 것이 아닙니다. 좀 더 정확하게 말하면 노아에게 믿음을 주시고, 이 믿음으로 말미암아 받게 되는 하나님의 의를 그에게 입혀주신 것입니다. 이것이 바로 노아에게 베푸신 하나님의 은혜입니다. 같은 맥락에서 히브리서는 노아가 "믿음을 따르는 의의 상속자가 되었느니라"라고 선언합니다.

> 믿음으로 노아는 … 믿음을 따르는 의의 상속자가 되었느니라(히 11:7).

히브리서 11장에는 노아는 자기의 공로로 구원받았다고 하지 않고 믿음을 따르는 의의 상속자가 됐다고 말합니다. 칼빈은 이렇게 말합니다.

하나님께서 성령님을 통해 노아를 이미 의인으로 만드셨기 때문이다. 사도는 노아가 믿음으로 의의 상속자가 되었다고 말한다. 이 말로 그는 모든 공로를 제외시킨다.

루터 역시 노아의 의가 믿음으로 말미암았음을 강조합니다. 믿음은 대상이 있습니다. 노아의 믿음은 '약속의 자손'[창 3:15, "여자의 후손"]을 믿는 믿음의 의였습니다. 메시아에 관한 약속을 노아가 믿었다는 것입니다. 이 의는 사람으로부터 난 의가 아닙니다. 하나님의 의입니다. 베드로 사도는 노아가 이러한 "의를 전파하는"(벧후 2:5) 설교자였음을 선언한다고 루터는 해석합니다. 요컨대 "믿음을 따르는 의"는 창세기 15장 6절 "아브라함이 하나님을 믿으니 이를 그의 의로 여기셨더라"라는 말씀이 가르치는 것과 동일한 의, 곧 '믿음의 의'입니다.

4. 적용

자녀들은 종종 부모의 모습을 보고 실망합니다. 부모라고 해서 완벽하거나 항상 모범적일 수만은 없다는 사실을 고려한다면 충분히 이해할 만한 반응입니다. 창세기 9장은 함이 아버지 때문에 넘어지는 모습을 기록합니다. 함이 아버지 노아의 모습에 실족한 까닭은 무엇일까요? 뜻밖에도 루터는 노아의 잘못보다 함의 반응에서 나타난 죄악의 뿌리를 집중적으로 분해합니다. 루터에 따르면 함이 아버지의 모습을 보고 실족한 것 자체가 그의 죄와 깊이 연결되어 있다고 말합니다. 함이 자기 아버지의 모습을 보고 실족한 데는 함의 교만한 '자기 의'가 전제되어 있기 때문입니다. '나는 아버지보다 경건하고 의롭다'라는 생각이 함의 태도에 반영되어 있었습니다. 함이 놓친 것이 한 가지 더 있습니다. '가장 거룩하신 하나님께서 매우 연약한 신자인 자신의 아버지를 어떻게 대하셨는가?' 함은 자녀를 다루시는 하나님의 시선으로 아버지를 바라보지 못했습니다. 루터는 창세기 9장 강해에서 다음과 같이 말합니다.

> 보라 우리 아버지가 넘어지셨구나! 그러나 하나님께서는 당신의 신자들을 매우 놀라운 방식으로 다루신다. 때때로 하나님은 위인들의 실족함을 허락하셔서 이를 통해 우리를 위로하신다. 곧 이들과 유사한 연약함에 의해 압도되어 우리가 넘어졌을 때 우리로 하여금 절망에 빠져 있지 않도록 위로하시는 것이다. 함은 아버지의 타락한 모습에 의해 실제로 실족하였다. 왜냐하면, 자기 자신이 아버지보다 더욱 의롭고 경건하다고 생각했기 때문이었다. 함은 아버지를 죄인으로 정죄하였다. 그러나 함은 원죄와 인간의 약점을 가진 아버지 노아를 하나님께서 어떻게 대하셨는지를 생각했어야만 했다. 하나님은 세상[사탄]이 정죄하는 당신의 자녀를 진실로 용서하신다.[11]

우리가 사랑하는 배우자, 부모, 자녀로 인해 실망하고 실족할 위험에 놓일 때, 우리는 루터가 드러낸 성경의 교훈을 꼭 기억해야 합니다. 우리는 그 누구보다 하나님께서 우리의 아버지와 어머니를, 남편과 아내를, 그리고 우리의 자녀를 어떻게 대하시는지를 먼저 발견하는 것이 중요합니다. 하나님은 가장 거룩하신 분이십니다. 이러한 하나님께서 우리 마음의 깊은 생각을 다 아십니다. 우

---

11) 루터의 창세기 강해는 다음을 보라. Martin Luther, *Lectures on Genesis*. in *Luther's Works*, vols 1-8 (Philadelphia & St. Louis: Fortress Press and Concordia, 1958-64). 이하 루터의 창세기 강해 인용은 영문판 루터 전집(LW)의 해당 부분을 찾아 보라.

리의 마음에서 모락모락 피어오르는 온갖 더럽고 불경건한 생각까지도 보시는 분입니다. 그럼에도 하나님께서는 노아와 아브라함에게 믿음을 주시고 이들을 의롭다고 하셨습니다. 이들과 교제하기를 주저하지 않으셨습니다. 이들을 하나님의 사역자로 사용하셨습니다. 이것이 사실이라면 동일하신 하나님께서 우리의 아버지와 어머니도 이렇게 대하신다는 사실을 자녀들은 깨달아야 합니다. 한가지 현실적인 권면을 드립니다. 사랑하는 가족이더라도 사람의 마음 깊은 곳에 있는 생각을 굳이 알려고 하지 마십시오. 우리는 사람의 부패성을 감당할 능력이 없습니다. 결국 실족하게 되어 있습니다. 종종 자녀의 속을 들여다보길 원하는 부모를 만날 때가 있습니다. '우리 아이 마음속에 뭐가 있을까?' '문을 걸어 잠그고 안에서 무슨 생각을 할까?' 혹은 '배우자의 마음속 생각을 내가 다 알아야겠다'라고 생각할 수도 있습니다. 그러나 우리의 관용과 용서는 주님의 사랑과 용서에 결코 미치지 못합니다. 우리가 예수님이 아닌 한, 사랑하는 사람의 부패한 생각을 우리는 감당할 실력이 없습니다. 어쩌면 하나님께서 우리의 시선과 지식에 한계를 부여하신 것이 우리 모두에게 복인지도 모르겠습니다. 때로는 하나님께서 적당히 덮어주시는 것들이 있습니다. 이런 것들은 굳이 들추려 하지 마십시오. 그 대신 가족과 이웃의 허물을 능히 덮어줄 수 있는 사랑을 달라고 간구하시기 바랍니다. 그렇습니다. 우리는 하나님께서 허물이 많고 연약한 우리의 부모와 배우자와 가족, 그리고 친구와 이웃을 어떻게 포기하지 않고 신실하게 이끌어 가시는지를 보아야 합니다. 그리고 이러한 하나님의 신실하신 사랑을 배우려고 노력해야 합니다.

칼빈 목사님은 본문으로부터 말씀 사역자와 회중을 위한 통찰력 있는 적용점을 이끌어냅니다. 먼저 말씀의 사역자들을 위한 적용입니다.

　　우리는 노아에게 있는 꿋꿋함을 응시해야 합니다. 하나님이 자신의 말씀을 맡기는 모든 종들이 가져야 할 그런 꿋꿋함 말입니다. 이것이 강조되어야 하는 이유는 하나님의 말씀을 전하는 자들에게 결함과 악덕이 없는 것이 아니기 때문입니다. 비록 그들이 다른 이들에게 길을 제시하고 입으로뿐만 아니라 말한 바를 삶으로 확인해 주어야 하지만, 그럼에도 이들은 아무런 결함도 없는 천사들이 아닙니다. 하나님의 말씀을 전하는 사람이 자신이 어떤 결함에 굴복하고, 심지어 여러 가지로 걸리는 게 있음을 안 후, 이것을 알고 나서 그가 자신의 [설교] 의무를 게을리하고 모든 용기를 잃는다면, 그가 저지르는 죄는 이렇게 저렇게 범죄한 것보다 더 클 것입니다. 왜냐하면, 그가 자신의 소명을 포기하고 부인하는 것이 되기 때문입니다. 만일 우리가 우리의 기준에 따라 설교하고자 한다면 어떻게 되겠습니까? 내가 설교단에 오르면서 내가 누구인지를 바라본다면, 유감이지만 나는 하나님이 요구하시는 그런 완전함으로 말씀을 전할 수 없을 것이고, 나와 여러 다른 사람들을 권면할 수 없을 것입니다. 아무튼 우리 모두는 우리의 오물에 빠져 있을 것입니다. 그러므로 하나님의 법이 통째로 남아 있어야 하며, 그것이 사람들의[설교자의] 연약함에 따라 선포되어서는 안 됩니다.[12]

정말 맞는 말입니다. 일례로 제 아버지는 "네 부모를 공경하라"라는 제목으로 설교할 때 유난히 스트레스를 많이 받으셨습니다. 5월 가정의 달이 되면 어머니를 잠시라도 우리 집에 모셔다 놓고 정성껏 돌봐드렸습니다. 이렇게라도 해

---

[12] John Calvin, *Sermons on Genesis: Chapters* 1–11, trans. Rob Roy McGregor (Edinburgh: Banner of Truth Trust, 2009), sermon on Genesis 9. 한글 번역은 다음을 보라. 장 칼뱅, 『칼뱅 구약설교집 1/1: 창세기 설교 1(1559-60)』, 박건택 역 (서울: 크리스천르네상스, 2019). 이하 칼빈의 설교 인용은 이 책을 참고하라.

야 부모에게 효도하라는 설교를 준비하실 수 있겠다는 이유에서였습니다. 자, 한번 생각해 봅시다. 자신은 불효자라고 생각하는 설교자가 있습니다. 도저히 양심에 걸려서 이 설교자는 '부모에게 효도하라'라는 설교를 하지 않기로 결심합니다. 그리고 십계명 강해설교를 하다가 제5계명은 건너뛰기로 합니다. 이 설교자는 과연 정직한 설교자라고 인정을 받겠습니까? 오히려 설교자로서 직무유기를 했다고 더욱 큰 책망을 받지 않겠습니까? 설교는 설교자의 연약함에 의해 좌우되어서는 안 됩니다. 만일 우리가 우리의 기준에 따라 설교하고자 한다면 어떻게 되겠습니까? 설교단에 오르면서 모든 목사가 하나님이 요구하시는 그런 완전함으로 말씀을 전할 수는 없을 것입니다. 그러므로 설교는 설교자의 연약함에 따라 말씀이 선포되어서는 안 된다고 칼빈이 강조합니다. 이런 맥락에서 저와 같은 불효자도 강단에 서서 '부모에게 효도하라'라고 담대하게 외쳐야 합니다. 이를 위해서는 일종의 뻔뻔함이 설교자에게 요구된다는 칼빈의 말에 전적으로 동의하게 됩니다. 물론 가장 좋은 것은 말과 삶으로 설교하는 것입니다. 그런데 설교자가 비록 선포하는 말씀대로 못 살아도 하나님의 말씀은 가감 없이 선포되어야만 합니다.

두 번째로 회중을 위한 적용도 있습니다. 칼빈 목사님은 회중이 설교를 듣는 법에 대해서도 이렇게 권면합니다.

> 모든 이들은 자신들에게 설교하는 자들이 그들에게 요구되는 만큼 그렇게 완전하지 못할 때에도, 매우 겸손하게 이 교훈을 받아들이는 법을 배워야 합니다. 왜냐하면, 이것이[설교자의 불완전함이] 하나님이 비방받아야 할 이유가 아니기 때문입니다. 설교자들이 천사가 아니고 이들에게서 이들이 가져야 할 마땅한 거룩함이 없다고 해서, 이들의 악덕이 하나님과 그의 말씀의 존엄에 해를 가할까요? 우리는 [이것을] "저 설교자는 나보다도

못하네, 그런데도 그가 다른 이들에게 설교한다. 그는 왜 자신에게서부터 시작하지 않나?"라고 말할 계기로 삼아서는 안 됩니다. 물론 우리가 거룩한 직분을 욕보이는 자들을 비난하기 위해 이처럼 말할 수 있는 것은 사실입니다. 하지만 동시에 하나님의 말씀은 언제나 통용되고 있으며 우리는 이론의 여지 없이 수용해야 한다고 결론지어야 합니다. 그렇지 않다면 노아의 예언은 우화이고 오늘날 우리는 그것을 고려하지 않을 것이기 때문입니다.

칼빈이 지적한 대로 우리는 종종 설교자를 판단합니다.
'저 설교자는 나보다도 못하네.'
'자기나 잘하지.'
여러분, 설교를 들을 때 이렇게 생각하시면 안 됩니다. 오히려 선포되는 하나님의 말씀 자체에 집중하셔야 합니다. 때로는 내가 보기에 자격을 갖추지 못한 설교자가 강단에 설 때가 있습니다. 이것을 핑계 삼아 선포되는 하나님의 말씀을 판단하는 계기로 삼아선 안 됩니다. 이처럼 연약한 사역자를 통해서라도 '왜 하나님께서 지금, 이 순간에 나에게 이 말씀을 듣게 하는가?'라고 생각해야 합니다.

루터와 칼빈 목사님의 주해를 읽고 나면 노아 언약과 노아 가정의 이야기가 얼마나 지금 우리에게 적실성 있는 교훈을 주는지 깨닫게 됩니다. 무엇보다 노아를 포함하여 의가 없는 자라도 하나님 앞에 쓰임 받고 또 어떻게 거룩한 교회를 섬기며 사역을 감당할 수 있는지를 깨달으며 많은 위로를 받을 수 있습니다. 또한, 의가 없는 부모, 의가 없는 사역자, 의가 없는 남편과 아내, 그리고 의가 없는 우리의 자녀들이 부를 찬양도 알려줍니다.

> 빈손 들고 앞에 가 십자가를 붙드네.
> 의가 없는 자라도 도와주심 바라고
> 생명샘에 나가니 나를 씻어 주소서.

끝으로 마르틴 루터가 죽기 직전에 마지막으로 남긴 쪽지에 적힌 글을 소개해 드립니다.

> 우리는 거지다. 그것은 진실이다.

우리는 하나님 앞에 빈손으로 선 거지입니다. 거지가 거지에게 지금 설교하고 있는 것입니다. 의가 없는 것 때문에 설교자를 보고 여러분 낙심하거나 실족하시면 안 됩니다. 오히려 의가 없는 우리를 하나님께서 어떻게 구원하셨고 어떻게 은혜를 베푸셨는가를 보셔야 합니다. 이럴 때 우리는 서로를 격려하여 다 함께 십자가를 바라보게 됩니다. 바라기는 우리의 믿음 공동체가 모두 빈손 들고 십자가 앞에 담대히 나아가서 십자가의 의를 붙잡고 주님이 베푸시는 풍성한 은혜를 누리시길 주님의 이름으로 축원합니다.

4. 아브라함 언약

창세기 22:17-18

¹⁷내가 네게 큰 복을 주고 네 씨가 크게 번성하여 하늘의 별과 같고 바닷가의 모래와 같게 하리니 네 씨가 그 대적의 성문을 차지하리라. ¹⁸또 네 씨로 말미암아 천하 만민이 복을 받으리니 이는 네가 나의 말을 준행하였음이니라 하셨다 하니라

오늘 살펴볼 언약은 '아브라함 언약'입니다. 아브라함 언약을 이해하는 데 있어 중요한 장들은 창세기 12장, 15장, 17장 그리고 22장입니다. 창세기 12장에서 하나님은 아브람을 부르시며 "너는 복이 될지라"(창 12:2)라고 약속하십니다. 15장에서 하나님은 아브람과 횃불 언약을 맺으십니다. 횃불 언약의 의미는 제8장에서 다루겠습니다. 17장에서 하나님은 아브람의 이름을 아브라함으로 바꾸어 주십니다. 그리고 할례 언약을 맺으십니다. 22장에서 하나님은 언약의

핵심이 메시아와 그분의 속죄 사역에 있음을 계시해 주십니다. 이번 장에서는 특별히 12장의 부르심과 22장의 사건이 가진 구속사적 의미를 살펴보도록 하겠습니다.

1. 부르심

> 여호와께서 아브람에게 이르시되 너는 너의 고향과 친척과 아버지의 집을 떠나 내가 네게 보여 줄 땅으로 가라(창 12:1).

아브라함은 메소포타미아 지역에 살고 있었습니다. 하나님께서는 그를 갈대아 우르에서 불러내어 가나안 땅에서 살게 하셨습니다. 세계 지도를 살펴보면 가나안은 아주 넓은 지역이 아니지만 중요한 전략적 요충지임을 알 수 있습니다. 오늘날 중동 분쟁의 핵심지역이죠. 이곳은 유럽과 아프리카, 아시아 등이 만나는 교통의 요지입니다. 하나님께서 아브라함을 불러내어 이곳에 살게 하셨습니다. 하나님께서 전략적 요충지에 큰 교회를 세울 계획을 하신 것입니다. 실제로 아브라함의 자손인 이스라엘은 나라 전체가 제사장 나라(교회)로 부름 받았습니다. 이처럼 하나님께서는 이스라엘을 통해 세계의 많은 민족을 불러 모아서 하나님의 백성 삼으려는 놀라운 전도 계획을 세우셨습니다.

하나님께서 아브라함을 부르시며 "내가 너로 큰 민족을 이루고 네게 복을 주어, 네 이름을 창대하게 하리라"고 약속하셨습니다. 이 약속은 오늘날 문자적으로 성취됐습니다. 세계의 종교 분포 통계를 보면 세계 인구의 절반 이상이 아브라함을 자기의 조상이라고 주장한다는 사실을 알게 되었습니다. 유대인과 이슬람 국가, 그리고 기독교인에게 아브라함은 위대한 조상입니다. 어떤 면에서는 아브라함이 예수님보다 더 유명한 이름이 됐습니다. "네 이름을 창대하게 하리라"라는 약속이 이루어진 것입니다.

그렇다면 하나님께서 세우시는 '하나님 나라'는 어떤 나라일까요?

> 또 하나님이 이방을 믿음으로 말미암아 의로 정하실 것을 성경이 미리 알고 먼저 아브라함에게 복음을 전하되 모든 이방이 너를 인하여 복을 받으리라 하였으니(갈 3:8).

갈라디아서 3장 8절에 따르면 하나님 나라는 믿음으로 말미암아 의롭다 함을 받은 신자들로 구성되는 나라입니다. 하나님께서는 이방 민족을 믿음으로 말미암아 의롭게 만드시고 하나님의 백성 삼으시려는 계획안에서 아브라함을 부르셨다고 사도 바울은 선언합니다. 이런 면에서 아브라함의 소명은 오늘날 우리와 무관한 부르심이 아닙니다.

하나님께서 세우시는 나라는 하나님의 주권적인 은혜로 세우시는 나라입니다. 이 은혜는 유대인과 이방인을 차별하지 않습니다. 아브라함의 믿음에 참여하는 이방인은 유대인과 함께 아브라함의 자손이 될 수 있습니다. 아브라함은 믿음의 조상이기 때문입니다. 따라서 아브라함을 부르셨다는 것은 그의 믿음에 동참하는 우리 모두를 하나님께서 부르셨다는 의미입니다.

> 그러므로 상속자가 되는 그것이 은혜에 속하기 위하여 믿음으로 되나니 이는 그 약속을 그 모든 후손에게 굳게 하려 하심이라 율법에 속한 자에게뿐만 아니라 아브라함의 믿음에 속한 자에게도 그러하니 아브라함은 우리 모든 사람의 조상이라(롬 4:16).

이처럼 세상 나라들과 근본적으로 다른 하나님의 나라를 하나님께서 이 땅에 세우시는 모습을 가리켜 C. S. 루이스는 하나님 나라의 '침공'이라고 표현했습니다.[13] 하나님께서 아브라함을 부르신 것은 곧 타락한 세상 안에서 가시적인 하나님 나라를 세우시는 하나님의 선전포고와도 같은 것입니다. 그런데 문제가 있습니다. 아브라함에게는 결정적인 약점이 있었습니다. 하나님께서 그에게 "너로 큰 민족을 이루게 하겠다"라고 약속하셨지만, 그 당시 아브라함과 사라 사이에는 자녀가 없었습니다. 나중에 드러난 사실이지만, 바로 이러한 약점 때문에 오히려 하나님께서는 아브라함 부부를 사용하셨다고 봅니다. 아브람(אַבְרָם)은 '존귀한 아버지'라는 뜻입니다. 존귀한 '아버지'로 불리려면 자녀가 있어야 합니다. 그런데 아브람은 자녀가 하나도 없었습니다. 아브람 입장에서 감사하게도 창세기 17장에 이르면 하나님께서 아브람의 이름을 바꿔주시겠다고 합니다. 그런데 웬일입니까?

새 이름으로 지어주신 '아브라함'(אַבְרָהָם)의 뜻은 '열국의 아버지'라는 뜻이었습니다. 하나님께서 아브라함에게 '너를 열국의 아버지로 삼겠다'라고 약속하셨음에도, 현실은 이상과 달랐습니다. 이름에 부여된 약속과 현실 사이에는 큰 차이가 있었습니다. 이 괴리를 안고 아브라함은 살아가야 했습니다. 이것이 바로 믿음의 삶이었습니다. 현실을 보면 아무것도 이루어진 게 없지만, 하나님께서 약속하셨기 때문에 '이미 이루어진 것처럼' 믿고 살아가는 삶이었습니다. 성경은 아브람이 여호와를 믿으니 하나님께서 이 믿음을 그의 의로 여기셨다고 말합니다.

> 아브람이 여호와를 믿으니 여호와께서 이를 그의 의로 여기시고(창 15:6).

---

13) C. S. Lewis, *Mere Christianity* (London: Geoffrey Bles, 1952), Book II, Chapter 2, "The Invasion."

아브라함은 그의 믿음 때문에 의인이 되었습니다. 하나님께서는 믿음의 의를 인치는 표로 17장에서 할례의 표를 주셨습니다. 할례는 믿음을 의로 여겨주시는 은혜 언약의 표입니다. 할례라는 성례는 값없이 베푸시는 하나님의 은혜와 이 은혜를 믿음으로 받는다는 사실을 가리키는 표였습니다.

2. 여호와 이레

창세기 12장에서부터 시작된 아브라함의 여정은 창세기 22장에서 절정을 맞이합니다. 하나님은 아브라함에게 이삭을 바치라고 하십니다.

> 여호와께서 이르시되 네 아들 네 사랑하는 독자 이삭을 데리고 모리아 땅으로 가서 내가 네게 일러 준 한 산 거기서 그를 번제로 드리라(창 22:2).

도저히 이해하기 힘든 요구입니다. 이삭은 100세에 얻은 아들이고, 이 아들을 통해서 민족이 번성할 것이라고 약속하셨는데, 이 아들을 번제로 바치라고 하신 겁니다. 아브라함에게 이미 주어진 하나님의 말씀과 오늘 새롭게 주어진 하나님의 말씀 사이에 충돌이 일어나고 있습니다. 계시와 계시가 서로 모순을 일으키고 있어요. 현재 이삭은 결혼을 안 했고 자녀가 없습니다. 하나님은 이삭을 통해 많은 민족의 조상을 만들겠다고 하셨는데, 지금은 그 이삭을 번제로 잡아 죽이라고 하시니, 그렇다면 하나님의 약속은 어떻게 되는 겁니까?

아브라함은 아마 죽도록 고민했을 것입니다. 만약에 이삭을 통해서 많은 민족의 조상으로 삼겠다는 말씀도 참이고, 지금 이삭을 번제로 드리라는 말씀도 참이라면, 결론으로 도출할 수밖에 없는 해답은 이것뿐입니다. '아, 이삭은 죽

고 다시 살아나겠구나!'

아브라함이 내린 결론입니다. 하나님의 두 말씀이 모두 참이라면, 이삭은 죽고 다시 살아야 한다는 것입니다. 이는 히브리서 기자의 해석입니다.

> 그가 하나님이 능히 이삭을 죽은 자 가운데서 다시 살리실 줄로 생각한지라 비유컨대 그를 죽은 자 가운데서 도로 받은 것이니라(히 11:19).

결국, 창세기 22장에 기록된 시험을 통해 하나님은 아브라함의 믿음을 부활 신앙에 이르기까지 성숙시키신 것입니다. 왜 하나님께서 아브라함에게 이 부활 신앙을 심어주셨을까요? 바로 예수 그리스도의 부활을 계시하기 위해서입니다. 아브라함의 시험 이야기는 처음부터 끝까지 예수 그리스도에 관한 계시입니다. 정직한 사고를 하고 성경을 읽는 사람이라면 반드시 십자가 앞에서 멈추어 생각하게 되어 있습니다. '왜 하나님은 십자가의 길을 택하셨는가? 과연 이 길 밖에는 없었는가?'

그런데 십자가는 신약의 복음서에만 등장하는 것이 아닙니다. 구약에서도 십자가가 발견됩니다. 정확히 말하자면 예수 그리스도의 십자가를 예표하는 예언이나 사건이 기록되어 있습니다. 창세기 22장의 사건도 그 가운데 하나입니다. 따라서 성경을 읽는 독자들은 창세기 22장에서도 멈추어 생각해야 합니다. '아무리 시험을 통해 복을 주시려고 계획을 하셨다고 하더라도, 어떻게 사랑의 하나님께서 이처럼 잔인한 명령을 하실 수가 있는가?'

이러한 생각으로 성경 본문과 씨름해야 합니다. 이처럼 본문 앞에 머물게 되면, 이곳에 계시된 예수 그리스도를 발견할 수 있습니다. 특히 그리스도의 십자가와 부활을 예표하는 청사진을 볼 수 있습니다. 예수 그리스도의 존재와 사역이라는 안경을 쓰고 본문을 처음부터 읽어보겠습니다.

> 여호와께서 이르시되 네 아들 네 사랑하는 독자 이삭을 데리고 모리아 땅으로 가서 내가 네게 일러준 한 산, 거기서 그를 번제로 드리라(창 22:2).

왜 아브라함이 이러한 말도 안 되는 명령에 항변하지 않았을까요? 만일 아브라함이 하나님의 명령에 불순종하려 했다면 그는 두 가지 이유를 제시했을 것입니다. 첫째, "이삭은 하나밖에 없는 아들이에요." 둘째, "제가 이삭을 얼마나 사랑하는지 아세요?" 그런데 하나님께서는 아브라함의 마음을 이미 다 알고 계셨습니다. 단순히 "이삭을 바쳐라."라고 말씀하시지 않고 "네 아들, 네 사랑하는 아들, 하나밖에 없는 독자 이삭을 바쳐라."라고 말씀하셨습니다.
그런데 하나님의 생각은 여기에 그치지 않습니다. 우리는 하나님의 명령을 기록한 말씀 사이에 있는 행간을 읽어야 합니다.

'나에게도 아들이 있다. 하나밖에 없는 독생자이다.'
'내가 그 아들을 지극히 사랑한다.'

아브라함의 시험은 사실상 예수 그리스도에 관한 계시라고 볼 수 있습니다. 과연 시작점에서 발견되는 그리스도는 창세기 22장 이야기의 결말이라고 할 수 있는 17, 18절에도 등장합니다. 아브라함 언약의 핵심인 "네 씨"가 바로 그리스도를 가리키고 있습니다.

> 내가 네게 큰 복을 주고, 네 씨가 크게 번성하여 하늘의 별과 바닷가의 모래 같게 하리니, 네 씨가 그 대적의 성문을 차지하리라. 또 네 씨로 말미암아 천하 만민이 복을 받으리라(창 22:17-18).

본문에 기록된 "네 씨"는 누구를 가리키고 있습니까? 바로 "한 사람" 예수 그리스도입니다. 갈라디아서 3장 16절을 읽어봅시다.

> 이 약속들은 아브라함과 그 자손에게 말씀하신 것인데 여럿을 가리켜 그 자손들이라 하지 아니하시고 오직 한 사람을 가리켜 네 자손이라 하셨으니 곧 그리스도라(갈 3:16).

오늘날까지 유대인들은 "그 자손"이 유대인 민족을 가리키는 것으로 해석합니다. 그러나 그렇게 해석하면 안 된다고 사도 바울은 명시적으로 밝힙니다. 바울은 아브라함 언약에서 약속된 "자손" 혹은 "씨"가 그리스도라고 명확하게 해석합니다. 집합 명사로 해석하지 말고 3인칭 대명사로 해석해야 한다고 말합니다.

'예수 그리스도'라는 안경을 끼고 창세기 22장을 읽으면 "네 씨" 이외에도 예수 그리스도의 사역을 예표하는 몇 가지 주요한 단어들을 발견할 수 있습니다. '모리아'라는 명칭도 그 가운데 하나입니다. 하나님께서 아브라함에게 이삭을 번제로 바치게 한 장소가 모리아 땅에 있습니다. 성경 전체에서 '모리아'라는 말은 두 번 등장합니다. 창세기 22장과 역대하 3장 1절입니다.

> 솔로몬이 예루살렘 모리아 산에 여호와의 전 건축하기를 시작하였더라 (대하 3:1).

솔로몬은 모리아 산에 예루살렘 성전을 건축했습니다. 예루살렘 성전과 근접한 곳에서 예수님은 십자가에 달리셨습니다. 창세기 22장에서 하나님은 아브라함에게 이삭을 번제로 드릴 특정한 장소를 지정해 주십니다. 랍비 전통에 따르면 모리아 땅의 한 산은 후일 예루살렘 성전이 건축된 장소와 관련이 있습니다. 오리게네스나 아우구스티누스와 같은 교부는 모리아 땅에서 이삭이 결박되었던 것을 2천 년 후에 예수님께서 십자가에 달려 돌아가신 사실과 연결지어 해석합니다.[14] 역대하 3장 1절을 원문으로 읽으면 "모리아"라는 단어 앞에 정관사가 붙어 있음을 발견합니다.

הַמֹּרִיָּה - 정관사 "הַ" = "그 모리아 [땅의 산]"

예루살렘 성전이 창세기 22장의 역사적 장소였던 모리아 산과 같은 장소에 건축되었음을 시사해 주는 의미가 아닐까 생각합니다. 이것이 사실이라면, 지금 아브라함은 2천 년 후에 하나님께서 그분 자신의 독생자를 십자가에 희생시킬 그 역사적 장소에서 이삭을 번제로 하나님께 드리라는 명령을 받았다고 말할 수 있습니다.

초대교회를 지나 종교 개혁기를 거쳐 17세기에 이르기까지 많은 주석가들은 모리아의 지명을 포함한 본문의 의미를 예수 그리스도의 십자가 사건과 연결시켰습니다. 꼭 그렇게 장소를 일치시킬 필요는 없다고 말한 학자들도 물론 있습니다. 그러나 다수는 그렇게 교회사에서 해석해왔습니다. 놀랍지 않습니까? 하나님께서 앞으로 일으키실 십자가 사건의 예표로 오늘 이 사건을 일으키신 것입니다.

계속하여 그리스도의 안경을 끼고 본문을 읽어보겠습니다. 아브라함이 불과

---

14) Origen, *Homilies on Genesis* (Homily 8, lines 6–9), PG 12:206–209; Augustine, *The City of God*, Bk. XVI, Ch. 32 (On Genesis 22), in *Nicene and Post-Nicene Fathers*, First Series, ed. Philip Schaff (Peabody, MA: Hendrickson, 1995), Bk. XVI.32.

칼을 들고 이삭 앞에 가고, 이삭은 자기를 태울 나무 짐을 지고 아버지를 따라갑니다. 그 모습이 마치 예수 그리스도께서 자기를 못 박을 십자가를 등에 지고 나아가고, 그 앞에 성부 하나님께서 우리의 죄책을 대신 감당하신 주님께 성부 하나님이 공의의 진노를 쏟아부으신 그 장면이 떠오릅니다. 이 역시 본문을 예수 그리스도의 십자가 사건에 대한 예표적 사건으로 읽는 해석을 지지해 줍니다.

아브라함은 믿음의 조상입니다. 창세기 22장의 핵심이 예수 그리스도와 그분의 속죄 사역에 대한 계시라면, 믿음의 조상 아브라함은 이것을 믿음으로 받았다고 말할 수 있습니다. 아브라함의 믿음은 7-8절에 기록된 부자간의 대화에 잘 드러나고 있습니다. 사흘 길을 걸었는데 그 사이에 아브라함과 이삭은 얼마나 많은 대화를 했겠어요? 그렇지만 성경은 단 한 대화만을 기록합니다. 이삭이 묻습니다.

> 이삭이 그 아버지 아브라함에게 말하여 이르되 내 아버지여 하니 그가 이르되 내 아들아 내가 여기 있노라 이삭이 이르되 불과 나무는 있거니와 번제할 어린 양은 어디 있나이까?(창 22:7)

아마도 이때 아브라함의 마음이 무너져 내렸을 것입니다. 분명 쉽게 대답하기 힘든 질문이었을 겁니다. 그러나 아브라함은 무너지지 않았습니다. 입술을 꼭 깨물고 이렇게 대답합니다.

> 아브라함이 이르되 내 아들아 번제할 어린 양은 하나님이 자기를 위하여 친히 준비하시리라(창 22:8).

'여호와 이레'의 신앙고백입니다. "번제 할 어린 양"이 궁극적으로 누구를 가리키는지 이제 우리는 압니다. 바로 십자가에 달리신 예수 그리스도입니다. 이런 면에서 아브라함의 대답은 거시적인 관저에서 볼 때, 그리스도에 대한 신앙고백이라고 볼 수 있습니다. 또한, 히브리서 11장 19절에 기초해서 보면 여기서 우리는 아브라함의 부활 신앙을 확인할 수 있습니다. 하나님께서 아브라함의 믿음을 연단하여 마침내 부활에 대한 믿음을 고백하는 수준에 이르도록 인도하신 것입니다.

마침내 아브라함의 믿음은 응답을 받았습니다. 하나님은 이삭을 대신할 숫양을 미리 예비하셨습니다. 아브라함은 가서 뿔이 수풀에 걸려있는 숫양을 가져다가 "아들을 대신하여"(창 22:13) 번제로 드립니다. 여기서 "대신하여"에 밑줄을 그어야 합니다. 그리스도의 속죄 사역에 있어 핵심은 '대속의 죽음'입니다. 그리스도께서는 우리를 대신하여 십자가에 달리신 것입니다. 여기서 다시 한 번 우리는 십자가 복음을 발견합니다. 아브라함의 시험은 "세상 죄를 지고 가는 하나님의 어린양"(요 1:29)으로 오실 예수 그리스도께서 우리를 위해 대속의 죽음을 죽으실 것을 예표적으로 보여주신 겁니다. 구약의 신자가 하나님께 드리는 번제와 신약의 신자가 하나님을 예배하는 예식의 핵심에는 그리스도의 대속의 죽임이 있습니다. "여호와의 산에서 하나님께서 친히 자기의 양, 자기의 희생 제물을 준비하시리라." 그렇습니다. 예수 그리스도는 하나님께서 친히 준비하신 여호와 이레의 희생양입니다. 출애굽기에서 하나님은 동일한 그리스도는 유월절 어린 양으로 계시되었습니다. '유월절 어린양' 역시 대속의 죽음을 예표합니다.

이제 시험은 끝났습니다. 창세기 22장 17-18절에서 하나님께서는 기존에 약속하셨던 '복'을 다시 한번 확인해 주십니다.

> 내가 네게 큰 복을 주고 네 씨가 크게 번성하여 하늘의 별과 같고 바닷가의 모래와 같게 하리니 네 씨가 그 대적의 성문을 차지하리라. 또 네 씨로 말미암아 천하 만민이 복을 받으리니 이는 네가 나의 말을 준행하였음이니라 하셨다 하니라(창 22:17-18).

과연 아브라함 언약에 담긴 복은 무엇일까요? 언약의 핵심에는 "네 씨로 말미암아 천하 만민이 복을 얻을 것이다"라는 약속이 있습니다. 이 복의 근거는 "네 씨", 곧 예수 그리스도입니다. 이제 여호와 이레라는 아브라함의 고백을 통해 우리는 예수 그리스도께서 대속의 죽음과 부활로 성취하신 복음을 발견합니다.

이 모든 내용을 통해 우리는 창세기 22장은 아브라함 언약의 본질을 해석하는 열쇠를 기록하고 있음을 확인할 수 있습니다. 창세기 3장 15절에서 처음 원시복음이 계시되었습니다. 그 이후 구원에 관한 계시는 점차 밝아집니다. 우리가 집을 짓거나, 예배당을 건축할 때도 먼저 설계도를 마련합니다. 하나님께서도 인류를 구원할 계획을 세우셨습니다. 구원의 청사진을 가지고 계셨던 것입니다. 믿음의 조상 아브라함에게 이 구원의 예수, 그리스도의 복음의 청사진을 보여주셨습니다. 믿음의 조상이었던 아브라함은 이것을 믿음의 순종으로 받았습니다. 오늘날 우리는 아브라함의 믿음에 참여하고 있습니다. 이런 면에서 우리는 그의 후손이라고 불리고 있습니다. 아브라함이 소유했던 십자가의 복음에 함께 동참한다는 의미에서 그렇습니다.

3. 적용

창세기에는 아브라함, 이삭, 야곱, 요셉, 네 명의 족장 이야기가 기록되어 있습니다. 흥미롭게도 공통점이 있습니다. 하나님께서는 아브라함, 이삭, 야곱, 요셉이 각각 집착하는 대상을 떠나보내게 하셨다는 것입니다.

일일이 다 살펴볼 시간이 없어 아브라함과 야곱의 경우만 잠깐 말씀드리겠습니다. 오늘 본문에 이르기 전에, 아브라함에게 집착의 대상이 되는 것이 있었습니다. 옛날 사람들에게는 고향, 친척, 아비 집이란 곳이 정 붙이고 일평생 살아가는 곳이잖아요. 그런데 거기를 떠나라고 하셨습니다. 하나님은 떠나는 걸 좋아하시는 것 같아요. 왜냐하면, 익숙한 영역을 떠나서 순례자의 삶을 살 때 신자는 하나님을 의지하게 되거든요. 아브라함은 하나님의 말씀에 순종했습니다. 자녀가 없었던 아브라함은 조카 롯을 데리고 나왔습니다. 아브라함에게 자식이 없었다면 조카 롯이 상속자가 되었을 것입니다. 아브라함도 롯을 자식처럼 생각했음에 틀림없습니다. 후일 전쟁에서 포로가 된 롯을 목숨 걸고 구출한 것만 보아도 잘 알 수 있습니다. 그런데 창세기 13장에 이르면 이처럼 사랑했던 롯이 아브라함 곁을 떠납니다.

> 네가 우하면 나는 좌하리라(창 13:9).

롯 다음으로 하갈과 이스마엘이 아브라함을 떠납니다. 비록 서자였지만 이스마엘은 아브라함의 첫아들이었습니다. 아브라함이 그를 얼마나 사랑했겠습니까? 그런데 창세기 21장에 보면, 하나님은 이스마엘과 하갈도 떠나보내게 하십니다. 아브라함이 이스마엘을 떠나보내는 장면을 칼빈이 이렇게 주해합니다.

첫아들을 쫓아내는 것이 이 거룩한 사람의 마음에 얼마나 큰 고통이었는지를 짐작할 수 있다. 그는 자기의 아들을 멀리 추방하고 있는데 이것은 마치 자기의 창자를 찢어내는 것과 같은 고통이었다. 그러나 하나님께 순종하는 일에 평소 익숙해 있는 그는 그 부성애를 하나님 앞에 복종시켰다.

이제 마지막으로 이삭이 남았습니다. 어떤 면에서 보면 하나님께서 이삭을 바치라고 할 것을 아브라함은 미리 예측했을지도 모릅니다. 왜냐하면, 아브라함이 사랑하고 애착을 쏟았던 대상을 하나님께서 하나둘씩 다 떠나보내셨기 때문입니다. 이제 아브라함이 가장 사랑하고 있는 대상은 이삭이었죠. 창세기 22장에서 하나님께서 아브라함을 부르시자 "내가 여기 있나이다" 하고, 아무 항변 없이 이삭을 바치러 나섭니다. 아브라함에게 하나님의 이 명령은 전혀 낯선 것은 아니었습니다. 아브라함의 삶에서 늘 이렇게 하나씩 하나씩 내려놓게 하셨던 명령의 연장이었습니다. 늘 내려놓게 하셨지만, 또한 도로 찾게도 하셨지요.

우리가 경험하는 가장 큰 집착은 혈연에 대한 집착입니다. 아브라함에게는 이삭을 통해 형성될 그의 자손이 애착의 대상이 되었을 것입니다. 하나님께서 자신을 큰 민족의 조상으로 삼을 것을 약속하셨으니, 미래의 후손에 대한 애정을 갖는 것은 자연스러운 반응일 수 있습니다. 그런데 앞서 언급한 바대로 하나님께서 세우시는 나라는 혈통에 근거한 나라가 아니라, 믿음에 속한 나라입니다.

> 상속자가 되는 것이 은혜에 속하기 위하여 믿음으로 되나니(롬 4:16).

이런 맥락에서 하나님께서는 아브라함이 혈연에 대한 집착을 일찍부터 내려놓도록 하신 것 같습니다. 아브라함에게서 혈연에 따른 자연적 출생에 대한 소망을 빼앗아 가시고 오로지 믿음밖에는 남은 게 없는 상태로 하나님은 아브라함 부부를 이끄신 것입니다.

> 그가 백 세나 되어 자기 몸이 죽은 것 같고 사라의 태가 죽은 것 같음을 알고도 믿음이 약하여지지 아니하고(롬 4:19).

야곱의 경우도 마찬가지입니다. 야곱은 형 에서가 군사를 이끌고 오자 예물과 자녀, 아내들을 순서대로 보내며 자신의 목숨보다 귀한 라헬과 요셉을 지키는 모습을 보였습니다. 그러나 하나님은 라헬을 데려가시고, 요셉도 야곱의 곁을 떠나게 하십니다. 이후 야곱의 사랑은 베냐민에게로 옮겨갑니다. 하나님은 결국 그조차도 내려놓게 하십니다. 마침내 야곱은 베냐민을 떠나보내기로 결단을 내립니다.

> 내가 자식을 잃게 되면 잃으리로다(창 43:14).

베냐민에 대한 집착을 버리자, 야곱의 연단은 끝이 납니다. 베냐민뿐만 아니라 죽은 줄 알았던 요셉을 도로 찾았습니다. 이뿐만이 아닙니다. 이 모든 과정을 통해 야곱은 요셉만이 아니라 열두 아들 전체의 아버지로 비로소 거듭나게 되었습니다. 창세기 49장에서 야곱은 "아버지 이스라엘"(창 49:2)로서 12지파의 조상을 축복합니다.

왜 하나님은 족장들을 이와 같은 방식으로 연단하셨을까요? 그 답은 '교회 사랑'에 있습니다. 하나님은 아브라함이 혈연의 울타리를 넘게 하셨습니다. 그 이유는 하나님의 나라가 유대인뿐 아니라 모든 민족, 모든 믿는 자들로 구성된 교회이기 때문입니다. 아브라함은 유대인의 아버지만 아니라 우리, 곧 이방인의 조상이기도 한 것입니다. 물론 아브라함은 복음이 땅끝까지 이르는 모습을 현세에서 보지 못하고 죽었습니다. 아마도 낙원에서 아브라함은 자신을 믿음의 조상으로 삼으신 하나님의 섭리를 온전히 깨달았을 것입니다. 하나님은 아브라함의 마음을 크게 넓혀서 많은 민족을 품게 하신 것입니다.

때때로 하나님은 우리에게서 애착의 대상을 취해 가십니다. 그리고 우리 곁에 집착했던 대상 이외에 우리가 더욱 큰 사랑으로 품어야 할 대상을 남겨 놓으십니다. 여러분, 현재 사랑하는 대상이 있습니까? 사랑의 대상을 허락하신 하나님께 감사하면서 그 대상을 지금과 같이 사랑하시기 바랍니다. 그런데 잘 기억하시기 바랍니다. 여러분에게 허락하신 교회를 역시 그만큼 사랑하셔야 합니다. 교회에 대한 사랑을 상실할 만큼 집착하는 대상이 있다면, 죄송한 말씀입니다만, 애착하는 대상을 하나님께서 잠시 취해가실 수도 있습니다.

잠시 창조와 타락의 교훈을 복습해 봅시다. 인류가 타락할 때 사람은 참 사랑의 대상을 상실했습니다. 하나님을 사랑하는 존재로 지음 받은 인간이 하나님을 사랑하지 않고 자기애(自己愛)에 빠지게 된 것입니다. 급기야 하나님 대신 죄를 사랑하게 되었습니다. 하나님은 사랑에 실패한 인류를 위한 치료제를 마련하셨습니다. 창세기 3장 15절에서 하나님은 은혜 언약의 첫 번째 수혜자가 된 아담과 하와에게 메시아를 약속하셨습니다. '발꿈치를 상하게 된 여자의 후손', 곧 십자가에 달린 그리스도를 약속하셨습니다. 이제 사람은 십자가에 달리신 '사람이 되신 하나님'을 바라보게 되었습니다. 그리고 하나님에 대한 사랑을 회복할 수 있게 되었습니다. 그리스도는 교회의 머리이십니다. 따라서 그리스도에 대한 사랑과 그분의 몸인 '교회 사랑'은 분리불가입니다. 이런 맥락에서 아브라함은 앞으로 오실 메시아뿐만 아니라 그분의 교회를 사랑해야만 했습니다.

물론 교회는 교회의 머리이신 예수님과는 구분됩니다. 예수님과 달리 지상 교회에는 허물 많고 부족한 점이 많습니다. 우리의 모습만 보아도 이렇게 말하는 것에 쉽게 동의할 수 있습니다. 신자이지만 여전히 미성숙한 우리도 여전히 할 수 있는 것이 있습니다. 바로 '사랑'입니다. 교회의 목사님도 장로님도 신자들도 서로서로 절대적으로 신뢰할 만한 존재는 아닙니다. 그러나 충분히 사랑받을 만한 존재입니다. 예수님의 발에다가 향유를 부은 그 여인처럼 우리는 예수님의 발에 향유에 해당하는 사랑을 쏟아부을 수 있습니다. 현재 예수님은 몸의 현존을 따라서는 하늘에 계십니다. 그런데 그분의 몸인 교회를 우리 곁에 두셨습니다. 교회 안에서 지저분한 부분을 발견하면 그 부분을 닦아내면 됩니다. 예수님의 때 묻은 발에 향유를 부은 여인처럼, 우리도 그렇게 하면 됩니다. 그녀처럼 우리 역시 우리의 아름다운 머리를 풀어 헤쳐서 허물을 덮고 우리의 눈물로 닦아내면 되는 것입니다. 이런 식으로 우리는 그리스도의 몸을 향한 사랑을 충분히 표현할 수 있습니다.

하나님 사랑을 어떻게 실천할 수 있을까요? 그분의 몸 된 교회를 사랑하는 방식으로 표현할 수 있습니다. 교회가 왜 이렇게 깨끗하지 못할까? 이를 핑계 삼아 교회를 떠나서는 안 됩니다. 아직 우리가 더럽고 경건하지 않을 때 하나님께서는 독생자를 보내어 십자가에서 달려 돌아가게 하셨습니다. 하나님께서 교회를 이처럼 지극히 사랑하셨다면 우리도 그분의 핏값으로 사신 바 된 교회를 그분의 지극한 사랑으로 사랑해야 할 줄 믿습니다.

5.
시내산 언약: 결혼 언약

출 19:1~6

¹이스라엘 자손이 애굽 땅을 떠난 지 삼 개월이 되던 날 그들이 시내 광야에 이르니라 ²그들이 르비딤을 떠나 시내 광야에 이르러 그 광야에 장막을 치되 이스라엘이 거기 산 앞에 장막을 치니라 ³모세가 하나님 앞에 올라가니 여호와께서 산에서 그를 불러 말씀하시되 너는 이같이 야곱의 집에 말하고 이스라엘 자손들에게 말하라 ⁴내가 애굽 사람에게 어떻게 행하였음과 내가 어떻게 독수리 날개로 너희를 업어 내게로 인도하였음을 너희가 보았느니라 ⁵세계가 다 내게 속하였나니 너희가 내 말을 잘 듣고 내 언약을 지키면 너희는 모든 민족 중에서 내 소유가 되겠고 ⁶너희가 내게 대하여 제사장 나라가 되며 거룩한 백성이 되리라 너는 이 말을 이스라엘 자손에게 전할지니라

오늘 살펴볼 내용은 출애굽기의 시내산 언약입니다. 시내산 언약을 읽는 세 가지 관점 가운데 먼저 결혼언약으로서의 시내산 언약을 살펴보겠습니다. 이를 통해 우리는 하나님께서 자기 백성과 더불어 맺으신 관계가 어떤 것인지 배울 수 있습니다. 또한, 우리를 주님의 신부로 삼으신 하나님의 마음을 헤아려 볼 수 있습니다. 출애굽기 안에 계시된 하나님의 인격적인 사랑을 발견하면서, 그 안에서 결혼언약의 달콤함을 맛볼 수 있습니다.

성경은 성경으로 해석합니다. 이것은 개혁주의 전통에서 성경을 해석하는 대표적인 원리입니다. 우리는 시내산 언약을 해석하는 원리를 예레미야 31장 32절에서 발견할 수 있습니다. 이것은 하나님께서 예레미야 선지자를 통해 새 언약 시대를 예고하신 대표적인 본문입니다. 가까운 미래에 하나님은 자기 백성과 더불어 새 언약을 체결하실 것인데 이것은 옛 언약과 다를 것이라고 말씀합니다.

> 이 언약은 내가 그들의 조상들의 손을 잡고 애굽 땅에서 인도하여 내던 날에 맺은 것과 같지 아니할 것은 내가 그들의 남편이 되었어도 그들이 내 언약을 깨뜨렸음이라 (렘 31:32).

출애굽의 역사적인 날, 하나님은 이스라엘 백성과 언약을 맺으셨습니다. 그 언약의 결과, 하나님은 이들의 남편이 되었다고 합니다. 이스라엘이 하나님의 아내가 되었다는 사실을 말해 주는 것입니다. 그렇다면 이 언약의 성격은 혼인언약이라고 해석할 수 있습니다. 이처럼 출애굽의 역사를 결혼언약의 관점으로 해석하신 당사자는 바로 하나님이십니다. 그렇다면 우리도 동일한 관점에서 출애굽기를 조명해 보겠습니다.

출애굽의 경로를 기록한 지도를 살펴보면 흥미로운 사실이 발견됩니다. 하나님은 모세를 통해 홍해를 건넌 출애굽 공동체를 [전통적인 관점에 따르면] 아라비아반도 남쪽으로 인도하십니다. 시내산에 집결한 이스라엘은 하나님으로부터 십계명을 받습니다. 이스라엘은 이 장소에 특정한 목적을 가지고 모였습니다. 시내산에서 하나님은 이스라엘과 더불어 혼인예식을 치르십니다. 단지 비유적인 표현에 그치는 것이 아닙니다. 실제로 결혼 예식을 행하셨습니다.

혼인예식은 우리 모두에게 낯설지 않습니다. 우리의 일상에서 누구나 경험할 수 있는 예식입니다. 이런 면에서 결혼언약으로 출애굽기를 읽는다는 것은 우리에게 성경을 좀 더 쉽고 흥미로운 텍스트로 경험할 수 있도록 만들어 줍니다. 오늘날 우리가 경험하는 결혼의 과정과 출애굽기 19장의 내용을 비교해 보았습니다. 흥미롭게도 적지 않은 부분에서 비슷한 점이 발견됩니다.

1. 신랑의 청혼(3-6절)
2. 모세의 중매(7절)
3. 신부의 승낙(8절)
4. 신부의 성결예식(9-15절)
5. 결혼예식(16절 이하): ① 신랑 입장(18-19절) ② 신부입장 (20-25절)

1. 신랑의 청혼

이스라엘을 시내산 주변에 모으신 후, 하나님은 모세를 시내산 꼭대기로 부르십니다. 이제부터 모세는 하나님과 이스라엘의 혼인을 성사시키는 중매자 역할을 감당합니다. 남녀가 만나서 교제할 때, 많은 경우 남자가 먼저 청혼을 하지요. 남자는 청혼하고 싶은 여자에게 자신의 재산을 자랑하거나, 은근히 지식을 뽐내는 등 자신의 능력을 과시하는 경향이 있습니다. 하나님께서 예비 신부인 이스라엘에게 프러포즈를 하실 때, 하나님은 그분 자신이 가지신 매력을 한껏 발산하셨습니다. 다음은 하나님께서 중매자 모세에게 하신 말씀입니다.

> 모세가 하나님 앞에 올라가니 여호와께서 산에서 그를 불러 말씀하시되 너는 이같이 야곱의 집에 말하고 이스라엘 자손들에게 말하라 내가 애굽 사람에게 어떻게 행하였음과 내가 어떻게 독수리 날개로 너희를 업어 내게로 인도하였음을 너희가 보았느니라 세계가 다 내게 속하였나니 너희가 내 말을 잘 듣고 내 언약을 지키면 너희는 모든 민족 중에서 내 소유가 되겠고 너희가 내게 대하여 제사장 나라가 되며 거룩한 백성이 되리라 너는 이 말을 이스라엘 자손에게 전할지니라(출 19:3-6).

본문에는 몇 가지 인상적인 요소가 있습니다.

첫째, 하나님께서는 출애굽의 역사를 매우 아름다운 시적인 언어로 표현하셨다는 사실입니다. "내가 어떻게 독수리 날개로 너희를 업어 내게로 인도하였음을 너희가 보았느니라." 이것은 비유적인 표현입니다. 하나님은 엄청난 세기의 바람을 사용하여 홍해를 가르셨습니다. 이스라엘은 거친 바다 밑을 바람을 헤치며 걸었습니다. 이는 매우 장엄한 역사적 현장이었습니다. 그럼에도 급하게 바다의 밑바닥을 걸었던 이스라엘 백성에게는 그리 낭만적이지는 않았을 것입니다. 위협적인 바로의 군대가 바로 뒤에 있었기 때문입니다. 이들은 급하게 바다 건너편을 향했을 것입니다. 그럼에도 본문은 이스라엘 백성이 바다 아래로 걸었다고 말하는 대신에 "독수리 날개로 너희를 업어 내게로 인도"하였다고 말씀합니다. 출애굽의 큰 이야기를 한 문장의 시어(詩語)를 사용하여 요약하신 것입니다. 여기에서 하나님은 그분 자신을 예비 신부에게 아름답고 매력적인 존재로 계시하십니다.

둘째, 흥미로운 점은 하나님께서 그분 자신의 소유를 자랑하시는 대목입니다. 하나님은 "세계가 다 내게 속하였나니"라고 말씀합니다. 전 세계가 모두 하나님의 것이라는 의미입니다. 이것이 예비 신부에게 의미하는 바는 무엇일까요? 하나님의 신부가 되면, 하나님의 모든 소유를 함께 향유할 수 있다는 것이지요. 다시 생각해 보면 여기에서 하나님의 파격적인 사랑이 돋보입니다. 고대 근동의 관습에 따르면, 어떤 노예를 위해 누군가 대가를 치르고 그 노예를 데리고 나오면, 그 노예는 값을 지불한 자의 소유가 됩니다. 하나님은 이스라엘 백성을 노예 상태로부터 해방시킨 후에 이들을 하나님의 노예로 삼길 원하지 않으셨습니다. 오히려 이들을 인격적으로 대해주시고 마침내 하나님의 신부로 삼길 원하셨습니다.

마지막으로 흥미로운 요소는 "너희가 내게 대하여 제사장 나라가 되며 거룩한 백성이 되리라"라는 말씀에서 발견됩니다. 예비 신부의 입장에서 보았을 때, 하나님은 매우 강한 힘을 가진 신랑임에 틀림없습니다. 이집트의 모든 신들보다 우월한 능력을 가진 존재임을 이미 체험했기 때문입니다. 하나님은 강력한 힘을 가지셨을 뿐 아니라 온 세상을 소유하신 부자입니다. 또한, 문학적인 감수성을 가지신 분이었습니다. 그런데 여기서 그치지 않습니다. 하나님은 세계를 구원하실 멋진 계획을 가지고 이스라엘을 제사장 나라로 부르신 미래지향적인 비전을 가진 매력적인 존재였습니다.

2. 모세의 중매

산꼭대기에서 하나님은 모세에게 말씀하신 후에 "너는 이 말을 이스라엘 자손에게 전할지니라."라고 요구하십니다. 하나님의 청혼 사실과 구체적인 내용을 예비 신부에게 있는 그대로 전달하라는 명령입니다. 모세는 이 소식을 듣고 산 아래로 내려와 백성의 대표들을 소집합니다. 일종의 국회를 소집한 셈입니다. 그리고 하나님께서 청혼하신 내용을 전달합니다.

> 모세가 내려와서 백성의 장로들을 불러 여호와께서 자기에게 명령하신 그 모든 말씀을 그들 앞에 진술하니(출 19:7).

3. 신부의 승낙

이스라엘 백성의 반응은 어땠을까요? 성경은 이들이 만장일치로 하나님의 뜻을 수용했다고 기록합니다.

> 백성이 일제히 응답하여 이르되 여호와께서 명령하신대로 우리가 다 행하리이다 모세가 백성의 말을 여호와께 전하매(출 19:8).

저는 이 장면을 읽을 때마다 신부의 의사를 물으시고 동의를 구하시는 하나님의 모습을 생각합니다. 우리 아이들이 어릴 때 좋아했던 "타잔"이라는 애니메이션이 있습니다. 마지막 장면에서 여자 주인공 제인은 아버지를 모시고 영국으로 돌아가려고 함께 배를 탑니다. 사실, 제인의 마음은 이미 타잔에게 빼앗긴 상태입니다. 딸의 마음을 알아챈 아버지가 말합니다. "제인, 너는 이곳에 남으렴." 딸은 아버지의 설득을 수용하고 타잔과 함께 섬에 남기로 결심을 굳힙니다. 곧이어 타잔이 있는 곳을 향해 바다 위로 몸을 던집니다.

그런데 이 장면에 얽힌 뒷이야기가 있습니다. 감독판 DVD에 소개된 내용입니다. 이 스토리가 처음 만들어졌을 때, 마지막 장면은 현재의 이야기와 사뭇 달랐다고 합니다. 원안에 따르면 타잔과 아버지 사이에서 주저하는 딸을 아버지가 바다로 밀쳐 빠뜨립니다. 물에 빠뜨린 제인을 타잔에게 맡기고 아버지 홀로 영국으로 돌아가는 것이 원래의 줄거리였답니다. 작품이 완성되고 각 나라로 배급되기 직전에 디즈니 스텝 중의 한 사람이 이의를 제기했답니다. 제인이 아버지의 판단에 따라 등에 떠밀려 타잔 곁에 남는 장면에 심각한 문제가 있음이 지적되었습니다. 이는 각 나라의 아이들에게 자칫 왜곡된 결혼관을 심어줄 수 있기 때문이었습니다. 문제는 이 단계에서 애니메이션을 다시 수정하는 것은 적지 않은 경제적 손실을 초래하는 일이었다고 합니다. 고민 끝에 모든 스텝의 의사를 투표로 묻기로 결정했답니다. 뜻밖에도 경제적 손실을 감수하더라도 작품을 수정하자는 의견이 더욱 많았습니다. 그 결과 오늘 우리가 보는 장면으로 수정되었다고 합니다. 자본의 논리가 지배하는 영화사에서도 이처럼 이윤보다 가치를 위한 선택을 했다는 사실을 알게 되었을 때 마음이 훈훈해졌습니다.

다시 본문으로 돌아오겠습니다. 결혼에 있어서는 신랑과 신부의 자발적 동의와 선택이 중요합니다. 하나님께서도 예비 신부의 동의와 선택을 구하셨다는 사실이 이를 증거합니다.

4. 신부의 성결의식

모세는 이스라엘 백성이 하나님의 프러포즈를 수용했다는 소식을 하나님께 전합니다. 하나님께서는 삼 일 후에 결혼 예식을 치르겠다고 말씀합니다. 그때까지 예비 신부는 특별한 준비 의식을 합니다.

> 여호와께서 모세에게 이르시되 너는 백성에게로 가서 오늘과 내일 그들을 성결하게 하며 그들에게 옷을 빨게 하고 준비하게 하여 셋째 날을 기다리게 하라 이는 셋째 날에 나 여호와가 온 백성의 목전에서 시내 산에 강림할 것임이니(출 19:10-11).

바로 신부의 정결 예식입니다. 흥미롭게도 유대인 전통 안에서 예비 신부의 정결 예식은 "미크베"라는 이름으로 오늘날까지 남아 있습니다. 유대인들이 전통예식을 행할 때, 회당 안에 있는 욕조에 들어가 몸을 정결하게 하는 예식입니다. 물론 본문에서 이스라엘 백성들은 목욕 대신에 옷을 빨고 준비합니다. 아마도 물이 부족한 광야의 환경을 고려한 조치인 것으로 생각됩니다.

5. 결혼예식

드디어 약속된 날이 다가왔습니다. 성경은 이날의 혼인예식을 다음과 같이 묘사합니다.

> 셋째 날 아침에 우레와 번개와 빽빽한 구름이 산 위에 있고 나팔 소리가

> 매우 크게 들리니 … 모세가 하나님을 맞으려고 백성을 거느리고 진에서 나오매 … 시내 산에.. 여호와께서 불 가운데서 거기 강림하심이라 … 온 산이 크게 진동하며 여호와께서 시내 산 곧 그 산 꼭대기에 강림하시고 모세를 그리로 부르시니 모세가 올라가매(출 19:16-20).

1) 신랑 입장

보통의 경우 오늘날은 결혼식에서 신랑이 먼저 입장을 합니다. 하나님도 혼인 예식에 먼저 강림하셨습니다. "시내 산에 연기가 자욱하니 여호와께서 불 가운데서 거기 강림하심이라." 신랑이 입장할 때, 씩씩한 음악이 동반됩니다. 하나님의 경우에는 산을 진동시킬 만한 나팔 소리가 울려 퍼졌습니다. "온 산이 크게 진동하며 나팔 소리가 점점 커질 때" 아울러 신랑이 등장하는 무대에는 "빽빽한 구름"과 화려한 "번개" 조명이 모든 이의 시선을 끌었습니다.

2) 신부 입장

신랑 입장에 이어 신부가 무대에 등장합니다. 주목할 만한 사실은 신부를 대표하여 모세 한 사람이 신랑 앞으로 올라갔다는 사실입니다.

> 여호와께서 시내 산 곧 그 산 꼭대기에 강림하시고 모세를 그리로 부르시니 모세가 올라가매(출 19:20).

3) 십계명

모세가 하나님 앞으로 올라가 받은 것이 바로 십계명입니다. 출애굽기 19장에서 혼인예식이 시작되었는데 바로 이어지는 20장에서 십계명이 등장합니다. 결혼 예식 중에 이스라엘 백성이 십계명을 받았다는 사실은 혼인서약으로서의 십계명의 성격을 잘 드러내 줍니다.

[1계명] 너는 나 외에는 다른 신들을 네게 두지 말라.
[2계명] 너를 위하여 새긴 우상을 만들지 말고 또 위로 하늘에 있는 것이나 아래로 땅에 있는 것이나 땅 아래 물 속에 있는 것의 어떤 형상도 만들지 말며 그것들에게 절하지 말며 그것들을 섬기지 말라 나 네 하나님 여호와는 질투하는 하나님인즉 나를 미워하는 자의 죄를 갚되 아버지로부터 아들에게로 삼사 대까지 이르게 하거니와 나를 사랑하고 내 계명을 지키는 자에게는 천 대까지 은혜를 베푸느니라.

결혼 예식에서 핵심적인 순서가 바로 서약식입니다. 하나님과 사람 앞에서 배우자만을 사랑하기로 서약하는 것입니다. 결혼 서약은 "오로지 당신(only you)"이라는 사랑의 고백에 기초하고 있습니다. 하나님께서는 세계 모든 민족으로부터 이스라엘을 구별하여 이스라엘에게 하나님께서 특별한 존재가 되시겠다고 이미 약속하셨습니다(출 19:5-6). 이제 신부의 서약이 이루어질 순서입니다. "오직 하나님, 당신만을 사랑하겠습니다." 이것이 서약의 핵심입니다. 십계명의 처음 두 조항이 바로 이 내용을 표현하고 있습니다. "혹시 지금까지는 내가 이집트의 다른 신들을 섬긴 경험이 있다 할지라도 더는 아닙니다. 이제부터는 완전히 새로운 삶을 시작할 것입니다. 과거의 다른 모든 우상을 버리고 이제는 오로지 하나님만을 섬기며 사랑하겠습니다." 이것이 바로 혼인서약으로서의 십계명이 갖는 의미입니다.

신부의 혼인서약 이후에 등장하는 순서들 역시 오늘날의 결혼식 순서와 매우 유사합니다. 오늘날의 언어로 표현하자면 다음과 같습니다.

4) 성혼 선포(출 24:7-8)

언약서를 가져다가 백성에게 낭독하여 듣게 하니 그들이 이르되 여호와의 모든 말씀을 우리가 준행하리이다 모세가 그 피를 가지고 백성에게 뿌리며 이르되 이는 여호와께서 이 모든 말씀에 대하여 너희와 세우신 언약의 피니라(출 24:7-8).

5) 피로연(출 24:9-11)

모세와 아론과 나답과 아비후와 이스라엘 장로 칠십 인이 올라가서 이스라엘의 하나님을 보니 그의 발 아래에는 청옥을 편 듯하고 하늘 같이 청명하더라 하나님이 이스라엘 자손들의 존귀한 자들에게 손을 대지 아니하셨고 그들은 하나님을 뵙고 먹고 마셨더라(출 24:9-11).

6) 기념촬영: 증거의 "돌판"(출 24:12)

여호와께서 모세에게 이르시되 너는 산에 올라 내게로 와서 거기 있으라 네가 그들을 가르치도록 내가 율법과 계명을 친히 기록한 돌판을 네게 주리라(출 24:12).

흥미롭게도 결혼 예식에 등장하는 대부분 요소가 본문에 다 나와 있습니다. 그런데 한 가지는 예외적인 것이 있습니다. 하나님께서는 결혼식 중간에 소를 잡아서 그 피를 가지고 피 뿌림의 예식을 통해 신부를 정결케 하십니다. 본문은 이 피를 가리켜 "언약의 피"라고 말합니다.

> 모세가 그 피를 가지고 백성에게 뿌리며 이르되 이는 여호와께서 이 모든 말씀에 대하여 너희와 세우신 언약의 피니라(출 24:8).

이것이 바로 "옛 언약의 피"입니다. 주지하다시피 예수님은 십자가를 지시기 전 날, 제자들과 더불어 유월절 식사를 하시던 중에 성만찬 예식을 제정하십니다. 이때, "이 잔은 내 피로 세우는 새 언약"(눅 22:20)이라고 말씀하셨습니다. 아마도 이때, 예수님은 출애굽이 24장 8절에 나오는 "언약의 피"를 염두에 두시고 "새 언약"을 말씀하셨을 것입니다. 출애굽기에서는 황소의 피로 언약을 맺었지만, 이제는 예수님의 피로 새 언약을 제정하신 것입니다.

다음으로 우리가 주목할 내용은 바로 피로연에 해당하는 장면입니다. 언약의 피 뿌림의 예식을 거행한 후에 모세는 이스라엘 백성의 대표들을 산으로 데리고 올라갑니다. 놀랍게도 산꼭대기에 멋진 피로연장이 마련되었습니다. 더욱 놀라운 일이 벌어집니다. 이들은 하나님을 대면해서 보았습니다. 한 걸음 더 나아가 하나님을 보면서 먹고 마십니다. 구약 성경의 곳곳에 사람이 하나님을 직접 대면하여 보면 죽게된다는 사실이 명시적으로나 암시적으로 표시되어 있습니다. 그런데 여기서는 예외입니다. 이스라엘의 지도자들은 하나님을 보면서 식탁교제를 즐겼습니다. 흥미로운 사실은 이 장면을 기록한 출애굽기 24장의 하나님 모습과 19장의 하나님 모습이 사뭇 다르다는 것입니다.

> 너는 백성을 위하여 주위에 경계를 정하고 이르기를 너희는 삼가 산에 오르거나 그 경계를 침범하지 말지니 산을 침범하는 자는 반드시 죽임을 당할 것이라. 그런 자에게는 손을 대지 말고 돌로 쳐죽이거나 화살을 쏘아 죽여야 하리니 짐승이나 사람을 막론하고 살아남지 못하리라(출 19:12-13).

출애굽기 19장에서 하나님은 불 가운데 강림하셨습니다. 그리고 이스라엘이 가까이 다가오는 것을 원천 봉쇄하셨습니다. 가까이 나아오는 자를 죽이시겠다고 위협하셨습니다. 그 의미는 분명합니다. 죄인인 인간이 중보자 없이 거룩하신 하나님께 가까이 나아올 수 없다는 것입니다.

그런데 출애굽기 24장의 하나님은 태도가 바뀌었습니다. 하나님은 모세와 아론과 나답과 아비후, 그리고 장로 70인을 모두 초청해서 함께 식탁교제를 나누십니다. 혹자는 이를 두고 소위 "문서설"을 주장하기도 합니다. 출애굽기 19장과 24장은 각기 다른 전통에 속하는 문서였는데, 후일 편집자에 의해 하나로 문서로 편집되었다는 가설이지요. 그런데 이것은 본문을 제대로 읽지 않고 함부로 말하는 잘못된 주장입니다. 창세기 24장에서 하나님의 태도가 바뀌었다면, 우리는 그 이유를 본문 안에서 먼저 찾아보아야 할 것입니다. 과연 이 변화를 설명해주는 단어가 발견됩니다. 바로 "언약의 피"입니다. 언약의 피 뿌림의 예식을 한 후에, 하나님께서는 비로소 하나님의 백성을 가까이하십니다. "언약의 피"는 무엇을 가리키고 있습니까? 바로 예수 그리스도의 십자가를 가리키는 것입니다. 그리스도의 속죄 사역으로 택한 백성의 죄를 깨끗이 씻기신 후에 하나님과 하나님 백성의 친밀한 교제가 가능해진 사실을 보여주는 것입니다.

6. 성막

지금까지는 결혼예식에 관한 내용을 다루었습니다. 출애굽기 25장부터 40장까지의 주제는 성막입니다. 결혼 예식을 통해 신랑과 신부가 한 가정을 이루었습니다. 이제 신랑과 신부가 함께 동거할 집이 필요합니다. 하나님과 이스라엘이 부부가 되었음을 선포한 이후, 곧바로 등장하는 것이 성막의 설계와 건축입니다. 결혼언약이라는 시각에서 출애굽기를 조명할 때, 성막의 성격이 잘 드러납니다. 성막은 신랑이신 하나님과 신부인 이스라엘(교회)이 동거하는 신혼집임을 알 수 있습니다.

출애굽기는 하나님께서 예비 신부인 이스라엘을 이집트로부터 해방하신 후에, 프러포즈하시고, 예비 신부의 승낙을 받은 후에, 멋진 혼인예식을 치르셨으며, 마지막으로는 신랑과 신부가 함께 행복하게 살 집을 마련하는 이야기입니다. 아름다운 사랑의 이야기입니다.

7. 적용

결혼언약의 관점에서 성경 텍스트를 읽는 것은 출애굽기에만 해당되지 않습니다. 성경 66권 전체를 우리는 결혼의 관점에서 조명할 수가 있습니다. 18세기 뉴잉글랜드의 신학자이며 목회자인 조나단 에드워즈는 다음과 같이 말했습니다.

> 하나님의 창조 목적은 그의 아들 예수 그리스도를 위한 배필을 마련하심에 있었다.

에드워즈는 구속사적인 관점에서 성경을 잘 읽고 이러한 말을 남겼습니다. 성경은 신자 곧 교회가 그리스도의 신부라고 규정합니다. 하나님을 찬양하는 존재로 지음받은 우리(교회)를 그리스도의 신부로 삼으신 것이 사실이라면 하나님께서 우리를 그리스도를 위한 신부로 삼기 위해 창조하셨다고 말하는 것이 그리 잘못된 표현이 아닙니다. 구속사의 완성을 그리는 요한계시록 19장에는 어린양의 혼인 잔치가 등장합니다. 여기서 하나님은 우리를 "그의[어린양의] 아내"라고 부르십니다. 거룩한 예루살렘은 신부를 상징합니다. 어린 양 그리스도께서 그분 자신의 신부를 맞이하시고, 혼인 잔치를 배설하십니다. 이 혼인예식의 기쁨이 영원토록 지속하는 것이 구속사의 완성입니다.

> 우리가 즐거워하고 크게 기뻐하며 그에게 영광을 돌리세 어린 양의 혼인 기약이 이르렀고 그의 아내가 자신을 준비하였으므로(계 19:7).

과연 창조부터 종말에 이르기까지 결혼언약이 전체 성경을 해석하는 큰 주제임에 틀림없습니다.

여기서 한가지 숙고할 내용이 있습니다. 타락 이후의 세상에서 부부 관계를 맺고 살아갈 때, 사랑과 함께 필요한 요소가 있습니다. 바로 '용서'입니다. 부부 관계를 지속할 때 사실 매일매일 용서가 필요합니다. 출애굽기 24장에 등장하는 황소의 피는 그리스도의 속죄를 상징합니다. 옛 언약의 피는 새 언약에 계시된 예수 그리스도의 피를 예표합니다. 하나님은 성혼이 성사되었음을 선포하기 전에 언약의 피뿌림 예식을 시행하셨습니다. 이 피는 우리의 죄를 용서하시기 위해서 그리스도께서 흘리신 피입니다. 신부를 향한 하나님의 사랑은 이처럼 용서하시는 사랑으로 계시되었습니다.

> 모세가 그 피를 가지고 백성에게 뿌리며 이르되 이는 여호와께서 이 모든 말씀에 대하여 너희와 세우신 언약의 피니라(출 24:8).

> 이것은 너희를 위하여 주는 내 몸이라 너희가 이를 행하여 나를 기념하라 하시고 저녁 먹은 후에 잔도 그와 같이 하여 이르시되 이 잔은 내 피로 세우는 새 언약이니 곧 너희를 위하여 붓는 것이라(눅 22:19-20).

여러분께 질문을 드립니다. 과연 회개와 용서 중에 무엇이 선행할까요? 우리가 회개하는 것을 조건으로 하나님께서 우리를 용서하실까요? 아니면 하나님께서 이미 용서하셨기 때문에 우리를 참 회개로 이끄시는 걸까요? 단순한 질문은 아닙니다. 사실 신학자들 사이에도 이견이 존재합니다. 그만큼 까다로운 주제이기도 합니다. 이해를 돕기 위해 제가 예를 들어보겠습니다. 우리 아이를 키울 때 아빠로서 저는 이 아이에게 하나님 아버지의 사랑을 가르쳐주고 싶었습니다. 또한, 앞으로 우리 아이가 방황할 때에라도 언제든 회개하고 돌아올 수 있음을 가르쳐 주기를 원했습니다. 이런 차원에서 저는 규칙을 하나 정했습니다. 아이들이 무슨 잘못을 저지르든 상관없이, 스스로 잘못했다고 말하기만 하면 아빠는 무조건 용서를 베푼다는 규칙이었습니다. 사실 어린 아이가 죄를 지어야 얼마나 큰 죄를 짓겠냐는 생각도 있었습니다.

큰 아이가 저지른 첫 번째 죄가 있다면 아마도 동생을 미워한 죄일 것입니다. 동생이 태어났을 때 큰 아이가 이렇게 말했습니다. "준이 갖다 버려. 쓰레기통에 갖다 버려." 자기 혼자 엄마, 아빠의 사랑을 독차지하다가 엄마 옆에 누워 있는 동생을 보고 질투심이 난 것이죠. 간혹 동생에게 인색하게 굴어도, 큰 아이는 자신의 잘못을 인정하고 사과하면 무조건 용서를 받았습니다. 일종의 자비의 법이 시행된 것입니다. 그런데 아빠로서 제가 놀란 게 있습니다. 아주 어린 아이일지라도 자기가 먼저 잘못했다는 말을 절대 안하고 버틴다는 사실에 놀랐습니다. 어린 자녀의 이러한 모습을 보며 '아, 나도 하나님 앞에서 이렇게 완고할 수 있겠구나!' 생각했습니다. '회개가 이토록 힘든 거구나!'라는 사실을 아이를 양육하면서 실감하게 되었습니다. 아주 어린 아이도 자존심이라는 게 있더군요. 차라리 혼날지언정 절대로 잘못을 인정하지 않으려 할 때에는 어쩔 수 없이 압박을 가했습니다. 아빠가 옆에서 막 무섭게 하니까 그제서야 아이는 조금 손을 올리고 잘못했다고 비는 흉내를 냅니다. 아빠는 이 순간을 놓치지 않습니다. 얼른 아이를 안아주면서 '그래, 잘못했지?' 부드럽게 말합니다. 곧이어 용서의 은혜를 베풀고 온갖 좋은 것들로 보상을 해주었습니다. 이렇게 해서라도 회개의 복을 가르쳐주고 싶었답니다.

자, 한번 상상해 봅시다. 만약, 이 모습을 보고 기자가 와서 가족과 인터뷰를 한다고 가정해 봅시다. 먼저 아이에게 기자가 묻습니다.
"어떻게 용서를 받을 수 있었습니까?"
아이가 대답합니다.
"제가 규칙대로 회개했기 때문이죠."
이제 비슷한 질문을 아빠에게 합니다.
"어떻게 아이에게 용서를 베풀 수 있었습니까?"
아빠는 어떻게 대답할까요?
"어쩔 수 없죠. 제 자식 아닙니까?"
아빠의 대답에는 회개라는 조건이 충족되었기 때문에 용서했다는 설명이 생략될 수도 있습니다. 어떤 행위의 조건보다 "내 자식"이라는 신분과 관계성이 우선시되는 것으로 보입니다.
계속하여 회개와 용서의 관계를 생각해 봅시다. 이는 두 차원으로 생각할 수 있습니다. 하나님께서는 우리에게 회개라는 조건을 요구하십니다. 그런데 우리에게 이러한 요구를 하시는 아버지 하나님의 마음에는 우리를 향한 용서의 마음이 선행하고 있습니다. 우리를 용서하시려는 의도를 가지고 우리에게 회개를 요구하십니다. 의도의 차원에서만 보면 이미 하나님은 마음에서 우리를 용서하신 거예요. 즉 하나님 편에서만 이야기한다면, 하나님께서는 이미 그리스도 안에서 우리를 용서하셨다고 말할 수 있는 겁니다. 물론 '우리에게 지평'에서 말하자면, 하나님께서는 반드시 믿음과 회개를 통해서 용서에 이르도록 우리에게 회개를 조건적으로 명령하신다고 말할 수 있습니다. 근데 이 모든 순서보다 선행하는 게 있습니다. 바로 사랑입니다.

> 우리가 아직 죄인 되었을 때에 그리스도께서 우리를 위하여 죽으심으로 하나님께서 우리에 대한 자기의 사랑을 확증하셨느니라(롬 5:8).

다시 질문을 드리겠습니다. 용서와 회개, 그리고 사랑 가운데 무엇이 제일 먼저 시작됐을까요? 사랑입니다. 하나님은 우리를 사랑하셨기 때문에 우리를 용서하길 원하셨습니다. 우리를 용서하기 위해서 구원의 계획을 세우시고 이를 성취함을 통해 하나님과 온전한 사랑의 관계를 회복하길 뜻하셨습니다. 이 때문에 하나님은 우리에게 회개하라고 명령하신 것입니다. 많은 신학자들은 보통 믿음과 회개가 '도구인(instrumental cause)'이라고 가르칩니다. 믿음과 회개는 우리에게 용서와 구원을 베푸시기 위해 하나님께서 정하신 일종의 수단이라는 의미입니다. 따라서 우리 편에서는 마치 이것들이 조건인 것처럼 믿음과 회개를 실천해야 합니다. 물론 참 회개를 하기 위해서는 하나님께서 위로부터 회개의 영을 부어주시고 우리의 돌과 같은 마음을 부드러운 새 마음으로 바꾸어 주셔야 합니다. 이것이 가능한 이유는 이미 하나님께서 우리를 영원한 사랑으로 사랑하셨기 때문입니다. 하나님께서 먼저 우리를 사랑하셨기 때문이라는 거죠.

이러한 내용을 우리의 부부 관계로 적용해 볼 수도 있습니다. 일반적으로 부모는 자식에게 이러한 종류의 용서를 베풀고 살아갑니다. 자식은 내 자식이니까 본능적으로 사랑합니다. 어떻게 해서든 용서하고 품습니다. 그런데 부부 사이에는 이러한 용서가 자연스럽게 적용되지 않는 경우가 있습니다. "당신이 사과하기 전까지는 내가 마음을 풀지 않고, 용서해주지 않을 거야." 이런 태도를 취하기도 합니다. 여기서 우리는 과연 하나님께서 어떤 사랑으로 교회를 신부로 삼으시고 품으셨는지를 생각해야 합니다. 아버지 하나님의 자녀로서, 혹은 예수님의 제자로서 주님의 사랑을 닮아가야 하지 않겠습니까? 물론 잘못한 것에 대해서는 회개해야죠. 그리고 미안하다고 사과해야 합니다. 이후에 화해가 수반되어야 합니다. 화해해야만 사랑 안에서 하나가 될 수 있기 때문입니다. 자, 그런데 이 순서를 바꾸어 볼 수도 있습니다. 배우자를 먼저 사랑하십시오. 그리고 사랑하기 때문에 용서하기를 간절히 소원하시기 바랍니다. 이러한 용서와 사랑의 마음이 동기가 되어 잘못을 저지른 배우자에게 먼저 손을 내미는 것입니다. 그리고 따뜻하고 온유한 말로 사과를 요청해 보세요. 아마도 어렵지 않게 진정성 있는 사과를 받으실 수 있을 것입니다.

지금까지는 결혼과 아름다운 부부 사랑의 관점에서 시내산 언약을 조명해 보았습니다. 다만 끝부분에서 '용서'라는 화두를 발견하고 이에 대해 묵상해 보았습니다. 이제부터는 '용서'가 이후 전개되는 이야기의 주제어가 됩니다. 출애굽기 32장부터는 이스라엘의 범죄가 기록되어 있습니다. 금송아지 신상을 만들고 우상을 숭배한 이스라엘의 죄와 이를 심판하시려는 하나님, 그리고 하나님의 용서를 구하는 모세의 중보 기도가 주요한 내용을 구성합니다. 특히 모세의 중보기도를 통해 메시아와 그분의 사역이 어떤 방식으로 예표되었는지 다음 시간에 계속해서 살펴보겠습니다.

6.
시내산 언약: 모세의 중보

출애굽기 32:30-35

³⁰이튿날 모세가 백성에게 이르되 너희가 큰 죄를 범하였도다. 내가 이제 여호와께로 올라가노니 혹 너희를 위하여 속죄가 될까 하노라 하고 ³¹모세가 여호와께로 다시 나아가 여짜오되 슬프도소이다. 이 백성이 자기들을 위하여 금 신을 만들었사오니 큰 죄를 범하였나이다. ³²그러나 이제 그들의 죄를 사하시옵소서. 그렇지 아니하시오면 원하건대 주께서 기록하신 책에서 내 이름을 지워 버려 주옵소서. ³³여호와께서 모세에게 이르시되 누구든지 내게 범죄하면 내가 내 책에서 그를 지워 버리리라. ³⁴이제 가서 내가 네게 말한 곳으로 백성을 인도하라. 내 사자가 네 앞서 가리라 그러나 내가 보응할 날에는 그들의 죄를 보응하리라. ³⁵여호와께서 백성을 치시니 이는 그들이 아론이 만든 바 그 송아지를 만들었음이더라.

시내산 언약을 바라보는 세 가지 관점에서 첫 번째 관점을 살펴보고 있습니다. 결혼언약으로 시내산 언약을 읽을 때 하나님의 교회 사랑이 잘 부각됩니다. 그런데 출애굽기에는 아름다운 사랑 이야기만 기록된 것이 아닙니다. 32장부터 34장까지에는 이 사랑에 금이 갔던 비극적인 사건이 기록되어 있습니다. 이스라엘이 하나님을 배신하고 금송아지 우상을 만들어 섬긴 것입니다. 이때 모세는 이스라엘의 죄를 용서해 달라는 중보 기도를 하나님께 드립니다. 모세의 중보에서 우리는 앞으로 오실 메시아의 중보 사역이 어떤 것인지를 발견합니다.

1. 이스라엘의 범죄와 모세의 중보

이스라엘이 우상숭배의 죄를 범하면서 아름다운 사랑 이야기는 일순간에 파국으로 치닫게 됩니다. 거의 막장 드라마 수준의 혼돈이 일어났습니다. 결혼언약의 관점에서 보았을 때, 이스라엘 백성이 금송아지를 만들고 섬긴 행위는 혼인서약을 파기한 행위입니다. 이를테면 혼인예식을 올리자마자 옛 연인을 만나 바람을 피운 것과도 같습니다.

이 사건의 배경은 이렇습니다. 출애굽기 24장에서 피로연이 끝나자 하나님께서는 모세를 산 위로 부르십니다. 여기에서 율법을 기록한 돌판을 모세에게 주십니다. 앞으로 제작할 성막의 청사진을 보여주십니다. 제사장을 세우는 법, 매일 드리는 번제, 안식일 법과 같은 규례를 제정하십니다.

모세가 40일이 지나도록 산에서 내려오지 않았을 때, 산 아래 이스라엘 백성들 사이에는 적지 않은 동요가 일어났습니다. 이스라엘 백성은 금송아지를 만들고 그 우상을 음란하게 섬겼습니다. 이때 하나님은 크게 진노하십니다. 신랑의 진노로 노를 발하십니다. 급기야 하나님은 이스라엘 백성을 심판하여 진멸하겠다고 선언하십니다. 진노하시는 하나님 앞에 모세는 엎드립니다. 그리고 이스라엘 백성의 죄를 용서해 달라고 중보기도를 드립니다. 성경 말씀을 자세히 읽어보면, 모세의 중보는 모두 세 차례에 걸쳐 진행됩니다.

1) 모세의 1차 중보(출 32:7-14)

> 여호와께서 모세에게 이르시되 너는 내려가라 네가 애굽 땅에서 인도하여 낸 네 백성이 부패하였도다 … 그런즉 내가 하는 대로 두라 내가 그들에게 진노하여 그들을 진멸하고 너를 큰 나라가 되게 하리라. 모세가 그의 하나님 여호와께 구하여 이르되 여호와여 어찌하여 그 큰 권능과 강한 손으로 애굽 땅에서 인도하여 내신 주의 백성에게 진노하시나이까? 어찌하여 애굽 사람들이 이르기를 여호와가 자기의 백성을 산에서 죽이고 지면에서 진멸하려는 악한 의도로 인도해 내었다고 말하게 하시려 하나이까? 주의 맹렬한 노를 그치시고 뜻을 돌이키사 주의 백성에게 이 화를 내리지 마옵소서 주의 종 아브라함과 이삭과 이스라엘을 기억하소서 주께서 그들을 위하여 주를 가리켜 맹세하여 이르시기를 내가 너희의 자손을 하늘의 별처럼 많게 하고 내가 허락한 이 온 땅을 너희의 자손에게 주어 영원한 기업이 되게 하리라 하셨나이다. 여호와께서 뜻을 돌이키사 말씀하신 화를 그 백성에게 내리지 아니하시니라(출 32:7-14).

이스라엘 백성을 진멸하겠다는 하나님의 심판 선언 앞에서 모세는 당황합니다. 사실, 모세는 아직 산 아래의 상황을 제대로 파악조차 못 한 상태였습니다. 심판을 선언하시면서 하나님은 모세에게 다음과 같이 제안하십니다.

> 그들을 진멸하고 너를 큰 나라가 되게 하리라(출 32:10).

모세를 일종의 제2의 아브라함으로 삼아 새 역사를 쓰시겠다는 말씀입니다. 모세로서는 황송한 제안이었을 것입니다. 그러나 모세는 자신의 영광을 생각하지 않고 모든 시선을 이스라엘 백성에게로 돌립니다. 그리고 이들 편에 서서 담대하게 중보의 기도를 드립니다. 모세의 간구는 두 가지에 기초하고 있습니다.

첫째, 하나님의 명예가 훼손되어서는 안 된다는 사실을 지적합니다. 하나님께서는 큰 이적과 기사를 통해 이스라엘을 이집트로부터 해방하셨습니다. 그런데 이제 와서 하나님께서 자기 백성을 일순간에 모두 죽여버린다면, 이집트인들이 하나님을 어떻게 생각하겠느냐고 모세는 질문합니다. 하나님을 가리켜 악한 신이라고 말하지 않겠냐는 것이지요.

둘째, 모세는 아브라함, 이삭, 야곱을 언급합니다. 이들과 맺으신 하나님의 언약을 말하고 있는 것입니다. 일찍이 아브라함과 이삭과 야곱에게 하신 약속을 생각하고 그 언약을 신실하게 성취해 달라고 간구합니다.

모세가 중보기도를 마치자, 하나님께서는 마치 모세의 논리에 설득된 것처럼, 이스라엘을 진멸하시겠다는 심판의 계획을 중지하십니다. 우리가 생각해 보아야 할 점이 있습니다. 지금 산 아래 있던 이스라엘 백성은 이러한 하나님과 모세가 나눈 대화를 알지도 못했다는 것입니다. 자신들이 진멸을 면하고 호흡을 유지할 수 있는 것이 모세의 중보로 말미암아 가능케 되었다는 사실을 몰랐다는 것이지요. 이것은 범우주적인 의미가 있습니다. 오늘날, 인류가 지구 위에서 하루하루 살아가는 것은 사실 하나님의 은혜로 말미암는 것입니다. 하나님께서는 지금이라도 죄악 많은 세상을 심판하여 진멸시킬 수 있는 분입니다. 그러나 지구가 이 순간도 평화롭게 돌아가는 것은 넓은 의미에서 하나님의 일반 은총에 의한 것입니다. 그리고 그리스도를 예표하는 모세를 통해 이러한 은혜 역시 그리스도로 말미암은 것이라고 말할 수 있습니다.

2) 모세의 2차 중보: 생명책 중보(출 32:19-34)

> 진에 가까이 이르러 그 송아지와 그 춤 추는 것들을 보고 크게 노하여 손에서 그 판들을 산 아래로 던져 깨뜨리니라 모세가 그들이 만든 송아지를 가져다가 불살라 부수어 가루를 만들어 물에 뿌려 이스라엘 자손에게 마시게 하니라 레위 자손이 모세의 말대로 행하매 이 날에 백성 중에 삼천 명 가량이 죽임을 당하니라 이튿날 모세가 백성에게 이르되 너희가 큰 죄를 범하였도다 내가 이제 여호와께로 올라가노니 혹 너희를 위하여 속죄가 될까 하노라 하고 모세가 여호와께로 다시 나아가 여짜오되 슬프도소이다 이 백성이 자기들을 위하여 금 신을 만들었사오니 큰 죄를 범하였나이다 그러나 이제 그들의 죄를 사하시옵소서 그렇지 아니하시오면 원하건대 주께서 기록하신 책에서 내 이름을 지워 버려 주옵소서 여호와께서 모세에게 이르시되 누구든지 내게 범죄하면 내가 내 책에서 그를 지워 버리리라 이제 가서 내가 네게 말한 곳으로 백성을 인도하라 내 사자가 네 앞서 가리라 그러나 내가 보응할 날에는 그들의 죄를 보응하리라(출 32:19-34).

산에서 내려온 모세는 범죄 현장을 목격합니다. 모세는 십계명이 새겨진 돌판을 던져 깨뜨립니다. 이것은 혼인 관계가 사실상 파괴되었음을 의미합니다. 곧이어 유명한 모세의 생명책 중보 사건이 기록되어 있습니다. 모세는 생명책에서 자기의 이름을 삭제해달라고 말하면서 이스라엘의 죄를 용서해 달라고 간구합니다. 그리고 하나님은 모세의 중보기도를 받아주십니다.

> 이제 가서 내가 네게 말한 곳으로 백성을 인도하라 내 사자가 네 앞서 가리라(출 32:34).

어떤 면에서는 너무 간단하게 용서하신 것 같다는 느낌이 들 정도입니다. 성경은 모세의 제2차 중보기도와 관련한 한 가지 특이한 장면을 기록합니다. 이것이 하나님께서 베푸신 용서와 특별한 관계가 있는 듯 보입니다. 금송아지 우상을 가져다가 불에 태우고 완전히 가루로 만든 후에, 그 가루를 물의 상류에 뿌려 백성들이 그 물을 마시게 하신 사건입니다. 후일에 모세는 이날의 사건을 회상하면서 이 장면을 보다 상세하게 묘사합니다.

> 너희가 만든 송아지를 가져다가 불살라 찧고 티끌 같이 가늘게 갈아 그 가루를 산에서 흘러내리는 시내에 뿌렸느니라(신 9:21).

주지하다시피, 모세는 금송아지 우상을 곱게 갈린 가루로 만들기까지 몇 단계의 과정을 밟은 것으로 기록합니다. 금은 아주 미세한 먼지와 같은 가루 형태로 변할 수 있다고 합니다. 네덜란드에 의사 출신의 신학자 M. R. 드한(DeHaan) 박사는 호기심을 가지고 실험을 했습니다. 성경의 기록대로 금덩어리를 가루 형태로 만들어 물에 뿌렸더니, 순간 물의 색깔이 적포도주 색깔로 변했다고 합니다. 드한 박사는 이것이야말로 그리스도의 보혈을 가리키는 표적이라고 확신했습니다. 그리고 그의 저서 『피의 화학』(The Chemistry of the Blood, 1974)에서 이 내용을 자세하게 기록했습니다. 얼마 전 드한 박사의 실험을 서강대학교 화공생명공학과 교수님께 소개한 적이 있습니다. 교수님은 유명한 학술지에 실린 외국 논문 한 편을 저에게 보여주셨습니다. 금이라는 광물이 고운 입자 형태로 작아질수록 점차 색깔이 변하는 것을 실험한 연구결과였습니다. 어느 정도 작아지면 정말 적포도주 색깔로 변합니다. 더욱 작게 갈면 금 입자는 완전히 빨간색으로 변하게 됩니다. 이 논문을 소개해 주신 교수님도 성경 본문을 다시 읽으며 큰 은혜를 받았다고 말씀했습니다. 정말 흥미롭습니다.

3) 모세의 3차 중보(출 33:1-14)

모세의 중보기도는 여기에서 그치지 않았습니다. 출애굽기 33장 1-3절에서 하나님께서는 뜻밖의 선언을 하십니다. 이제 하나님은 아브라함에게 하신 약속을 지키시겠다고 합니다. 하나님의 사자를 앞서 보내어 가나안 땅을 정복하고 이스라엘을 약속의 땅으로 인도하여 들이시겠다고 합니다. 정말 은혜로운 말씀입니다. 그런데 문제가 있습니다. 하나님은 이스라엘 백성과 함께 약속의 땅으로 올라가는 길에 동행하지 않겠다고 하십니다.

> 여호와께서 모세에게 이르시되 너는 네가 애굽 땅에서 인도하여 낸 백성과 함께 여기를 떠나서 내가 아브라함과 이삭과 야곱에게 맹세하여 네 자손에게 주기로 한 그 땅으로 올라가라. 내가 사자를 너보다 앞서 보내어 가나안 사람과 아모리 사람과 헷 사람과 브리스 사람과 히위 사람과 여부스 사람을 쫓아내고 너희를 젖과 꿀이 흐르는 땅에 이르게 하려니와 나는 너희와 함께 올라가지 아니하리니 너희는 목이 곧은 백성인즉 내가 길에서 너희를 진멸할까 염려함이니라 하시니(출 33:1-3).

하나님께서 이스라엘과의 동행을 거부하는 이유를 주목해야 합니다. 이스라엘은 "목이 곧은 백성인즉" 하나님 자신이 그들을 진멸할 것을 염려하여 동행할 수 없다고 말씀합니다. 모세 오경에서 이스라엘을 가리켜 "목이 곧은 백성"이라는 표현이 등장할 때는 주로 이스라엘의 범죄와 회개를 거부하는 상태를 가리킵니다. 하나님은 참 회개를 거부한 이스라엘이 언제라도 오늘과 같은 범죄를 범할 수 있다는 사실을 지적하신 것입니다. 또다시 이스라엘이 하나님을 버리고 우상을 섬기는 죄를 범할 경우, 하나님은 즉각적으로 이들의 죄를 심판하여 진멸할 수 있다는 것이지요.

이제 모세는 크게 긴장합니다. 하나님과의 동행이 보장되지 않는다면 한 걸음도 뗄 수 없다는 태도를 보입니다. 이번에는 홀로 하나님께 나아가지 않습니다. 모세는 이스라엘 백성과 함께 슬퍼하며 하나님께 기도합니다. 백성들은 한 사람도 예외 없이 모두 슬퍼하며 자신의 몸에서 모든 장신구를 떼었다고 기록합니다.

> 백성이 이 준엄한 말씀을 듣고 슬퍼하여 한 사람도 자기의 몸을 단장하지 아니하니 … 이스라엘 자손이 호렙 산에서부터 그들의 장신구를 떼어 내니라(출 33:4-6).

이제 모세는 다음과 같이 간구합니다.

모세가 여호와께 아뢰되 보시옵소서 주께서 내게 이 백성을 인도하여 올라가라 하시면서 나와 함께 보낼 자를 내게 지시하지 아니하시나이다 주께서 전에 말씀하시기를 나는 이름으로도 너를 알고 너도 내 앞에 은총을 입었다 하셨사온즉 내가 참으로 주의 목전에 은총을 입었사오면 원하건대 주의 길을 내게 보이사 내게 주를 알리시고 나로 주의 목전에 은총을 입게 하시며 이 족속을 주의 백성으로 여기소서. 여호와께서 이르시되 내가 친히 가리라 내가 너를 쉬게 하리라(출 33:12-14).

모세의 입장은 충분히 이해할 만합니다. 아무리 좋은 환경과 좋은 신혼집이 마련되었어도, 그곳에 신랑 없이 신부 홀로 살라고 한다면, 어느 누가 행복하다고 생각하겠습니까? 신랑과의 동행이 없다면, 결혼은 이미 무의미해지는 것이지요. 이제 모세는 모든 백성과 더불어 하나님께 매달립니다. 이윽고 하나님께서 반응하십니다. 이번에도 모세의 간구를 수용하십니다. "내가 친히 가리라. 내가 너를 쉬게 하리라"라고 말씀하십니다.

모세의 세 번째 중보는 우리에게 뜻깊은 교훈을 던져줍니다. 우리는 모두 유일한 중보자 예수 그리스도로 말미암아 구원을 받고 하나님의 자녀가 되었다는 사실을 잘 알고 있습니다. 그런데 우리는 거듭난 신자에게 그리스도의 중보가 지속해서 필요하다는 사실에 대해서는 크게 생각하지 않는 것 같습니다. 성경은 모든 신자가 하나님의 성전이고 하나님의 거룩하신 성령이 우리 안에 거하신다고 말씀합니다(고전 3:16). 이것은 사실입니다. 신자는 성령 하나님과 더불어 늘 동행해야 합니다. 그러나 이러한 동행이 결코 쉽게 이루어진 것이 아닙니다. 하나님은 여전히 크고 작은 죄의 유혹에 넘어지고, 실제로 죄를 범하며 살아가는 자기 백성과 동고동락하시기에는 너무나 거룩하신 분입니다. 비록 거듭난 천국 백성이 되었지만, 성령님께서 우리 안에 내주하시기에는 우리 마음속이 너무나 지저분하고 성결하지 못합니다. 따라서 그리스도의 지속적인 중보가 필요한 것입니다. 하나님과 우리 사이에 그리스도가 계심으로 인해 우리는 하나님과의 교제를 보장받을 수 있게 되었습니다. 그리스도의 중보가 있으므로 우리는 범죄 할 때마다 회개할 수 있는 은혜를 누릴 수 있는 것입니다.

2. 회복: 십계명과 언약 그리고 성막

이렇게 세 차례에 걸친 모세의 중보와 하나님께서 응답하시는 내용이 출애굽기 33장까지 기록되어 있습니다. 이어지는 장들에서는 하나님과 이스라엘의 관계가 회복되었음을 증거하는 내용이 기록되어 있습니다. 하나님은 십계명을 이스라엘에게 다시 주십니다. 또한, 온 이스라엘 백성은 자발적인 마음으로 성막을 만드는 과정에 참여합니다. 한 가지 흥미로운 것은 이스라엘과 더불어 언약을 새롭게 제정하시면서 이스라엘 백성에게 당부하시는 말씀입니다.

> 너는 스스로 삼가 네가 들어가는 땅의 주민과 언약을 세우지 말라 그것이 너희에게 올무가 될까 하노라. 너희는 도리어 그들의 제단들을 헐고 그들의 주상을 깨뜨리고 그들의 아세라 상을 찍을지어다. 너는 다른 신에게 절하지 말라 여호와는 질투라 이름하는 질투의 하나님임이니라. 너는 삼가 그 땅의 주민과 언약을 세우지 말지니 이는 그들이 모든 신을 음란하게 섬기며 그들의 신들에게 제물을 드리고 너를 청하면 네가 그 제물을 먹을까 함이며 또 네가 그들의 딸들을 네 아들들의 아내로 삼음으로 그들의 딸들이 그들의 신들을 음란하게 섬기며 네 아들에게 그들의 신들을 음란하게 섬기게 할까 함이니라. 너는 신상들을 부어 만들지 말지니라(출 34:12-17).

하나님의 의도를 한마디로 요약하면 신부 이스라엘의 순결 서약을 강화하신 것입니다. 주지하다시피, 하나님은 모세의 중보로 말미암아 신부가 과거에 행한 허물을 덮어주셨습니다. 그런데 이제 신랑은 앞으로의 일을 염려하시는 것입니다. 가나안 땅에 들어가면, 이스라엘은 이집트에서 경험했던 우상들보다 더욱 매력적인 우상들을 만나게 될 것입니다. 신부의 마음이 또다시 유혹을 받아 가나안의 우상들에게 빼앗길까 하여 신랑은 순결 서약을 새롭게 강조하시는 것입니다. 그들과 더불어 절대로 언약을 맺지 말라고 당부하셨습니다. 이미 하나님과 더불어 혼인언약을 맺은 신부는 더는 다른 신에게 몸과 마음을 주는 언약을 맺어서는 안 된다는 사실을 확인하신 것입니다. 이는 매우 기초적인 윤리에 해당합니다.

아울러 하나님께서는 매우 질투심이 많은 신랑이라는 사실을 신부의 마음속 깊이 각인시켜 주십니다. 정말 그렇습니다. 하나님은 당신의 신부가 하나님 아닌 다른 피조물에 마음이 빼앗기는 것을 도저히 참지 못하십니다. 그만큼 뜨거운 사랑으로 당신의 신부를 사랑하시는 것입니다.

이제부터 출애굽기의 마지막 부분에 이르기까지의 중심 주제는 성막 건축입니다. 성막은 신랑이 신부와 더불어 동거할 신혼집입니다. 만일, 새신랑이 신혼집 살림살이를 장만하는 과정에서 지나치게 까다롭게 굴면 예비 신부 입장에서는 다소 부담스럽게 느낄지 모르겠습니다. 그런데 하나님은 까다로운 것 이상이었습니다. 성막의 크기와 재질, 성막 안에 설치할 가구에 해당하는 온갖 기구들의 종류와 재질, 모양, 그리고 배치에 이르기까지 하나님의 세심한 명령이 기록되어 있습니다. 하나님께서 이토록 정성을 들이시는 이유는 분명합니다. 성막의 모든 것이 앞으로 오실 메시아와 그의 구속사역을 예표하기 때문입니다. 출애굽기 40장에 이르면 성막이 완성되고 하나님께서 임재하신 장면이 아름답게 묘사됩니다. 신랑과 신부가 합방하는 장면입니다.

> 구름이 회막에 덮이고 여호와의 영광이 성막에 충만하매 모세가 회막에 들어갈 수 없었으니 이는 구름이 회막 위에 덮이고 여호와의 영광이 성막에 충만함이었으며(출 40:34).

흥미로운 것은 하나님께서 임재하신 모습이 출애굽기 19장의 모습과 다르다는 것입니다. 결혼식에 신랑이 입장할 때는 크게 울리는 나팔소리 속에서 번개와 불이 동원되었습니다. 이제 출애굽기 40장에서 하나님은 빽빽한 구름 가운데 임재하십니다. 구름은 부드럽습니다. 구름은 또한 시야를 가리기 때문에 은밀한 성격을 드러냅니다. 요컨대 구름을 통해 신랑의 임재를 표현한 것은 결혼언약으로 읽는 출애굽기의 절정을 묘사하기에 아주 잘 어울린다고 말할 수 있습니다.

이제 마지막에 이르렀습니다. 신랑과 신부의 합방이 이루어진 후, 구름이 성막 위에 떠 오릅니다. 구름의 움직임과 더불어 신부는 하나님과의 동행을 시작합니다. 최종 목적지는 약속의 땅입니다. 혼인예식을 치른 장소는 시내산입니다. 약속의 땅에 이르기까지의 여정은 신혼여행이라고 말할 수 있습니다.

> 구름이 성막 위에서 떠오를 때에는 이스라엘 자손이 그 모든 행진하는 길에 앞으로 나아갔고 구름이 떠오르지 않을 때에는 떠오르는 날까지 나아가지 아니하였으며 낮에는 여호와의 구름이 성막 위에 있고 밤에는 불이 그 구름 가운데에 있음을 이스라엘의 온 족속이 그 모든 행진하는 길에서 그들의 눈으로 보았더라(출 40:36-38).

그렇다면 신혼여행 장소는 과연 어디일까요? "광야"입니다. 조금 이상하지 않습니까? 왜 아무 볼 것이 없는 광야로 신혼여행을 떠났을까요? 이것은 바로 그 이유입니다. 아무것도 볼 것이 없기 때문입니다. 광야에서 신부가 바라볼 것은 낮에는 "여호와의 구름"이고 밤에는 여호와의 "불"이었습니다. 밤낮으로 신랑만 바라보는 것이지요. 이 때문에 질투심이 많으신 신랑이 광야로의 여행을 계획하신 듯합니다.

그런데 이후의 이스라엘 역사가 어떻게 전개되었는지 우리는 잘 알고 있습니다. 광야에서의 여행길 끝에서 이스라엘은 또다시 한눈을 팔았습니다. 과거 이집트에 살았을 때를 그리워하며 애곡합니다. 한 걸음 더 나아가 자신들을 위해 새로운 지도자를 세우고 "애굽으로 돌아가자"(민 14:4)라고 외쳐댑니다. 과거의 애인에게 돌아가자는 '백 투 이집트 운동'을 일으킨 것입니다.

이에 대한 하나님의 대응이 매우 흥미롭습니다. 습관적으로 한눈을 파는 신부를 위해 하나님은 신혼여행 기간을 처음보다 많이 늘리십니다. 40년 동안 광야에서 특별한 시간을 보내십니다. 이 40년의 의미는 신부가 신랑만 바라보게 하는 훈련의 시간이었습니다.

출애굽기의 아름다운 마지막 장면을 묘사하면서 또다시 비극적인 역사를 더 이상 자세하게 이야기하는 것은 적절하게 보이지 않습니다. 다만 한 가지 확인할 사실이 있습니다. 이스라엘은 앞으로 또다시 죄를 반복하여 범하고 신랑의 진노를 경험할 것이지만, 하나님은 여전히 중보자를 통해 이스라엘의 허물을 용서하시고 그들을 인도하시며 마침내 하나님의 언약을 신실하게 성취하셨다는 것입니다. 따지고 보면 이스라엘 역사의 한 부분을 차지하고 있던 "광야"는 신랑과 신부 모두에게 매우 특별한 기간이었습니다. 또한, 출애굽기 한복판에 있는 어두운 순간들 역시 우리에게 특별한 의미를 계시해 줍니다. 결혼언약의 관점에서 출애굽기 전체를 조명해 볼 때, 상기한 어두운 터널과 광야라는 공간은 모두 신부를 향한 신랑의 지극한 사랑이 표현된 공간이었습니다. 자격이 없고 허물이 많은 백성을 신부로 삼으신 하나님의 사랑이 계시되었습니다. 한 번 선택하신 신부를 끝까지 포기하지 않으시는 신랑의 사랑이 드러났습니다. 무엇보다, 신부를 향한 신랑의 불타는 사랑이 극적으로 표현되었습니다.

이러한 내용은 앞으로 오실 메시아의 중보사역을 예표하는 모세를 통해 계시되었고 또한 그를 통해 기록되어 우리에게까지 전해졌습니다. 모세가 경험한 하나님은 오늘날 우리의 하나님이시기도 합니다. 모세가 보여준 예수 그리스도 중보자의 사역을 오늘날 우리 모두 경험하고 있습니다. 하나님은 우리를 선택하셨습니다. 죄와 사망의 권세로부터 우리를 해방시키셨습니다. 그리고 우리를 그리스도의 신부로 삼으셨습니다. 임마누엘의 사랑으로 우리와 함께 교제하시고 하루하루 동행하십니다. 물론 출애굽기에는 "예수"라는 이름이 등장하지 않습니다. 그러나 예수님을 통해 신자가 누리는 이 모든 특권과 은혜를 매우 생동감 있게 증언하고 있습니다.

3. 적용

우리는 이스라엘 백성들이 이집트를 탈출하여, 시내산에서 하나님과 결혼 예식을 올리고, 성막을 건축한 후에 광야로 신혼여행을 떠나는 긴 여정을 함께 살펴보았습니다. 핵심적인 교훈으로는 하나님의 지극한 신부 사랑을 배웠습니다. 하나님께서 신부를 사랑하시되 과거를 묻지 않으시고 현재의 죄도 모세의 중보로 말미암아 용서하셨습니다. 미래를 향해서도 과거에 맺은 언약을 기억하시며 이스라엘과의 동행을 약속하십니다. 이것이 하나님의 지극한 신부 사랑이에요. 그런데 이것을 통해 우리는 하나님의 지극하신 교회 사랑과 하나님이 당신의 교회, 지금 우리를 어떠한 사랑으로 품으셨는가를 배우게 됩니다. 안타깝게도 오늘과 비슷한 일이 이스라엘 역사에서 끊임없이 반복됩니다. 이스라엘은 신랑이신 하나님을 버리고 끊임없이 우상을 숭배하며 외도합니다. 하나님께서는 하나님의 가슴 아픈 심정을 보여주시기 위해서 호세아 선지자를 선택하십니다. 그에게 음란한 여자 고멜을 취하라고 명령하십니다. 둘이 결혼해서 자식을 낳습니다. 어떤 학자들은 고멜이 낳은 자녀들 가운데 일부는 호세아의 자녀가 아니라고 말을 합니다. 이것이 사실이라면 호세아 선지자의 마음이 얼마나 무너져 내렸겠습니까? 하나님께서는 호세야에게 이렇게 말씀하십니다.

> 고멜이 로루하마를 젖뗀 후에 또 임신하여 아들을 낳으매 여호와께서 이르시되 그의 이름을 로암미라 하라 너희는 내 백성이 아니요 나는 너희 하나님이 되지 아니할 것임이니라(호 1:8-9).

"아이 이름을 암미라 짓지 말고 로암미라 지어라." 내 백성, 내 자녀가 아니라는 거죠. 그런데 바로 2장에 가면 하나님께서 호세아의 메시지를 통해 주신 하나님 사랑의 역설이 나옵니다.

> 너희 형제에게는 암미라 하고 너희 자매에게는 루하마라 하라 … 내가 나를 위하여 그를 이 땅에 심고 긍휼히 여김을 받지 못하였던 자를 긍휼히 여기며 내 백성 아니었던 자에게 향하여 이르기를 너는 내 백성이라 하리니 그들은 이르기를 주는 내 하나님이시라 하리라 하시니라(호 2:1, 23).

"내가 내 백성 아니라 한 그곳에서 내 백성 삼겠다"라고 말씀하십니다. 그래서 자녀의 이름을 로암미가 아니라 암미라고 하라고 말씀합니다. 지금, 이 상황의 주제가 출애굽기와 같습니다. 이스라엘 신부가 외도해서 내 백성 아니라 하셨다가 다시 용서의 은혜를 베풀어서 암미라 하고 내 백성이라 이렇게 하셨단 말이에요. 그런데 호세아서에는 하나님께서 왜 이렇게 행하시는가 말씀합니다.

> 에브라임이여 내가 어찌 너를 놓겠느냐 이스라엘이여 내가 어찌 너를 버

리겠느냐 내가 어찌 너를 아드마같이 놓겠느냐? 어찌 너를 스보임같이 두겠느냐? 내 마음이 내 속에서 돌이키어 나의 긍휼이 온전히 불붙듯 하도다 내가 나의 맹렬한 진노를 나타내지 아니하며 내가 다시는 에브라임을 멸하지 아니하리니 이는 내가 하나님이요 사람이 아님이라 네 가운데 있는 거룩한 이니 진노함으로 네게 임하지 아니하리라(호 11:8-9).

하나님의 불붙는 사랑, 특히 긍휼의 사랑 때문입니다. 이것이 결국 하나님으로부터 용서를 끌어내는 근본적인 이유입니다.

영국의 리차드 십스(Richard Sibbes)라는 청교도 목사님은 호세아 14장 한 장만을 가지고 16번 강해 설교를 했습니다. 이 책과 다른 저작들에게 십스는 하나님께서 죄인을 용서하시는 것은 바로 하나님의 자비가 그분 자신의 본성이기 때문이라고 설명합니다.[15] 이것이 우리에게 얼마나 큰 위로가 되는지 모릅니다. 우리는 내 본성을 억누르며 힘들게 용서합니다. 그런데 하나님께서는 그렇지 않다는 거예요. 하나님께서는 본성적으로 우리의 죄를 사유하시기를 진심으로 기뻐하신다는 것입니다.

긍휼을 베푸는 것은 하나님의 본성입니다. 타오르는 것이 불의 본성이고 흐르는 것이 개울의 본성이며 밝게 빛나는 것이 태양의 본성인 것처럼 말입니다. 우리의 죄를 용서하는 것을 본성적으로 기뻐하시는 하나님께서 우리의 신랑이 되셨습니다. 그렇다면 우리가 죄를 범할 때마다 하나님 앞에 잘못했다고 회개하는 것을 미루거나 주저해서는 안됩니다. 루터가 말한 것처럼 괜히 딴 데

---

15) Richard Sibbes, "The Matchless Mercy," in *The Complete Works of Richard Sibbes*, vol. 7 (Edinburgh: James Nichol, 1862-64), 154-156; idem, "The Saint's Comforts," in *Works*, vol. 6, 174-175.

가서 위로를 받으려고 하지 말고 주님 앞에 나아가야 합니다. 그러면 하나님께서 본성적인 사랑으로 우리를 죄를 덮으시고 용서하십니다.

호세아서가 하나님의 본성적인 자비를 선지자 호세아를 통해 선포하듯이, 출애굽기 역시 하나님의 용서하시는 사랑을 모세를 통해 다음과 같이 선언하고 있습니다.

> 여호와께서 그의 앞으로 지나시며 반포하시되 여호와로라 여호와로라 자비롭고 은혜롭고 노하기를 더디하고 인자와 진실이 많은 하나님이로라(출 34:6).

모세의 세 차례에 걸친 중보를 기록한 이야기의 결론입니다. 그 끝에서 하나님께서는 당신 자신의 자비로운 본성을 우주적으로 선포하십니다. 자비가 곧 하나님의 본성입니다. 우리 하나님은 사람과 완전히 차별화되시는 존재입니다. 우리가 섬기는 우리의 신랑이신 하나님의 본성은 자비롭고 긍휼이 풍성합니다. 감히 우리가 따라갈 수 없겠지만 우리도 이러한 성품을 닮아가도록 노력해야 합니다.

다시 본문으로 돌아와 모세의 세 차례 중보 기도를 우리의 삶에 한번 적용해 봅시다.

첫째, 우리의 사랑은 사람의 생명을 귀히 여기고 보존하는 사랑이어야 합니다. 엄마는 자식이 잘못해서 아무리 크게 야단을 쳐도 잠시 후에 "밥 먹어!"라고 말합니다. 벌을 줘도 먹여 살려야 하지 않겠습니까? 아무리 시험을 망쳤어도 밥은 주셔야 합니다. 어머니는 자식에 대해서는 이러한 사랑을 잘 실천하는 편입니다. 그런데 남편에 대해서는 다소 인색한 경우가 있습니다. 남편도 잘 먹이

시기 바랍니다. 아무리 미운 짓을 해도 남편에서 밥을 주시면서 싸우시기 바랍니다. 남편들도 마찬가지입니다. 아무리 아내와 갈등 관계에 있어도 생존권은 보장해줘야 합니다. 성실하게 생활비를 갖다주셔야 합니다. 그러면서 싸우는 겁니다. 박영선 목사님이 수업 시간에 종종 지적하신 말씀이 있습니다. 고라당이 하나님을 반역하는 그날 아침에도 하나님께서 만나를 주셨다는 것입니다.

> 여호와의 인자와 긍휼이 무궁하시므로 우리가 진멸되지 아니함이니이다 이것이 아침마다 새로우니 주의 성실히 크도소이다(애 3:22-23).

우리는 이처럼 풍성한 관용을 베푸시는 하나님을 닮아야 합니다. 부부, 가족, 교회 공동체가 유지되는데 제일 필수적인 게 '용서'입니다. 회개와 용서입니다. 오늘 모세의 회개내용을 보면 우리가 정말 배울 게 많아요. 죄를 죄라고 인정해야 합니다. 하나님 앞에 우리가 큰 죄를 범했으니 회개해야죠.

둘째, 하나님께 하나님이 기뻐하시는 사랑의 고백을 드립시다. 하나님 앞에서 우리가 드리는 회개의 핵심은 사실상 사랑의 고백입니다. 모세의 첫 번째 중보도 그렇고 마지막 중보도 그렇습니다. 하나님의 마음이 많이 상했습니다. 하나님의 상한 마음은 이스라엘을 지칭하는 호칭에 반영되었습니다. 이제 주님은 이스라엘 백성을 가리켜 모세에게 "네 백성"이라고 말씀합니다. 이에 대해 모세는 이스라엘 백성을 가리켜 끊임없이 "주의 백성"이라고 표현합니다. 이러한 대화에서 우리는 적용점을 이끌어 낼 수 있습니다.

'하나님, 나는 주님의 것입니다.'
늘 이렇게 고백하시기 바랍니다. 설령 양심에서 "넌 하나님의 소유가 아니야!"

"너와 같은 죄인이 하나님이 자녀일 리가 없어!" 이러한 목소리가 들린다 해도 이 목소리에 굴복하면 안됩니다. "저는 하나님 거예요." 이렇게 우기셔야 합니다. 모세의 세 번째 중보 이야기에서 하나님은 어쩌면 모세와 이스라엘을 시험하신 것일 수 있습니다. 동일한 하나님께서 우리를 시험해 보실 수 있습니다.

"네가 원하는 모든 복을 너에게 다 쏟아부어 주겠다. 그런데 나는 이 복에 함께 하지는 않을거야."
이때 정말 잘 대답하셔야 합니다. 여러 가지로 한심하게 행동한 이스라엘 백성도 경솔하게 반응하지 않았습니다. "약속의 땅을 힘들이지 않고 정복하게 되었네, 와, 신난다!"라고 말하지 않았습니다. 그 대신 모세는 이러한 취지에서 대답했습니다.

"하나님 없는 삶은 아무 의미가 없습니다."
모세의 이러한 반응이 하나님을 기쁘시게 했습니다. 우리도 사랑하는 관계에서 이와 유사한 고백을 합니다.

"여보, 당신 없는 삶은 나에게 아무 의미가 없어요."
배우자가 이러한 태도로 나올 때, 우리는 기쁜 마음으로 배우자의 허물을 용서할 수 있습니다. 같은 맥락에서 우리는 하나님께 회개할 때 이러한 고백을 드리라는 것입니다.

"저에게는 주님이 전부입니다. 그런데도 이러한 잘못을 저질렀습니다. 주님의 보혈에 의지하여 용서를 구합니다."
이러한 회개는 하나님이 기뻐하시는 회개입니다. 주님을 향한 사랑의 고백을 포함하고 있기 때문입니다. 하나님 앞에서 회개할 때 여러분의 죄를 있는 그대로 자복하시기 바랍니다. 그다음에 "주님 사랑합니다. 나는 주님의 것입니다." "주님 없는 내 삶에 무슨 의미가 있겠습니까?" "저는 주님 없이는 아무것도 아닙니다." 이렇게 고백하시기 바랍니다.

자녀의 허물과 죄를 사유하시기를 기뻐하시는 우리 주님의 크신 은혜가 이 말씀을 듣고 마음에 새기는 우리 모두에게 풍성히 임하시길 기도합니다. 또한, 우리가 주님의 용서와 사랑을 닮아가면서 우리의 가족과 교회 공동체가 주님 안에서 하나 되기를 간절히 축원합니다.

7.
시내산 언약: 교회 언약

출애굽기 19:5-6

⁵세계가 다 내게 속하였나니 너희가 내 말을 잘 듣고 내 언약을 지키면 너희는 모든 민족 중에서 내 소유가 되겠고 ⁶너희가 내게 대하여 제사장 나라가 되며 거룩한 백성이 되리라 너는 이 말을 이스라엘 자손에게 전할지니라.

시내산 언약은 세 가지 관점으로 볼 수 있는데 첫 번째 결혼 언약으로 보는 관점은 이미 두 차례에 걸쳐 살펴보았습니다. 이 장에서는 두 번째 관점인 교회 언약으로 바라보는 관점을 소개해 드립니다.

1. 해석의 열쇠: 아브라함 언약

출애굽기는 순서상 창세기 다음의 책입니다. 창세기와 출애굽기를 하나의 연결된 계시로 읽는 것이 중요합니다. 언약의 관점에서 보았을 때, 창세기의 중심에는 아브라함 언약이 있고 출애굽기에는 시내산 언약이 있습니다. 이 두 가지 언약은 서로 연결되어 있습니다. 교회 언약의 관점으로 본다는 의미는 출애굽기를 창세기의 관점으로 본다는 의미이기도 합니다. 출애굽의 역사를 하나님께서 시작하시면서 이렇게 말씀합니다.

> 하나님이 그들의 신음 소리를 들으시고 하나님이 아브라함과 이삭과 야곱에게 세운 그 언약을 기억하사(출 2:24).

하나님은 아브라함과 맺은 언약을 기억하시고 출애굽의 역사를 시작하셨습니다. 따라서 시내산 언약을 아브라함 언약과의 연속성이라는 관점에서 조명하는 것은 자연스럽습니다. 동일한 내용을 하나님은 출애굽기 6장 5절에서 다시 한번 말씀하셨습니다.

> 이제 애굽 사람이 종으로 삼은 이스라엘 자손의 신음 소리를 내가 듣고 나의 언약을 기억하노라(출 6:5).

하나님은 "나의 언약"을 기억하셨다고 말씀합니다. 출애굽의 역사가 하나님께서 주권적으로 맺으신 언약, 곧 아브라함과 맺으신 언약에 기초한다는 선언입니다. 과연 아브라함 언약은 무엇일까요? 아브라함 언약 안에는 메시아에 관한 약속을 비롯하여 많은 내용이 포함되어 있습니다. 특히 오늘의 주제와 관련하여 주목할 본문은 창세기 12장 2-3절 말씀입니다.

> 내가 너로 큰 민족을 이루고 네게 복을 주어 네 이름을 창대하게 하리니 너는 복이 될지라. 너를 축복하는 자에게는 내가 복을 내리고 너를 저주하는 자에게는 내가 저주하리니 땅의 모든 족속이 너로 말미암아 복을 얻을 것이라 하신지라(창 12:2-3).

하나님께서 처음 아브라함을 부르시며 약속하신 내용입니다. 아브라함 언약의 서두에서부터 모든 민족에 대한 복을 약속하십니다. 아브라함으로 인해 전 세계에 하나님의 복이 미칠 것이라는 선언입니다. 이 약속은 출애굽기에 그대로 계승되었습니다. 하나님은 이스라엘을 하나님의 백성으로 선택하셨을 때, 그들을 제사장 나라로 부르셨습니다.

> 세계가 다 내게 속하였나니 너희가 내 말을 잘 듣고 내 언약을 지키면 너희는 모든 민족 중에서 내 소유가 되겠고 너희가 내게 대하여 제사장 나라가 되며 거룩한 백성이 되리라 너는 이 말을 이스라엘 자손에게 전할지니라(출 19:5-6).

아브라함 언약의 성취로서 이스라엘은 제사장 나라의 소명을 받았습니다. 이스라엘이 하나님과 세계에 대해 제사장의 직무를 수행함을 통해 하나님의 복이 모든 민족에게 미칠 것입니다.

일찍이 하나님은 유럽과 아시아, 그리고 아프리카의 삼 개 대륙이 만나는 교통의 요지에 하나님의 교회를 세우실 계획을 세우고 아브라함을 부르셨습니다. 지도에서 이스라엘을 찾아보면 이곳이 정말 전략적 요충지라는 사실을 어렵지 않게 발견할 수 있습니다. 한 대륙에서 다른 대륙으로 이동해 갈 때 반드시 통과하게 되는 교통의 요지입니다. 누구라도 이 나라를 볼 수 있도록 하셨습니다. 이 나라는 하나의 큰 국가 교회였습니다. 이 나라의 국민은 성직자들과 성도로 구성되어 있습니다. 흔히 교회의 표지라고 할 수 있는 말씀(토라)과 성례(할례와 유월절 등)가 있습니다. 또한, 하나님의 율법에 따른 치리가 실행됩니다. 요컨대 이 나라는 제사장 나라의 직무를 수행하는 국가 교회였습니다.

마치 누구나 산 위의 동네를 볼 수 있는 것처럼, 또한 사람이 등불을 높은 곳에 두고 주위를 밝게 비춰게 하듯이, 하나님은 이 나라를 가장 정의롭고 사랑이 넘치는 이상적인 나라로 만들어, 그 아름다운 빛을 온 세계에 비춰게 할 계획을 세우셨습니다. 이를 통해 세계의 모든 나라가 하나님 앞으로 나와 여호와 신앙을 갖도록 이끄실 계획을 세우신 것입니다. 이스라엘을 이방을 향한 복음의 빛으로 삼으시고 마침내 세계 민족을 하나님의 백성으로 부르실 놀라운 구원 계획을 세우고 있었습니다. 이러한 목적을 가지고 하나님은 430년 전에 아브라함을 부르셨고 오늘 이스라엘을 제사장 나라로 부르신 것입니다.

2. 이상 국가의 청사진: 정전법과 희년법

1) 과연 이상적인 나라는 어떤 모습일까요? 중국 고대사를 공부할 때, 주나라(周, BC 1046-256년)의 독특한 지위에 대해 흥미롭게 공부했던 기억이 납니다. 특히 주나라의 정전(井田)법[16]은 이후 동양 사회를 위한 이상적인 토지제

---

16) 우물 정(井)자형의 토지를 아홉 등분 하여 정 가운데 토지(100무)를 제외한 여덟 개의 토지를 여덟 가구가 사전(私田)으로 소유하고, 중앙의 토지는 공전(公田)으로 만들어, 공전의 농작물을 세금 형태로 활용하는 토지제도이다.

도의 모범이 되었습니다. 정전법은 조선 시대 실학파의 대표적인 인물이었던 다산(茶山) 정약용에게도 영향을 미쳤습니다. 다음은 정약용 선생의 《경세유표》(經世遺表)에 소개된 내용입니다.

> 진실로 9분의 1로 하는 법을 회복하여, 9분의 1세 외에 생기는 여러 가지 해를 모두 제거할 것 같으면 백성으로서 춤추지 않을 자가 있겠는가? 9분의 1세의 법을 시행하고자 한다면 반드시 평평한 들판, 기름진 땅을 정전으로 구획하여 구(矩)로 잰 것처럼 경·위(經緯)를 바둑판같이 반듯하게 한 다음 만민에게 보이면서, "9분의 1하는 율(率)은 이와 같다."한다 … 그러므로 나는 정전을 회복함이 마땅하다고 말한다.[17]

이처럼 다산(茶山)이 실행하길 원했던 정전법은 주어진 토지를 크게 9분의 8에 해당하는 사전(私田)과 9분의 1에 해당하는 공전(公田)으로 구분합니다. 사전은 오늘날의 사유지에 해당하고 공전은 공공을 위해 사용되는 세금이나 복지기금에 상응한다고 말할 수 있습니다. 공전을 통해서 생산되는 수확물로 가난한 사람을 돕기도 하고 마을 경제의 인프라를 구축할 수 있습니다. 정전법은 자유시장 경제의 원리와 사회주의 경제의 장점을 통합시킨 제도라고 말할 수 있습니다.

2) 동양 사회에 정전법이 있었다면, 서구 사회에는 희년법이 존재합니다. 만일, 하나님께서 지구상에 국가를 세우신다면 그 나라는 어떤 모습일까요? 우리는 출애굽기에 계시된 희년법을 통해 대략적인 모습을 그려볼 수 있습니다. 모세

---

[17] 《경세유표》 제7권: 지관수제(地官修制)에서 인용하였다. 한국고전번역원에서 번역한 《경세유표》의 전문을 보려면 다음 웹사이트를 참조하라. http://db.itkc.or.kr/

오경에 소개되는 희년법은 주나라의 정전법보다 시기적으로 앞설 뿐만 아니라 많은 분량으로 더욱 상세하게 기록되어 있습니다.

> 너희는 오십 년째 해를 거룩하게 하여 그 땅에 있는 모든 주민을 위하여 자유를 공포하라 이 해는 너희에게 희년이니 너희는 각각 자기의 소유지로 돌아가며 각각 자기의 가족에게로 돌아갈지라(레 25:10).

마치 다산(茶山)이 주나라의 정전법을 자기 시대에 적용하자고 주장했듯이, 오늘날 대한민국의 경제학자들 가운데는 희년법의 원리를 현재 우리나라 상황에 적용하자고 주장하는 학자들도 있습니다. 성경의 희년법을 아주 단순화시켜 표현하자면, 50년에 한 번씩 이스라엘 공동체 전체를 위해 자기의 것을 크게 한 번 내려놓자는 제도입니다. 약 50년 동안은 누구나 자유시장 경제의 원리를 따라 열심히 일합니다. 이 기간에 사업을 확장하고 재산을 자녀에게 상속할 수 있습니다. 물론 상대적으로 몰락해 가는 가문과 지파도 생길 수 있습니다. 그러나 50년째 희년이 되면, 이스라엘의 각 지파는 본래 각 지파에게 배분되었던 기업을 회복하게 됩니다.

사실 50년에 한 번씩 자신의 손을 펴서 자신의 것을 내려놓는다는 것은 결코 쉬운 일이 아니었을 것입니다. 그래서 희년법에 대해서 일부 학자들은 회의적인 태도를 보이기도 합니다. 희년법은 단지 이상적인 원리로만 존재했던 것이지, 이스라엘의 역사 속에서 실제로 지켜지지 않았다는 것이죠. 우리나라도 비슷한 어려움이 있었습니다. 주나라의 정전법을 조선 시대에 그대로 적용하기 힘들었던 이유는, 이미 조선 사회는 신분제 사회로서 기득권층이 존재했기 때문이었습니다. 원칙상 토지는 국왕의 토지였으나, 대부분이 경작지는 토지 귀족층의 소유였다고 말할 수 있습니다. 실학자들은 사회혁명을 통해 기존의 사회, 경제 질서를 근본적으로 뒤바꾸자고 주장할 수는 없었습니다. 다만, 정전법의 좋은 원리를 부분적으로라도 구현해 보기 위해 노력했던 것이지요.

흥미로운 사실은 출애굽기에 등장하는 이스라엘의 역사적 정황은 매우 독특했다는 것입니다. 이집트로부터 해방되기 전 이스라엘 백성은 430년 동안 이집트에서 이방인의 신분으로 살았습니다. 이 시기 가운데 상당 시간을 노예의 신분으로 살았습니다. 오랜 기간 종살이를 하다 보면 모든 사람의 삶은 하향 평준화됩니다. 모두 가난해지는 것이죠. 실제로 이집트에서 탈출하기 직전에 이집트인들로부터 얻은 것을 제외하고 이스라엘 백성이 소유한 재화는 보잘것없었을 것입니다. 칼 마르크스가 즐겨 사용한 용어로 표현하자면, 거의 모든 이스라엘 백성은 "무산자" 혹은 "프롤레타리아"에 상응하는 신분이 되었다고 말할 수 있습니다.

가나안 땅을 배분한 것은 이스라엘이 약속의 땅으로 들어가기 전에 이루어졌습니다. 배분의 시점이 중요합니다. 아무것도 없는 상태에서 지파들 사이에 공평하게 땅 분배가 이루어진 것입니다. 그리고 약속의 땅에서의 사회 경제는 희년법에 기초한 것이었습니다. 아직 사회경제적인 기득권층이 형성되지 않은 상황에서, 아무것도 소유하지 않은 백성에게는 한 평의 땅을 거저 받아도 고맙지 않았겠습니까? 어떤 면에서 보면, 새로운 국가를 실험해 볼 수 있는 가장 이상적인 조건이 마련된 것입니다. 백지상태에서 자유와 평등의 원리를 실험할 수 있게 된 것입니다. 이렇듯 출애굽기의 역사적 시기는 아주 독특한 조건이 마련된 시기입니다. 이스라엘의 각 지파는 앞으로 50년 동안 자유로운 경제활동을 영위할 것입니다. 그러나 50년째가 되면, 하나님 앞에서 무조건 땅을 배분받았던 오늘을 기억하며, 다 같이 원점으로 돌아올 것입니다. 그리하여 이스라엘의 지파들 가운데 어느 한 지파도 완전히 몰락하지 않고 함께 상생할 수 있는 제도적 장치가 마련된 것입니다.

3. 희년법의 기초: 안식년과 안식일

분명, 이 제도는 이상적이긴 하지만 현실적으로 실천되기 어려운 측면이 있습니다. 무엇보다 가진 자가 반세기 동안 힘들게 노력하여 확보한 기득권을 포기하도록 요구하기는 절대 쉽지 않았을 것입니다. 물론 이 제도를 명하신 하나님은 이러한 어려움을 알고 계셨습니다. 그래서 하나님은 희년법과 아울러 안식년 법을 제정하십니다. 안식년 법은 희년법이 현실적으로 적용될 수 있도록 하는 기초 혹은 징검다리 임무를 수행했습니다. 이스라엘은 일곱 번의 안식년을 지킨 후에야 비로소 희년에 도달하게 되어 있습니다. 쉽게 말해 7년에 한 번꼴로 움켜쥐었던 손을 펴는 훈련을 하는 것입니다. 일곱 번의 내려놓은 훈련을 마친 후에, 50년째 되는 해에 기꺼이 크게 내려놓는 결단을 내릴 수 있도록 가르치시는 것입니다. 그래서 희년법을 이해하기 위해서는 먼저 안식년 법을 이해해야 합니다. 모세가 시내산에서 40일을 머무는 동안 하나님으로부터 계시 받은 내용의 상당 부분이 안식년 법에 관한 것입니다. 국가를 세우는 데 필요한 청사진에 해당하는 것이지요. 우리는 안식년 법의 내용을 크게 세 가지로 구분하여 살펴볼 수 있습니다.

1) 첫째, 안식년 제도는 자유인의 법입니다.

출애굽 당시 고대 근동의 사회는 대부분 노예제 사회였습니다. 그런데 앞으로 약속의 땅에 건설될 나라는 그 당시의 표준에서 볼 때, 전통적인 노예제 사회가 아니었습니다. 물론 이스라엘 나라에도 경제적으로 몰락하는 사람들이 있었을 것입니다. 부채를 청산할 재화가 없으면, 이들은 노동력으로 빚을 갚아야 했을 겁니다. 일종의 부채 노예가 되는 것입니다. 그러나 이 시점에서 이스라엘이 다른 나라와 차별화되는 면이 등장합니다. 이스라엘 백성은 피치 못할 사정으로 남의 집의 종이 되어도 종살이 기간이 최대한 6년을 넘기지 못하게 되어 있었습니다. 7년째는 무조건 해방되어 자유인의 신분을 회복하도록 하는 제도적 장치가 마련되었습니다.

> 종을 사면 그는 여섯 해 동안 섬길 것이요 일곱째 해에는 몸값을 물지 않고 나가 자유인이 될 것이며(출 21:2).

안식년 제도는, 한번 노예가 되면 일평생 노예 신분에서 벗어날 수 없었던 고대의 관행과는 차별화되는 제도였습니다. "몸값을 물지 않고"라는 말에 주목해야 합니다. 오늘날의 표현을 빌자면 "원금을 상환하지 않고"라고 이해할 수 있겠습니다. 한 사람이 6년간 행한 노동으로 이미 원금을 충분히 상환한 것으로 간주해야 한다는 것입니다. 한 걸음 더 나아가, 주인은 종의 신분에서 해방되는 사람을 결코 빈손으로 보내지 말아야 했습니다. 주인은 자신의 소유 가운데 값진 것으로 자유인이 된 사람에게 후히 보상하도록 규정되었습니다.

> 그를 놓아 자유하게 할 때에는 빈손으로 가게 하지 말고 네 양 무리 중에서와 타작 마당에서와 포도주 틀에서 그에게 후히 줄지니 곧 네 하나님 여호와께서 네게 복을 주신 대로 그에게 줄지니라(신 15:13-14).

오늘날의 용어로 표현하자면 퇴직금을 주라는 것입니다. 6년 동안에 일한 사람을 결코 빈손으로 나가게 하지 말고 그 사람이 스스로 자립하여 살 수 있도록 배려하라는 규정입니다. 에릭 포너(Eric Forner)라는 역사학자가 1983년에 저술한 『해방, 그 외에는 아무것도 없었다』(Nothing But Freedom)이라는 책이 있습니다.[18] 19세기 미국의 남북 전쟁에서 링컨이 이끄는 북군이 승리했습니다. 남부의 노예제는 폐지되고 수많은 흑인 노예들이 자유인의 신분을 얻었습니다. 그런데 그뿐이라는 것입니다. 흑인 노예는 신분상으로만 자유인이 되었지, 실제 경제적으로 자립할 수 있는 형편이 되지 못했습니다. 적지 않은 수의 흑인들이 이전 주인들과 다시 경제적으로 종속되는 관계로 되돌아가야 했습니다. 다른 이들은 북부의 공장지대로 올라가 산업 노동자가 되기도 했습니다. 이것이 노예 해방의 현실이었습니다. 그런데도 오늘날까지 미국 흑인들 사이에 링컨은 여전히 영웅입니다. 명목상의 해방일지라도 노예 해방은 여전히 나름의 가치가 있는 것입니다.

이러한 역사적 사실과 비교해 볼 때, 성경의 안식년 제도 안에서 하나님께서 명령하신 내용, 곧 주인에게 종을 "자유롭게 할 때는 빈손으로 가게 하지 말고 … 그에게 후히 줄지니"라고 요구하신 것은 저에게 매우 의미 있게 다가왔습니다.

2) 둘째, 안식년 제도는 사회보장법입니다.

> 여섯 해 동안은 너의 땅에 파종하여 그 소산을 거두고 일곱째 해에는 갈지 말고 묵혀두어서 네 백성의 가난한 자들이 먹게 하라. 그 남은 것은 들짐승이 먹으리라. 네 포도원과 감람원도 그리할지니라(출 23:10-11; 참조. 레 19:9-10; 23:22; 25:5-7, 24-55).

이스라엘 백성은 6년 동안 경작지를 부지런히 일구어 농사를 짓습니다. 그러

---

18) Eric Forner, *Nothing But Freedom: Emancipation and Its Legacy*(Baton Rouge: Louisiana State University Press, 1983).

나 안식년 법에 따라, 제 7년째에 이르면 그 땅을 경작하지 못합니다. 안식하는 해에 경작지에서 자연적으로 자라나는 소출과 특히 과수원에서 열매 맺은 것들은 모두 가난한 자들의 것이 되도록 규정했습니다. 안식년 제도는 사회가 연약하고 소외된 사람들의 복지를 위한 제도임을 잘 드러내는 규정입니다. 이제 이스라엘 백성은 약속의 땅에 들어가 밭을 기경하고 농사를 짓고 살게 됩니다. 이들을 위해 하나님은 매우 독특한 법을 내십니다. 농작물을 추수할 때, 밭 모서리 부분의 곡식은 다 거두지 말아야 한다고 말씀합니다. 추수할 때, 떨어지는 이삭도 그대로 두어야 합니다. 과수원도 마찬가지입니다.

> 너희가 너희의 땅에서 곡식을 거둘 때에 너는 밭 모퉁이까지 다 거두지 말고 네 떨어진 이삭도 줍지 말며 네 포도원의 열매를 다 따지 말며 네 포도원에 떨어진 열매도 줍지 말고 가난한 사람과 거류민을 위하여 버려두라 나는 너희의 하나님 여호와니라 (레 19:9-10).

하나님께서 이러한 추수법을 만드신 이유는 분명합니다. 앞의 구절에서 말씀하셨듯이 경제적으로 어려운 사람들의 복지를 위한 것입니다. 특히 고아와 과부로 대표되는 가난한 자들과 나그네들을 위해 배려입니다. 이러한 조치는 안식년의 소출을 가난한 자들을 위해 사용하라고 명령하신 안식년 규례와 일맥상통하고 있습니다.

3) 셋째, 안식년 제도는 땅(자연)의 안식법입니다.

> 너희는 내가 너희에게 주는 땅에 들어간 후에 그 땅으로 여호와 앞에 안식하게 하라. 너는 육 년 동안 그 밭에 파종하며 육 년 동안 그 포도원을

> 가꾸어 그 소출을 거둘 것이나 일곱째 해에는 그 땅이 쉬어 안식하게 할지니 여호와께 대한 안식이라 너는 그 밭에 파종하거나 포도원을 가꾸지 말며 네가 거둔 후에 자라난 것을 거두지 말고 가꾸지 아니한 포도나무가 맺은 열매를 거두지 말라 이는 땅의 안식년임이니라(레 25:2-5).

안식년 제도는 사람에게만 적용되는 것이 아니었습니다. 하나님은 제 7년째 되는 해에는 땅도 안식을 누려야 한다고 선언하셨습니다. 사실, 이 법은 안식의 해에도 여전히 복을 주시겠다는 하나님의 약속을 신뢰하는 믿음이 있어야 지킬 수 있는 명령이었습니다. 사람은 하나님의 약속된 복을 누리는 동안 경작지는 쉼을 통해 지력(地力)을 회복할 수 있었을 것입니다.

아쉽게도 이스라엘 백성은 가나안 땅에 들어간 이후, 안식년 규례를 제대로 지키지 않았던 것 같습니다. 결국, 하나님과 맺은 언약을 어기고 끝까지 회개를 거부했습니다. 그 결과, 북이스라엘은 앗시리아에 의해 멸망당하고 남 유다는 바벨론 제국에 의해 정복당합니다. 이때 수많은 유대인들은 바벨론으로 끌려가 70년 포로 생활을 경험합니다. 흥미롭게도 성경은 70년의 기간을 색다른 관점에서 조명합니다.

> 이에 토지가 황폐하여 땅이 안식년을 누림 같이 안식하여 칠십 년을 지냈으니 여호와께서 예레미야의 입으로 하신 말씀이 이루어졌더라(대하 36:21).

불순종의 결과로 하나님의 백성이 타국에서 포로 생활을 하는 70년 동안, 약속의 땅은 안식을 누렸다고 말하는 것입니다. 마치, 하나님께서 약속의 땅으로 하여금 안식을 누릴 마땅한 권리를 향유하도록 하신 것처럼 묘사합니다.

4) 안식일 제도

지금까지 안식년 제도를 세 가지 차원에서 조명해 보았습니다. 이스라엘 백성은 일곱 번의 안식년을 통해 희년을 실천할 수 있도록 예비 훈련받은 것이라는 말씀도 드렸습니다. 그러나 이스라엘 백성의 측면에서 볼 때, 7년에 한 번씩 자신의 경제적 이윤과 기회를 내려놓는 것도 결코 쉬운 일은 아니었을 것입니다. 그래서 하나님은 또 다른 훈련 과정을 예비하셨습니다. 그것이 바로 "안식일" 제도입니다. 일주일에 한 번씩, 일 년에 약 50회 이상을 안식하는 훈련을 받는 것입니다.

> 엿새 동안에 네 일을 하고 일곱째 날에는 쉬라 네 소와 나귀가 쉴 것이며 네 여종의 자식과 나그네가 숨을 돌리리라(출 23:12).

일주일에 한 번씩 모든 경제활동을 중지하고 하나님을 예배하는 훈련을 통해 하나님으로부터 복을 받는 것을 경험적으로 확신하도록 하신 것입니다. 안식일은 모든 사람에게 예배권과 더불어 휴식권을 보장해 주었습니다. 자신만 휴식하는 것이 아니라, 모든 피고용인과 가축, 또한 심지어 생산 수단까지 안식을 누릴 수 있었습니다. 요컨대 희년과 안식년 그리고 안식일 제도는 서로 유기적으로 통합되어 있으면서, 안식일과 안식년은 하나님의 백성이 결국 희년을 실천할 수 있게 만드는 내적인 동력을 제공했던 것입니다.

5) 부의 재분배를 위한 제도적 장치

① 안식년(추수금지)을 통한 재분배: 1/7 (GNP)
② 평년에 십일조를 통한 재분배: 1/10 + 1/3(특별십일조)
③ 추수 시에 남겨놓는 방식으로 재분배되는 비율: 약 1/30

④ 레위 지파에게 주는 십일조: 1/10
⑤ 희년에 자연적으로 자라는 소출: 1/50 (연평균 재분배액)

> 너희가 너희의 땅에서 곡식을 거둘 때에 너는 밭모퉁이까지 다 거두지 말고 네 떨어진 이삭도 줍지 말며 네 포도원의 열매를 다 따지 말며 네 포도원에 떨어진 열매도 줍지 말고 가난한 사람과 거류민을 위하여 버려두라. 나는 너희 하나님 여호와니라(레 19:9-10).

고대 이스라엘의 사회 경제 체제를 오늘날의 시각으로 평가해 보았더니 흥미로운 결과가 보고되었습니다. 이스라엘 백성은 약 총소득의 20% 이상의 조세 지출을 부담해야 했는데 그중 절반 정도가 빈곤층을 위한 소득 재 분배적 성격으로 사용되었고 절반은 (신정) 국가 제도의 유지비용으로 활용되었을 것이라고 합니다.[19] 요컨대 하나님께서 구상하신 이상 국가의 청사진은 오늘날 소위 복지 국가의 모델과 유사한 것으로 보입니다. 복지사회의 개념은 근대국가 이후에야 등장했고, 복지 국가의 이상을 실현하고자 노력하는 현대사회의 주요한 특징임을 고려해 볼 때, 출애굽기가 제시하는 모델은 매우 인상적이라고 말하지 않을 수 없습니다.

하나님께서 세우시는 국가 교회로서의 이스라엘 안에서 가난한 자들은 법적인 보호와 여러 가지 복지혜택을 누릴 수 있었습니다. 그렇다고 해서 하나님은 무조건 가난한 자들만 편들어야 한다고 말씀하지 않았습니다. 특히 재판은 반드시 공정하게 이루어져야 했습니다.

---

[19] 기독교인으로서 토지정의에 관해 연구하고 가르치는 최은상 목사의 다음 논문들을 참고할 것. 최은상, "토지와 정의," 「기독교와 통일」 vol.3(2009): 313-343. 또한 소논문 "희년제도의 재조명"(2009)을 보라. 전문은 다음 웹페이지에 실려 있다. http://kingdomkorea.tistory.com/102?category=208004

> 너희는 재판할 때에 불의를 행하지 말며 가난한 자의 편을 들지 말며 세력 있는 자라고 두둔하지 말고 공의로 사람을 재판하라 (레 19:15).

이스라엘은 복지가 실현될 뿐만 아니라 정의로운 사회가 되어야 할 것이었습니다. 아울러 성경에 매우 인상적인 말씀이 있습니다.

> 너는 염소 새끼를 그 어미의 젖으로 삶지 말지니라 (출 23:19).

과연 이 규례가 의미하는 바는 무엇일까요? 학자들의 다양한 의견이 있습니다. 적지 않은 수의 연구자들은 이 규례가 인도주의적인 차원을 포함하고 있다는 데 동의합니다. 당시 이스라엘 사람들은 종종 새끼 염소를 우유에 삶아 먹었던 것 같습니다. 아마도 고급 요리에 해당했을 것입니다. 하나님은 이 음식을 금하신 것이 아닙니다. 다만 요리과정에서 염소 새끼를 요리할 때, 그 어미의 젖을 사용하지 말라고 하십니다. 새끼를 빼앗긴 어미 염소의 심정을 배려하라는 뜻일까요? 그보다는 사람이 음식의 맛을 추구하는데 지나치게 몰입하다가 자칫 마음이 황폐해지는 것을 방지하고자 하신 듯합니다. 오늘날의 술어를 사용하자면 일종의 인도주의적 도축법이라고 말할 수 있습니다. 만일 이것이 사실이라면 현대의 선진국에서 등장할 만한 법이 고대 이스라엘에서 등장한 것입니다.

4. 내적인 동력

이스라엘 백성이 희년법을 포함하는 하나님의 법에 순종하면 하나님께서는 이스라엘을 일등 국가로 만들어 주겠다고 약속하십니다. 오늘날 우리나라 학생들도 미국을 비롯한 해외의 선진국에 가서 공부합니다. 큰 비용과 시간을 투자하며 해외로 나갑니다. 왜 그럴까요? 무언가 배울 것이 있어서 가는 것입니다. 과거에도 같았을 것입니다. 만일 이스라엘 나라가 정의와 복지가 실현되는 이상적인 선진국으로 우뚝 서게 되면 전 세계의 나라들로부터 사람들이 찾아올 것이었습니다. 좋은 문물을 배우러 왔다가 여호와 신앙을 발견할 수 있었겠지요.

개인 전도는 주로 대상을 찾아 나가는 전도입니다. 이에 비해 대규모 단위의 전도는 찾아오도록 만드는 방식으로 이루어집니다. 바로 하나님께서 사용하신 전도 전략입니다. 교통의 요지에 커다란 국가 교회 세우시고, 이방을 비추는 빛으로 삼아 세계의 민족들을 초청하는 방식입니다. 솔로몬 왕이 통치할 때, 하나님은 이스라엘을 크게 축복하셨습니다. 이때 열국의 나라들이 사신을 보내 솔로몬을 방문했습니다. 시바 여왕도 솔로몬의 지혜를 배우기 위해 몸소 찾아 왔지요.

그런데 한 가지 우려되는 것이 있습니다. 과거 우리의 조상들이 서양 문물에 대해 "동도서기"(東道西器)의 원칙을 내세웠던 사실을 우리는 잘 알고 있습니다. 서양의 기술 문명은 배우지만 우리나라의 전통적인 사상을 고수해야 한다는 의견입니다. 아마도 희년법에 대해서도 이스라엘의 주변 국가들 역시 비슷한 태도를 보이려고 하지 않았을까 생각하게 됩니다. 그러나 바로 이 지점에서 하나님의 빛나는 지혜가 발견됩니다. 언뜻 보면, 이스라엘의 매력은 희년법이라는 완벽한 제도에 있는 것으로 보입니다. 그러나 보편적인 이성을 가지고 희년법을 자세히 들여다보면 이 제도는 결정적인 약점을 가지고 있습니다. 안식일, 안식년, 그리고 희년으로 연결되는 모든 규례가 제대로 돌아가기 위해서는 매우 특별한 내적인 동력이 필요하다는 것입니다. 그것은 바로 하나님께서 부어주시는 신적인 복입니다. 이것이 없이는 이스라엘의 사회 경제 시스템은 제대로 작동될 수 없었습니다. 구체적으로 말하자면 안식년을 지키기 위해 이스라엘 백성은 안식년이 도래하기 전해에 풍년의 복을 보장받아야만 합니다.

> 우리가 만일 일곱째 해에 심지도 못하고 소출을 거두지도 못하면 우리가 무엇을 먹으리요 하겠으나 내가 명령하여 여섯째 해에 내 복을 너희에게 주어 그 소출이 삼 년 동안 쓰기에 족하게 하리라(레 25:20).

제6년째 되는 해는 앞으로 삼 년 동안 먹고 살 수 있는 풍년이 보장되지 않으면 안식년을 지키는 것은 불가능합니다. 다시 말해, 하나님의 복이 안식년 법의 필수적인 내적인 동력이 되어야 한다는 것입니다. 백성의 관점에서 안식법은 하나님을 신뢰하는 믿음이 없이는 결코 지킬 수 없는 법이었습니다. "삼 년의 복"에 대한 믿음은 어떻게 형성되었을까요? 이것 역시 이미 훈련과 경험을 통해 형성될 수 있었을 것입니다. 광야에서 이스라엘은 매일 만나를 공급받았습니다. 안식일을 하루 앞둔 날은 예외였습니다. 안식일 하루 전에는 안식일에 먹을 것까지 갑절의 만나를 거두었고, 안식일이 지나도록 만나는 썩지 않았습니다. 다른 날의 경우 욕심을 내어 하루 치를 초과하여 거둔 만나는 모두 썩었는데 말이죠. 이처럼 이스라엘 백성은 안식일 하루 전에 하나님께서 베푸시는 갑절의 복을 경험적으로 체험했습니다. 한편 모든 이스라엘 백성은 요셉의 이야기를 잘 알고 있었습니다. 하나님께서 베푸시는 칠 년의 풍년은 이후 칠 년의 흉년을 대비하고도 남는 큰 복이었다는 사실을 민족적으로 경험했습니다. 요컨대 여호와께서 베푸시는 복이 안식년과 희년법의 핵심적인 원동력이었던 것입니다.

여호와의 복은 경제적인 것에 그치지 않았습니다. 이스라엘의 정치적 안정과 국방력 또한 하나님의 복에 의존하고 있었습니다.

> 너희는 내 규례를 행하며 내 법도를 지켜 행하라 그리하면 너희가 그 땅에 안전하게 거주할 것이라(레 25:18).

이스라엘이 언약을 잘 지키면 하나님께서 친히 국가적 안전을 보장해 주시겠다는 약속입니다. 한 나라의 국민이 빈곤의 문제로부터 해방될 때, 그 나라의 정권은 국민적 지지와 안정을 얻게 됩니다. 이 역시 하나님께서 약속하신 복에 포함됩니다.

> 네가 만일 네 하나님 여호와의 말씀만 듣고 네가 오늘 네게 내리는 그 명령을 다 지켜 행하면 네 하나님 여호와께서 네게 기업으로 주신 땅에서 네가 반드시 복을 받으리니 너희 중에 가난한 자가 없으리라(신 15:4-5).

이처럼 여호와의 복이 희년법의 내적인 동력이 된다는 사실이 함의하는 바는 분명합니다. 희년법을 단순한 제도로서 배우고 적용하려는 모든 시도는 무의미하다는 것입니다. 희년법의 유익을 누리기 위해서는 반드시 여호와의 복을 받아야 합니다. 여호와의 복을 받기 위해서는 먼저 하나님께 대한 신앙을 가지고 언약 백성이 되어야 합니다. 한 마디로 "도"(道)와 "기"(器) 모두를 배워야 합니다.

선택은 보편을 지향합니다. 하나님은 이처럼 지혜롭고 멋진 구원 계획을 먼저 구상하셨습니다. 그리고 그 청사진을 시내산에서 모세에게 계시하신 것입니다. 그 구체적인 내용이 시내산 언약의 상당한 분량을 차지하고 있습니다. 이렇듯 하나님은 세계의 민족들을 구원으로 초청하시는 일에 관심을 두셨던 것입니다. 일찍이 아브라함을 부르실 때 약속하신 복이 시내산 언약 안에서 구체화된 것이라고 말할 수 있습니다. 이러한 측면에서 볼 때, 출애굽기는 이스라엘만을 위해 주어진 텍스트가 아닙니다. 이스라엘을 제사장 나라로 부르심을 통해 전 세계를 복 주시기를 원하시는 하나님의 마음이 구체적으로 계시된 것이었습니다. 이것은 우리 모두를 위한 하나님의 자기 계시입니다.

하나님의 자기 계시를 구성하는 대표적인 두 가지는 사랑과 공의입니다. 결혼 언약을 통해 하나님께서 얼마나 사랑의 하나님이신가를 계시하셨습니다. 이제 국가 교회로서의 이스라엘 나라를 세우기 위한 희년법을 통해 하나님께서 얼마나 정의로운 분이신지에 대해 계시하신 것입니다. 사랑과 공의에 대한 하나님의 자기 계시를 세상 속에서 구체적으로 드러내는 것이 바로 제사장 나라의 소명이었습니다. 아쉽게도 이스라엘은 두 가지 사명을 수행하는 데 모두 실패합니다. 이스라엘의 실패를 만회하고 다시 성취하러 오신 분이 바로 예수님입니다. 예수님이 공생애를 시작하시면서 이사야 61장에서 희년을 언급한 부분을 인용하신 후에 "이 글이 오늘 너희 귀에 응하였느니라"(눅 4:21)라고 선언하신 것은 매우 큰 의미가 있습니다. 요컨대 그리스도의 복음은 사랑과 공의 모든 부분에서 균형을 잡고 있습니다.

이제 하나님께서 이스라엘을 선택하셨다는 의미를 한번 생각해 보겠습니다. 이 의미를 한마디로 표현하자면 다음과 같습니다. "선택은 보편(세상)을 지향합니다." 흔히 기독교는 선택의 종교라고 합니다. 하나님은 이스라엘을 선택하셨습니다. 이스라엘의 선민의식은 바로 여기에 기초하고 있습니다. 이 경우 선택은 흔히 국수주의적이고 배타적인 종교와 연결됩니다. 과연 하나님의 선택이 국수주의적이고 배타주의를 양산하는 것일까요?

절대 그렇지 않습니다. 하나님께서 이스라엘을 선택하실 때, 이스라엘을 "제사장 나라"로 부르셨다는 사실을 잊으면 안 됩니다. 제사장은 위로는 하나님과 수평적으로는 백성을 섬기기 위해 존재합니다. 제사장 나라 역시 마찬가지입니다. 섬길 다른 민족이 없으면 무의미한 것입니다. 제사장 나라의 부르심이 이와 같은 것입니다. 선택 행위 자체가 보편을 지향하는 것입니다. 따라서 한국인이 단군신화를 읽듯이 유대인이 출애굽기를 읽는 것은 출애굽기의 보편적인 복음의 메시지를 왜곡하는 것입니다. 이스라엘 나라가 세워지는 이야기의 핵심에는 하나님의 세상 사랑이 자리 잡은 것입니다.

5. 적용: 다시 읽는 룻기

교회 언약으로 읽는 시내산 언약의 관점은 성경의 여러 부분을 좀 더 깊이 이해하는 데 새로운 시각을 열어줍니다. 일례로 룻기의 이야기가 그렇습니다.

1) 룻의 신앙고백: "나의 하나님이 되시리니"

> 어머니께서 가시는 곳에 나도 가고 어머니께서 머무시는 곳에서 나도 머물겠나이다. 어머니의 백성이 나의 백성이 되고 어머니의 하나님이 나의 하나님이 되시리니 어머니께서 죽으시는 곳에서 나도 죽어 거기 묻힐 것이라 만일 내가 죽는 일 외에 어머니를 떠나면 여호와께서 내게 벌을 내리시고 더 내리시기를 원하나이다 하는지라 (룻 1:16-17).

고대 세계에서는 가장이 죽으면 여자들은 힘든 삶을 살 수밖에 없었습니다. 그런데 이스라엘의 경우는 달랐습니다. 여러 가지 사회보장 정책을 통해 기본적인 생활이 보장되었습니다. 그뿐만 아니라 몰락한 가문에게도 다시 일어설 수 있는 제도적 장치까지 마련되었습니다.

룻은 모압 여인입니다. 나오미는 그렇게 썩 신앙이 좋은 시어머니는 아니었던 것 같아요. 이스라엘 법을 어기고 다 이방인 며느리를 얻었잖아요. 그런데 나오미는 며느리 앞에서 때때로 얘기했을 겁니다.

"지금 여기 모압에서는 과부가 되면 노예로 팔려갈 수밖에 없지? 근데 이스라엘은 법이 달라서 아무리 과부가 되고 집안이 쫄딱 망해도 50년만 버티면 다 회복될 수 있어."

"그리고 50년 되기도 전에도 회복되는 제도도 또 있어. 고엘이라는 제도가 있어. 가장 가까운 친족이 '기업 무를 자'가 되어 몰락한 가문의 기업을 다시 일으키는 매우 은혜로운 제도야."

"희년을 기다리는 동안에도 먹고 살 수 있어. 왜냐하면, 논이나 밭에 가면 가난한 자들을 위해 몫으로 하나님께서 남겨놓으라고 하신 곡식이나 열매를 얻을 수 있거든."

아마 모압 여인이었던 룻은 시어머니 나오미의 이야기를 충격으로 받았을 것입니다. 그리고 시어머니의 하나님과 시어머니의 백성에 대한 관심을 갖게 되었을 것입니다. 막상 가정에 큰 위기가 닥쳤을 때 룻은 담대하게 다음과 같이 고백합니다.

> 어머니 백성이 내 백성이 되고 어머니의 하나님이 내 하나님 되실 것입니다(룻 1:16).

룻의 고백은 일순간에 즉흥적으로 이루어진 것이 아닐 것입니다. 아마도 나오미를 따라 이스라엘로 귀화하도록 하나님께서 일찍부터 그녀의 마음을 주장하셨을 것으로 보입니다. 어떤 측면에서 룻기는 하나님께서 원래 계획하신 전도 전략이 무엇인지 구체적으로 예시해 주는 성경이라고 말할 수 있습니다.

2) 룻의 믿음: 하나님 백성의 추수법

룻기 2장	모세 오경
모압 여인 룻이 나오미에게 이르되 원하건대 내가 밭으로 가서 내가 누구에게 은혜를 입으면 그를 따라서 이삭을 줍겠나이다(2절).	너희 땅의 곡물을 벨 때에 밭 모퉁이까지 다 베지 말며 떨어진 것을 줍지 말고 그것을 가난한 자와 거류민을 위하여 남겨두라 나는 너희의 하나님 여호와이니라(레 23:22).
그의 말이 나로 베는 자를 따라 단 사이에서 이삭을 줍게 하소서 하였고 아침부터 와서는 잠시 집에서 쉰 외에 지금까지 계속하는 중이니이다(7절).	네가 밭에서 곡식을 벨 때에 그 한 뭇[묶음]을 밭에 잊어버렸거든 다시 가서 가져오지 말고 나그네와 고아와 과부를 위하여 남겨두라 그리하면 네 하나님 여호와께서 네 손으로 하는 모든 일에 복을 내리시리라(신 24:19).

룻의 행동을 잘 살펴봅시다. 시어머니를 따라 룻은 이스라엘의 한 마을에 도착합니다. 시어머니의 밭은 더 이상 존재하지 않습니다. 그런데 룻은 "밭으로 나가서 이삭을 줍겠나이다"라고 시어머니께 말을 합니다. 어디서 이러한 용기가 생겼을까요? 시어머니로부터 전해 들은 하나님의 말씀을 의지하는 믿음에서 비롯된 용기였을 것입니다. 하나님께서 제정하신 이스라엘 법은 다음과 같습니다. 레위기 23장 22절에 따르면 "다 베지 말고 떨어진 것은 줍지 말고 가난한 자와 거류민을 위해 남겨두라"라고 되어 있습니다. 신명기 24장 19절에

는 구체적으로 다음과 같은 상황을 설정하면서까지 행동지침을 규정합니다. 만일 논밭의 주인이 추수한 곡식단 한 묶음을 논이나 밭에 두고 왔다고 가정해 봅시다. 이 경우 논밭으로 다시 가서 그 곡식단을 가지고 오지 말라고 하나님은 명령하십니다. 그것을 가난한 자들을 위하여 남겨두라고 말씀합니다.

사실 이러한 자비로운 법이 있다는 것을 나오미가 며느리에게 자랑했다고 상상해 봅시다. 그리고 오늘 룻이 이 말씀에 의지하여 남의 밭으로 나아갑니다. 아마도 나오미는 속으로 걱정했을 것입니다.

'비록 이런 법이 있기는 하지만 과연 이 하나님의 법을 지키는 신실한 사람이 실제로 있을까?'

이렇게 생각하며 염려했을 나오미와 용기를 내어 믿음의 걸음을 내딛은 룻을 위해 하나님은 보아스를 예비하셨습니다. 어떤 면에서는 믿음의 여인 룻과 믿음의 사람 보아스가 만나도록 주님께서 중매하신 것입니다.

3) 룻의 믿음: 하나님 백성의 고엘법

룻기 3장	모세오경
이르되 네가 누구냐 하니 대답하되 나는 당신의 여종 룻이오니 당신의 옷자락을 펴 당신의 여종을 덮으소서 이는 당신이 기업을 무를 자가 됨이니이다(9절).	만일 네 형제가 가난하여 그의 기업 중에서 얼마를 팔았으면 그에게 가까운 기업 무를 자가 와서 그의 형제가 판 것을 무를 것이요(레 25:25). 그러나 자기가 무를 힘이 없으면 그 판 것이 희년에 이르기까지 산 자의 손에 있다가 희년에 이르러 돌아올지니 그것이 곧 그의 기업으로 돌아갈 것이니라(레 25:28).

룻은 한 걸음 더 나아갑니다. 룻은 보아스에게 "당신이 기업 무를 자가 됨이라"라고 말합니다. 도대체 이방 여인 룻은 이런 개념을 어디서 배웠겠습니까? 시어머니 나오미의 말을 듣고 기억한 것이 아닐까요?

"이스라엘에서는 나라가 망해도, 한 가족이 망해도 기업을 무를 자가 희년이 오기 전에도 벌써 그것을 다 보상해 주는 이런 제도가 있어."

보아스의 입장에서 보았을 때, 룻의 요구는 담대함을 넘어 무례하게 느껴질 수도 있었습니다. 그런데 하나님은 신실한 믿음의 사람 보아스를 감동하여 '기업 무를 자'의 직무까지 감당하도록 하십니다. 하나님 나라 백성이 하나님이 제정하신 법을 당연히 지킬 것이라고 믿고 행동한 룻의 모습에서 보아스는 특별한 감동을 받았을 수 있습니다. 결국, 이 모든 일은 하나님께서 행하신 정말 아름다운 이야기입니다.

하나님께서는 오늘날 교회를 향해서도 이와 같은 모습을 기대하십니다. 오늘날도 하나님은 어려움 당한 많은 영혼을 교회로 보내주십니다. 교회의 돌봄을 받도록 기대하시는 것입니다. 교회는 하나님께서 이끄신 이들에게 도움을 제공합니다. 교회가 이 역할을 제대로 감당한다면 이러한 룻기의 이야기는 오늘날에도 끊임없이 반복될 수 있습니다. 이미 살펴보았듯이 하나님께서 세우신 희년법은 하나님께서 베푸시는 은혜를 전제로 하고 있습니다. 결국, 하나님께서 직접 일하시겠다는 의지가 반영되어 있는 것입니다. 그래서 하나님께서 우리에게 요구하는 것은 믿음입니다. 바라기는 오직 믿음으로 교회에 주신 제사장 나라의 사명을 우리가 잘 감당할 수 있기를 주님의 이름으로 축원합니다.

8. 시내산 언약: 하나님 나라 언약

출애굽기 20:1-3

¹하나님이 이 모든 말씀으로 말씀하여 이르시되 ²나는 너를 애굽 땅, 종 되었던 집에서 인도하여 낸 네 하나님 여호와니라. ³너는 나 외에는 다른 신들을 네게 두지 말라.

1. 해석의 열쇠: 히타이트 종주권 조약

시내산 언약을 바라보는 세 번째 관점은 종주권(宗主權) 언약입니다. 종주권 조약은 주군(主君)과 봉신(封臣) 사이에 맺어지는 주종관계의 조약입니다. 이러한 종주권 조약의 시각에서 시내산 언약을 조명하는 시도는 20세기 중엽 흥미로운 고고학적 발견과 더불어 널리 확산하였습니다. 고고학자들은 기원전 14세기 고대 히타이트의 국왕이 주변 가신 국가의 왕과 더불어 종주권 조약을 체결하고 그것을 점토에 기록한 유물이 발굴되었습니다. 일례로 주전 1300년경 히타이트의 왕 무르실리 2세(1339-1306 BC)와 시리아 북쪽의 알레포의 탈미-샤루마 사이에 맺어진 조약이 대표적입니다. 사실 이것은 성경 외적인 발견입니다. 그런데 이것과 비슷한 시기에 기록된 모세오경 안에 등장하는 성경의 언약과 비교해 보니 놀라운 유사성이 발견된 것입니다. 고대 근동의 종주권 조약문과 모세오경의 언약을 비교한 연구물들 가운데 대표적인 것은 1954-55년에 출판된 조지 멘덴홀(George E. Mendenhall, 1916-2016)의 『이스라엘과 고대 근동의 법과 조약』(Law and Covenant in Israel and the Ancient Near East)입니다.[20] 그리 분량이 많지 않은 연구물이었으나, 학계에 미친 영향은 매우 컸습니다.

고고학자들이 발견한 힛타아트 종주권 조약들의 전형적인 구조는 다음 여섯 가지로 구성되어 있습니다.

1) 서문 – 조약을 맺는 주체인 주군이 누구인지를 밝힙니다.
2) 역사적 서문 – 과거로부터 주군과 봉신 맺어온 관계를 밝힙니다. 특히 주군이 봉신국가에게 베푼 혜택을 기술합니다.
3) 조항들 – 봉신에게 부가되는 의무조항들을 자세하게 기술합니다. 봉신은 주군에게 충성해야 합니다. 주군을 비난하는 말을 해서는 안 됩니다. 주군이 요청할 때에는 군사적 지원을 해야 합니다. 일 년에 한 차례 주군을 방문합니다. 봉신국가들 사이에 분쟁은 주군의 판결을 받아야 합니다.
4) 조약서의 보관과 낭독 – 조약서는 일정한 곳에 보관해 두었다가 정기적으로 반

---

[20] George E. Mendenhall, *Law and Covenant in Israel and the Ancient Near East* (Pittsburgh: Biblical Colloquium,, 1955), reprinted from *The Biblical Archaeologist*, vol. 17 no. 2(May, 1954): 26-44 and no. 3(September, 1954): 49-76.

복하여 낭독되어야 합니다.
5) 증인들 – 조약에 대한 증인들의 목록이 등장합니다. 주로 신들의 이름이 기록되어 있습니다. 신성화된 자연물의 이름이 등장하기도 합니다.
6) 복과 저주 – 봉신이 조약의 내용을 잘 지켰을 때 받게 될 복과 조약을 파기했을 때 받게 될 저주가 진술됩니다. 후자의 경우 주군은 신들의 이름으로 봉신에 대한 군사적 행동을 감행할 것입니다.

2. 히타이트 종주권 언약과 시내산 언약

흥미로운 것은 상기한 조약의 구조와 내용이 출애굽기의 시내산 언약과 신명기에 등장하는 모압 언약, 그리고 여호수아의 세겜 언약 구조와 매우 유사하다는 사실입니다. 일례로 히타이트 종주권 언약의 여섯 가지 구성 요소들에 비추어 십계명을 핵심으로 하는 시내산 언약과 그것을 갱신하는 모압 언약의 구조를 살펴보겠습니다.

1) 서문 – "나는 … 네 하나님 여호와니라"(출 20:1-2). 언약을 맺는 주체가 하나님을 밝힙니다.
2) 역사적 서문 – "나는 너를 애굽 땅, 종 되었던 집에서 인도하여 낸 네 하나님 여호와니라"(출 20:2). 하나님께서 이스라엘에게 베푼 은혜를 기술하고, 하나님과 이스라엘의 관계를 밝힙니다.
3) 조항들 – 십계명의 열 가지 조항에 해당합니다(출 20:3-17).
4) 조약서의 보관과 낭독 – 십계명 돌 판을 법궤(언약궤) 안에 보관하고 율법 책을 언약궤 곁에 둡니다(신 31:24-26). 또한, 십계명을 포함한 하나님의 율법을

"매 칠 년 끝 해 곧 면제년의 초막절에 온 이스라엘이 네 하나님 여호와 앞 그가 택하신 곳에 모일 때에 이 율법을 낭독하여 온 이스라엘에게 듣게 할지니"(신 31:10-11)라고 기록되어 있습니다.

5) 증인들 – "내가 오늘 하늘과 땅을 불러 너희에게 증거를 삼노라"(신 30:19); "그들에게 하늘과 땅을 증거로 삼으리라"(신 31:28); "하늘이여 귀를 기울이라 … 땅은 내 입의 말을 들을지어다"(신 32:1). 모세는 하나님과 이스라엘 사이의 맺은 언약에 대해 증인으로 하늘과 땅을 소환합니다.

6) 복과 저주 – 레위기 26장과 신명기 27-28장은 하나님과 맺은 언약을 순종했을 때 받게 될 복과 불순종했을 때 받을 저주를 상세하게 기록하고 있습니다.

이 여섯 가지 요소는 출애굽기의 시내산 언약과 신명기의 모압 언약 그리고 여호수아의 세겜 언약 안에 모두 발견됩니다.

히타이트 종주권 조약	시내산 언약	모압 언약	세겜 언약
1. 서문	출 20: 1-2	신 1:1-5	수 24:1-2
2. 역사적 서문	출 20:2	신 1:6-3:29	수 24:26-13
3. 계약 조항	출 20: 3-17	신 4-26장	수 24:14-25
4. 언약서의 보관과 정기적 낭독	출 25:16; 24:7	신 31:24-28, 9-13	cf. 수 24:26(기록)
5. 증인 혹은 증거물	출 24:4 "12 돌"	신 31:28-32:1 "하늘과 땅"	수 24:22, 26-27 "증인" "돌"
6. 축복과 저주	레 26:3-46	신 28-30장	수 24:20(저주)

하나님은 이스라엘과 언약을 체결하실 때, 당시의 고대 근동의 일반적인 조약

의 형식과 유사한 형식을 취하신 듯합니다. 그 함의점은 무엇일까요?

1) 유사성이 주는 함의

고대 근동의 문화권에 속해 있던 사람들은 시내산 언약 안에서 이스라엘은 왕이신 하나님의 신민(臣民)이요, 하나님은 이스라엘을 주권적으로 통치하신다는 사실을 분명하게 인식했을 가능성이 큽니다. 당대인에게 시내산 언약은 하나님과 이스라엘 백성 사이에 체결된 일종의 신적인 종주권 언약으로 비칠 수 있었을 것입니다. 실제로 하나님은 이스라엘을 통치하는 왕이셨습니다. 이스라엘은 하나님의 주권적 통치가 이루어지는 하나님 나라요, 그 나라의 백성은 하나님을 "주님"이라고 부르는 하나님의 신민이었던 것입니다.

이처럼 히타이트 종주권 조약을 통해 우리는 시내산 언약 안에 감추어진 왕과 신민의 관계를 더욱 잘 이해할 수 있습니다. 한편 이러한 고고학적 발견은 모세 오경의 고대성을 드러내 주는 역할도 했습니다. 주지하다시피 근대 이후, 여러 개의 서로 다른 계보에 속한 자료들이 전승되어 내려오다가 후대에 편집된 것이 바로 모세 오경이라는 학설이 확산하였습니다. 그런데 주전 14세기에 작성된 히타이트 종주권 조약은 그것과 유사한 구조의 언약 체계를 보여주는 모세오경 역시 충분히 오래된 문헌 자료라는 것과 글의 구조가 자체적으로 유기적인 통합성을 보여준다는 사실을 예시해 줍니다. 늦은 시기에 이르러 편집되었다기보다는 처음부터 완성된 글로 기록되었다는 사실을 지지한다고 볼 수 있는 것입니다.

아울러 언약 관계 안에서 율법이 주어졌다는 사실 또한 중요한 신학적 함의를 하고 있습니다. 율법은 언약 관계에 들어가는 입회 조건으로 주어진 것이 아닙니다. 오히려 언약 관계 안에서 당위적인 성격의 존재 근거를 갖습니다. 십계명은 언약 관계에 들어가는 조건이 아니고 이미 하나님과 언약을 맺었기 때문에 지켜야 한다는 의미입니다. 이는 우리가 행위와 구원의 관계를 성경적으로 이해할 수 있도록 돕는 통찰력을 제공합니다. 우리는 행함으로 구원을 쟁취하는 것이 아니고 이미 구원받았기 때문에 마땅히 선을 행해야만 한다는 복음의 논리적인 순서와 잘 부합한다고 볼 수 있습니다.

2) 차별성이 주는 함의

메리데스 클라인이나 윌리엄 덤브렐, 그리고 적지 않은 수의 구약학자들은 고대의 종주권 언약과 시내산 언약 사이에 존재하는 유사성에만 주목하지 않습니다. 오히려 양자 사이에 현격히 드러나는 차별성을 지적합니다. 이를 통해 성경에 기록된 하나님의 언약이 세상 나라들 사이에 체결되는 조약들과 근본적으로 다르다는 사실을 대조적으로 잘 드러냅니다.

첫째, 하나님이 맺으신 언약은 하나님의 일방적인 은혜의 성격을 드러낸다는 측면에서 세상 나라의 종주권 조약과 차별화됩니다. 특히 하나님은 자기 자신을 은혜 언약에 묶으시고, 이것에 대한 기표를 자기 백성에게 주셨습니다. 일찍이 하나님은 아브라함을 불러 횃불 언약을 맺으셨습니다.

> 해가 져서 어두울 때에 연기 나는 화로가 보이며 타는 횃불이 쪼갠 고기 사이로 지나더라. 그 날에 여호와께서 아브람과 더불어 언약을 세워 이르시되 내가 이 땅을 애굽 강에서부터 그 큰 강 유브라데까지 네 자손에게 주노니(창 15:17-18).

횃불 언약을 맺으시면서 아브라함에게 가나안 땅을 주시기로 약속하신 것입니다. 본서의 서두에서 출애굽기가 아브라함 언약과 더불어 시작되었다는 말쏨을 이미 드렸습니다. 이것은 중요한 사실입니다. 약속의 땅은 이스라엘 백성의 공로적 행위 때문에 주어진 것이 아닙니다. 그 대신 하나님이 그들의 조상과 맺은 언약에 근거하여 주어진 선물입니다. 말 그대로 "약속"의 땅입니다. 흥미로운 것은 아브라함과 언약을 체결하시면서 하나님께서 수행하신 횃불 예식입니다. 하나님은 아브라함에게 삼 년 된 암소와 삼 년 된 암염소와 삼 년 된 숫양을 잡아 둘로 쪼개놓으라고 명령하십니다. 그리고 하나님의 횃불이 그 쪼개진 제물들 사이를 통과하십니다.

성경을 연구하는 학자들은 이 예식의 의미를 어렵지 않게 이해합니다. 이는 하나님께서 당시의 풍속을 따라 맹약을 맺으신 것이라고 설명합니다. 언약 당사자들은 둘로 쪼개놓은 짐승 사이를 통과하면서 목숨을 담보로 약속을 지킬 것을 맹세했다고 합니다. 하나님께서 가나안 땅을 주시기로 아브라함에게 약속하신 후에, 아브라함과 그의 자손이 이 약속을 확신할 수 있도록 하나님이 스스로 쪼갠 고기 사이를 지나가신 것입니다. 만일 세상의 주군과 봉신 사이에 맹약이 이루어진다면, 봉신에게 그의 목숨을 담보로 쪼갠 짐승 사이를 걷도록 강요했을 것입니다.

430년 이후 하나님은 아브라함 언약을 성취하는 차원에서 아브라함의 자손과 더불어 시내산 언약을 체결하십니다. 이번에도 하나님은 특별한 예식을 행하십니다. 출애굽기 24장에 등장하는 피 뿌림의 예식입니다.

> 모세가 그 피를 가지고 백성에게 뿌리며 이르되 이는 여호와께서 이 모든 말씀에 대하여 너희와 세우신 언약의 피니라(출 24:8).

이 예식은 앞으로 예수 그리스도께서 친히 자신의 피로 새 언약을 제정하시기 전까지 예수 그리스도의 보혈을 예표했습니다. 창세기 15장의 횃불 언약에서

처럼, 하나님은 하나님 자신의 생명을 담보로 언약을 체결하신 것입니다.

둘째, 하나님이 맺으신 언약은 하나님과 이스라엘 사이에 친밀한 사랑의 교제를 드러낸다는 측면에서 세상 나라의 종주권 조약과 차별화됩니다. 종주권 조약은 말 그대로 주군과 봉신 사이에 체결되는 것입니다. 힘의 논리가 그 배경을 이루고 있습니다. 주군이 봉신에게 요구하는 것은 복종이요 복종 이상의 것을 기대할 수 있다면 충성과 의리가 최대의 것이라고 말할 수 있습니다. 그러나 시내산 언약은 다릅니다. 하나님은 이스라엘 백성에게 전심에서 우러나오는 사랑을 요구하십니다.

> 이스라엘아 들으라 우리 하나님 여호와는 오직 유일한 여호와이시니 너는 마음을 다하고 뜻을 다하고 힘을 다하여 네 하나님 여호와를 사랑하라(신 6:4-5).

세상의 어떤 주군도 자신의 가신들에게 감히 전심의 "사랑"을 요구하지 못합니다. 그러나 하나님께서 자신의 백성에게 요구하시는 것의 핵심이 바로 사랑입니다. 이것은 하나님께서 자신의 나라를 통치하시는 원리가 바로 사랑이라는 사실을 암시합니다. 실제로 자기 백성을 구원하기 위해 하나님이 사람이 되셨을 때, 그분은 "사랑의 왕"으로 오셨습니다.

3. 사랑의 왕, 예수 그리스도

> 세상에 있는 자기 사람들을 사랑하시되 끝까지 사랑하시니라(요 13:1).

"유대인의 왕"(막 15:26)이요 "세상 죄를 지고 가는 하나님의 어린양"(요 1:9)으로 십자가에서 죽으신 메시아는 사랑의 왕입니다. 사랑으로 구속 사역을 성취하셨고, 공의와 사랑으로 자신의 나라를 통치하십니다. 예수님은 제자들의 마음을 사랑으로 정복하셨습니다. 지상에서의 공생애를 마무리하는 단계에서 예수님의 마지막 행적으로 소개하는 서언으로 사도 요한이 기록한 말씀이 바로 요한복음 13장 1절입니다.

> 유월절 전에 예수께서 자기가 세상을 떠나 아버지께로 돌아가실 때가 이른 줄 아시고 세상에 있는 자기 사람들을 사랑하시되 끝까지 사랑하시니라(요 13:1).

예수님께서 십자가의 죽음을 앞두고 행하신 일들 가운데 특히 두 가지를 살펴보겠습니다.

첫째, 예수님은 세족식을 통해 하나님 나라의 통치원리가 세상의 것과는 완전히 다른 것임을 몸소 보여주셨습니다.

> 저녁 잡수시던 자리에서 일어나 겉옷을 벗고 수건을 가져다가 허리에 두르시고 이에 대야에 물을 떠서 제자들의 발을 씻으시고 그 두르신 수건으로 닦기를 시작하여 … 내가 주와 또는 선생이 되어 너희 발을 씻었으니 너희도 서로 발을 씻어 주는 것이 옳으니라(요 13:4-5, 14).

왕이신 메시아가 자기 백성의 발을 닦아 주셨다는 것은 힘의 논리에 기초한 세상 나라의 통치 질서를 폐하시는 행위였습니다. 비단 발을 닦아주는 것에 그치지 않았습니다. 바로 다음 날, 예수님은 자기 백성을 위해 자신의 살과 피를 기꺼이 내어 주시고 십자가의 죽음을 죽으셨습니다.

1) 최후의 만찬

한 가지 주목할 것은 가룟 유다에 대한 주님의 태도입니다. 예수님께서 제자들의 발을 씻기실 때, 그 가운데 가룟 유다도 포함되어 있었습니다. 자기를 배반한 제자의 발도 씻기며 섬겨 주신 것입니다. 심지어 첫 번째 성만찬을 제정하시고 떡과 포도주를 나누어 주실 때에도 가룟 유다가 함께했습니다. 자신을 죽음의 자리에 넘겨줄 원수에게도 자신의 살과 피를 상징하는 음식을 먹이신 것입니다. 물론 예수님은 가룟 유다의 배신을 미리 알고 계셨습니다. 앞으로 닥칠 일을 미처 알지 못했기 때문에 예수님은 붙잡혀 십자가에서 처형을 당하신 것이 아니라는 사실을 분명히 알리려는 의도에서 사도 요한은 예수님께서 유다의 배반을 미리 아셨다는 사실을 강조하여 기록합니다. 유다의 배신을 미리 알면서도 예수님은 그것을 공개하시지 않았습니다. 다만 "너희 중의 하나가 나를 팔리라"고 말씀하셨습니다(요 13:21). 이 말을 듣고 제자들이 동요했습니다. 이때 베드로는 '머릿짓'으로 주님 품에 기대고 있는 사도 요한에게 "그 사람이 누구인지 물어봐"라고 사인을 보냅니다. 요한은 예수님의 품에 의지한 채로 배신할 자가 누구인지를 주님께 물었고, 주님은 요한에게만 그 사람에 대한 정보를 살짝 알려 주셨습니다. 아마도 요한은 이 정보를 베드로와는 공유했을 것입니다. 나머지 제자들은 예수께서 유다에게 "네가 하는 일을 속히 하라"(요 13:27)고 말씀하신 의미를 전혀 파악하지 못했다고 요한은 기록하고 있습니다.

> 예수의 제자 중 하나 곧 그가 사랑하시는 자가 예수의 품에 의지하여 누웠는지라 시몬 베드로가 머릿짓을 하여 말하되 말씀하신 자가 누구인지 말하라 하니 그가 예수의 가슴에 그대로 의지하여 말하되 주여 누구니이까?

> 예수께서 이르시되 내가 떡 한 조각을 적셔다 주는 자가 그니라 하시고 곧 한 조각을 적셔서 가룟 시몬의 아들 유다에게 주시니 조각을 받은 후 곧 사탄이 그 속에 들어간지라 이에 예수께서 유다에게 이르시되 네가 하는 일을 속히 하라 하시니 이 말씀을 무슨 뜻으로 하셨는지 그 앉은 자 중에 아는 자가 없고 어떤 이들은 유다가 돈궤를 맡았으므로 명절에 우리가 쓸 물건을 사라 하시는지 혹은 가난한 자들에게 무엇을 주라 하시는 줄로 생각하더라 유다가 그 조각을 받고 곧 나가니 밤이러라(요 13:23-30).

예수님은 가룟 유다의 악한 계획에 대해 언급하셨기 때문에, 사도 요한은 이 모든 상황의 통제권을 예수님께서 쥐고 계셨음을 확신할 수 있었습니다. 한편 유다의 측면에서 보았을 때, 예수님께서 유다의 배신을 마지막 순간까지 모두에게 공개하지 않으신 것은, 그에게는 회개의 기회가 마지막까지 열려 있었음을 의미했습니다.

예수님은 베드로가 주님을 부인할 사실도 미리 알고 계셨습니다. 그리고 그에게도 회개의 기회를 제공하셨습니다. 또한, 베드로가 스스로 낙심하여 믿음을 상실하지 않도록 그를 위해 기도하셨습니다. 한 걸음 더 나아가 "너는 돌이킨 후에 네 형제를 굳게하라"(눅 22:32)라고 말씀하시며 사명도 주셨습니다. 주님의 기도와 미리 베푸신 용서에 힘입어 베드로는 회개의 복을 누리고 온전히 회복되었습니다.

2) 잡히심

겟세마네 동산에서 예수님은 비상한 표적을 행하심으로 제자들에 대한 "끝까지 사랑"의 실례를 몸소 보여주셨습니다. 예수님이 체포되는 장면을 읽을 때마다 늘 궁금했던 것이 있습니다. "왜 병사들은 예수님과 함께 있었던 세 명의 제자들을 체포하지 않았는가?" 요한복음 18장 4-11절을 자세히 읽어보면 이에 대한 분명한 답이 제시되어 있습니다. 예수님께서 군인들이 제자들을 체포하지 못하게끔 만드셨기 때문입니다. 병사들이 예수님의 명령을 순종할 수밖에 없었던 이유도 기록되어 있습니다. 바로 예수님께서 초자연적인 능력을 사용하여 병사들을 완전히 제압시킨 후에 제자들의 도주로를 확보해 주셨기 때문이었습니다. 어둠 속에서 병사들이 몰려왔을 때, 예수님은 물으셨습니다. "너희가 누구를 찾느냐?"라고 물으셨을 때 군병들은 "나사렛 예수"라고 대답합니다. 아마도 큰 목소리로 또한 위협적으로 대답했을 것입니다. 예수님이 대답합니다. "내가 그니라."라고 예수님이 대답했을 때 순간 병사들은 "물러가서 땅에 엎드러지는지라"라고 성경은 기록합니다. 예수님께서 능력을 발휘하여 그들을 땅에 고꾸라뜨리신 것입니다. 아마도 우리 주님께서 사람을 제압하기 위해 초자연적인 능력을 사용하신 유일한 경우가 아닐까 생각됩니다. 그 의도는 분명했습니다. 예수님께서 두 번째 물으십니다. "너희가 누구를 찾느냐?" "나사렛 예수입니다." 그들이 대답합니다. 아마도 첫 번째와는 완전히 다른 목소리로 공손하게 대답했을 것입니다. 바로 이때, 예수님께서 말씀하십니다.

> 나를 찾거든 이 사람들이 가는 것을 용납하라(요 18:8).

사랑하는 제자들이 안전하게 탈출할 수 있도록 배려해 주신 것입니다. 상황이 이렇게 되자, 베드로는 자신의 칼을 빼 말고의 귀를 베어버리는 행동을 했습니다. 베드로가 칼을 뺄 결단을 할 수 있었던 것은 그 자신의 용기라기보다는 주님의 능력을 의지했기 때문이었다고 생각됩니다. 물론 주님은 필요한 만큼만 능력을 사용하셨습니다. 그리고 이내 베드로의 행동을 저지하셨습니다.

예수께서 그 당할 일을 다 아시고 나아가 이르시되 너희가 누구를 찾느냐? 대답하되 나사렛 예수라 하거늘 이르시되 내가 그니라 하시니라 그를 파는 유다도 그들과 함께 섰더라. 예수께서 그들에게 내가 그니라 하실 때에 그들이 물러가서 땅에 엎드러지는지라. 이에 다시 누구를 찾느냐? 고 물으신대 그들이 말하되 나사렛 예수라 하거늘. 예수께서 대답하시되 너희에게 내가 그니라 하였으니 나를 찾거든 이 사람들이 가는 것은 용납하라 하시니 이는 아버지께서 내게 주신 자 중에서 하나도 잃지 아니하였사옵나이다 하신 말씀을 응하게 하려 함이러라. 이에 시몬 베드로가 칼을 가졌는데 그것을 빼어 대제사장의 종을 쳐서 오른편 귀를 베어 버리니 그 종의 이름은 말고라. 예수께서 베드로더러 이르시되 칼을 칼집에 꽂으라 아버지께서 주신 잔을 내가 마시지 아니하겠느냐 하시니라(요 18:4-11).

참으로 우리의 가슴을 뭉클하게 만드는 것은 요한복음 18장 9절의 말씀입니다. 예수님께서 비상한 능력으로 사람들을 제압시키시고 제자들을 탈출시킨 것을 예언 성취로 해석한 구절입니다.

> 이는 아버지께서 내게 주신 자 중에서 하나도 잃지 아니하였사옵나이다 하신 말씀을 응하게 하려 함이러라(요 18:9)

이 진술은 진실이었습니다. 예수님은 "자기 사람들을 사랑하시되 끝까지 사랑"하시는 사랑의 왕이셨습니다.

3) 베드로의 부인과 회복

예수님께서는 마지막 잡히시는 순간까지도 자기 제자들의 안위를 보호해 주셨습니다. 곧이어 베드로가 예수님의 예언대로 주님을 세 번 부인하는 사건이 벌어집니다. 성경에 따르면 이후에 베드로는 밖으로 나가서 통곡하고 회개했습니다. 누가복음에 따르면 베드로가 그렇게 양심의 가책을 느껴 밖에 나가서 통곡한 것은 사실 예수님과 눈이 마주쳤기 때문이었습니다.

> 베드로가 이르되 이 사람아 나는 네가 하는 말을 알지 못하노라 하고 아직 말하고 있을 때에 닭이 곧 울더라 주께서 돌이켜 베드로를 보시니 베드로가 주의 말씀 … 생각나서 밖에 나가서 심히 통곡하니라(눅 22:60-62).

주님께서는 지금 신문을 당하고 계십니다. 사람들은 예수님을 주먹으로 때렸습니다. 손바닥으로 얼굴을 내리쳤습니다. 조롱하고 침을 뱉었습니다. 바로 이 시간이었습니다. 이때 예수님은 무슨 생각을 하고 계셨을까? 아마도 베드로를 생각하셨을 겁니다. "한 번, 두 번, 세 번."
베드로가 세 번 주님을 부인하는 것을 헤아리셨습니다. 그리고 곧이어 닭이 울 었습니다. 이 순간 주님은 고개를 돌리십니다. 그리고 베드로와 시선을 마주치십니다. 예수님께서는 눈으로 뭐라고 하셨을까요? '꼴 좋다.' 그러셨을까요? 아닙니다. 아마도 괜찮다고 말씀하셨을 것 같습니다.
'괜찮아.'
'내가 미리 다 알고 너한테 얘기했잖아. 괜찮아.'
베드로의 실패를 정죄하는 눈빛이 아니라, 베드로가 회개할 것까지 말씀하시고 미리 용서를 선언하신 자비의 눈빛으로 '괜찮아'라고 말씀하셨을 것입니다. 주님의 눈빛을 확인한 후에 베드로는 나가서 통곡하고 울었습니다. 정말 그렇습니다. 예수님께서는 모든 상황이 끝난 후에 베드로가 스스로를 용서하지 못하고 절망하여 주저앉을까 봐 미리 말씀하셨습니다.

> 시몬아, 보라 사탄이 너희를 밀 까부르듯 하려고 요구하였으나 그러나 내가 너를 위하여 네 믿음이 떨어지지 않기를 기도하였노니 너는 돌이킨 후에 네 형제를 굳게 하라(눅 22:31-32).

사실상 미리 용서를 선언하신 겁니다. 게다가 낙심의 상태에 있을 베드로를 다시금 사명자로 세우실 것임을 확인하신 것입니다. 베드로 한 사람을 잃지 않기 위해서, 그 한 사람이 스스로 낙망하지 않도록 하기 위해서 주님은 이렇게까지 세심하게 배려하신 겁니다. 주님 자신은 침 뱉음을 당하고 주먹으로 맞고 하는 와중에도 베드로를 생각하신 것입니다. 예수님께서 자기 제자를 사랑하시되 끝까지 사랑하신 겁니다. 말 그대로 낙향한 베드로를 끝까지 따라가셨죠. 아마도 베드로는 속으로 이렇게 생각했을 것입니다.
'나와 같은 배교자가 과연 다시 리더가 될수 있을까?'
베드로가 이러한 생각을 훌훌 털고 일어날 수 있도록 예수님은 특별한 일을 행하십니다. 새벽에 모닥불을 피워놓고 베드로를 초청합니다. 아마도 베드로는 배신의 밤에 모닥불을 쬐러 갔다가 주님을 부인했던 순간을 떠올렸을 것입니다. 이제 주님은 베드로에게 물으십니다. "네가 나를 사랑하느냐?"

> 예수께서 시몬 베드로에게 이르시되 요한의 아들 시몬아 네가 이 사람들보다 나를 더 사랑하느냐? 가로되 주여 그러하외다 내가 주를 사랑하는 줄 주께서 아시나이다 가라사대 내 어린 양을 먹이라(요 21:15).

세 번이나 반복하여 질문하십니다. 세 번 반복하여 사랑의 고백을 받아내십니다. 마치 베드로에게 이러한 무언의 메시지를 보내신 것입니다.
'네가 날 세 번 모른다고 부인했는데, 이제 세 번 나를 사랑한다고 고백했으니,

괜찮다.'
주님은 여기서 그치지 않습니다. 사랑의 고백을 받으신 다음에 말씀합니다.

"내 어린 양을 먹이라, 내 어린양을 치라, 내 어린 양을 먹이라"
각 사랑의 고백 후에 세 번이나 반복해서 사명을 맡기십니다. 베드로를 다시 사명자의 자리에 세우신 것입니다.

4) 예수님의 제자들: 과거와 현재

요한복음 21장은 베드로의 이야기에만 초점을 맞춰서 기록했습니다. 비록 성경에 자세히 기록되지는 않았지만 예수님이 다른 제자들에게도 용서의 은혜를 베푸시고 각자를 사명자로 세우시는 일을 하셨을 것입니다. 베드로를 시작으로 맛디아에 이르기까지 사도 요한을 제외한 열 한 명의 제자들은 모두 순교했습니다. 과연 주님의 말씀대로 베드로는 영광스러운 순교로 하나님께 영광을 돌렸습니다. 전승에 따르면 베드로는 십자가에 거꾸로 매달려 순교했습니다. 그런데 베드로만 영광스러운 죽음을 맞은 것이 아닙니다. 교회사의 증언에 따르면 다른 제자들도 자신의 소명의 현장에서 예수 그리스도의 복음을 전하다가 대부분 순교의 죽음을 맞이합니다. 초대교회의 전승과 중세 화가 슈테판 로크너(Stefan Lochner)의 그림 "사도의 순교"(*Die Apostelmartyrien*, c.1435), 그리고 종교개혁기 이후로 여러 차례 출판된 존 폭스의 『순교사화』(*Foxe's Book of Martyrs*, 1563)등을 참고해 볼 때, 열두 제자의 최후는 다음과 같습니다.

> [A.D. 64/68] 베드로는 로마에서 거꾸로 십자가에 못 박혀 순교했다.
> [A.D. 67] 사도 바울은 로마에서 네로의 박해 아래서 순교하였다. 바울은

기도를 마치고 칼에 목이 베여 순교했다.

[A.D. 70] 안드레는 에데사에서 붙들려 X형(型)의 십자가에 달려 순교했다.

[A.D. 100] "사랑받는 제자" 요한은 에베소로부터 로마로 강제 송환되어 기름이 끓는 솥에 던져지는 형을 받았다. 그 후 도미티아누스 황제는 그를 밧모섬으로 추방하였고, 요한은 그곳에서 "요한계시록"을 기록하였다.

[A.D. 44] 세베대의 아들 야고보는 헤롯 아그리파에 의해 돌에 맞아 순교했다.

[A.D. 70] 바돌로매는 아르메니아(인도)에서 가죽 벗김을 당하고 십자가형으로 순교했다.

[A.D. 72] 도마는 파르티아와 인도에서 복음을 전했고, 인도 남부 첸나이에서 창으로 관통되어 순교했다.

[A.D. 54] 빌립은 채찍에 맞았으며, 감옥에 갇힌 후 A.D. 54년에 십자가에서 순교했다.

[A.D. 63] 작은 야고보는 유대인들에게 구타당하고 돌로 맞아, 결국 뇌에 손상을 입고 순교했다.

[A.D. 60] 마태는 파르티아와 에디오피아에서 사역을 하였고, A.D. 60년 나다바에서 미늘창에 꽂혀 순교했다.

[A.D. 75] 시몬과 유다는 함께 전도 여행을 하다가 페르시아에서 순교했다. 혹은, 시몬 혹은 셀롯은 아프리카 마우레타니아와 영국에서 선교하다가 십자가형을 받아 순교했고, 유다는 에데사(Edessa)에서 십자가형을 받아 순교했다.

[A.D. 73] 맛디아는 A.D. 73년경 예루살렘에서 돌매질을 당하였으며 후에 참수형을 당하여 순교했다.

<기타>

[A.D. 68] 마가는 알렉산드리아 사람들에 의해 세라피스를 기리는 웅장한 종교의식을 할 때 순교했다.

[A.D. 73] 바나바는 A.D. 73년경에 키프로스 살라미스에서 순교했다(추정).

[A.D. 93] 누가는 그리스의 우상숭배 제사장들에 의하여 올리브나무에 목이 매달려 순교했다. (추정)

예수님이 잡히시던 밤 제자들은 모두 겁쟁이가 되었습니다. 이렇게 겁이 많은 제자들이었는데 소명의 마지막 순간에는 모두 영광스러운 죽음을 담대하게 맞이했습니다. 함께 모여 있다가 붙잡혀서 우발적으로 처형된 것이 아닙니다. 제자들은 예수님의 지상 명령받고 각각 세계 곳곳으로 흩어져서 복음 전하다가 각자의 소명 현장에서 순교한 것입니다. 이들은 모두 사랑의 왕 예수님의 "끝까지 사랑"을 직접 체험했습니다. 이러한 사랑을 몸소 체험한 제자들 역시 끝까지 충성된 모습으로 주님의 유언적인 명령인 대위임령을 수행했습니다. 그리고 주님을 사랑하는 마음으로 기꺼이 순교의 잔을 마신 것입니다.

4. 적용

예수 그리스도는 사랑의 왕이십니다. 사랑의 왕은 '사랑'으로 사람들의 마음을 정복하고 다스리십니다. 세상에 그 어떤 왕이 예수님처럼 자기 백성으로부터 죽음 이상의 사랑과 충성을 받을 수 있겠습니까? 예수님의 제자들은 최후의 순간에 죽음으로 충성됨을 증명했을 뿐 아니라 순교의 현장에서도 주님을 향한 전심의 사랑을 말과 행동으로 고백했습니다. 이것으로 보아 과연 우리 주님은 성공하신 왕입니다. 세상의 왕이 자신의 신민에게 감히 요구할 수도 없는 사랑, 바로 이러한 최고의 사랑을 우리 주님께서는 제자들에게 다 받아내신 겁니다. 강압적인 요소는 전혀 없습니다. 제자들은 예수님의 사랑에 스스로 굴복한 것입니다.

바로 이것이 최고의 통치입니다. 이러한 사랑의 통치 원리가 교회 안에는 흘러넘쳐야 합니다. 교회에서 이루어지는 모든 충성은 곧 사랑입니다. 예수님의 "끝까지 사랑"에 항복하는 거예요. 이것이 순종의 본질입니다.

지금까지 살펴본 시내산 언약의 세 가지 관점은 모두 우리 신자가 그리스도와 맺는 관계를 잘 드러내 주고 있습니다. 첫째, 결혼언약의 관점을 통해 우리는 그리스도의 신부임을 알 수 있습니다. 우리를 신부 삼으시기 위해서 하나님께서는 독생자를 아끼지 않으셨습니다. 교회는 이처럼 엄청난 사랑을 받았고 또 엄청난 사랑으로 신랑이신 주님을 사랑합니다. 둘째, 교회언약의 관점을 통해 우리는 교회가 그리스도의 몸이고 그리스도는 우리의 머리임을 확인합니다. 또한, 교회는 제사장 나라의 소명 공동체임을 이해할 수 있습니다. 하나님께서는 교회에 제사장 나라의 소명을 주셨어요. 교회는 세상을 향해 우리의 하나님이 얼마나 사랑이 많으시고 얼마나 공의로우신 하나님이신지를 보여줄 사명을 부여받았습니다. 무엇보다 정의와 사랑을 구현하는 제사장 나라를 이루어 감으로 세상의 빛과 소금의 역할을 감당할 책임이 있습니다. 셋째, 하나님 나라의 관점을 통해 우리는 하나님의 신민임을 확인합니다. 곧 그리스도께서 우리의 왕이심을 고백합니다. 그리스도는 사랑의 왕이십니다. 세상의 왕들과 달리 사랑으로 자기 백성을 다스리십니다.

특히 예수님 제자들의 모습에서 우리는 하나님 나라의 통치원리를 확인할 수 있습니다. 그것은 바로 "끝까지 사랑"입니다. 과연 사랑의 왕이신 주님은 자신의 백성을 "끝까지 사랑"으로 정복하신 것입니다. 이후 기독교의 역사는 이러한 "끝까지 사랑"의 통치가 전 세계로 확장되는 것과 함께 발전해 나갔습니다. 현재에도 예수님의 "끝까지 사랑"을 맛보고 체험하는 사람들이 하나님 나라의 신민으로 가입하고 있습니다. 또한, 하나님의 나라는 말과 삶으로 "끝까지 사랑"의 복음을 전파하는 참된 제자들에 의해 끊임없이 성장하고 있습니다. 그 동일하신 그리스도께서 우리에게 지상 명령을 주셨고, 오늘 우리는 그 명령을 신실하게 복종하고 순종하려고 몸부림쳐야 합니다. 오늘까지도 우리의 신랑이시고 교회의 머리이신 그리스도께서 우리에게 왕으로서 그 명령을 주셨습니다. 이 명령은 우리가 주님을 사랑할 때 온전히 지킬 수 있게 돼요.

요컨대 시내산 언약을 통해서 성경은 우리가 그리스도와 맺는 관계가 얼마나 풍성한 것인지를 보여줍니다. 소원하기는 우리 모두 우리의 구세주, 신랑, 교회의 머리, 왕이신 주님과 더불어 풍성한 교제를 누리는 신자가 되기를 바랍니다. 무엇보다 주님의 '끝까지 사랑'을 향유하는 우리 모두가 하루하루 예수님 닮은 제자의 모습으로 성장해 가길 간절히 소원합니다.

9. 다윗 언약: 다윗의 눈물(1)

사무엘하 7:8-16

⁸그러므로 이제 내 종 다윗에게 이와 같이 말하라 만군의 여호와께서 이와 같이 말씀하시기를 내가 너를 목장 곧 양을 따르는 데에서 데려다가 내 백성 이스라엘의 주권자로 삼고 ⁹네가 가는 모든 곳에서 내가 너와 함께 있어 네 모든 원수를 네 앞에서 멸하였은즉 땅에서 위대한 자들의 이름 같이 네 이름을 위대하게 만들어 주리라 ¹⁰내가 또 내 백성 이스라엘을 위하여 한 곳을 정하여 그를 심고 그를 거주하게 하고 다시 옮기지 못하게 하며 악한 종류로 전과 같이 그들을 해하지 못하게 하여 ¹¹전에 내가 사사에게 명령하여 내 백성 이스라엘을 다스리던 때와 같지 아니하게 하고 너를 모든 원수에게서 벗어나 편히 쉬게 하리라 여호와가 또 네게 이르노니 여호와가 너를 위하여 집을 짓고 ¹²네 수한이 차서 네 조상들과 함께 누울 때에 내가 네 몸에서 날 네 씨를 네 뒤에 세워 그의 나라를 견고하게 하리라 ¹³그는 내 이름을 위하여 집을 건축할 것이요 나는 그의 나라 왕위를

영원히 견고하게 하리라 ¹⁴나는 그에게 아버지가 되고 그는 내게 아들이 되리니 그가 만일 죄를 범하면 내가 사람의 매와 인생의 채찍으로 징계하려니와 ¹⁵내가 네 앞에서 물러나게 한 사울에게서 내 은총을 빼앗은 것처럼 그에게서 빼앗지는 아니하리라 ¹⁶네 집과 네 나라가 내 앞에서 영원히 보전되고 네 왕위가 영원히 견고하리라 하셨다 하라.

1. 다윗 언약과 메시아 왕국

다윗 언약에 관한 본문 중에 핵심이라 할 수 있는 구절은 사무엘하 7장 11절과 16절입니다.

> 전에 내가 사사에게 명령하여 내 백성 이스라엘을 다스리던 때와 같이 아니하게 하고 너를 모든 원수에게서 벗어나 편히 쉬게 하리라 여호와가 또 네게 이르노니 여호와가 너를 위하여 집을 짓고(삼하 7:11).

> 네 집과 네 나라가 내 앞에서 영원히 보전되고 네 왕위가 영원히 견고하리라 하셨다 하라(삼하 7:16).

다윗이 하나님의 집, 곧 성전을 짓겠다는 계획을 세웠을 때 하나님께서는 나단 선지자를 통해 "네가 내 집을 짓겠다고 하였느냐? 내가 네 집을 지어줄 것이다"라고 말씀하시며 다윗에게 영원한 왕위를 약속하셨습니다. 이것이 다윗 언약의 핵심입니다. 과연 정치적인 의미에서 다윗의 왕조가 영원할 것이라는 의미일까요? 그렇지 않습니다. 예루살렘은 AD 70년에 멸망했기 때문에 다윗의 왕조가 물리적으로 지속되고 있다고 말하기는 어렵습니다. 북이스라엘 왕국은 앗시리아에 의해 BC 722년에 멸망했고, 남유다 왕국도 BC 586년에 바벨론에 의해 무너졌습니다. 이런 면에서 볼 때 하나님께서는 다윗의 육적인 왕조가 아니라 앞으로 오실 메시아 왕국이 영원하리라는 것을 약속하신 것이라고 이해할 수 있습니다.

이 약속을 받은 당사자인 다윗의 경우는 어떤가요? 과연 그는 영원한 왕국을 메시아의 왕국으로 이해했을까요? 결론부터 말씀드리자면 그렇습니다. 다윗은 선지자였습니다. 선지자 다윗은 그의 후손으로 오실 메시아께서 왕위에 앉으실 것을 알았습니다.

> 그는 선지자라 하나님이 이미 맹세하사 그 자손 중에서 한 사람을 그의 위에 앉게 하리라 하심을 알고(행 2:30).

또한, 다윗은 죽기 전에 메시아 시편을 포함하여 그를 통해 선포된 예언이 성령님의 감동하심으로 말미암은 것이라고 고백했습니다.

> 여호와의 영이 나를 통하여 말씀하시며 그의 말씀이 내 혀에 있도다(삼하 23:2).

사실 다윗에게 약속된 영원한 왕위가 인간 다윗보다는 하나님께 속한 것이라는 사실은 처음부터 계시 되었습니다. 앞서 소개한 사무엘하 7장 16절 말씀은 역대상 17장 14절 말씀에 비추어 해석되어야 합니다.

> 내가 영원히 그를 내 집과 내 나라에 세우리니 그의 왕위가 영원히 견고

하리라 하셨다 하라(대상 17:14).

하나님께서는 다윗을 "내 집과 내 나라"에 세우겠다고 말씀하시며 이 왕위와 나라가 하나님의 소유임을 명시적으로 밝히십니다. 요컨대 하나님께서는 다윗에게 처음 언약하실 때부터 이 영원한 나라가 하나님께 속한 하나님 나라요, 앞으로 오실 메시아의 왕국임을 밝히신 것입니다. 다윗 역시 자신에게 메시아에 관한 복음이 선포되는 것을 분명히 인식하고 자신의 후손으로 오실 메시아를 바라봤습니다. 앞으로 우리는 이에 대한 성경적인 근거를 좀 더 자세하게 살펴볼 것입니다.

2. 다윗의 세 번의 눈물

하나님께서는 다윗의 일생을 통해, 평범한 우리가 쉽게 겪지 못하는 특별한 희로애락을 경험하게 하셨습니다. 다윗은 상상하기 어려운 고난과 시련의 시간을 겪었습니다. 한마디로 표현한다면 다윗은 '눈물의 인생'을 살았다고 말할 수 있습니다. 성경에서는 다윗이 세 번 크게 통곡한 사실을 기록합니다. 이 시간에는 두 번의 통곡을 살펴보도록 하겠습니다.

첫 번째 사건은 사무엘상 30장에 기록되어 있습니다. 다윗이 사울 왕에게 쫓겨 다니며 도망자 신세를 경험한 10여 년의 후반기에 벌어진 일이었습니다. 다윗은 아둘람 공동체의 리더였습니다. 다윗과 그의 사람들이 약 600명 정도이고(삼상 23:13), 이들과 함께했던 식솔까지 포함하면 대략 2천 명 이상의 규모로 추정합니다. 이들은 다윗과 함께 블레셋 왕에게 투항한 후, 시글락을 하사 받아 이곳에 모여 살았습니다. 다윗과 군사들이 떠나 있을 때, 아말렉 군사들이 시글락을 침입합니다. 그리고 아내와 자녀들을 모두 포로로 사로잡아 갑니다. 다윗이 돌아왔을 때 거주지는 불에 탔고, 가족들은 눈에 보이지 않았습니다. 다윗과 그의 사람들은 함께 통곡합니다.

> 다윗과 그의 사람들이 사흘 만에 시글락에 이른 때에 아말렉 사람들이 이미 네겝과 시글락을 침노하였는데 그들이 시글락을 쳐서 불사르고 거기에 있는 젊거나 늙은 여인들은 한 사람도 죽이지 아니하고 다 사로잡아 끌고 자기 길을 갔더라 다윗과 그의 사람들이 성읍에 이르러 본즉 성읍이 불탔고 자기들의 아내와 자녀들이 사로잡혔는지라 다윗과 그와 함께 한 백성이 울 기력이 없도록 소리를 높여 울었더라(삼상 30:1-3).

다윗은 얼마나 울었는지 기력이 없어서 더 이상 울 힘이 없을 정도로 통곡을 했다고 본문이 기록합니다. 다윗이 흘린 눈물은 삼 중의 의미를 갖습니다. 가장의 눈물이요, 목자의 눈물입니다. 또한, 죄인의 눈물이었습니다.

1) 다윗의 도피기: 왕 만들기 수업

이 눈물의 의미를 자세히 살피기 전에 다윗이 도망자로서 보낸 기간의 의미를 먼저 살펴보아야 합니다. 다음은 망명자의 시기를 보낸 기간에 다윗이 방문했던 지역을 순서에 따라 나열한 것입니다.

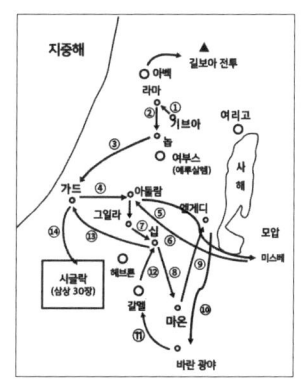

사무엘상 19-30장에 기록된 다윗의 도피 생활

기브아(19:9-18) → 라마(19:18-24) → 놉(21:1-9) → 가드(21:10-15) → 아둘람(22:1-2) → 모압의 미

스베(22:3-4) → 아둘람(22:5) → 그일라(23:1-13) → 십(23:14-23) → 마온(23:24-28) → 엔게디(24:1-22) → 바란광야(25:1) → 갈멜(25:2-42) → 십(26:1-25) → 가드(27:1-4) → 시글락(27:5-7; 30:1-31)

왜 하나님께서는 다윗이 무려 10년 동안이나 도피자의 삶을 살도록 하셨을까요? 왜 하루라도 빨리 그를 왕으로 세우지 않으셨을까요? 흥미롭게도 하나님은 다윗이 어느 한 지역에 오래 머물러 있지 않도록 하셨습니다. 오히려 그로 하여금 이스라엘 전 지역을 종횡무진으로 활동하며 다니게 하셨습니다. 이는 우연이 아니라, 분명 하나님의 깊은 섭리가 담긴 계획이었습니다.

모압의 미스베에 숨어 있던 다윗에게 하나님께서 선지자 갓을 보내어 주신 말씀을 보면, 하나님의 뜻을 어느 정도 헤아려 볼 수 있습니다. 사울 왕이 다윗을 미워하며 끈질기게 죽이려 하자, 다윗은 사울이 따라올 수 없는 지역까지 도망칩니다. 그 과정에서 사울과 적대 관계에 있던 블레셋으로 두 차례 몸을 의탁했고, 모압 땅으로도 피신하게 됩니다. 특히 도망자가 된 다윗은 연로하신 부모님을 사울의 위협으로부터 보호하기 위해, 그들을 모시고 모압 왕에게 나아가 투항합니다. 그는 부모님을 모압 땅에 안전하게 머물게 하는 데는 성공했지만, 하나님께서는 다윗 자신이 그곳에 함께 머무는 것을 허락하지 않으셨습니다. 대신 선지자 갓을 보내셔서 다윗에게 유다 땅으로 돌아가 다시 도망 다니라고 명하십니다. 하나님께서 이렇게 말씀하시자, 다윗은 할 수 없이 부모님을 모압에 남겨둔 채, 사울의 세력권 아래 있는 유다 땅에서 다시 도망자의 삶을 이어가게 됩니다. 이 상황을 알기 쉽게 설명해 보겠습니다. 저와 같은 일반인이 프로 권투 선수에게 한 방 맞고 링 밖으로 튕겨 나갔습니다. 쓰러져있는 저에게 친구가 다가와 조언합니다.

"상혁아 얼마든지 피해 다닐 수는 있는데, 반드시 링 안에서만 다녀야 해. 얼른 링으로 올라가렴."

아무리 맞는 말이라고 해도 친구의 조언은 저에게는 매우 잔인한 말로 들릴 것입니다. 지금 선지자 갓이 다윗에게 전달하는 말이 그렇습니다. 그렇다면 하나님은 왜 다윗에게 이런 명령을 내리셨을까요? 다윗을 링 위에 올려보내서 모든 사람의 눈에 띄게 하려는 의도가 있으셨던 것은 아니었을까요?

다윗은 이스라엘과 유다 사람들 사이에서 매우 인기 있는 장군이었습니다. "사울은 천천을 죽였고, 다윗은 만만을 죽였다"라는 노래가 유행할 정도였지요. 그러나 아무리 인기가 많다 해도, 다윗이 사울을 제거하고 새로운 왕조를 세운다면 이야기는 전혀 달라집니다. 당시 이스라엘은 이미 왕정 체제를 갖춘 나라였고, 베냐민 지파 출신인 사울의 왕조가 세워진 상황이었습니다. 그리고 다윗이 왕이 된 이후에도, 그 사울 왕조를 되살리려는 움직임은 끊임없이 일어났습니다. 대표적인 인물이 바로 시므이였습니다. 그는 베냐민 지파 사람으로, 나중에 다윗이 압살롬의 반란으로 인해 피난길에 올랐을 때 저주하던 인물이었고, 다윗이 다시 예루살렘으로 환궁할 때는 천 명을 이끌고 나타났습니다.

한국사에서도 고려가 무너지고 조선 왕조가 시작되었을 때, 여전히 고려에 대한 충절을 지킨 충신들이 있었던 것처럼, 사울 왕조에도 그에 충성하는 이들이 존재했습니다. 역사가의 시각에서 본다면, 시므이와 같은 인물은 사울 왕가에 대한 충성심이 강한, 강직한 인물로 평가될 수도 있을 것입니다. 이처럼 한 왕조가 무너지고 새로운 왕조가 세워지는 일은 결코, 간단하지 않습니다. 하나님께서는 사울의 왕조를 폐하시고 다윗을 통해 새로운 왕조를 세우시기 전에, 먼저 다윗이 백성들의 마음을 얻도록 섭리하셨다고 생각됩니다. 마치 대통령 선거를 앞두고 선거운동을 하듯, 하나님께서는 다윗에게 백성들 가운데서 오랫동안 검증받고 인정받는 과정을 거치게 하신 것입니다. 또한, 하나님은 사람들이 다윗을 권력욕에 사로잡혀 주군을 제거하고 스스로 왕위에 오른 자로 오해하지 않도록 하셨습니다. 오히려 10년이라는 긴 세월 동안 다윗이 사울을 피해 도망 다니는 모습을 백성들이 직접 눈으로 보게 하심으로써, 다윗이 억지로 왕이 된 것이 아님을 뚜렷이 알게 하신 것입니다.

실제로 사울은 점점 미쳐가고, 악한 영에 사로잡히며, 질투에 눈이 멀어 충성스러운 신하였던 다윗을 죽이려 했습니다. 한편 다윗이 만약 조금이라도 흑심을 품었다면, 사울을 제거할 수 있었던 결정적인 기회가 두 번이나 있었습니다. 그때마다 다윗의 측근들은 이것이야말로 하나님께서 주신 기회라고 주장했습니다. 하지만 다윗은 "내가 어찌 여호와께서 기름 부으신 자를 손대겠는가?"라며 사울을 해치지 않고 돌려보냈습니다. 이 일로 사울 왕 자신도 크게 감동하였지요. 이러한 일들은 단지 다윗과 사울 사이의 은밀한 사건이 아니었습니다. 당시 이스라엘 백성들은 이런 이야기를 입에서 입으로 전하며 널리 퍼뜨렸을 것입니다. 약 10년에 걸친 다윗의 이런 행적들을 통해 백성들은 분명히 보게 되었습니다. 사울은 권력에 사로잡혀 정신이 흐려진 왕이었고, 다윗은 순전하며 권력에 대한 야망이 없는 사람이라는 사실을 말입니다.

사울 왕이 점점 추락해 가는 과정을 주의 깊게 살펴보는 것은 매우 유익합니다. 그가 왕이 된 초기에는 "하나님의 나라, 하나님의 백성, 하나님의 전쟁"이라고 말하며 하나님 중심의 언어를 사용했습니다. 그러나 시간이 흐르고 권력이 손에 쥐어지자, 그의 언어는 달라지기 시작했습니다. 이제는 "사울의 나라, 사울 왕조의 백성, 사울 자신의 싸움"으로 바뀐 것입니다. 이는 하나님의 제사장 나라를 사적으로 전유하고 사유화한 모습이었습니다.

반면 다윗의 입에서는 평생토록 떠나지 않았던 표현이 있습니다. 바로 "주님의 나라, 주님의 백성, 여호와의 전쟁"이라는 고백입니다. 다윗은 이 나라가 하나님의 나라이며, 이 백성이 하나님의 백성이며, 이 전쟁 또한 자신의 권력을 지키기 위한 싸움이 아니라 여호와의 전쟁이라는 분명한 의식을 가지고 있었습니다. 이 인식은 다윗의 마음과 입술을 평생 떠나지 않았습니다.

사울 왕은 다윗이 이스라엘 전체를 보았을 때 나라에 큰 유익을 끼치는 장군이라는 사실을 알고 있었습니다. 그럼에도 불구하고, 다윗이 살아 있는 한 자기 아들 요나단이 왕위를 계승할 수 없고, 자신의 왕조가 든든히 서지 못할 것으로 생각했기에, 그는 기를 쓰고 다윗을 제거하려 했습니다. 권력에 눈이 멀어, 하나님의 나라를 자신의 것으로 만들고자 하는 탐욕이 그 마음속에 자리 잡은 것입니다. 이와 마찬가지로 교회 역시 결코 누구의 소유가 될 수 없습니다. 교회는 오직 하나님의 것입니다. 이 원칙이 무너지면 교회는 타락하게 됩니다.

하나님께서 다윗을 왕으로 세우기 위해 10년간의 도피 생활을 허락하셨다고 추론할 수 있는 데에는 나름의 근거가 있습니다. 성경은 도피 기간 중, 다윗이 큰 실수를 저지를 뻔한 사건을 기록하고 있습니다. 나발의 집을 진멸하고자 시도한 일입니다. 다윗이 자신의 손에 피를 묻힐 뻔한 잘못을 범하기 직전에 하나님께서는 지혜로운 여인 아비가일을 통해 이 일을 막아 주셨습니다.

다윗은 평생을 겸손히 살며, 자신을 '주의 백성'이라 고백하는 삶을 살았습니다. 그러나 그런 다윗조차 너무나 분노한 나머지, 이성을 잃고 심각한 실수를 범할 뻔한 순간이 있었습니다. 그는 아둘람 공동체에서 400명의 군사를 이끌고, 자신을 모욕한 나발의 집안을 치러 가려 했습니다. 그러나 나발 또한 하나님의 백성이었기에, 그 일은 하나님 앞에서 옳지 않은 행동이었습니다. 이때, 나발의 아내 아비가일이 지혜롭게 나서서 다윗의 분노를 진정시키고, 불필요한 피 흘림을 막습니다. 아비가일이 어떤 말로 다윗을 설득시키는지 눈여겨보시기 바랍니다.

내 주여 여호와께서 살아 계심을 두고 맹세하노니 내 주도 살아 계시거니와 내 주의 손으로 피를 흘려 친히 보복하시는 일을 여호와께서 막으셨으니 내 주의 원수들과 내 주를 해하려 하는 자들은 나발과 같이 되기를 원하나이다 여종이 내 주께 가져온 이 예물을 내 주를 따르는 이 소년들에게 주게 하시고 주의 여종의 허물을 용서하여 주옵소서 여호와께서 반드시 내 주를 위하여 든든한 집을 세우시리니 이는 내 주께서 여호와의 싸움을 싸우심이요 사람이 일어나서 내 주를 쫓아 내 주의 생명을 찾을지라도 내 주의 생명은 내 주의 하나님 여호와와 함께 생명 싸개 속에 싸였을 것이요 내 주의 원수들의 생명은 물매로 던지듯 여호와께서 그것을 던지시리이다 여호와께서 내 주에 대하여 하신 말씀대로 모든 선을 내 주에게 행하사 내 주를 이스라엘의 지도자로 세우실 때에 내 주께서 무죄한 피를 흘리셨다든지 내 주께서 친히 보복하셨다든지 함으로 말미암아 슬퍼하실 것도 없고 내 주의 마음에 걸리는 것도 없으시리니 다만 여호와께서 내 주를 후대하실 때에 원하건대 내 주의 여종을 생각하소서 하니라(삼상 25:26-31).

다윗이 개인적인 권력을 위해 투쟁하는 것이 아니라, 여호와의 싸움을 싸우고 있다는 사실은 이스라엘 백성들도 알고 있었습니다. 29절을 보면, 아비가일은 지혜롭게도 비유적인 표현을 사용하여 다윗이 과거에 골리앗을 물맷돌 하나로 쓰러뜨렸던 사건을 상기시킵니다. 이를 통해 분노에 휩싸여 죄를 범하기 직전이었던 다윗을 말로써 진정시키고 있습니다. 그렇다면 30절과 31절에서 아비가일이 다윗에게 한 말은 무엇을 의미할까요?

오늘날도 총리가 되려면 청문회라는 과정을 거치며, 과거에 저질렀던 사소한 실수까지 낱낱이 드러나게 됩니다. 마찬가지로 다윗이 훗날 왕이 된다면, 그의 도피 생활 중 행했던 일들과 실수들도 결국 세상에 알려지게 될 것입니다. 아비가일은 바로 이 점을 간파하고, 다윗이 단순한 복수심에 사로잡혀 자기 백성에게 무죄한 피를 흘리는 일이 없도록 지혜롭게 막아선 것입니다. 이는 훗날 다윗에게 걸림돌이 되지 않게 하려는 중대한 중재였습니다. 그뿐 아니라, 아비가일은 다윗이 초심을 잃지 않도록 상기시킵니다. 다윗의 싸움은 자신의 감정이나 이익을 위한 싸움이 아니라, 여호와의 전쟁이라는 사실을 다시금 깨닫게 해 준 것입니다. 그리고 마지막으로, 그녀는 담대하게도 다윗에게 "왕이 되거든 이 여종을 기억해 주십시오"라고 말합니다.

지혜로운 아비가일을 통해 하나님의 음성을 들은 다윗은, 전쟁하려 했던 마음을 거두고 발길을 돌립니다. 그러자 하나님께서 직접 심판하심으로, 다윗은 자신의 손에 피를 묻히지 않고 하나님의 공의를 보게 됩니다. 그리고 마침내 하나님께서 다윗을 왕으로 세우십니다. 하나님께서는 이처럼 오랜 도피 생활의 과정을 통해 다윗이 이스라엘 백성의 마음을 얻게 하셨고, 결국 백성의 손에 의해 옹립된 왕이 되게 하셨습니다. 이 모든 여정 속에서 하나님은 당신의 기름 부으신 자를 사람의 손이 아닌, 하나님의 뜻과 방법으로 세워 가신 것입니다.

2) 다윗의 첫 번째 통곡

이제 사무엘상 30장으로 돌아가, 다윗의 첫 번째 통곡을 살펴보겠습니다. 오늘 본문의 사건은 다윗의 10년 도피 생활의 막바지에 일어난 일입니다. 도피 생활이 끝나갈 즈음, 다윗은 자신이 믿고 따르던 스승 사무엘의 죽음을 맞이하게 됩니다. 그 사건 이후, 다윗은 사울에게 붙잡혀 죽을지도 모른다는 두려움에 사로잡히고, 믿음이 흔들리기 시작합니다.

결국, 그는 뜻밖에도 골리앗의 고향인 블레셋 가드로 투항하는 결정을 내립니다. 당시 사울과 전쟁 중이던 블레셋 왕 아기스는 매우 기뻐하며, 다윗에게 시글락이라는 성읍 하나를 하사합니다. 다윗은 그곳에서 약 1년 4개월 동안 머무르며, 아말렉 족속을 비롯한 이스라엘의 원수 부족들을 약탈합니다. 하지만 그는 블레셋 왕에게는 마치 유다 남방 지역을 공격한 것처럼 거짓 보고를 하며 자신을 완전히 블레셋 편인 것처럼 보이게 합니다.

아기스 왕은 다윗을 철석같이 믿게 되지만, 사실 그 시기는 다윗 생애 가운데 가장 잔인했던 시기였습니다. 자신의 거짓말이 드러나지 않도록, 그는 약탈한 지역의 남녀노소를 모두 몰살하며 증인을 없앴습니다. 하나님의 뜻과는 거리가 먼, 잔혹하고 타협적인 1년이었습니다.

그러던 어느 날, 블레셋 연합 부족들이 하나로 뭉쳐 이스라엘을 상대로 전면전을 벌이게 됩니다. 아기스 왕은 이 기회에 다윗을 앞세워 전쟁에 투입하려고 합니다. 만일 다윗이 이스라엘을 상대로 전쟁에 나선다면, 그는 영원히 이스라엘의 왕이 될 수 없게 되는 위기의 상황입니다.

그런데 하나님께서는 이 절체절명의 순간에 놀라운 섭리로 개입하십니다. 다른 부족의 족장들이 다윗을 보자, 그가 과거에 골리앗을 죽였던 사건을 떠올립니다. "그가 과연 우리와 함께 전쟁터에 나가도 괜찮겠는가?" 하는 불신이 퍼지자, 왕 역시 그 여론을 무시할 수 없게 됩니다. 결국, 아기스는 다윗에게 전쟁에 나가지 말고 시글락으로 돌아가라고 명령합니다. 다윗은 하나님의 은혜로 전쟁터에서 물러나게 되고, 하나님은 그를 다시 정체성과 사명으로 이끄시는 전환점을 마련하십니다.

하나님의 놀라운 섭리에 감사하며 안심하고 평안한 마음으로 시글락으로 돌아온 다윗과 그의 부하들은 곧 무서운 현실과 직면하게 됩니다. 그 사이 아말렉 사람들이 복수를 위해 시글락을 습격하여, 그들의 아내와 자녀들을 모두 끌고 간 것입니다. 다윗과 그의 사람들은 이 사실을 목격하고는, 더 이상 울 힘이 없을 때까지 통곡합니다. 다윗은 가족에 대한 책임감이 매우 강한 사람이 없습니다. 그는 아내와 자녀, 부모를 자신의 힘으로 지키고 보호하려는 의지가 누구보다도 강했습니다. 그러나 그런 다윗조차도, 자신의 힘으로는 사랑하는 가족조차 지켜낼 수 없는 현실 앞에서 무너질 수밖에 없었습니다. 그래서 그는 깊은 절망 가운데, 가장의 눈물을 흘릴 수밖에 없었던 것입니다.

다윗의 눈물은 목자의 눈물이기도 했습니다. 하나님께서 다윗을 바라보실 때, 그는 온 이스라엘 가운데 가장 선하고 훌륭한 목자였습니다. 다윗은 양 한 마리를 지키기 위해서도 자신의 생명을 아끼지 않았던 선한 목자였습니다. 하나님은 마음에 합한 사람, 다윗을 하나님의 사람으로 세우셔서 이스라엘이라는 양 떼를 맡기시려는 뜻을 품으셨습니다. 실제로 다윗은 자신이 목자였다는 것에 강한 자부심을 가지고 있었습니다. 사울 왕 앞에서 골리앗과 싸우겠다고 나설 때, 그는 이렇게 고백합니다.

> 다윗이 사울에게 말하되 주의 종이 아버지의 양을 지킬 때에, 사자나 곰이 와서 양 떼에서 새끼를 물어가면…(삼상 17:34).

다윗이 지키던 양들이 다윗 자신의 소유가 아니라 아버지의 소유였습니다. 성경에 따르면 다윗은 여덟 형제 중 막내였으므로, 그 양들은 그저 막내 아들에게 맡겨진, 아버지의 재산이었을 가능성이 큽니다. 그럼에도 그는 맡겨진 양들을 위해 자기 생명을 걸었습니다.

> 내가 따라가서 그것을 치고, 그 입에서 새끼를 건져내었고, 그것이 일어나 나를 해하고자 하면 내가 그 수염을 잡고 그것을 쳐죽였나이다 … 여호와께서 나를 사자의 발톱과 곰의 발톱에서 건져내셨은즉(삼상 17:35, 37).

자기 양도 아닌, 아버지의 양을 지키기 위해 맹수인 사자와 곰 앞에서도 물러서지 않았던 사람이 바로 다윗입니다. 그는 목자의 책임감과 충성심, 그리고 하나님에 대한 믿음을 가진 사람이었습니다. 이러한 다윗이 시글락에서 눈물을 흘렸던 것은, 한 가장의 눈물, 그 이상의 의미를 갖습니다. 자기에게 맡겨진 부하 가족들, 곧 하나님의 양 떼를 지키지 못한 목자의 눈물이었던 것입니다.

이 구절을 읽을 때마다 떠오르는, 참 부끄러운 일이 하나 있습니다. 바로 '내가 따라가서'라는 구절에서 저는 특별한 은혜를 받습니다. 중학교 3학년 시절, 교회 중고등부와 청년부가 연합하여 도봉산으로 등반 대회를 가게 되었습니다. 아래에서는 권사님들께서 베이스캠프를 마련하고 식사를 준비하고 계셨고, 우리는 백운산장까지 올라가는 일정이었습니다. 당시 저는 중등부 회장이었기에 중등부 아이들을 인솔하며 청년부 회장 형과 함께 맨 앞에서 산을 오르고 있었습니다. 그런데 올라가는 길에 한 술 취한 아저씨가 추운 날씨에도 웃옷을 벗은 채, 술병을 깨뜨리며 사람들을 위협하고 있었습니다. 너무 무서워서 되돌아가고 싶은 마음이 굴뚝 같았지만, 청년부 회장 형이 "가자!"라고 하기에 저는 그냥 형 뒤를 졸졸 따라가고 있었습니다. 그런데 그 술 취한 아저씨가 형을 덮쳤습니다. 둘이 몸싸움을 벌이다가 데굴데굴 굴러떨어졌는데, 하필이면 제 몸 위로 떨어진 겁니다. 얼마나 무서웠던지, 평소엔 상상도 못 할 괴력이 나와서 그 둘을 밀쳐내고는 낭떠러지를 펄쩍 뛰어내려 권사님들이 계신 베이스 캠프까지 단숨에 달려 내려왔습니다.

혼자 도망쳐 내려오고 나니, 그제서야 제가 인솔하고 있던 중등부 아이들이 생각이 났습니다. 그날 이후 저에게는 "위기의 순간에 동생들을 버리고 혼자만 도망친 회장"이라는 꼬리표가 붙었답니다. 이러한 경험을 한 저에게 다윗이 위급한 상황에 맹수를 따라갔다는 사실은 특별한 의미로 다가왔습니다. 다윗은 사자와 곰이 나타났을 때, 끝까지 그 짐승들을 쫓아가 싸웠습니다. 이것은 단순히 목동으로서의 의무감만으로는 할 수 없는 일입니다. 양 한 마리를 진심으로 사랑했기에, 그 미천한 짐승 하나를 지키기 위해 자신의 생명을 걸었던 다윗은, 특별히 책임감 있는 선한 목자였던 것입니다.

그런데 그 선한 목자 다윗이, 아둘람 공동체 600명과 그들의 가족들까지 합해 약 2천 명에 이르는 사람들을 지켜내지 못하는 일이 벌어졌습니다. '내가 목숨을 걸고 지킨다'라는 그러한 자존심은 있었는데, 하나님께서는 이스라엘의 왕으로 세우시기 전에 그 자존심을 철저히 꺾으신 것입니다. 결국, 다윗은 깨닫게 됩니다. 내 힘으로는 내 가족 하나, 내 아둘람 공동체 하나, 내가 목회하는 교회 하나도 지켜낼 수 없다는 사실을 말입니다. 그 지점에서 다윗은 통곡합니다. 아마도 그는 내면에서 다음과 같은 하나님의 음성을 들었을 수도 있습니다.

"너에게 맡긴 이스라엘 양 떼를 지키는 것은 네 힘이 아니라 내 힘으로만 가능한 일이다. 이스라엘은 네 것이 아니라 내 것이기 때문이다."

남자가 성인이 되어 가정을 이루면 누구나 이런 다짐을 할 것입니다.
'내 아내와 내 자녀는 적어도 내가 지킬 것이다.'
그러나 이 짧은 인생에서 우리는 자주 깨닫게 됩니다. 내 사랑하는 배우자와 자녀조차 내 힘만으로는 결코 지킬 수 없는 순간들이 많다는 사실을 발견합니다. 이때마다 우리는 통곡할 수밖에 없습니다. 우리 자녀가 하나님께서 우리에게 주신 선물이라는 사실을 우리는 고백합니다. 그럼에도 이 자녀에 대한 소유권이 하나님께 있다는 것을 마음 깊이, 진심으로 인정하는 일은 결코, 쉬운 일이 아닙니다. 결국, 위기의 순간이 되어서야, 우리는 비로소 조금이나마 진정성 있게 하나님 앞에 항복 선언을 하게 되는 것입니다.

제가 21살 때, 척수에 종양이 생겨 부모님의 마음을 아프게 해드린 일이 있었습니다. 군 입대 날짜를 조정하려고 동네 정형외과에서 CT 촬영을 했는데, 거기서 종양이 하나 발견된 것입니다. 의사 선생님께서 부모님을 모시고 오라고 하셔서 바쁘신 아버지 대신 어머니를 모시고 병원에 다시 갔습니다. 그런데 의사 선생님이 "빨리 수술부터 해야 한다"라며 겁을 주는 말씀을 하시는 겁니다. 놀라신 어머니는 집에 돌아와 저녁도 못 차리시고 한참 동안 울기만 하셨습니다. 그 후, MRI가 있는 큰 병원에 가서 정밀 촬영을 했는데, 거기서 종양이 하나 더 발견되었습니다. 아버지, 어머니와 함께 진료실에 앉아 의사로부터 척수에 종양이 있다는 말을 듣는데, 저도 놀라고 당황했습니다. 그런데 어머니는 그 말을 듣고 갑자기 밖으로 나가셨습니다. 아버지께서 "어머니 따라가 봐라" 하셔서 따라 나가 보니, 대기실 의자에 앉으신 어머니가 닭똥 같은 눈물을 뚝뚝 흘리며 우시고 계셨습니다. 그러면서 혼잣말처럼 중얼거리셨습니다.

"21년을 키웠는데 … 아깝다. 21년을 키웠는데 … 아깝다."

그 순간, 위로받아야 할 사람이 저였지만, 오히려 제가 어머니를 위로해 드렸던 기억이 납니다. 그리고 얼마 후, 12시간에 걸친 큰 수술을 받게 되었습니다.

"내 아들이 아니고, 하나님의 자식이니까, 하나님, 살려주세요."
어머니께서 수술실 밖에서 이렇게 기도하셨다고 하더라고요. 당시에는 그저 그런가 보다 했습니다. 그런데 그 기도의 의미를 저는 10년이 지나서야 깊이 깨닫게 되었습니다. 제 경우는 두 개의 종양이 모두 양성으로 밝혀졌습니다. 그런데 10년 후 제 큰아들은 실제로 암 진단을 받았습니다. 백혈병 계열의 질병에 걸려 한쪽 팔의 뼈가 녹아내렸고, 긴급히 수술을 받아야 했습니다. 당시 겨우 16개월 된 아기였습니다. 수술은 약 2시간 동안 진행되었습니다. 수술실 밖에서 기다리는데, 정말이지 2시간이 그렇게 길 수가 없었습니다. 이때 저도 10년 전에 어머니가 드렸다는 기도와 동일하게 기도했습니다.

"우리 아들에게 맡겨주신 하나님의 것이죠. 하나님, 우리 성진이를 살려주세요."

이러한 경험을 통해 저는 하나님 앞에서 통곡했던 다윗의 심정을 조금이나마 이해할 수 있게 되었습니다. 오늘 아침에도 저는 아들을 위해 같은 기도를 드리고 교회에 왔습니다.

"하나님, 저희 부부는 청지기일 뿐입니다. 이 아이는 하나님의 자식입니다. 하나님께서 책임져 주세요."

이러한 위기를 한두 번 겪고 나면, 오히려 마음 깊은 곳에서 자유함이 찾아옵니다. 내 힘으로는 우리 자녀의 육신 하나조차 지켜낼 수 없는, 무력한 부모라는 사실에 진심으로 동의하게 되는 것이지요. 사실, 배우자도 마찬가지입니다. 그 역시 내 소유가 아니라 하나님의 것입니다. 우리는 흔히 자녀와 배우자의 모든 것을 내가 책임져야 한다는 생각에 사로잡혀, 지나친 염려 속에 살아갑니다. 그러나 그 모든 염려로부터 해방될 때, 비로소 우리는 사랑하는 가족을 온전히 하나님께 맡길 수 있게 되는 것입니다.

오늘 하나님께서는 다윗이 이와 같은 진리를 깊이 깨달을 수 있도록, 특별한 방식으로 교훈하십니다. 어떤 면에서는, 훗날 다윗에게 계시하실 "다윗 언약"을 올바로 이해할 수 있도록 그 기초를 손수 준비하신 것이라 할 수 있습니다.

"이스라엘 나라는 네가 충성을 다해 목숨 걸고 사랑하며 지켜야 할 나라지만,

그것은 네 것이 아니다. 이 나라는 내 것이다. 네 힘으로 감당할 수 없다. 내가 내 힘으로, 내 양 떼를 먹일 것이다. 너에게 약속된 왕국은 네 왕국이 아니라, 여호와 하나님의 나라다."

이러한 하나님의 가르침 앞에서 다윗은 온 맘으로 동의할 수밖에 없었을 것입니다.

3) 다윗의 두 번째 통곡

다윗의 두 번째 통곡은 사무엘하 11장과 12장에 나타난 밧세바 사건에서 발견됩니다. 많은 학자들은 시편 6편, 32편, 51편을 밧세바 사건과 관련된 다윗의 회개의 표현으로 이해하고 있습니다. 다윗은 이렇게 고백합니다.

> 내가 탄식함으로 피곤하여 밤마다 눈물로 내 침상을 띄우며 내 요를 적시나이다(시 6:7).

여러분은 하나님 앞에서 회개의 눈물을 흘리며 얼마나 많이 울어보셨습니까? 너무 많이 울어서 여러분의 침상이 눈물에 떠내려갈 만큼, 밤마다 요가 흠뻑 젖을 만큼 그렇게 통곡해 보신 적이 있으십니까? 그런 경험이 없다면, 지금 다윗이 흘린 이 눈물의 깊은 의미를 온전히 헤아리기 어려울지도 모릅니다. 물론 과장법이겠지요. 그러나 이 표현은 다윗의 회한이 얼마나 깊었는지를 분명히 보여줍니다. 다윗은 또 이렇게 고백합니다.

> 내가 입을 열지 아니할 때에 종일 신음하므로 내 뼈가 쇠하였도다 주의 손이 주야로 나를 누르시오니 내 진액이 빠져서 여름 가뭄에 마름 같이 되었나이다(시 32:3~4).

죄를 고백하지 않고 꾹 누르고 있을 때, 다윗은 자신의 몸과 영혼이 점점 쇠약해져 가는 것을 직접 경험한 것입니다. 죄책감은 그저 마음만 무겁게 하는 것이 아니라, 육체와 영혼 전체를 짓누르는 고통이었습니다.
그리고 그는 다시 이렇게 고백합니다.

> 무릇 나는 내 죄과를 아오니 내 죄가 항상 내 앞에 있나이다(시 51:2).

다윗에게 죄는 과거의 일이 아니라, 늘 눈앞에 떠오르는 현재의 고백이었습니다. 그는 자신의 죄를 외면하지 않았고, 하나님의 자비를 구하며 통회하는 심령으로 무릎을 꿇었습니다.

> 내가 죄악 중에서 출생하였음이여 어머니가 죄 중에서 나를 잉태하였나이다(시 51:5).

"어머니가 나를 죄 중에 잉태하셨을 그때부터, 나는 태어나면서부터 죄악 덩어리로 태어났구나!" 다윗은 이렇게 고백합니다. 이는 단순한 실수에 대한 반성이 아니라, 자기 존재의 근원에서부터 죄인임을 인정하는 통회였습니다. 이와 같은 다윗의 회개와 가장 가까운 회개의 모습을 우리는 아우구스티누스의 『고백록』에서도 발견할 수 있습니다. 그는 '배나무 서리 사건'을 통해 우리는 죄를 지어서 죄인이 된다기보다는 죄를 사랑하는 죄인이기 때문에 죄를 짓는다는 놀라운 통찰에 이릅니다. 그렇습니다. 아우구스티누스의 가르침대로, 우리가 죄를 짓는 이유는 죄인 줄 몰라서가 아니라, 죄를 짓는 행위 자체가 기쁘고 즐거워서, 혹은 그 죄를 향유하기 위함입니다. 아우구스티누스에 따르면 내가 무엇을 사랑하는지를 보면 내가 누구인지를 알 수 있습니다. 그렇다면 나는 죄인임에 틀림없습니다. 왜냐하면, 나는 죄를 사랑하기 때문입니다. 이러한 깨달음 앞에서 우리는 절망할 수밖에 없습니다.

그러므로 "한 번만 용서해 주시면 다시는 안 그럴게요"라고 말하는 것은 진정한 회개가 아닐 수 있습니다. 이는 아직 자신이 뼛속까지 죄인이라는 사실을 제대로 인지하지 못한 상태에서 입으로만 내뱉을 수 있는 고백입니다. 진짜 회개로 나아가기 위해서는 먼저 우리 안에는 스스로 구원받을 희망조차 없다는 사실을 인정하는 것이 필요합니다. 일례로 하나님 앞에서 이렇게 정직하게 고백하는 것입니다.

"하나님, 저는 이 사람을 미워합니다. 사실은 그 사람을 용서하고 싶은 마음이 없습니다."
"하나님, 저는 이 악한 정욕을 사랑하는 죄인입니다."

이처럼 내 마음의 실상을 하나님 앞에 숨김없이 드러내며, 하나님 앞에서 탄식하며 도우심을 구하는 것이 진정한 회개의 시작입니다. 내 안의 타락한 본성을 발견하고 절망하며 내가 죄인임을 인정할 때, 우리는 하나님의 은혜를 발견합니다. 예수 그리스도 안에서 사죄의 은혜를 체험할 때, 우리는 참된 회개에 이르게 됩니다. 이때 우리는 하나님께 이렇게 간구합니다.
"하나님, 저에게 죄를 죄로서 미워하는 마음을 주세요. 그리고 하나님을 사랑하는 마음을 주옵소서"
혹은 다윗이 간구한 것과 동일한 내용으로 이렇게 기도하게 됩니다.

> 하나님이여 내 속에 정한 마음을 창조하시고 내 안에 정직한 영을 새롭게 하소서(시 51:10).

다윗의 이 고백은 단순한 감정적 후회나 행동의 수정이 아닙니다. 회개란, 내 안에 새로운 자아가 창조되는 사건입니다. 다윗은 지금, 자신의 죄를 인정하는 것을 넘어, 하나님께서 자기 속에 새로운 존재를 만들어 주시기를 간구하고 있는 것입니다. 이러한 회개는 거듭난 신자가 아니라면 경험할 수 없는 은혜입니다. 세상에서 말하는 '회개'는 사실 회개가 아니라 '개선'입니다. 삶의 습관을 조금 바꾸고, 행동을 고치고, 과거를 반성하는 수준에 머물지요. 반면 기독교가 말하는 회개는 새로운 차원의 경험입니다. 진정한 회개는 성령님께서 신자 안에 역사하셔서, 새로운 속 사람, 곧 새로운 피조물을 창조하시는 것입니다. 이것은 하나님만이 하실 수 있는 창조의 역사이며, 단순한 성품의 변화가 아니라 본질의 변화입니다.

> 소망이 우리를 부끄럽게 하지 아니함은 우리에게 주신 성령으로 말미암아 하나님의 사랑이 우리 마음에 부은 바 됨이니(롬 5:5).

죄악된 옛 자아의 입장에서는, 도저히 용서할 수도, 사랑할 수도 없는 존재가 바로 나였습니다. 그러나 하나님께서는 그런 나를 불쌍히 여기시고, 새로운 창조물로 거듭나게 하셨습니다. 성령님께서 하나님의 사랑을 내 마음에 부어주심으로, 이제는 하나님을 진심으로 사랑할 수 있게 되었고, 이웃도 사랑할 수 있는 사람이 된 것입니다.

여러분, 참 회개에 이르기 위해서는 먼저 내 죄를 외면하지 않고 직시하는 것이 필요합니다. 하나님 앞에 내 죄를 정직하게 고백하고, 하나님 없는 내 삶은 아무 의미가 없다는 사실을 인정하는 것, 그것이 회개의 중요한 요소입니다. 그러므로 진정한 회개는 단지 죄를 버리는 행위가 아니라, 하나님에 대한 사랑의 고백입니다.

다윗의 두 번째 통곡을 통해 하나님께서는 오히려 크신 은혜를 베푸셨습니다. 다윗의 일생을 돌아보면, 참으로 잘한 일들도 많지만, 밧세바 사건은 그 생애에 남은 지울 수 없는 큰 오점이었습니다. 그럼에도 참으로 역설적인 은혜가 있습니다. 다윗의 삶에서 복음의 복음 됨을 가장 선명하게 보여주는 사건이 무엇이냐고 묻는다면, 아이러니하게도 바로 밧세바 사건이라고 말할 수 있습니다. 왜냐하면, 깊은 죄의 자리에서 하나님의 전적인 은혜와 용서가 드러났기 때문입니다. 사도 바울은 로마서에서 이렇게 말합니다.

> 일한 것이 없이 하나님께 의로 여기심을 받는 사람의 복에 대하여 다윗이 말한 바 불법이 사함을 받고 죄가 가리어짐을 받는 사람들은 복이 있고 주께서 그 죄를 인정하지 아니하실 사람은 복이 있도다 함과 같으니라(롬 4:6-8).

다윗은 하나님께서 값없이 베푸시는 칭의의 은혜, 곧 복음의 본질을 깊이 경험한 사람입니다. 아무것도 한 것이 없음에도 불구하고 용서받았다는 이 사실. 바로 그것이 다윗의 일생 가운데 가장 복음에 기여한 사건이 되었습니다. 이것이 복음의 역설입니다. 도무지 설명할 수 없는 은혜, 상식으로는 도저히 이해할 수 없는 하나님의 사랑. 다윗은 자기 인생의 바닥을 보았고, 바로 그 자리에서 하나님의 전적인 용서를 경험했습니다. 그리고 다윗은 인생의 마지막 지점에 이르러서도 한 가지 진실 앞에 고개를 숙일 수밖에 없었습니다. 그것은 바로 "허물의 사함을 받고, 죄가 가리워지고, 하나님께서 내 삶을 의롭다 칭해 주시는 것", 이것보다 더 큰 복이 없다는 사실입니다. 이것이 바로 인생 최고의 행복입니다.

여러분, 인생의 막바지에 서서 자신의 삶을 돌아보게 될 때, 과연 무엇이 가장 큰 복이겠습니까? 하나님 앞에서 사죄의 확신을 얻는 것, 그 어떤 죄도 더 이상 나를 정죄하지 못하는 것, 정죄감에서 완전히 해방되는 것, 이것이야말로 인생 지고의 행복입니다. 다윗은 바로 그 복을 경험한 사람입니다. 그러므로 묻습니다. 그 인생 최고의 행복, 그 열쇠는 누구의 손에 쥐어져 있습니까? 하나님의 손에 있습니다. 하나님께서 우리의 죄를 용서해 주시고, 우리를 의롭다 여겨주시는 것보다 더 행복한 일이, 더 큰 은혜가 어디 있겠습니까? 인생의 바닥을 철저히 경험한 다윗은, 그 깊은 통곡을 통해 하나님께서 주시는 복음의 실체를, 곧 값없이 베푸시는 의롭다 하심의 은혜를 우리에게 증언하고 있는 것입니다.

3. 적용

이제 본문의 교훈으로부터 두 가지 적용점을 도출해 보겠습니다.
첫째, 하나님께서 구하시는 제사는 상한 심령이라고 하셨습니다. 상한 심령 그대로 하나님 앞에 나오는 법을 배우셔야 합니다. 하나님 앞에서 연극하려고 하는 마음을 버리고 상한 심령 그대로 갖고 나오시면 하나님께서 우리에게 용서할 수 있는 마음도 부어주십니다. 다음은 월터 브루그만이라는 유명한 구약학자의 기도시입니다.

> 비밀이 많은 우리의 고백 (비밀이 많은 백성 A People with Many Secrets)
>
> 당신은 그 어떤 비밀도 숨길 수 없는 하나님이십니다
> 그런데 우리는 많은 비밀을 가지고 있는 백성입니다

비밀, 너무나 깊고 고통스러운 이야기이기에, 살기 위해서라도 털어놓고 싶으나 감히 꺼내지 못하는 비밀들입니다

이 비밀들이, 바로 우리의 삶 깊이 뿌리내린 우리의 진실입니다
주님 당신은 모든 진실의 주님이십니다
바라오니, 모든 진실의 주님
우리의 진실에 대해서도 진실의 주님이 되어주소서
당신께서 간직해 두신 상함의 최고 비밀이신 예수님의 이름으로 기도합니다. 아멘(We pray in the name of Jesus, who is your best kept secret of hurt, Amen)
<시편수업> 1999.1.14[21]

우리가 상한 심령으로 하나님 앞에 나올 수 있는 이유는 하나님이 상한 심령의 주인이시기 때문입니다. 상함 받으실 수 없는 신이 상함 받는 신이 되기 위해 사람이 되시고 십자가에서 상처를 받으셨습니다. 그로 인해 모든 상처받는 자들의 기도를 들으실 수 있는 모든 상함 받은 심령의 주님이 되신 것입니다. 그러므로 우리는 하나님 앞에서 연극하지 않고도 그냥 있는 모습 그대로 나올 수 있습니다.

둘째, 그리스도와 그의 나라를 바라보십시오. 제가 다윗의 일생을 간단한 도표로 정리해보았습니다. 그 과정을 통해 다시 한번 깊이 깨닫게 된 사실이 있

---

[21] Walter Brueggemann, *Awed to Heaven, Rooted in Earth: Prayers of Brueggemann* (2002). 『예언자의 기도』 박천규 역 (서울: 비아, 2020), 62-63.

습니다. 성경에 기록된 다윗의 생애는, 말 그대로 눈물의 인생이었습니다. 가장의 눈물, 목자의 눈물, 죄인의 눈물, 왕의 눈물 … 다윗은 하나님 앞에서 일평생 눈물로 살아간 사람이었습니다.

> 내 일생을 슬픔으로 보내며 나의 연수를 탄식으로 보냄이여 내 기력이 나의 죄악 때문에 약하여지며 나의 뼈가 쇠하도소이다(시 31:10).

그런데, 참으로 놀랍지 않습니까? 그토록 많은 눈물을 흘린 다윗은, 동시에 하나님께 가장 많은 찬양을 올려 드린 인물로도 기억됩니다. 그 증거가 바로 시편입니다. 요컨대 다윗은 울면서 감사하고, 울면서 찬양하며, 울면서 하나님을 붙든 삶을 살았습니다. 그는 눈물 가운데서도 하나님의 선하심을 노래했고, 절망 속에서도 하나님의 나라를 바라보며 찬양했습니다.

우리도 다르지 않습니다. 우리의 일평생 역시 슬픔이고, 탄식이고, 연약함입니다. 우울증에 걸려도 이상하지 않을 만큼, 오늘 우리가 살아가는 현실은 고단하고 버겁습니다. 그런데 바로 그와 같은 상황 속에서, 다윗은 하나님께 감사의 시, 찬양의 시를 고백합니다.

그 비밀이 어디에 있을까요? 다윗은 자기에게 약속된 인간 다윗 왕조에 소망을 둔 사람이 아니었습니다. 그는 인간 왕조의 연약함, 가족의 한계, 인간 본질의 죄성을 뼈저리게 경험한 사람입니다. 그래서 그는 눈을 들어 영원하신 메시아의 왕국, 무너지지 않는 하나님의 나라를 바라보았습니다. 다윗은 일평생 그 메시아 왕국을 소망하며, 그 복음을 자기 삶의 중심으로 삼아 하나님을 찬양했습니다. 그렇습니다. 메시아, 곧 그리스도와 그분의 영원한 왕국이야말로 다윗의 일생 전체와 그가 수없이 부른 찬양의 유일한 이유였습니다.

10.
다윗 언약: 다윗의 눈물(2)

역대상 17:14

내가 영원히 그를 내 집과 내 나라에 세우리니 그의 왕위가 영원히 견고하리라 하셨다 하라.

1. 서론

다윗은 그가 언약을 계시받았을 때부터, 그 언약의 의미를 단순히 자신의 왕위와 인간 왕국의 영속성에 한정하여 이해하지 않았으며, 오히려 그것이 궁극적으로 자신의 후손으로 오실 메시아와 그분의 영원한 나라를 예시하는 것임을 인식하고 있었던 것으로 보입니다. 이 점에 대하여는 지난 시간에 이미 언급한 바 있습니다.

> 네 집과 네 나라가 내 앞에서 영원히 보전되고 네 왕위가 영원히 견고하리
> 라 하셨다 하라(삼상 7:16).

사무엘상 7장 16절은 나단 선지자를 통해 다윗에게 전해진 하나님의 언약적 선언입니다. 이 구절만 놓고 보면, 다윗은 자신의 혈통을 통해 이어지는 국가와 왕조가 실제로 지상에서 영구히 지속될 것이라고 오해할 여지가 충분히 있었을 것입니다. 그럼에도 다윗이 이 언약을 단순히 자신의 왕조의 지속성에 관한 것으로 이해하지 않고, 자신의 후손으로 오실 메시아와 그 메시아 왕국을 가리키는 것으로 인식하였다고 확신할 수 있는 근거는 무엇일까요?

우리는 이 질문에 대한 답을, 성경에 기록된 다윗의 세 번에 걸친 통곡의 장면에서 찾을 수 있습니다. 다윗의 통곡은 단순한 감정적 반응이 아니라, 인간 실존의 한계와 세속 왕국의 궁극적인 불완전성을 통찰하게 된 깊은 영적 체험의 표현이었습니다. 그는 세 번의 깊은 슬픔과 좌절의 순간을 통해, 인간 왕국의 연약함과 덧없음을 뼈저리게 인식하게 되었고, 그 속에서 참된 희망은 하나님의 언약이 지시하는 그리스도와 그분의 왕국 안에 있음을 깨닫게 되었습니다. 결국, 하나님은 인간적 왕국과는 본질적으로 구별되는, 완전하고 영원하며 견고한 메시아 왕국을 다윗이 믿음의 눈으로 바라보게 하셨습니다.

2. 다윗의 세 번째 통곡

지난주에 살펴본 바와 같이, 다윗의 세 번의 통곡 중 첫 번째는 아둘람 공동체와 관련된 사건이었고, 두 번째는 밧세바 사건으로 빚어진 고통과 철저한 회개에서 나타난 통곡이었습니다. 오늘 우리가 살펴볼 세 번째 통곡은 사무엘하

18장에 기록된, 압살롬의 반역 사건 가운데 드러납니다.
다윗의 아들인 압살롬이 반역을 일으켜 쿠데타를 감행하였습니다. 그 결과 압살롬은 전투 중에 비참한 죽음을 맞이하게 됩니다. 사랑하는 아들의 죽음 앞에서 다윗은 말로 형용할 수 없는 깊은 슬픔에 잠깁니다. 사무엘하 18장 33절은 이 장면을 다음과 같이 기록합니다.

> 왕의 마음이 심히 아파 문 위층으로 올라가서 우니라. 그가 올라갈 때에 말하기를 내 아들 압살롬아 내 아들 내 아들 압살롬아 차라리 내가 너를 대신하여 죽었더면, 압살롬 내 아들아 내 아들아 하였더라(삼하 18:33).

자녀를 상실한 슬픔은 인간이 이 세상에서 경험할 수 있는 고통 가운데 가장 크고 깊은 슬픔이라고 해도 과언이 아닐 것입니다. 특히 다윗의 경우, 그 슬픔은 더욱 극심할 수밖에 없었습니다. 왜냐하면, 다윗은 자기 몸에서 낳은 아들을 자기가 죽게 만들었다고 느꼈기 때문입니다. 과연 사랑하는 자식을 죽음에 이르게 하고 통곡하는 부모의 수효가 얼마나 되겠습니까? 다윗의 경험은 결코 흔한 것이 아니었습니다.

사무엘하 18장 33절의 히브리어 원문에는 '내 아들'을 의미하는 단어 '베니'(בְּנִי)가 다섯 차례나 반복되어 있습니다. 이는 다윗의 감정이 얼마나 격렬했는지를 보여줍니다. 울음은 쉽게 그치지 않았습니다. "차라리 내가 너를 대신하여 죽었더면"이라는 다윗의 고백은 실로 그의 내면 깊은 곳에서 우러나온 진심 어린 절규였습니다. 다윗은 인간 왕국의 바닥을 경험하게 됩니다. 통치력의 한계, 그리고 타락한 인간 본성의 결과가 어떤 비극을 초래할 수 있는지를 체감하게 된 것입니다.

1) 칼의 저주

이 통곡의 기원은 이미 사무엘하 12장에서 예고되어 있습니다. 다윗이 밧세바와의 죄를 범한 직후, 나단 선지자가 하나님의 말씀을 듣고 그에게 나아와 책망하였고, 다윗의 회개와 하나님의 용서가 선언되었습니다. 그럼에도 하나님께서는 훈육의 회초리를 드셨습니다. 이때 선포된 말씀이 바로 '칼이 네 집을 떠나지 아니하리라'였습니다.

> 칼이 영영히 떠나지 아니하리라(삼하 12:10).

'칼'은 사용법에 따라 두 가지를 의미하는 상징으로 사용됩니다. 하나는 '찌름'이며, 이는 하나님의 심판을 상징합니다. 다른 하나는 '자름'이며, 이는 분열을 의미합니다. 다윗은 밧세바 사건을 통해 죄의 씨앗을 뿌렸습니다. 죄가 있는 곳에는 반드시 분열이 따릅니다. 겉으로는 평안하고 화목해 보이는 가정이 깨어질 때, 그 이면을 들여다보면 죄의 요소가 개입된 경우가 많습니다. 마찬가지로, 교회 공동체가 분열될 때에도, 그 원인으로 죄의 문제가 존재할 가능성이 큽니다. 하나님께서 다윗에게 선포하신 말씀은 단순한 경고가 아니라, 죄로 인한 분열에 대한 예언적 심판으로 해석할 수 있습니다.

역사상 그 어떤 세속 왕조도 분열을 겪지 않을 만큼 깨끗하거나 완전한 왕조는 존재하지 않았습니다. 다윗 왕조 또한 예외가 아니었습니다. 비록 그 시작은 하나님의 뜻 가운데 거룩하고 순결하게 세워졌지만, 다윗의 죄로 인해 그 왕조는 더 이상 하나 됨을 유지할 수 없었습니다. 나단 선지자를 통해 주어진 "칼이 네 집을 떠나지 아니하리라"라는 말씀은 단순한 경고가 아닌, "너 역시 다른 세상의 왕조처럼 분열의 운명을 피하지 못할 것이다"라는 내용의 저주 성격의 예언으로 간주될 수 있습니다. 실제로 이러한 예언은 다윗 당대부터 현실화될 조짐을 보였습니다. 정치적 긴장과 내적 갈등은 그 아들 솔로몬 시대에 이르러 잠시 잠잠해지는 듯했지만, 그 뿌리는 해소되지 않았습니다. 분열의 씨앗은 여전히 남아 있었습니다. 마침내 솔로몬이 사망하자, 이스라엘은 남유다와 북이스라엘로 분열되었습니다. 이는 나단을 통해 주어진 하나님의 말씀이 실제로 성취되었음을 보여줍니다. 이후 이스라엘은 분열 왕국의 상태로 장기간 존속하게 되었습니다.

미국인들에게 가장 인기 있는 대통령을 조사하면, 부동의 1위는 아브라함 링컨입니다. 인종을 초월하여 흑인과 백인 모두에게 사랑받는 대통령이죠. 반면 유대인들에게 가장 존경받는 왕은 다름 아닌 다윗입니다. 흥미롭게도, 이 두 인물 사이에는 여러 공통점이 존재합니다. 그중에서도 가장 주목할 만한 유사점은 국가의 통일성을 강조했다는 점입니다.

아브라함 링컨이 오늘날 많은 미국인에게 존경받는 이유를 떠올릴 때, 우리는 흔히 흑인 노예 해방을 그 원인으로 생각합니다. 물론 그것도 중요한 이유입니다. 하지만 실제로 링컨의 마음속에서 우선순위 1위는 '미국이라는 나라의 하나 됨을 유지하는 것', 즉 국가의 통일이었습니다. 이는 역사학자들이 동의하는 바입니다. 그가 감수했던 남북전쟁은 바로 분열된 나라를 다시 하나로 묶기 위한 통일 전쟁이었습니다. 남부의 노예주들이 연방 탈퇴를 선언하자, 링컨은 "미국은 하나다"라는 확고한 신념 아래 전쟁을 단행한 것입니다. 그 결과, 북군의 승리로 오늘날의 미국이 형성되었다고 해도 과언이 아닙니다. 흥미로운 사실은, 북부가 전쟁에서 승리했음에도 불구하고, 남부를 향한 배려와 양보의 태도를 보였다는 점입니다. 링컨은 미국의 통합을 위해 남부의 입장을 일정 부분 존중했고, 심지어 노예 소유주들이 과도한 피해를 입지 않도록 노력하기도 했습니다.

이처럼 통일 국가를 유지하려고 했던 지도자의 모습이 다윗에게도 그대로 나타납니다. 특히 다윗 왕가에 분열을 예언하는 칼의 저주가 선언된 이후, 다윗의 행보를 보면 그렇습니다. 성경의 기록에 따르면 이때부터 다윗은 자기 손으로 칼을 휘두르지 않습니다. 어떻게 해서든 왕국이 하나가 됨을 유지하기 위해 인간으로서 할 수 있는 최선의 노력을 기울입니다. 역사가의 시각으로 다윗왕을 보았을 때, 그는 거의 성군에 가깝습니다. 그는 자신의 특권을 내려놓았습니다.

2) 다윗의 가계도

다윗은 밧세바 사건을 제외하면 많은 덕을 쌓은 훌륭한 왕으로서의 삶을 살았지만 그럼에도 분열의 저주를 피할 수는 없었습니다. 다윗 가문의 분열이 시작된 역사를 이해하기 위해서는 다윗의 아내와 자녀들에게 대한 기본적인 정보를 숙지하고 있어야 합니다. 다음은 다윗의 가계도입니다.

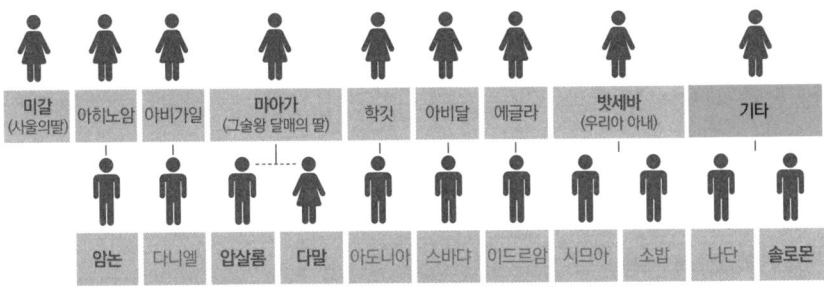

다윗의 아내들과 자녀의 수는 성경에 기록된 것보다 실제로는 더 많았던 것으로 보입니다. 성경에는 다윗의 아내로 8명의 이름이 언급되어 있으며, 이 외에도 많은 후궁이 있었다고 기록되어 있습니다. 또한, 왕자의 이름은 약 10명 정도가 명시되어 있지만, 그 외에도 약 9명 가량의 자녀가 더 있었던 것으로 추정됩니다. 물론 성경에 언급되지 않은 자녀들이 더 있었을 가능성도 충분히 있

습니다. 일반적으로 다윗이 많은 아내를 둔 이유를 단순히 정욕 때문으로 오해하기 쉽지만, 실제로 일부다처제를 도입한 데에는 나름의 정치적·사회적 배경이 있었습니다.

세계사에 등장하는 대부분의 왕정 국가들은 일부다처제를 채택해 왔습니다. 역사적으로 볼 때, 아내를 많이 둔다는 것은 곧 자녀를 많이 두게 된다는 의미이며, 이는 미래의 왕위를 계승할 수 있는 '예비군'을 확보한다는 전략적인 목적과 직결됩니다. 실제로 아내를 많이 두었음에도 아들을 얻지 못해 왕위 계승이 단절되는 경우가 종종 있었고, 이러한 경우엔 왕위 계승을 둘러싼 전쟁이 벌어지기도 했습니다. 문제는 이 왕위 계승 전쟁이 단지 한 나라의 내부 문제가 아니라는 데 있습니다. 왕조의 혈통과 혼인 관계에 따라 국경을 초월해 전쟁이 확산되기도 하고, 심지어 세계 대전으로 번지는 경우도 있었습니다. 검색창에 '왕위 계승 전쟁'을 입력해보면, 프랑스 왕위 계승 전쟁, 영국 왕위 계승 전쟁, 포르투갈 왕위 계승 전쟁, 스페인 왕위 계승 전쟁 등 수많은 사례가 등장합니다. 역사 속에서 왕위 계승 전쟁을 한 번도 겪지 않은 나라를 찾는 것이 오히려 어려운 실정입니다. 잘 알려진 백년전쟁(1337-1453)과 장미전쟁(1455-1487) 또한 대표적인 왕위 계승 전쟁입니다. 국경을 초월해 100년 가까이 전쟁이 지속되었다는 사실을 생각해보면, 그 폐해가 얼마나 컸는지 짐작할 수 있습니다. 왕위가 단절되어 왕조가 바뀌는 위험을 감수하느니, 차라리 일부다처제를 도입해 왕자를 다수 확보하고 왕조의 안정을 도모하는 것이 낫다고 판단했던 것입니다.

물론 이렇게 많은 아내를 거느릴 경우, 외척 세력이 형성되어 정치적 혼란이 발생할 수 있다는 위험도 따릅니다. 실제로 일부다처로 인해 왕가 내부의 갈등과 암투, 때로는 무력 충돌까지 벌어지는 일도 적지 않았습니다. 그럼에도 불구하고, 이런 내부의 작은 충돌은 국경을 넘어선 왕위 계승 전쟁보다는 훨씬 더 감당할 수 있는 문제라고 여겨졌던 것입니다. 이를 한마디로는 '작은 악으로 큰 악을 막아보자'라고 표현할 수 있습니다. 이는 인본주의적인 평화정책입니다. 타락한 세상에서 그나마 큰 분열의 악을 막아보자고 일종의 차선책을 마련한 것이 일부다처제라고 평가할 수 있겠습니다.

일부다처제는 단순히 왕위 계승을 위한 수단일 뿐 아니라, 중앙집권 체제를 통한 왕권의 안정과도 깊은 관련이 있습니다. 왕권 국가가 안정되기 위해서는 강력한 중앙집권 체제가 반드시 필요하며, 이 체제를 구성하는 핵심 인물들이 바로 왕의 피를 이어받은 왕자들입니다. 사무엘하 8장 8절에서도 다윗의 아들들이 대신이 된 사실을 알 수 있습니다.

> 여호야다의 아들 브나야는 그렛 사람과 블렛 사람을 관할하고 다윗의 아들들은 대신들이 되니라(삼하 8장 8절).

왕자들은 종종 지방에 파견되어 중앙집권 체제를 강화하고 왕조의 권력을 견고히 하는 역할을 맡았습니다. 서유럽의 역사에서도 확인할 수 있듯이, '공작'(Duke)이라 불리는 고위 귀족들 가운데 상당수가 실제로 왕자 출신이었습니다. 어느 나라든 지방의 토호 세력은 강력하게 존재하기 마련이며, 중앙 권력이 약해질 경우 국가는 쉽게 분열의 위기를 맞게 됩니다. 그러나 중앙에 강력한 왕권이 수립되면, 국왕은 왕자나 왕족을 지방에 파견하여 이들을 통해 지방 호족과 토호 세력을 감시하거나 통제합니다. 이를 통해 왕은 지방 분권적 요소를 억제하고 중앙집권 체제를 안정적으로 유지할 수 있었던 것입니다.

이런 관점에서 볼 때, 한 왕조가 통치하는 영토가 클수록 더 많은 수의 왕자들이 필요합니다. 넓은 영토를 안정적으로 다스리기 위해서는 각 지역을 통제하고 관리할 신뢰할 만한 인물이 필요한데, 확실한 후보군으로 왕자들이 포함되었습니다. 다윗은 유다의 왕이 된 직후 헤브론에서 결혼하여 자녀를 낳았고, 이후 예루살렘에서 이스라엘의 국왕이 된 후에도 여러 아내를 맞이하고 자녀를 낳았습니다. 이는 단순한 개인적 선택이라기보다는 왕권을 안정적으로 유지하기 위해 필요한 조치였다고 판단할 수 있습니다. 솔로몬 시대에 이르면 상황은 더욱 뚜렷해집니다. 그는 후궁을 포함하여 무려 천 명의 아내를 거느렸다고 알려져 있습니다. 이는 단지 정욕 때문이 아니라, 그만큼 넓어진 영토를 다스리고 국제적 동맹을 맺으며 왕조의 기반을 넓히기 위한 정치적 선택이기도 했습니다. 많은 자녀를 생산한다는 것은 그만큼 많은 지역에 신뢰할 수 있는 신하를 배치할 수 있다는 의미였고, 이는 곧 왕권 유지의 핵심 전략이었던 것입니다.

다윗의 아내들은 솔로몬이나 사울의 아내들과 비교할 때 뚜렷한 차이점이 있습니다. 대부분의 아내들이 그렇게 자랑할 만한 명문가 출신은 아니었다는 점입니다. 사실 다윗 자신도 하나님 앞에서 자기는 미천한 집안 출신이라고 고백합니다. 그의 첫 번째 아내 미갈은 사울 왕의 딸로서 공주 출신입니다. 이로 인해 다윗과 사울 사이의 갈등은 단순한 정치적 갈등을 넘어서, 장인과 사위 사이의 개인적 긴장으로도 볼 수 있습니다. 그런데 하나님께서는 미갈을 통해서는 자녀를 주시지 않으셨습니다. 이는 매우 다행스러운 일이었습니다. 왜냐하면, 다윗이 통치하던 기간동안 사울 왕가의 복권 운동이 여전히 존재했기 때문입니다. 대표적으로 시므이는 그 운동의 상징적인 야당 지도자와 같은 인물이었고, 세바의 반란을 일으킨 세바 또한 사울이 속한 베냐민 지파 출신이었습니다. 즉, '베냐민 왕가', 곧, 사울 왕조를 다시 세우려는 세력이 분명 존재했으며, 그들은 미갈이 다윗에게서 낳은 아들을 옹립하여 정통성을 주장했을 가능성이 큽니다. 그런 점에서 하나님께서 섭리 가운데 미갈에게 자녀를 허락하지 않으신 것은, 다윗 왕조의 안정과 하나님의 뜻을 위한 매우 중요한 결정으로 보입니다.

다른 아내들을 보면, 예를 들어 아히노암은 '이스르엘 여인'으로만 소개될 뿐, 특별한 가문 배경은 언급되지 않습니다. 그러나 그녀를 통해 장남 암논이 태어났는데, 이는 오늘날로 말하면 '세자'가 되는 셈입니다. 아비가일은 본래 나발의 아내였으나, 나발이 하나님께 벌을 받아 죽은 후 다윗이 그녀를 아내로 삼습니다. 나발은 부유한 자였으므로, 아비가일은 그의 재산을 상속받은 부유한 여인이 되었을 것입니다. 오늘날로 비유하자면 삼성가나 현대가 출신처럼 정치 자금원이 될 수 있는 인물이었다는 점에서, 다윗의 재정적 후원자로서 중요한 역할을 했을 가능성은 있습니다. 그러나 그렇다고 해서 그녀가 정치적 영향력을 가진 명문가 출신이었다고 보기는 어렵습니다.

그런데 여기서 독특한 사람이 나옵니다. 다윗의 아내 마아가는 그술왕 달매의 딸입니다. 그술왕가는 이스라엘 변방에 위치했던 작은 부족 국가였는데 그 왕의 딸이 마아가입니다. 따라서 마아가의 몸을 통해서 나온 압살롬과 다말은 외가에서도 공주요 왕자가 되는 것입니다. 이런 면에서 압살롬이 교만했다고 생각할 수도 있습니다. 그의 시각에서 볼 때, 다른 형제들은 평범해 보였을 수 있습니다. 본인 정도의 배경을 갖추어야 이스라엘 왕에 어울리지 않을까 생각했던 것 같습니다.

3) 암논과 다말, 그리고 압살롬

칼의 저주가 시작된 정황은 다음과 같습니다. 다윗의 첫 번째 아내 미갈에게서는 자녀가 없었기에, 그녀를 통해 세자가 출생하지 않았습니다. 당시 실질적인 세자 역할을 하고 있던 인물은 아히노암의 아들, 암논이었습니다. 그런데 이 암논은 정욕에 눈이 멀어, 자신의 이복 누이였던 마아가의 딸 다말을 연모하게 됩니다. 결국, 그는 꾀를 내어 다말을 불러들인 뒤, 그녀를 강제로 범하는 죄악을 저지릅니다. 이 소식을 들은 다윗 왕은 크게 분노했습니다. 그러나 이상하게도, 암논에 대한 어떠한 공적인 징계도 성경에 기록되어 있지 않습니다. 다윗은 분명히 진노했지만, 실제로 암논에게 벌을 내렸다는 말은 성경 어디에도 나오지 않습니다.

다윗 왕의 입장에서 볼 때, 암논을 공적으로 징계한다는 것은 결코 쉬운 일이 아니었습니다. 잘 알려져 있듯, 다윗의 왕조는 이제 막 시작된 신생 왕조였습니다. 이스라엘 내부는 물론이고, 주변의 여러 이방 국가들도 이 새로운 왕조를 예의 주시하고 있었을 것입니다. 왕권의 안정성과 후계 구도는 외교적으로도 매우 민감한 사안이었습니다. 그런데 문제는, 왕위를 이어갈 세자인 암논이 중대한 잘못을 저질렀다는 사실입니다. 그는 자신의 이복 누이인 다말을 겁탈함으로써 왕실 내부에 심각한 분열과 수치를 초래했습니다. 만일 이 일이 널리 알려지게 된다면, 왕실의 권위는 타격을 입을 수밖에 없었습니다. 외부로부터도 조롱과 비난이 쏟아질 것이고, 내부적으로는 왕실에 대한 신뢰가 무너질 위험이 컸습니다. 이런 상황에서 다윗의 분노는 진심이었지만, 정치적 현실은 왕의 판단을 어렵게 만들었습니다.

한편, 이 사건의 또 다른 당사자인 다말의 친오빠 압살롬의 태도는 매우 의외였습니다. 그는 다말에게 당분간 이 일에 대해 잠잠하라고 조용히 권면합니다. 마치 사건을 더 이상 확대하지 않으려는 듯한 태도를 보입니다.

> 그의 오라버니 압살롬이 그에게 이르되 네 오라버니 암논이 너와 함께 있었느냐 그러나 그는 네 오라버니이니 누이야 지금은 잠잠히 있고 이것으로 말미암아 근심하지 말라 하니라 이에 다말이 그의 오라버니 압살롬의 집에 있어 처량하게 지내니라 (삼하 13:20).

압살롬이 이처럼 유화적인 태도로 나왔을 때, 다윗은 얼마나 고마웠겠습니까? 딸 다말이 그렇게 수치를 당했음에도, 압살롬이 분노를 폭발시키지 않고 조용히 사건을 덮으려는 듯한 모습을 보였기 때문에, 다윗 역시 암논의 범죄를 공식적으로 문제 삼지 않고 넘어가기로 한 것입니다. 그러나 이것은 공의를 상실한 불완전한 용서였습니다.

사실 압살롬은 이때부터 이미 암논의 죄를 빌미로 자신이 왕이 되겠다는 결심을 품고 있었습니다. 그는 표면적으로는 침묵했지만, 내면으로는 철저히 계산하며 복수의 날을 기다리고 있었던 것입니다. 이는 곧 역모의 씨앗을 심은 것이나 다름없는 행동이었습니다. 그로부터 2년 뒤, 압살롬은 자신의 집에서 양털을 깎는 명분으로 큰 잔치를 베풀고, 모든 왕자들을 초청합니다. 그리고 그 자리를 이용해, 자신의 심복들과 함께 암논을 죽입니다. 이는 사실상 세자를 제거한 것이며, 왕정 체제에서 세자를 죽인다는 것은 왕을 시해하는 것과 동일시되는 중죄입니다. 따라서 압살롬은 사형을 면하기 어려운 상황에 처하게 되었고, 결국 그는 자신의 외할아버지인 그술 왕에게로 도피하여 3년 동안 망명 생활을 하게 됩니다.

그렇다면 질문이 생깁니다. 다윗은 왜 압살롬을 붙잡아 공적으로 징계하지 못했을까요? 이유는 분명합니다. 만약 다윗이 압살롬을 공식적으로 법정에 세운다면, 그의 죄목은 세자에 대한 테러, 곧 반역죄의 수괴가 됩니다. 왕권을 위협한 중대 범죄이기 때문에, 처형하지 않고는 넘길 수 없는 일입니다. 그러나 아들을 직접 사형에 처해야 하는 현실 앞에서, 다윗은 또다시 고통스럽고 난처한 침묵을 택합니다. 결국, 그는 압살롬을 법정에 세우지 못하고, 시간 속으로 문제를 유보해버립니다. 그러나 그로 인해 이스라엘 왕조는 더욱 깊은 갈등과 분열의 길로 빠져들게 됩니다

이제 압살롬이 다말 사건을 어떻게 정치적으로 활용했는지 살펴보겠습니다.

비유를 들어 생각해 봅시다. 형제끼리 다투다가 동생이 홧김에 한 대 쳤는데, 하필 급소를 맞아 형이 죽었다고 가정해 보십시오. 살인의 고의가 입증되지 않는다면, 법적으로는 고의적 살인이 아니라 과실치사로 다뤄져 극형을 면할 수 있습니다. 압살롬의 경우도 겉으로는 이와 비슷하게 포장할 수 있는 여지가 있었습니다. 그는 세자를 제거하려는 쿠데타범이 아니라, 자기 친여동생 다말을 겁탈한 범죄자를 징치한 오빠로 비칠 수 있었기 때문입니다. 죽이고 보니 그 사람이 세자였던 것이지, 세자라서 죽인 것은 아니다, 이런 프레임이 가능합니다. 이런 식으로 사건의 초점을 옮기면 문제의 핵심은 왕위 경쟁이 아니라 누이의 명예를 되찾기 위한 가족 내부의 복수가 됩니다. 백성들 입장에서는 충분히 동정할 만한 이야기로 들릴 수 있었습니다. 게다가 암논이 제거된 후의 후계 구도도 압살롬에게 유리하게 돌아갈 수 있었습니다. 암논 위의 형(길르압, 혹은 다니엘로 전해지는 인물)은 성경에 이름만 등장할 뿐 별다른 활동 기록이 없습니다. 그래서 일찍 죽었거나 정치적 영향력이 미미했을 것이라는 학자 견해도 있습니다. 그렇다면 사실상 암논 다음의 유력한 왕위 계승 후보는 압살롬이 됩니다.

정리하면, 압살롬은 다말 사건을 단순한 가족의 수치로 끝내지 않고, "누이를 위한 의분의 행동"으로 포장된 정적 제거로 전환시켰습니다. 공개적으로 왕권을 노리고 세자를 죽였다면 반역죄로 처형을 면할 수 없었겠지만, 사적 복수의 틀 안에 머물게 함으로써 민심의 동정을 얻고 정치적 입지를 강화한 것입니다.

사무엘하 14장에 기록된 드고아 여인 사건을 살펴보면, 지금까지의 추론이 결코 과장된 해석이 아님을 분명히 확인할 수 있습니다.

다윗의 입장에서 보면, 그는 이미 두 아들을 잃은 상태였습니다. 그중 한 명은, 장차 왕위를 이어야 할 세자 암논이었습니다. 이로 인해 다윗의 마음은 크나 큰 슬픔과 혼란 가운데 있었을 것입니다. 더구나 압살롬은 암논을 죽이고 나서 자신의 외가인 그술로 도피한 후, 3년 동안이나 망명 생활을 하고 있었습니다. 그러나 그술은 이스라엘 국경 밖에 있는 별도의 국가였기 때문에, 외교적 마찰을 일으키지 않기 위해서라도 함부로 압살롬을 체포하거나 데려올 수 없는 상황이었습니다.

성경을 살펴보면, 다윗은 압살롬을 향해 여전히 깊은 사랑과 그리움을 품고 있었다는 사실을 알 수 있습니다. 마음으로는 이미 용서했지만, 압살롬이 저지른 죄는 결코 가벼운 것이 아니었습니다. 왕위를 이을 세자를 죽인 것, 곧 반역에 해당하는 중죄였기 때문에, 아무리 다윗 왕이라 하더라도 공적으로 압살롬을 복권시킬 수는 없는 상황이었습니다. 괜히 무리하게 압살롬을 다시 불러들였다가는, 왕자들 간의 내부 갈등과 난이 일어날 수도 있었기 때문입니다.

바로 이때, 다윗의 곁에서 상황을 지켜보고 있던 요압이 나섭니다. 그는 왕의 마음을 이해했고, 또 정치적 현실도 간파한 사람이었습니다. 그래서 그는 지혜로운 여인 하나를 드고아에서 데려와 다윗 앞에 보냅니다. 이 여인은 일종의 우화적 연극을 꾸며 왕에게 접근합니다. 당시에는 지방에서 해결되지 않는 사건들이 여러 재판단계를 거쳐 왕의 재판까지 올라오는 경우가 흔했기 때문에, 이 이야기도 정당한 법적 문제인 것처럼 꾸며졌습니다.

드고아 여인은 상복을 입고 왕 앞에 나와 슬피 울며 아룁니다. 그녀에게는 두 아들이 있었는데, 형제끼리 싸우다가 한 아들이 다른 아들을 죽이게 되었다는 것입니다.[22] 그런데 마을 사람들이 분노하여, 살인자 역시 죽여야 한다고 주장

---

22) 개역개정 성경에는 형이 동생을 죽인 것으로 묘사되어 있다. "그의 동생을 쳐죽인 자를 내놓으라"(삼하 14:7) 그러나 원문에는 가해자와 피해자의 관계가 각각 형과 동생인지 혹은 동생과 형인지 명확하게 드러나지 않고 있다. 이 이야기가 압살롬과 암논의 관계를 빗대어 만들어낸 의도적인 설정인 것을 고려한다면, 오히려 동생이 형을 살해한 것으로 번역하는 것이 좀 더 설득력이 있는 것으로 보인다.

합니다. 그러나 그 어머니인 드고아 여인은 이렇게 말합니다. "이미 하나 잃은 것도 참기 어려운데, 남은 아이마저 법대로 죽게 되면 나는 두 아들을 모두 잃게 됩니다. 이 가문은 상속자 없이 끊어지고, 나는 하루아침에 자식 없는 여인이 되어버립니다."

이 말을 들은 다윗은 크게 연민을 느낍니다. 그는 여인을 위로하며, "남은 아들은 법정에 서지 않을 것이고, 네 가문의 상속자도 끊어지지 않을 것"이라고 약속합니다. 드고아 여인은 이 말을 듣고 잠시 침묵하더니, 뜻밖의 질문을 던집니다.

> 여인이 이르되 그러면 어찌하여 왕께서 하나님의 백성에게 대하여 이같은 생각을 하셨나이까 이 말씀을 하심으로 왕께서 죄 있는 사람 같이 되심은 그 내쫓긴 자를 왕께서 집으로 돌아오게 하지 아니하심이니이다 우리는 필경 죽으리니 땅에 쏟아진 물을 다시 담지 못함 같을 것이오나 하나님은 생명을 빼앗지 아니하시고 방책을 베푸사 내쫓긴 자가 하나님께 버린 자가 되지 아니하게 하시나이다 (사무엘하 14:13-14).

드고아 여인의 말의 요지는 이렇습니다. "저 같은 경우에는 왕께서 긍휼을 베푸시고 남은 아들을 살려주신다 하셨는데, 어찌하여 정작 왕의 아들 압살롬에 대해서는 그렇게 하지 않으십니까?"

그녀는 이렇게 말하고 있는 것입니다. "공적인 죄로 다루어 법정에 세운다면, 물론 압살롬은 사형을 면할 수 없을 것입니다. 그러나 이 사건은 정권을 노린 반역이나 쿠데타가 아니라, 사적인 형제 간의 분쟁 중 우발적으로 일어난 일입니다. 그러니 굳이 법적으로 처벌하지 않더라도 백성들은 모두 이해할 것입니다. 압살롬은 권력에 눈이 멀어 세자를 죽인 것이 아니라, 자기 여동생을 겁탈한 강간범을 처단한 의로운 오빠였을 뿐입니다. 백성들도 이 사실을 잘 알고 있기 때문에, 왕께서 압살롬을 다시 불러들인다 해도 오해하지 않을 것입니다. 이제는 두려워하지 마시고, 마음 편히 그를 데려오십시오."

이 말을 듣고 다윗은 이 모든 일을 벌인 것이 여인 스스로 꾸민 일인지 혹은 요압 장군의 계획인지를 묻습니다. 여인의 입을 통해 이는 요압이 계획한 일이 었다는 것을 알게 된 다윗은 요압을 불러 망명 생활하고 있던 압살롬을 정중하게 모셔오도록 명령하죠. 그리하여 압살롬은 3년간의 망명 생활을 종식하고 예루살렘에 입성하게 됩니다.

4) 압살롬의 반역

압살롬을 예루살렘으로 돌아오게 한 다윗은, 그 후 이해하기 어려운 반응을 보입니다. 분명 압살롬을 보고 싶어 했고 그리워했음에도 불구하고, 직접 나가 맞이하지 않을 뿐 아니라, 무려 2년 동안이나 그를 만나주지 않습니다.

왜 그랬을까요?

이유는 정치적으로 매우 복잡하고 민감한 문제 때문입니다. 만일 다윗이 압살롬을 정식으로 환영하고 품에 안는 모습을 공개적으로 보였다면, 이는 곧 압살롬을 왕위 계승자로 인정하는 신호로 해석될 수 있었습니다. 당시 왕자들 사이에는 이미 권력에 대한 긴장감과 경쟁의식이 팽팽히 흐르고 있었고, 누구든지 후계자로 지명받을 가능성이 있는 상황이었습니다. 성경은 후에 솔로몬이 왕위를 이은 이후에도, 형제들 가운데 일부가 대권에 대한 야망을 품고 음모를 꾸미다가 처형된 사건이 있었음을 기록하고 있습니다(예: 아도니야 사건, 왕상 2:13-25). 이런 정황을 볼 때, 압살롬을 공개적으로 받아들이는 행위는 다른 왕자들의 반발을 불러일으킬 수 있는 매우 위험한 정치적 메시지가 되었을 것입니다.

다윗이 이처럼 다른 왕자들의 눈치를 보며 정치적으로 소극적인 태도를 보이는 사이, 압살롬은 본격적으로 반란의 준비에 들어갑니다. 그는 예루살렘 성문 근처, 즉 왕에게 재판받기 위해 지방에서 올라오는 사람들이 반드시 지나쳐야 하는 길목에 자기 사람들을 배치하고, 장막을 치고 기다립니다. 그리고는 그곳을 지나가는 지방의 유력자들, 억울한 사연을 가진 자들을 일일이 불러 세우고는 친절하게 말을 걸며 그들의 사정을 들어줍니다. 사무엘하 15장 3절에서 압살롬은 이렇게 말합니다.

> 보라 네 사정은 옳고 바르다마는 네 억울함을 대신 들어줄 사람을 왕께서 세우지 아니하셨느니라(삼하 15:3).

그리고는 덧붙입니다. "내가 재판관이 되면 너의 억울함을 반드시 풀어주리라." 다시 말해, 그는 자신이 왕이 되면 정의롭고 공정한 나라를 만들 수 있지만, 지금의 왕은 부패했고, 무능하며, 백성의 고통에 귀 기울이지 않는 정권이라는 메시지를 교묘하게 흘리는 것입니다.

'부패 정권 타도, 정의 사회 구현'

이것이 바로 압살롬 쿠데타의 핵심 슬로건이었습니다. 압살롬은 이러한 선동적 메시지를 가지고, 4년 동안 꾸준히 민심을 얻는 '선거운동'을 벌입니다. 예루살렘 성문 앞에서 억울한 자들의 사정을 들어주고, 친절을 베풀며, 스스로를 정의로운 재판관처럼 포장합니다. 그렇게 백성들의 마음을 조금씩, 그러나 철저히 자기편으로 끌어옵니다. 성경은 이렇게 말합니다.

> 온 이스라엘 백성의 마음을 압살롬이 훔치니라(삼하 15:6).

전략적으로 철저히 준비한 압살롬은 마침내 때가 되었다고 판단하고, 헤브론으로 내려가 자신이 이스라엘의 왕임을 선포하며 반란을 시작합니다. 헤브론은 그가 태어났고 다윗이 유다의 왕으로 처음 기름 부음을 받았던 장소이기에, 상징적으로 매우 중요한 지역이었습니다.

5) 성군 다윗

압살롬이 군사와 백성의 마음을 얻고 있다는 소식을 들은 다윗은, 예루살렘을 떠나 도망치듯 피신하게 됩니다. 왕이 도망가는 이 장면은, 사무엘하 15장 이하에서 펼쳐지는 가장 비극적인 사건 중 하나입니다. 압살롬이 쿠데타를 일으키고 다윗이 급히 피난을 떠날 때, 당시 대제사장 사독이 법궤를 메고 다윗을 따라옵니다. 이스라엘 역사 속에서 법궤는 단순한 성물 그 이상이었습니다. 그것은 하나님의 임재의 상징이자, 하나님과 언약을 맺은 민족의 정체성을 나타내는 표식이었습니다. 더 나아가 누가 법궤를 소유하고 있는가는 곧 누가 정통 왕조인가를 가늠하는 상징적인 정치적 기준이 되기도 했습니다. 그런데 이 중요한 순간에, 다윗은 매우 뜻밖의 반응을 보입니다.

> 왕이 사독에게 이르되 보라 하나님의 궤를 성읍으로 도로 메어 가라 만일 내가 여호와 앞에서 은혜를 입으면 도로 나를 인도하사 내게 그 궤와 그 계신 데를 보이시리라 그러나 그가 이와 같이 말씀하시기를 내가 너를 기뻐하지 아니한다 하시면 종이 여기 있사오니 선히 여기시는 대로 내게 행하시옵소서 하리라(삼하 15:25-26).

다시 링컨 이야기로 돌아가 봅시다. 남북전쟁 초기, 북군은 계속해서 전투에서 밀렸고, 전세는 매우 불리하게 돌아가고 있었습니다. 그때 링컨 대통령의 참모

중 한 사람이 말했습니다. "대통령 각하, 너무 염려하지 마십시오. 우리 하나님은 우리 북군 편입니다." 그러자 링컨은 이렇게 답했다고 전해집니다. "하나님이 북군 편에 계시는 것이 아니라, 우리가 하나님 편에 서야 하네."

바로 이와 같은 고백이 다윗의 말에서도 발견됩니다. 압살롬의 반란으로 왕궁을 떠나야 했던 그 절박한 상황에서, 대제사장 사독이 법궤를 메고 따라나섰을 때, 다윗은 이렇게 말합니다. "하나님께서 나를 용서하시고 기뻐하시고 왕을 세우고자 하신다면 내가 다시 예루살렘에 오도록 하나님께서 그렇게 하실 것이지 법궤까지 끌고 가며 내가 인위적으로 그렇게 하고 싶지는 않다." 만약 다윗이 그때 법궤를 가져갔다면 이것은 종교 전쟁으로까지 확대되어 더 비참한 상황으로 치달았을 것입니다.

눈물겨운 다윗의 행보 가운데 두 번째 사건은, 바로 시므이의 저주입니다. 다윗이 피난길에 오르자, 사울왕과 동일한 베냐민 지파의 정치인 시므이가 입에 담기도 힘든 욕설과 저주를 퍼부으며 돌을 던지고 흙을 날리며 모욕을 가합니다. 이 모습을 본 다윗의 부하 아비새가 격분하여 말합니다. "저 죽은 개 같은 자가 어찌 감히 왕을 저주합니까? 제가 당장 그의 목을 베어오겠습니다."

하지만 다윗은 뜻밖의 반응을 보입니다.

> 그렇게 하지 마라. 여호와께서 그에게 나를 저주하라고 허락하신 것이라면, 내가 어찌 그 입을 막을 수 있겠느냐(삼하 16:10-12).

다윗은 그 모든 수모를 오롯이 감내합니다. 이후 시간이 흐르고, 다윗이 전쟁에서 승리하고 예루살렘으로 환궁하게 되자, 이번에는 그 시므이가 베냐민 사람 1,000명을 이끌고 다윗 앞에 엎드립니다. "제가 그때 범한 죄를 용서해 주십시오." 시므이는 용서를 구합니다. 다윗의 부하들은 다시 한번 말합니다.

"왕이시여, 그자는 왕께 저주한 자입니다. 그 목숨을 거두어야 마땅합니다."
그러나 다윗은 신기할 정도로 관용을 베푸는 말로 대답합니다.

> 다윗이 이르되 스루야의 아들들아 내가 너희와 무슨 상관이 있기에 너희가 오늘 나의 원수가 되느냐 오늘 어찌하여 이스라엘 가운데에서 사람을 죽이겠느냐 내가 오늘 이스라엘의 왕이 된 것을 내가 알지 못하리요(삼하 19:22).

다윗의 의도는 분명했습니다. "오늘은 내가 이스라엘의 왕이 된 날인데, 내 백성의 목을 치는 일이 어찌 합당하겠느냐?" 그는 이렇게 말하며, 자신을 모욕했던 시므이에게조차 칼을 들지 않았습니다. 오늘날로 비유하자면, 대통령 선거가 치러진 후의 태도와도 같습니다. 선거 기간 동안에는 격렬한 비방과 논쟁이 오갈 수 있습니다. 그러나 일단 한 사람이 대통령으로 선출되면, 그는 자신을 지지하지 않았던 국민이라도 동일한 한 나라의 백성으로 섬길 수 있어야 합니다. 그것이 바로 지도자의 기본 자질입니다.

다윗도 그랬습니다. 시므이는 분명히 공공연히 왕을 저주한 자였고, 법대로 처형해도 아무도 뭐라 하지 않을 만큼 정당한 명분이 있었습니다. 그러나 다윗은 칼을 들지 않았습니다. 왜냐하면, 그가 칼을 들면 그 즉시 베냐민 지파 전체가 등을 돌릴 수 있었고, 이는 이스라엘 열두 지파의 분열로 이어질 수 있었기 때문이었습니다. 다윗은 정치적 보복보다 민족의 하나 됨을 더 소중하게 여겼습니다. 다윗은 사적인 복수심을 위해 칼을 들지 않았습니다. 그 대신 나라 전체를 위한 화합을 선택했습니다.

성군(聖君) 다윗의 참된 모습은, 전쟁을 전후한 그의 행보 속에서도 분명하게 드러납니다. 압살롬의 반란으로 인해 피할 수 없는 전쟁이 벌어지게 되었을 때,

다윗은 먼저 군대를 세 부대로 나눕니다. 그리고 그 세 부대를 요압, 아비새, 그리고 가드 사람 잇대에게 각각 맡깁니다. 그리고 이들이 출정하기에 앞서 다윗은 모든 이가 주목할 만한 말을 합니다. 반역자 압살롬에 대한 용서를 선언한 것입니다. 다윗은 세 지휘관에게 분명히 명령합니다.

> 나를 위하여 소년 압살롬을 너그러이 대우하라(삼하 18:5).

이 말은 왕으로서의 다윗이 부하에게 공식적으로 전달한 명령이었습니다. 보통 쿠데타가 진압된 이후, 가장 중요한 문제는 어떻게 처벌을 집행하느냐입니다. 역사적으로 보아도, 정권을 잡은 쪽은 반드시 반역자들을 처단하고 숙청함으로써 정권의 정당성을 강화해 왔습니다. 심지어 전쟁에 참여하지 않고, 단순히 반란군에 동조했던 사람들조차 무거운 세금이나 정치적 보복을 피할 수 없었습니다. 반란 수괴는 말할 것도 없이 즉각적인 처형 대상이었고, 그를 따랐던 하급 지휘관들 또한 징계와 숙청의 대상이었습니다.

그런데 다윗은 전쟁을 시작하기도 전에, 공식적으로 압살롬을 용서하겠다는 뜻을 밝힙니다. 왜 그랬을까요?

그것은 단순한 아버지로서의 연민을 넘어, 왕으로서 백성을 하나 되게 하고자 했던 깊은 전략적 판단이었다고 생각합니다. 다윗은 알았습니다. 만약 반란 수괴인 압살롬을 처형하고, 그를 따랐던 수많은 이스라엘 사람들을 적대시하게 되면, 그들은 다시 뿔뿔이 흩어지고, 민심은 이반되며, 열두 지파의 연합 왕국은 분열될 위험에 처할 수 있다는 사실을 말입니다. 이처럼 다윗은 정당한 보복의 권한과 정치적 정당성을 가지고 있었지만, 칼을 들지 않았습니다. 칼의 저주가 선포된 이후 그는 다시는 칼을 휘두르지 않기 위해 몸부림칩니다.

칼을 휘두르지 않고 용서를 선택하고, 분열보다 통합을 선택한 다윗왕은 선정

(善政)의 종착역에서, 결국 아비가 아들을 죽이는 비극을 목격합니다. 압살롬이 죽임을 당했다는 비보를 듣고 다윗은 통곡합니다.

> 내 아들 압살롬아, 내 아들 압살롬아, 내가 너를 대신하여 죽었더라면!(삼하 18:33)

다윗의 통곡은 악을 최소화하고자 했던 인간의 모든 선한 노력조차도, 결국 죽음과 상실이라는 비극을 피할 수 없음을 보여줍니다. 더욱 근본적인 문제는 이것입니다. 설사 다윗이 압살롬을 대신해 죽었다 한들, 그 죽음이 압살롬의 죄를 해결할 수 없었을 것이라는 사실입니다. 왜냐하면, 인간 다윗의 생명은, 다른 사람의 죄를 대신 짊어질 만한 의롭지 않기 때문입니다. 비록 그는 이스라엘의 왕이었지만, 그 역시 본질적으로는 죄인 중 하나일 뿐이었습니다. 다윗 왕은 죄인의 한계와 인간 왕국의 본질적 한계를 처절하게 경험한 후에 깨닫습니다.

'인간의 왕조와 왕국, 그리고 인본주의적 통합에는 진정한 안식과 참된 평화가 없구나!'

다윗은 아마도 다음과 같이 결론 내렸을 것입니다.

'영원한 안식, 영원한 왕권, 영원한 나라는 이 세상에 속한 것이 아니다! 오직 하나님께만 속한 것이다!'

이러한 고백은 다윗을 이끌어 그리스도와 메시아 왕국을 바라보게 했으리라 생각합니다. 인간 왕국의 불완전함 속에서, 그는 참된 왕국, 참된 왕, 참된 평화의 주인이 누구인지를 바라보게 된 것입니다.

3. 적용: 언약의 실체이신 그리스도를 찬양하라

다윗은 하나님께서 주신 계시의 말씀을 따라, 정확히 메시아와 그의 나라를 바라보며 예언적 통찰 가운데 찬양했던 선지자였습니다.

> 여호와의 영이 나를 통하여 말씀하심이여 그의 말씀이 내 혀에 있도다(삼하 23:2).
>
> 이르시되 그러면 다윗이 성령에 감동되어 어찌 그리스도를 주라 칭하여 말하되(마 22:43).

선지자 다윗을 통해 계시된 다윗 언약의 핵심에는 메시아와 그분의 왕국이 자리잡고 있습니다. 이 언약을 받은 다윗은 언약의 핵심을 잘 이해하고 있었습니다. 한 걸음 더 나아가 메시아를 주제로 삼은 많은 찬양시를 남겼습니다. 특히 시편 2편, 16편, 22편, 40편, 69편, 72편, 89편, 102편, 110편, 118편 등은 모두 다윗의 메시아 시편으로, 그리스도의 고난과 영광, 죽음과 부활, 재위와 통치를 예언적으로 노래한 시편들입니다.[23]

---

23) 다윗의 메시아의 시편 가운데 그리스도의 성육신, 십자가, 부활, 승천과 재위를 예언한 시편과 이에 관련한 신약 구절들을 순서에 따라 정리하면 다음과 같다.

1. 시편 40편 - 그리스도의 성육신
(히 10:5-7) 그러므로 주께서 세상에 임하실 때에 이르시되 하나님이 제사와 예물을 원하지 아니하시고 오직 나를 위하여 한 몸을 예비하셨도다 ⁶번제와 속죄제는 기뻐하지 아니하시나니 ⁷이에 내가 말하기를 하나님이여 보시옵소서 두루마리 책에 나를 가리켜 기록된 것과 같이 하나님의 뜻을 행하러 왔나이다 하셨느니라.
(시 40:6-7) 주께서 내 귀를 통하여 내게 들려 주시기를 제사와 예물을 기뻐하지 아니하시며 번제와 속죄제를 요구하지 아니하신다 하신지라 ⁷그 때에 내가 말하기를 내가 왔나이다 나를 가리켜 기록한 것이 두루마리 책에 있나이다.
(시 40:3-5) 새 노래 곧 우리 하나님께 올릴 찬송을 내 입에 두셨으니 많은 사람이 보고 두려워하여 여호와를 의지하리로다 ⁴여호와를 의지하고 교만한 자와 거짓에 치우치는 자를 돌아보지 아니하는 자는 복이 있도다 ⁵여호와 나의 하나님이여 주께서 행하신 기적이 많고 우리를 향하신 주의 생각도 많아 누구도 주와 견줄 수가 없나이다

무엇보다 다윗은 실존적으로 인간 왕국과 인간 존재의 한계를 절감했습니다. 아버지가 아들을 죽일 수밖에 없었던 정치적 현실, 피로 세워진 왕권이 죄로 인해 무너져가는 그 현실 속에서, 다윗은 자기가 세운 왕국이 결코 영원할 수 없음을 몸소 경험했습니다. 그러나 그 한가운데서 그는 하나님의 말씀을 통해 영원한 왕국, 참된 메시아의 통치를 바라보게 됩니다. 그리고 그는 앞으로 오실 메시아의 성육신과 십자가, 육체의 부활, 하늘로 오르심과 재위에 이르기까지의 그 모든 사역을 분명히 본 선지자로서 찬양하고 고백합니다. 이와 관련해, 훌륭한 신학자이자 정치가, 그리고 깊은 경건의 목회자였던 사무엘 루더포드(Samuel Rutherford)는 이런 고백을 남겼습니다.

> 다윗 왕이 왕 위에 있을 때 이는 선한 일이었다. 이때 다윗은 시편을 노래했다. 다윗이 추격을 당해 맨발로 걷고, 머리 위에 재를 뿌리며, 올리브 산을 오를 때, 이 역시 선한 일이었다. 다윗은 여전히 찬양하며 시편을 노래

내가 널리 알려 말하고자 하나 너무 많아 그 수를 셀 수도 없나이다.
2. 시편 22편 – 그리스도의 십자가
(마 27:46) 제 구 시쯤에 예수께서 크게 소리 질러 이르시되 엘리 엘리 라마 사박다니 하시니 이는 곧 나의 하나님, 나의 하나님, 어찌하여 나를 버리셨나이까 하는 뜻이라.
(시 22편) ¹내 하나님이여 내 하나님이여 어찌 나를 버리셨나이까? ⁶나는 벌레요 사람이 아니라 사람의 비방 거리요 백성의 조롱거리니이다. ¹⁶개들이 나를 에워쌌으며 악한 무리가 나를 둘러 내 수족을 찔렀나이다 ¹⁸내 겉옷을 나누며 속옷을 제비 뽑나이다.

3. 시편 16편 – 그리스도의 부활
(행 2:30-31) 그는 [다윗] 선지자라 하나님이 이미 맹세하사 그 자손 중에서 한 사람을 그 위에 앉게 하리라 하심을 알고 ³¹미리 본 고로 그리스도의 부활을 말하되 그가 음부에 버림이 되지 않고 그의 육신이 썩음을 당하지 아니하시리라 하더니.
(시 16:9-10) 이러므로 내 마음이 기쁘고 내 영광도 즐거워하며 내 육체도 안전히 거하리니 ¹⁰이는 내 영혼을 음부에 버리지 아니하시며 주의 거룩한 자로 썩지 않게 하실 것임이니이다 [개역한글]

4. 시편 110편 – 그리스도의 승천과 좌정(재위)
(마 22:43-44) 이르시되 그러면 다윗이 성령에 감동되어 어찌 그리스도를 주라 칭하여 말하되 ⁴⁴주께서 내 주께 이르시되 내가 네 원수를 네 발 아래에 둘 때까지 내 우편에 앉아 있으라 하셨도다 하였느냐?
(행 2:34-35) 다윗은 하늘에 올라가지 못하였으나 친히 말하여 이르되 "주께서 내 주에게 말씀하시기를 ³⁵내가 네 원수로 네 발등상이 되게 하기까지 너는 내 우편에 앉아 있으라 하셨도다" 하였으니.

했다. 다윗이 주님의 집에 머무를 때, 이는 선한 일이었다. 그는 찬양을 드렸다. 다윗이 광야로 추방당하고 하나님의 집으로부터 쫓겨났을 때도 이 역시 선한 일이었다. 다윗은 여전히 찬양했다. 이처럼 죄 죽임 상태에 있는 영혼에게는 그 어떤 것도 해를 가하지 못한다.[24]

메시아와 그의 나라를 바라보는 신자는 다윗처럼 모든 삶의 정황에서 하나님을 찬양할 수 있습니다. 루더포드는 신자들에게 다음과 같이 조언합니다.

> 우리 외부에 존재하는 모든 피조물에 대해 아무런 사심이 없는 것이 요구된다. 하나님을 제외한 그 어떤 선에 대해서도 우리 마음의 정서를 확정적이고 절대적으로 고정하는 것은 안 된다 … 우리는 피조물을 사랑한다. 그러나 마치 사랑하지 않는 듯이 사랑한다 … 자녀를 사랑하라. 그러나 당신의 마음이 그 아이에게 너무 집착하지 않도록 여유를 가지라. 쟁기질을 하라. 그러나 사고파는 일에 마음을 쓰지 말라. 현세에 살면서 우리의 마음을 거래하는 일에 치심하지 않는 것이 최선이다. 고린도전서 7장 29-30절 말씀을 보라. "아내 있는 자들은 없는 자 같이 하며, 우는 자들은 울지 않는 자 같이 하며 기쁜 자들은 기쁘지 않은 자 같이 하며, 매매하는 자들은 없는 자 같이 하라"(고전 7:29-30).[25]

물론 자녀가 원하는 학교에 합격하면 좋죠. 그러나 너무 기뻐하지 않는 것도 필요합니다. 학교 떨어지면 슬프죠. 그러나 자녀 앞에서 마치 인생이 끝난 것처

---

[24] 사무엘 루더포드, 『생명언약: 구속언약』, 안상혁 역 (수원: 합신출판부, 2020), 133-34.
[25] 사무엘 루더포드, 『생명언약: 구속언약』, 안상혁 역 (수원: 합신출판부, 2020), 131-32.

럼 그렇게 낙망하셔도 안 됩니다. 그래야 우리 자녀들이 신앙 안에서 일탈하지 않고 잘 자라갈 수 있습니다. 다윗의 마음을 하나님께서 그렇게 붙들어 주신 것처럼 그런 마음에 하나님을 찬양하는 마음의 정서를 하나님께서 주시는 것입니다.

하나님께서는 다윗에게 주신 언약이 실체인 그리스도와 그의 나라를 우리에게도 주셨습니다. 우리도 다윗처럼 인간의 한계를 직시하고 솔직히 고백하면서 오직 메시아 예수 그리스도 안에서 영원한 왕국을 소망하는 자가 되어야 할 것입니다. 그리스도 그분만이 참된 왕이시며, 그리스도의 나라만이 영원히 견고하게 설 것입니다. 이것이 확실한 이상 우리의 구원도 견고합니다. 또한, 모든 삶의 정황에서 다윗과 같이 우리도 예수 그리스도를 향한 진정한 찬양의 자리로 나아갈 수 있습니다.

11.
엘리야: 엘리야의 승천

열왕기하 2:1-11

¹여호와께서 회오리 바람으로 엘리야를 하늘로 올리고자 하실 때에 엘리야가 엘리사와 더불어 길갈에서 나가더니 ²엘리야가 엘리사에게 이르되 청하건대 너는 여기 머물라 여호와께서 나를 벧엘로 보내시느니라 하니 엘리사가 이르되 여호와께서 살아 계심과 당신의 영혼이 살아 있음을 두고 맹세하노니 내가 당신을 떠나지 아니하겠나이다 하는지라 이에 두 사람이 벧엘로 내려가니 ³벧엘에 있는 선지자의 제자들이 엘리사에게로 나아와 그에게 이르되 여호와께서 오늘 당신의 선생을 당신의 머리 위로 데려가실 줄을 아시나이까 하니 이르되 나도 또한 아노니 너희는 잠잠하라 하니라. ⁴엘리야가 그에게 이르되 엘리사야 청하건대 너는 여기 머물라 여호와께서 나를 여리고로 보내시느니라 엘리사가 이르되 여호와께서 살아 계심과 당신의 영혼이 살아 있음을 두고 맹세하노니 내가 당신을 떠나지 아니하겠나이다 하니라 그들이 여리고에 이르매 ⁵여리고에 있는 선지자의

제자들이 엘리사에게 나아와 이르되 여호와께서 오늘 당신의 선생을 당신의 머리 위로 데려가실 줄을 아시나이까 하니 엘리사가 이르되 나도 아노니 너희는 잠잠하라. ⁶엘리야가 또 엘리사에게 이르되 청하건대 너는 여기 머물라 여호와께서 나를 요단으로 보내시느니라 하니 그가 이르되 여호와께서 살아 계심과 당신의 영혼이 살아 있음을 두고 맹세하노니 내가 당신을 떠나지 아니하겠나이다 하는지라 이에 두 사람이 가니라. ⁷선지자의 제자 오십 명이 가서 멀리 서서 바라보매 그 두 사람이 요단 가에 서 있더니 ⁸엘리야가 겉옷을 가지고 말아 물을 치매 물이 이리 저리 갈라지고 두 사람이 마른 땅 위로 건너더라. ⁹건너매 엘리야가 엘리사에게 이르되 나를 네게서 데려감을 당하기 전에 내가 네게 어떻게 할지를 구하라 엘리사가 이르되 당신의 성령이 하시는 역사가 갑절이나 내게 있게 하소서 하는지라. ¹⁰이르되 네가 어려운 일을 구하는도다 그러나 나를 네게서 데려가시는 것을 네가 보면 그 일이 네게 이루어지려니와 그렇지 아니하면 이루어지지 아니하리라 하고 ¹¹두 사람이 길을 가며 말하더니 불수레와 불말들이 두 사람을 갈라놓고 엘리야가 회오리 바람으로 하늘로 올라가더라.

오늘 본문은 엘리야의 승천 사건을 기록하고 있습니다. 신구약 구속사의 거시적 관점에서 엘리야의 승천이 갖는 의미를 한번 살펴보도록 하겠습니다. 열왕기하 2장 11절 마지막 부분에 엘리야가 회오리바람으로 하늘로 승천하는 장면이 나옵니다. 특히 이스라엘에 대한 하나님의 심판과 구원의 관점에서 엘리야 승천의 의미를 조명해 보겠습니다. 엘리야의 승천 사건은 하나님이 한 개인에게 주신 사건이라기보다는 공적인 사건이었습니다. 하나님은 일종의 표적으로 엘리야를 하늘로 들려 올리셨습니다. 과연 이 표적의 의미가 무엇일까요?

이미 앞서 살펴보았듯이 예레미야 31장 32절 말씀에 따르면 이스라엘은 하나님과 맺은 언약을 깨뜨렸습니다.

> 이 언약은 내가 그들의 조상들의 손을 잡고 애굽 땅에서 인도하여 내던 날에 맺은 것과 같지 아니할 것은 내가 그들의 남편이 되었어도 그들이 내 언약을 깨뜨렸음이라(렘 31:32).

사실 이스라엘이 하나님과 맺은 언약을 깨뜨린 것은 한 번의 단회적인 사건이 아니었습니다. 이스라엘은 오랜 기간 반복적으로 언약을 깨뜨렸습니다. 빠르게는 시내산 언약이 체결된 직후에 이루어졌습니다. 바로 금송아지 우상을 만들고 그것을 섬긴 사건이었습니다. 이때 모세는 십계명 돌판을 깨뜨렸죠.

> 진에 가까이 이르러 그 송아지와 그 춤 추는 것들을 보고 크게 노하여 손에서 그 판들을 산 아래로 던져 깨뜨리니라(출 32:19).

십계명 돌판을 깨뜨린 것은 단순한 분노의 표출이 아니었습니다. 오직 하나님만을 사랑하고 섬기겠노라고 이스라엘 백성이 언약을 맺었는데, 이제 이스라엘의 외도로 말미암아 결혼 언약을 스스로 파기했음을 보여주는 상징적 행위였습니다.

1. 엘리야의 승천과 하나님의 심판

모세가 십계명 돌판을 깨뜨린 것이 하나님과 이스라엘 사이에 체결된 언약의 파괴를 의미하듯이 엘리야의 승천 사건도 이와 비슷한 역할을 하고 있습니다. 엘리야가 활동했던 아합 왕 통치기는 이스라엘의 배도가 극에 달했을 시기입니다. 이스라엘이 하나님과 맺은 언약을 파괴했고, 그 결과 언약적 저주를 자청했음을 보여주기 위해 하나님께서는 일종의 표적으로서 엘리야를 취해 가십니다. 엘리야의 승천은 영광스러운 사건이라기보다는 오히려 비극적인 사건이었다고 말할 수 있습니다. 다음 세 가지 근거에서 이렇게 말할 수 있습니다.

1) 엘리사의 반응
엘리야의 승천을 옆에서 목격했던 엘리사의 반응은 이 사건이 비극적인 의미를 전달한다는 사실을 알 수 있습니다.

> 엘리사가 보고 소리 지르되 … 이에 엘리사가 자기의 옷을 잡아 둘로 찢고 (왕하 2:12).

엘리사가 자기의 옷을 잡아 둘로 찢었습니다. 아무리 자기가 좋아하는 스승과 헤어지는 게 싫어도 결국 스승에게 영광스러운 사건이라면 마지막 순간에는 박수를 쳐주고 축복하면서 보내야 하죠. 그런데 엘리사는 자기의 옷을 둘로 잡아 찢었어요. 이스라엘 사람들은 나라가 망했거나 정말 감당할 수 없는 비극이 자신에게 닥쳤을 때 그 슬픔을 표현하기 위해서 옷을 찢었습니다. 단순히 이별의 슬픔을 표현했다는 것으로는 잘 이해가 안 되는 반응입니다.

> 엘리야의 하나님 여호와는 어디 계시니이까(왕하 2:14)

이윽고 엘리사는 엘리야의 남겨진 겉옷을 잡고 요단강 동편에 서서 부르짖습니다. "엘리야의 하나님 여호와는 어디 계시나이까?" 그는 하나님의 부재 상황을 인식했습니다. 이스라엘이 배도하여 하나님과 맺은 언약을 깨뜨렸기 때문에 하나님께서도 이스라엘을 버리셨다고 이해했습니다. 극도의 위기의식을 느끼며 "엘리야의 하나님 여호와는 어디 계시나이까?"라고 애절하게 통곡한 것입니다. 이러한 엘리사의 반응에 주의를 기울인다면 엘리야의 승천 사건을 단순히 낭만적인 사건으로 해석할 수 없습니다.

2) 배도의 역사

엘리야의 승천을 역사적 정황에서 거시적으로 조명할 때 이것이 갖는 엄중한 의미를 잘 이해할 수 있습니다. 앞서 언급한 바대로 엘리야의 승천은 이스라엘의 배도가 극에 달했을 때 일어났습니다. 통일 왕국의 마지막 왕이었던 솔로몬은 많은 이방 신들을 이스라엘로 끌어들였습니다. 모압, 암몬, 시돈을 비롯한 가나안의 우상 문화가 유입되었습니다. 아마도 솔로몬은 정치외교적인 이유로 이스라엘 땅에서 이방 신을 섬기는 것을 허락했을 것입니다. 그러다가 솔로몬 자신의 마음이 하나님을 떠나 우상을 따르게 되었습니다(왕상 11:4). 하나님께서 수차례 경고하셨지만 솔로몬 왕은 듣지 않았습니다. 마침내 하나님의 심판이 임했습니다. BC 931년 이후에 이스라엘은 북 왕국 이스라엘과 남 유다로 갈라지게 됩니다. 분열 왕국이 시작됐죠. 이후에도 이스라엘은 회개하지 않았습니다. 하나님과 이방신 사이에서 양다리 걸치는 생활을 계속했습니다. BC 9세기 아합왕 때에 이르러서는 북이스라엘 역사의 전무후무한 일이 일어납니다. 아합 정권은 이스라엘의 국가 종교를 바꾸게 됩니다. 이제 이스라엘은 바알과 아세라 신을 섬기는 나라가 되었습니다. 국왕이 바알과 아세라 신을 섬기는 예배에 참여합니다. 한 걸음 더 나아가 여호와를 섬기는 선지자들과 제사장들을 공권력을 사용하여 박해했습니다. 엘리야의 표현을 따르자면 여호와의 선지자들을 멸했습니다.

> 이세벨이 여호와의 선지자들을 멸할 때 … 엘리야가 백성에게 이르되 여호와의 선지자는 나만 홀로 남았으나(왕상 18:4, 22).

엘리야가 느끼기에 하나님을 섬기는 제사장과 선지자들은 정권에 의해 다 잡아 죽임을 당했습니다. "나만 홀로 남았다"라고 말합니다. 과연 전무후무한 국가 단위의 배도가 일어난 것입니다.

> 예로부터 아합과 같이 그 자신을 팔아 여호와 앞에서 악을 행한 자가 없음은 그를 그의 아내 이세벨이 충동하였음이라(왕상 21:25).

이세벨은 전 국민에게도 우상숭배를 독려했습니다. 이제 더 이상 이스라엘은 숨어서 바람을 피울 필요가 없게 되었습니다. 이들은 여호와를 섬기는 정통 신앙과 결별했습니다. 바알과 아세라는 이스라엘의 국가 종교가 되었습니다. 엘리야는 이러한 시기를 살았습니다.

신명기 28장과 레위기 26장을 봅시다. 선지자 모세는 앞으로 펼쳐질 이스라엘의 역사를 내다보았습니다. 그의 유언적인 설교에서 모세는 이스라엘 자손에게 두 가지 길을 제시합니다. 하나님과 맺은 언약을 지키는 순종의 삶을 살 때 받을 축복의 길과 언약을 파기하는 불순종의 삶을 살 때 받게 될 저주의 길을 다음 장에 요약적으로 제시하고 있습니다.

축복의 길 (신 28:1-14)	저주의 길 (신 28:15-68)
네가 네 하나님 여호와의 말씀을 청종하면 이 모든 복이 네게 임하며 네게 이르리니(2절).	네가 만일 네 하나님 여호와의 말씀을 순종하지 아니하여 … 명령과 규례를 지켜 행하지 아니하면 이 모든 저주가 네게 임하며 네게 이를 것이니(45절).
[1] 네가 네 하나님 여호와의 말씀을 삼가 듣고 내가 오늘 네게 명령하는 그의 모든 명령을 지켜 행하면 네 하나님 여호와께서 너를 세계 모든 민족 위에 뛰어나게 하실 것이라 [2] 네가 네 하나님 여호와의 말씀을 청종하면 이 모든 복이 네게 임하며 네게 이르리니 [3] 성읍에서도 복을 받고 들에서도 복을 받을 것이며 [4] 네 몸의 자녀와 네 토지의 소산과 네 짐승의 새끼와 소와 양의 새끼가 복을 받을 것이며 [5] 네 광주리와 떡 반죽 그릇이 복을 받을 것이며 [6] 네가 들어와도 복을 받고 나가도 복을 받을 것이니라 [7] 여호와께서 너를 대적하기 위해 일어난 적군들을 네 앞에서 패하게 하시리라 그들이 한 길로 너를 치러 들어왔으나 네 앞에서 일곱 길로 도망하리라 [8] 여호와께서 명령하사 네 창고와 네 손으로 하는 모든 일에 복을 내리시고 네 하나님 여호와께서 네게 주시는 땅에서 네게 복을 주실 것이며	[15] 네가 만일 네 하나님 여호와의 말씀을 순종하지 아니하여 내가 오늘 네게 명령하는 그의 모든 명령과 규례를 지켜 행하지 아니하면 이 모든 저주가 네게 임하며 네게 이를 것이니 [16] 네가 성읍에서도 저주를 받으며 들에서도 저주를 받을 것이요 [17] 또 네 광주리와 떡 반죽 그릇이 저주를 받을 것이요 [18] 네 몸의 소생과 네 토지의 소산과 네 소와 양의 새끼가 저주를 받을 것이며 [19] 네가 들어와도 저주를 받고 나가도 저주를 받으리라 [44] 그는 네게 꾸어줄지라도 너는 그에게 꾸어주지 못하리니 그는 머리가 되고 너는 꼬리가 될 것이라 <자연재앙> [23] 네 머리 위의 하늘은 놋이 되고 네 아래의 땅은 철이 될 것이며 [24] 여호와께서 비 대신에 티끌과 모래를 네 땅에 내리시리니 그것들이 하늘에서 네 위에 내려 마침내 너를 멸하리라

축복의 길 (신 28:1-14)	저주의 길 (신 28:15-68)
9 여호와께서 네게 맹세하신 대로 너를 세워 자기의 성민이 되게 하시리니 이는 네가 네 하나님 여호와의 명령을 지켜 그 길로 행할 것임이니라 10 땅의 모든 백성이 여호와의 이름이 너를 위하여 불리는 것을 보고 너를 두려워하리라 11 여호와께서 네게 주리라고 네 조상들에게 맹세하신 땅에서 네게 복을 주사 네 몸의 소생과 가축의 새끼와 토지의 소산을 많게 하시며 12 여호와께서 너를 위하여 하늘의 아름다운 보고를 여시사 네 땅에 때를 따라 비를 내리시고 네 손으로 하는 모든 일에 복을 주시리니 네가 많은 민족에게 꾸어줄지라도 너는 꾸지 아니할 것이요 13 여호와께서 너를 머리가 되고 꼬리가 되지 않게 하시며 위에만 있고 아래에 있지 않게 하시리니 오직 너는 내가 오늘 네게 명령하는 네 하나님 여호와의 명령을 듣고 지켜 행하며 14 내가 오늘 너희에게 명령하는 그 말씀을 떠나 좌로나 우로나 치우치지 아니하고 다른 신을 따라 섬기지 아니하면 이와 같으리라	\<전쟁\> 25 여호와께서 네 적군 앞에서 너를 패하게 하시리니 네가 그들을 치러 한 길로 나가서 그들 앞에서 일곱 길로 도망할 것이며.. \<디아스포라\> 25 네가 또 땅의 모든 나라 중에 흩어지고 36 여호와께서 너와 네가 세울 네 임금을 너와 네 조상들이 알지 못하던 나라로 끌어 가시리니 네가 거기서 목석으로 만든 다른 신들을 섬길 것이며 37 여호와께서 너를 끌어 가시는 모든 민족 중에서 네가 놀람과 속담과 비방거리가 될 것이라 46 이 모든 저주가 너와 네 자손에게 영원히 있어서 표징과 훈계가 되리라

하나는 축복의 길입니다. 하나님께서는 십계명과 희년법을 포함한 모든 율법을 이스라엘에게 주시면서 이스라엘은 제사장 나라가 돼야 할 것을 가르치셨

습니다. 하나님의 법을 잘 지키고 살 때 하나님은 이스라엘에게 복을 주실 것입니다. 이스라엘은 전 세계에서 으뜸이 될 것입니다. 들어가도 복을 받고 나와도 복을 받고, 성읍에 있어도 복을 받으며, 들에 있어도 복을 받고, 광주리와 반죽 그릇이 복을 받으며, 자손이 복을 받고, 토지의 소산과 가축도 복을 받을 것입니다.

한편 이스라엘이 하나님의 언약을 깼을 때 받을 심판과 저주도 선언되었습니다. 크게 보아 3단계의 저주로 구분해 볼 수 있습니다. 첫째는 자연 재앙입니다. 하늘과 땅이 놋과 철이 되어 농사를 지을 수 없게 됩니다. 다음 단계는 전쟁입니다. 전쟁이 일어나면 이스라엘이 한 길로 왔다가 일곱 길로 패해서 도망가게 될 것입니다. 이때에도 이스라엘이 회개를 거부하면 마지막 단계의 저주를 받게 됩니다. 결국, 하나님은 이스라엘 백성을 열국 중에서 흩으실 것이라고 합니다.

안타깝게도 이스라엘은 저주의 마지막 단계까지 경험합니다. BC 722년 북 왕국 이스라엘은 앗시리아에게 멸망했습니다. BC 586년에는 남왕국 유다가 바빌론에 의해서 패망하고 많은 사람이 포로로 끌려갑니다. 북 왕국이 망하기 전에 하나님께서는 많은 선지자를 보내어 이스라엘의 회개를 촉구하십니다. 그럼에도 이스라엘은 말을 듣지 않았습니다. 결국, 솔로몬 이후에 나라를 잃기까지 이스라엘의 역사는 쭉 하향 곡선을 그립니다. 다윗의 통치기인 통일 왕국 시대는 이스라엘이 축복의 길에 머물러 있었다고 말할 수 있습니다. 그렇다면 언제 이스라엘은 저주의 길에 들어섰을까요? 분열 왕국의 시대가 시작되면서 이미 역사는 하향 곡선을 그리기 시작했다고 볼 수 있습니다.

아합 왕 통치기에 배도가 극에 달했을 때, 이스라엘에는 3년 6개월 동안 큰 기근을 맞이합니다. 예수님도 이 기근에 대해 언급하십니다.

> 내가 참으로 너희에게 이르노니 엘리야 시대에 하늘이 삼 년 육 개월간 닫히어 온 땅에 큰 흉년이 들었을 때(눅 4:25).

시내산 언약의 관점에서 보았을 때, 이는 언약적 저주라고 볼 수 있습니다. 우연히 기근이 임한 것이 아닙니다. 엘리야 시대에 하늘이 3년 6개월 동안 닫혔다고 주님은 말씀합니다. 이는 하나님께서 이스라엘을 심판하시기 위해 의도적으로 하늘 문을 닫으신 것입니다. 사실 레위기 26장과 신명기 28장에서 경고하신 자연재앙이 약속의 땅에 임한 것입니다.

자연재앙을 당해도 회개를 거부할 때, 이스라엘은 전쟁에서 패배하게 될 것이었습니다. 사실 전쟁의 단계에서 막바지에 이르면 무서운 일이 일어나게 되어 있습니다. 전쟁으로 인해 배고픔이 극심한 상황에서 이스라엘의 어머니가 자기 태에서 낳은 자녀를 잡아먹는 비극이 일어날 것이 예언되어 있습니다. 실제로 열왕기하 6장에서 이러한 일이 벌어졌습니다.

> 여인이 대답하되 이 여인이 내게 이르기를 네 아들을 내놓아라 우리가 오늘 먹고 내일은 내 아들을 먹자 하매(왕하 6:28).

사마리아 성이 아람 군대에 의해서 포위되었습니다. 아람 군대는 아사 작전을 씁니다. 보급로를 다 차단하고 사마리아 성을 포위한 채 이들이 굶어 죽을 때까지 기다리는 거예요. 마침내 사마리아 성에 양식이 다 떨어졌습니다. 어느 날, 왕이 민생 시찰을 나갔습니다. 두 여인이 왕에게 와서 억울함을 호소합니다. 이스라엘 백성은 하위 법정에서 억울함이 해결되지 않을 경우, 왕에게 나와 까다로운 문제를 재판 받을 수 있었습니다. 솔로몬 때도 그런 일이 있었죠. 사마리아 성에 거주했던 두 여인은 극심한 배고픔 중에서 서로 계약을 맺었습니다. 차마 자기 아이를 자기 손으로 죽이지 못하니까 내 아이는 이웃 여자가 잡고 그녀의 아이는 자신이 잡아서 두 가정이 배고픔을 면하자고 약속한 것입니다. 너무 배고플 때 제정신이 아니었던 것입니다. 결국, 한 아이가 먼저 희생을 당했습니다. 그런데 곧이어 문제가 발생했습니다. 인육을 먹고 정신 정신을 차렸는지 모성애가 다시 돌아온 것입니다. 마침내 이웃 여자의 자녀를 잡을 차례가 되었을 때, 그녀가 자기 아기를 숨긴 겁니다. 사정이 억울하게 되었다고 왕 앞에 나와 호소하고 있는 것입니다. 세상에 이런 비극이 어디 있습니까? 이러한 사정을 들으며 왕의 마음이 참담해졌습니다. 그리고 자신의 옷을 찢었습니다. 한 가지 놀라운 사실은 이러한 극단적인 상황까지 미리 모세가 내다보았다는 것입니다. 모세가 진술한 '저주의 길'에 다음의 내용이 기록되어 있습니다.

> 네가 적군에게 에워싸이고 맹렬한 공격을 받아 곤란을 당하므로 네 하나님 여호와께서 네게 주신 자녀 곧 네 몸의 소생의 살을 먹을 것이라 … 자기 다리에서 나온 태와 자기가 낳은 어린 자식을 남몰래 먹으리니 이는 네 적군이 네 생명을 에워싸고 맹렬히 쳐서 곤란하게 하므로 아무것도 얻지 못함이니라(신 28:52-57).

이 사건도 이스라엘이 현재 언약의 파기에 따른 저주의 길에 있음을 보여 줄 수 있습니다. 성경의 예언을 연구한 선지자들은 이스라엘 나라가 언약적인 저주와 심판에 처해 있음을 깨닫고 이제 '하나님께서 우리를 열국 중에 흩으시겠구나'라고 인식할 수 있었을 것입니다.

이런 시기에 하나님은 엘리야를 하늘로 취하셨습니다. 이 역시 하나님께서 일으키신 표적적 사건이었습니다. 그 역사적인 정황이 결코 밝고 긍정적이지 않았다는 사실을 로마서 11장 말씀에서 확인할 수 있습니다.

하나님이 그 미리 아신 자기 백성을 버리지 아니하셨나니 너희가 성경이 엘리야를 가리켜 말한 것을 알지 못하느냐 그가 이스라엘을 하나님께 고발하되 주여 그들이 주의 선지자들을 죽였으며 주의 제단들을 헐어 버렸고 나만 남았는데 내 목숨도 찾나이다 하니 그에게 하신 대답이 무엇이냐 내가 나를 위하여 바알에게 무릎을 꿇지 아니한 사람 칠천 명을 남겨 두었다 하셨으니(롬 11:2-4).

엘리야는 하나님께 "나만 남았습니다"라고 호소합니다. 그리고 이스라엘 백성을 하나님께 '고발'했다고 성경은 기록합니다. 법정에서 엘리야는 일종의 검사의 입장에 선 것입니다. 오히려 하나님께서 엘리야의 생각을 교정해 주십니다. "엘리야 너만 남은 게 아니다. 바알에게 무릎 꿇지 않은 칠천을 내가 남겨놓았다"라고 말씀합니다. 하나님께서 이스라엘을 아직 포기하지 않으셨음을 말씀한 것으로 생각됩니다.

3) 엘리야의 승천 경로

성경은 엘리야의 승천 경로를 의미 있게 기록하고 있습니다. 하나님께서 엘리야를 하늘로 취하시기 전에 엘리야가 주요 지역들을 방문하게 합니다. 엘리야가 스스로 선택한 것이 아닙니다. 성령님께서 친히 엘리야를 다음의 지역들로 인도하셨습니다.

시내산(왕상 19장) → 길갈(왕하 2:1) → 벧엘(왕하 2:2) → 여리고(왕하 2:4) → 요단강 도하(왕하 2:8) → 요단 동편(왕하 2:9-10) → 승천(왕하 2:11)

왜 이 지역들을 지나간 것일까요? 이것은 출애굽한 이스라엘이 시내산에 집결하여 하나님과 더불어 결혼 언약을 맺은 후 출발하여 가나안 정복 전쟁을 수행하기까지 걸어온 경로와 비슷합니다.

시내산 → 요단 동편 → 요단강 도하 → 길갈 → 여리고 → 아이성-벧엘 전투(수 8:9, 17)

이스라엘은 시내산에서 하나님과 언약을 맺었고 이후 40년 동안 모세와 함께 광야에서 생활합니다. 이 기간에 광야에서 자라난 두 번째 세대는 여호수아와 함께 요단강을 도하한 후에 길갈에서 할례를 받죠. 할례의 의미는 세례와 마찬가지로 하나님(그리스도)과의 연합을 상징합니다. 이런 면에서 볼 때, 새로운 광야 세대는 길갈에서 하나님과 맺은 결혼 언약을 몸으로 체험했다고 볼 수 있습니다. 호렙산(시내산)의 역사적인 장소에서 하나님의 현현을 대면한 엘리야는 길갈을 방문합니다. 그다음에 엘리야는 벧엘로 이끌려 갑니다. 이곳은 아이성 전투 때 이스라엘이 매복했던 장소입니다. 학자들은 아이성 전투가 이루어질 때, 이스라엘은 아이성과 벧엘 주민의 연합군과 더불어 전투를 수행했다고 판단합니다. 엘리야는 그다음에 여리고 전투의 역사적 장소를 방문합니다. 그다음에 요단강 서편에 섭니다. 그러자 하나님은 요단강을 가르는 기적을 일으켜서 엘리야를 요단강 동편으로 이끄십니다. 거기서 엘리야를 데려가셨습니다.

여기서 잠시 멈추고 생각을 해보아야 합니다. 지금 엘리야는 오래전에 여호수아 장군과 이스라엘 백성이 건넜던 곳과 동일한 위치에서 요단강을 거꾸로 건너가고 있습니다. 어떻게 이를 알 수 있을까요? 여호수아가 요단강을 건넜을 때, 이들의 눈앞에 보인 장소가 바로 여리고 성이기 때문입니다(수 4:19). 오늘 엘리야는 여리고에서 출발하여 요단강을 건너 반대편으로 건너갔습니다(왕하

2:4-6). 결국, 엘리야는 출애굽 공동체의 가나안 정복 경로를 반대로 거슬러 가고 있습니다. 그렇습니다. 지금 엘리야는 정확히 출애굽의 역사를 거꾸로 역행하고 있습니다. 제가 신학교 들어와서 이 내용을 수업 시간에 배웠을 때 소름이 돋았습니다. 마치 하나님께서 이스라엘의 출애굽 역사를 역행해서 가면서 "이건 없었던 거다"라고 말씀하시는 듯 들렸습니다. 지금 하나님께서는 그분 자신이 이스라엘과 맺은 언약이 파기되었음을 상징적으로 보여주시려는 듯합니다. 어떤 의미에서는 이제 하나님께서 이스라엘을 버리시는 듯한 제스처를 하고 계신 것입니다. 만일 이것이 사실이라면 이제야 비로소 엘리사의 반응을 충분히 이해할 수 있습니다. 그에게 엘리야의 승천은 곧 하나님의 부재 상황을 의미했던 것입니다. 이 때문에 엘리사는 옷을 찢으면서 "엘리야의 하나님 여호와는 어디 계시나이까?"라고 울부짖은 것입니다. 이처럼 엘리야의 승천을 하나님께서 행하신 심판의 표적으로 읽으면 본문의 의미가 엄중하게 다가옵니다.

2. 엘리야의 승천과 하나님의 구원

물론 이것이 끝이 아닙니다. 하나님께서 행하시는 일에는 많은 경우 양면이 있습니다. 하나님의 언약적인 사랑은 결코 이스라엘을 포기하지 않으십니다. 이스라엘이 언약을 파괴하므로 스스로 자초한 저주와 심판이 임할 때에라도 하나님은 그분 자신의 백성을 포기하지 않으셨습니다. 하나님께서 이스라엘을 끝까지 포기하지 않고 사랑하셨다는 것을 전제로 본문을 조명할 때, 우리는 엘리야의 승천이 갖는 표적적 의미에서 구원과 회복의 요소를 발견할 수 있습니다. 특히 두 가지 측면에서 엘리야의 승천에 담긴 소망의 요소를 살펴보겠습니다.

첫째, 하나님께서는 엘리야를 죽이지 않고 산 채로 데려가셨습니다. 이 자체가 하나님의 구원 역사가 아직 끝나지 않았다는 의미를 던져줍니다. 원래 모든 사람은 죽습니다. 그런데 엘리야는 죽지 않은 채로 하늘로 들림을 받았습니다. 이 때문인지 이스라엘 사람들 사이에는 자연스럽게 엘리야 재림사상이 퍼지게 되었습니다. 이는 민족적인 수난기에 이스라엘 사람들에게 일종의 종말론적 희망을 주는 원동력이 되었습니다. 물론 이는 막연한 미신적 생각이 아니었습니다. 말라기의 예언에 기초를 둔 신앙이었습니다. 하나님의 말라기 선지자를 통해서 다음과 같이 말씀하셨습니다.

> 보라 여호와의 크고 두려운 날이 이르기 전에 내가 선지자 엘리야를 너희에게 보내리니(말 4:5).

예수님께서도 민간에 확산되어 있던 엘리야 재림신앙을 언급하시면서, 이를 올바르게 해석해 주셨습니다.

> 만일 너희가 즐겨 받을진대 오리라 한 엘리야가 곧 이 사람[세례 요한]이니라(마 11:14).

엘리야가 다시 온다고 했는데 주님은 그가 바로 세례 요한이라고 말씀하셨습니다. 여러 이유가 있겠지만 무엇보다 두 선지자가 감당한 사역의 성격이 일맥상통했기 때문이 아닌가 생각합니다. 두 사람 모두 하나님으로부터 마음이 이탈한 하나님 백성의 마음을 참 신랑이신 하나님께로 되돌리는 역할을 감당했습니다.

둘째, 엘리야의 승천을 마지막 순간까지 지켜본 엘리사의 기도 제목에 하나님께서 즉각적으로 응답하신 사실에 우리는 주목해야 합니다. 엘리사는 자신을 떠나라는 엘리야의 말을 듣지 않고 자기 스승을 끝까지 따라갑니다. 마침내 엘리야는 승천하기 직전에 엘리사의 기도 제목이 무엇인지 묻습니다. 그때 엘리사가 대답합니다.

> 당신의 성령이 하시는 역사가 갑절(double portion)이나 내게 있게 하소서 (왕하 2:9).

이것은 무슨 의미일까요? "원로 목사님 때는 천 명이 모였는데 나는 이천 명 목회하게 해주세요." 과연 이런 의미일까요? 언뜻 보면 그렇게 보이기도 합니다. 그러나 우리는 '갑절'이라는 표현에 주의하여 신중하게 해석해야 합니다. 학자들은 이 '갑절'이라는 것은 신명기 21장에 기록된 장자의 몫으로 할당된 '두 몫'(double portion)을 의미한다고 이해합니다.

> 장자로 인정하여 자기의 소유에서 그에게는 두 몫을 줄 것이니 그는 자기의 기력의 시작이라 장자의 권리가 그에게 있음이니라 (신 21:17).

옛날 농경사회에는 자식이 많았잖아요. 만일 모든 자녀에게 땅을 똑같이 나눠주면 어떻게 되겠어요? 머지않아 가업으로 이을 땅은 사라지고 말 것입니다. 이런 사태를 방지하기 위해 장자가 가업을 대대로 보존하도록 재산을 배분했습니다. 장자가 대대로 내려오는 땅을 상속받고 차자들은 주로 동산을 받았습니다.

이런 맥락에서 보면, 엘리사가 구한 '갑절', 곧 '장자의 몫'이 의미하는 바를 이해하는 것은 어렵지 않습니다. "엘리야와 함께한 하나님의 은혜가 사라지지 않고 엘리사의 시대에도 계속 머물기를 원합니다"라는 뜻입니다. 결혼 언약의 관점에서는 이렇게 비유할 수 있습니다. 이제 막 가정법원에서 이혼 도장을 찍고 나오는 커플에게 묻습니다. "여러분의 계획이 무엇입니까?" "예, 다시 재혼하는 것입니다." 다소 황당한 대답이 아니겠습니까? 그런데 따지고 보면 엘리사가 간구한 내용이 이와 별반 다르지 않습니다. 이에 대한 엘리야의 첫 반응이 다소 부정적이었던 것이 충분히 이해됩니다. 사실 신자가 성령님을 구하는 것은 하나님께서 매우 기뻐하시는 기도입니다. 그럼에도 엘리야는 그런데 대답합니다.

> 네가 어려운 일을 구하는도다! 그러나 나를 네게서 데려가시는 것을 보면 그 일이 네게 이루어지려니와 그렇지 아니하면 이루어지지 아니하리라(왕하 2:10).

아무리 하나님의 은혜와 자비가 풍성하다고 해도, "하나님께서 너의 기도를 즉각적으로 들어주시는 것은 어렵지 않겠느냐?"라는 의미입니다. 그러나 엘리야는 곧이어 말을 이어갑니다. "혹시 하나님께서 승천의 표적을 너에게 보여주신다면, 네가 간구하는 제목이 응답될 거야." 엘리야는 분명히 하나님의 자비하심에 대한 소망의 끈을 놓지 않고 있습니다. 아마도 엘리사가 활동하는 시기에 언젠가는 하나님께서 이스라엘을 회복시키실 것이라는 기대를 표현한 것이지요.

참 감격스럽게도 하나님께서는 엘리야의 생각보다도 훨씬 빨리 반응하셨습니다. 하나님의 부재 상황에 대해 애통하면서 "엘리야의 하나님 여호와는 어디 계시나이까?" 부르짖는 엘리사를 오래도록 내버려두지 않으셨습니다. 엘리야가 승천한 지 불과 몇 시간이 흐르지 않았습니다. 하나님께서는 엘리사의 눈앞에서 요단강을 다시 가르는 기적을 일으키셨습니다.

> 엘리야의 몸에서 떨어진 그의 겉옷을 가지고 물을 치며 이르되 엘리야의 하나님 여호와는 어디 계시니이까 하고 그도 물을 치매 물이 이리 저리 갈라지고 엘리사가 건너니라(왕하 2:14-15).

요단강이 엘리사 한 사람을 위해서 갈라집니다. 이 의미가 무엇일까요? 가나안 땅에 대한 재정복의 역사가 일어난 것입니다.

> 맞은편 여리고에 있는 선지자의 제자들이 그를 보며 말하기를 엘리야의 성령이 하시는 역사가 엘리사 위에 머물렀다 하고 가서 그에게로 나아가 땅에 엎드려 그에게 경배하고(왕하 2:15).

요단강 맞은편에 있던 선지자 생도는 엘리사 앞에 무릎을 꿇습니다. 사람을 경배한 게 아니라 엘리사와 함께하시는 성령님께 예배한 것입니다. 기억하시겠지만 모세가 십계명 돌판을 깨뜨린 이후에 하나님께서는 다시금 십계명을 주십니다. 이번에도 하나님께서는 비슷한 은혜를 베푸셨습니다. 엘리야의 승천을 통해 이스라엘에 대한 심판을 선언하셨습니다. 마치 이렇게 말씀하시는 듯합니다. "너희가 언약을 파괴했기 때문에 이 재앙을 자초한 것이다." 그런데 이 표적적인 사건을 일으키신 후에 하나님께서는 다시 엘리사에게 임하셨습니다. 이날 하루의 여러 사건이 해지기 전에 일어났다고 가정할 때, 대략 시간을 계산해 보면, 승천과 함께 약속의 땅을 떠나셨던 하나님은 늦어도 2-3시간 안에는 다시 돌아오신 것입니다. 비유컨대, 아마도 엘리야는 승천하면서 하나님의 손에서 아직 빼지 않은 결혼반지를 보았을 것입니다.

잠시 엘리사의 입장에서 생각해 봅시다. 만약 여러분이 엘리사라면 어떻게 하시겠습니까? 요단강을 다시 건너 이스라엘 땅으로 들어오시겠습니까? 역사적 상황을 생각하면 쉽게 대답할 수 없을 것입니다. 현재 악한 정권이 엘리야에 대해 수배령을 내린 상황입니다. 자신이 의지하는 스승은 하늘로 승천했습니다. 무엇보다 하나님도 약속의 땅을 포기하신 것으로 보입니다. 이세벨은 엘리야를 죽이겠다고 했습니다. 엘리야를 처형시키려는 이세벨이 그의 제자인 엘리사를 살려두겠습니까? 엘리사 입장에서는 요단강을 다시 건너서 이스라엘 땅으로 들어가는 것은 곧 순교를 각오하는 행위로 인식되었을 것입니다. 이 모든 상황을 잘 알고 있었던 엘리사는 요단강을 건너길 원했습니다. 하나님께서는 엘리사의 소원을 들어주셨습니다. 그만을 위해 요단강을 가르셨습니다. 물론 이는 이스라엘 전체를 위해 베푸신 표적이었습니다.

열왕기하 4장에는 또 다른 표적적인 사건이 기록되어 있습니다. 수넴 여인의 아이를 엘리사가 살린 사건입니다. 이 여자는 원래 소망이 없던 여인이었습니다. 집은 부유했지만, 가업을 이을 자녀가 없는 여인이었습니다. 가업을 상속받을 자녀가 없다는 것은 곧, 미래가 없음을 의미했습니다. 신앙심은 깊었던 것 같습니다. 여러 가지로 어려움을 자초할 수도 있었겠지만 그녀는 엘리사 선지자를 자기 집에서 머물게 하면서 봉양합니다. 엘리사는 그녀에게 필요한 기도제목이 무엇인지 알아봅니다. 여인에게 자식이 없음을 알게 된 엘리사는 하나님께서 이 가정에 아이를 주실 것이라고 예언합니다. 그 여인이 하나님께 구하지도 않았는데 가장 중요한 기도제목을 언급한 것입니다. 과연 이듬 해 하나님께서 그녀에게 아들을 주시지요. 얼마나 귀한 아들이었을까요? 이 아이가 자라 말을 배우는 나이가 되었습니다.

어느 날 아빠를 따라 밭에 나갔다가 머리의 통증을 호소합니다. "내 머리야, 내 머리야"라고 말하는 아이를 아빠는 엄마에게 돌려보냅니다. 이윽고 그 귀한 아들이 엄마 품에서 죽습니다. 너무 기가 막힌 비극이 일어난 것입니다. 슬픔에 빠진 엄마가 엘리사에게 와서 말합니다.

> 내가 내 주께 아들을 구하더이까 나를 속이지 말라고 내가 말하지 아니하더이까(왕하 4:28절).

정암의 주석을 보면 "당신의 계집종을 속이지 마옵소서"(16절)의 의미를 다음과 같이 풀어주십니다. "당신의 계집종에게 속이는 소망을 격동시키지 마옵소서." 이에 비추어보면 28절의 의미는 다음과 같습니다. "내가 언제 희망을 달라고 했습니까? 구하지도 않은 희망을 주셨다가 이제 와서 도로 빼앗아가는 것은 너무하신 것이 아닙니까?"

엘리사의 마음도 참담함을 느낀 것 같습니다. 어떻게 해서든 이 아이를 살려보려고 노력합니다. 사람들을 다 물러가게 한 후, 하나님 앞에 간절히 기도합니다.

> 여호와께 기도하고 … 자기 입을 그의 입에, 자기 눈을 그의 눈에, 자기 손을 그의 손에 대고 그의 몸에 엎드리니 아이의 살이 차차 따뜻하더라(왕하 4:34).

기도하는 모습이 독특합니다. 시신의 눈에 자기 눈을, 시신의 손에 자신의 손을, 시신의 입에 자신의 입을 갖다 댑니다. 한 걸음 더 나아가 아예 자기 몸으로 죽은 아이의 몸을 덮은 채 기도합니다. 도대체 무슨 의도에서 이렇게 기도했을까요? 아마도 자신의 생명을 대신 취하고 죽은 아이를 살려달라고 간구한 것이 아닐까 생각합니다. "엘리사가 내려서 집 안에서 한 번 이리 저리 다니고 다시 아이 위에 올라 엎드리니"(35절)라는 의미를 깨닫고 나면 충분히 그렇게 해석하는 것이 가능합니다. 시체는 차갑습니다. 엘리사는 시체 위에 자기 몸을 포개어 살아있는 자신의 온기를 차가운 시신에 전달하길 원했습니다. 그런데 엘리사는 자신의 몸이 시신 때문에 차가워지는 것을 느낍니다. 그래서 자리에서 일어나 자신의 몸을 움직입니다. 몸에 온기를 회복시킨 후에 다시 차가운 시신에 자신의 몸을 포갭니다. 자기 몸의 온기로 어떻게 해서든 이 아이를 살려 보려고 몸부림친 것이라고 저는 생각이 됩니다. 엘리사의 모습에서 우리는 간절한 기도의 모범을 발견합니다.

'차라리 내 생명을 취하시고 이 사람을 살려주옵소서!'

이러한 간절함으로 하나님 앞에 부르짖어야 하지 않겠습니까? 무엇보다도 엘리사가 죽은 아이의 입에 자신의 입을 맞대었다는 사실은 깊은 감동과 놀라움을 줍니다. 수년 전, 아버지 돌아가셨을 때 가족과 함께 입관식에 참여했습니다. 아버지의 시신을 눈으로 볼 수 있는 마지막 시간이었죠. 큰 슬픔을 느끼며 아버지 시신을 쓰다듬었던 기억이 납니다. 아무리 사랑하는 아버지일지라도 시신과 입을 맞춘다는 것은 생각할 수 없었습니다. 그런데 지금 엘리사는 죽은 아이의 입에 자신의 입을 포갭니다.

출애굽기 32장에는 모세의 중보기도가 기록되어 있습니다. 금송아지 우상을 만들고 범죄한 이스라엘의 죄를 용서해 달라고 간구하면서 모세는 "그러나 이제 그들의 죄를 사하시옵소서 그렇지 아니하시오면 원하건대 주께서 기록하신 책에서 내 이름을 지워 버려 주옵소서"라고 기도합니다. 자신의 생명을 걸고 이스라엘을 살려달라고 간절히 기도한 것입니다. 저는 엘리사의 기도하는 모습에서 모세의 중보기도를 연상합니다. 이 수넴 여인의 죽은 아이는 이스라엘의 영적인 사망 상태를 보여주고 있습니다. 이처럼 영적 사망 상태에 있는 교회를 내버려두시지 않고 하나님은 그분 자신의 사역자들을 파송하십니다. 암흑 가운데 있는 교회를 다시 살리라고 사역자들을 보내시면서 이들에게 말씀과 기도의 은사를 주십니다. 사역자는 결코 가벼운 태도로 이 은사를 활용하지 않습니다. 전심으로 말씀을 선포하고 마음을 다해 기도해야 합니다. 편하게 앉아 기도할 수 없습니다.

"차라리 내 생명을 취하시옵소서. 그 대신 이 교회를 살려주옵소서!"
이렇게 간절하게 간구해야 하는 것입니다.

과연 목회자들만 이렇게 간구해야 할까요? 그렇지 않습니다. 교회를 위한 간구는 모든 신자의 의무입니다. 신앙생활을 하다 보면 마치 영적으로 코마 상태에 이른 것과 같은 교회를 볼 때가 있습니다. 좋은 교회 안에서도 때때로 영적으로 냉기를 느낄 때가 있습니다. 이러한 경험을 할 때 우리는 쉽게 교회를 비판하곤 합니다. 오늘 이후 주님께서 이러한 우리의 모습을 바꾸어 주시길 간구합시다. 그 차가운 냉기를 느끼는 곳에서 교회의 사랑이 식었다고 비판하기보다는 무릎을 꿇고 기도하면 좋겠습니다. 생기를 상실한 부분을 내 가슴에 끌어안고 나의 뜨거운 온기로 차가워진 부분을 따뜻하게 만들어달라고 간구해야 할 줄 압니다. 죽어가는 자식을 가슴에 품고 차라리 내 목숨을 취해서라도 이 아이 살려달라고 매달리는 부모의 마음으로 교회를 위해서 기도하는 우리 모두가 되었으면 좋겠습니다. 이러한 기도를 통해 하나님께서는 일하시기를 기뻐하십니다. 엘리사의 기도가 우리 모두의 기도가 되기를 간절히 축원합니다.

12.
엘리야: 세미한 소리

열왕기상 19:9-12

⁹엘리야가 그 곳 굴에 들어가 거기서 머물더니 여호와의 말씀이 그에게 임하여 이르시되 엘리야야 네가 어찌하여 여기 있느냐? ¹⁰그가 대답하되 내가 만군의 하나님 여호와께 열심이 유별하오니 이는 이스라엘 자손이 주의 언약을 버리고 주의 제단을 헐며 칼로 주의 선지자들을 죽였음이오며 오직 나만 남았거늘 그들이 내 생명을 찾아 빼앗으려 하나이다. ¹¹여호와께서 이르시되 너는 나가서 여호와 앞에서 산에 서라 하시더니 여호와께서 지나가시는데 여호와 앞에 크고 강한 바람이 산을 가르고 바위를 부수나 바람 가운데에 여호와께서 계시지 아니하며 바람 후에 지진이 있으나 지진 가운데에도 여호와께서 계시지 아니하며 ¹²또 지진 후에 불이 있으나 불 가운데에도 여호와께서 계시지 아니하더니 불 후에 세미한 소리가 있는지라.

1. 엘리야의 고민

엘리야의 승천 사건을 지난번에 구속사적인 의미에서 살펴보았습니다. 이 사건을 거시적으로 조명해 보면 시내산 언약과 연결되어 있음이 드러납니다. 시내산 언약에서 하나님께서는 모세를 통해 이스라엘 자손에게 축복과 저주의 길을 제시하십니다. 안타깝게도 통일 왕국 이후 배도한 이스라엘의 역사는 저주의 길로 들어섭니다. 엘리야 시대에 있었던 3년 반의 대 기근은 언약적인 저주로 해석될 수 있습니다. 이 시기에 활동했던 선지자가 엘리야와 엘리사입니다. 이들이 활동했던 시기는 아합왕이 북왕국을 통치했던 때였습니다. 아합왕이 얼마나 악한 왕이었는지 열왕기상 기자는 다음과 같이 기록하고 있습니다.

> 오므리의 아들 아합이 그의 이전의 모든 사람보다 여호와 보시기에 악을 더욱 행하여(왕상 16:30).

아합왕의 악행에 대해서는 앞장에서 이미 말씀드렸습니다. 아합왕 정부는 이스라엘의 국교를 바알과 아세라를 섬기는 종교로 바꾸고 여호와를 섬기는 제사장과 선지자를 잡아 죽이는 만행을 저질렀습니다. 엘리야가 느끼기에는 자기 하나만 살아남았다고 생각했을 정도입니다.

> 이세벨이 여호와의 선지자들을 멸할 때 … 엘리야가 백성에게 이르되 여호와의 선지자는 나만 홀로 남았으나(왕상 18:4, 22).

이처럼 악한 왕은 이스라엘 역사에 전무후무했던 것이죠. 북이스라엘이 여호와 신앙을 버린 것은 일찍이 시내산에서 맺었던 언약이 파괴되었음을 의미합니다. 이처럼 이스라엘 역사의 수레바퀴가 한없이 바닥을 향해 추락해 가는 것을 그 누구보다도 엘리야는 안타깝게 생각했습니다.

이런 비극은 왜 생겼을까요? 물론 이스라엘의 죄 때문입니다. 그런데 엘리야의 마음 한구석에는 침묵을 지키시는 하나님에 대한 원망도 있었던 것으로 보입니다.

'도대체 하나님께서는 우리가 이 지경까지 되도록 왜 가만히 계셨습니까?'
'우리의 조상들은 이집트에서 열 가지 재앙을 목격했고 출애굽 과정에서 홍해의 기적을 경험하지 않았습니까?'
'이러한 체험을 통해 여호와 하나님에 대한 믿음이 견고해진 것이 아닙니까?'
'왜 하나님께서는 더 이상 이러한 표적을 우리에게 보여주시지 않습니까?'

엘리야는 이러한 의문을 마음에 품었던 것 같습니다. 그리고 하나님께 간구합니다.

"하나님께서 살아 계심을 우리에게 보여주세요. 그러면 우리 이스라엘 사람들이 마음을 하나님께로 돌이킬 수 있겠나이다."

우리는 엘리야의 심정을 이해할 수 있습니다. 가끔은 우리도 이와 같은 마음으로 탄식하며 기도할 때가 있습니다. 특히 사랑하는 가족이 복음을 받아들이지 않을 때 그렇습니다. 너무 답답한 나머지 "하나님께서 살아 계심을 기적적인 방식으로 보여주세요. 그러면 남편이, 부모가, 우리 자녀가 주님을 믿겠나이다."

엘리야는 하나님께서 하늘로부터 불이 내리는 기적을 일으키심을 통해 자신의 기도에 응답해 달라고 먼저 간구했을지도 모릅니다. 하나님께서는 그의 기도에 응답해 주셨습니다. 그래서 엘리야는 '불의 선지자'로 불리게 되었습니다. 그의 이름을 널리 알려준 유명한 갈멜산 전투에서 엘리야는 홀로 서 있었습니다. 반대편에는 바알과 아세라를 섬기는 선지자 850명이 동원되었습니다. 많은 이스라엘 사람들이 구경하고 있습니다. 이들은 하나님 편에 선 자들이 아니었습니다. 엘리야는 마음속으로 이렇게 기도했을 것입니다. '하나님께서 살아계신 것을 이스라엘 백성 앞에서 보여주세요.' 그러면서 하늘에서 불이 내리길 간구했죠.

> 여호와여 내게 응답하옵소서 내게 응답하옵소서 이 백성에게 주 여호와는 하나님이신 것과 주는 그들의 마음을 돌이키심을 알게 하옵소서(왕상 18:37).

> 이에 여호와의 불이 내려서 번제물과 나무와 돌과 흙을 태우고 또 도랑의 물을 핥은지라(왕상 18:37).

엘리야의 목적은 분명했습니다. 이스라엘 사람들의 마음을 여호와께로 돌이키는 것이었습니다. 마침내 하늘로부터 여호와의 불이 내려왔습니다. 놀랍게도 물로 적셔진 번제물과 나무와 돌과 흙을 모두 태웠습니다. 또 도랑의 물까지 다 핥아 버렸습니다. 엘리야의 기도는 이처럼 통쾌하게 응답을 받았습니다. 그리고 여기에 그치지 않았습니다. 엘리야가 간절히 기도했더니 3년 6개월의 극심한 기근이 끝났습니다. 하늘에서 먹구름이 피어오르더니 장대비가 내렸습니다.

2. 갈멜산 전투, 그 이후

자, 이쯤 되면 이스라엘 사람들의 태도에 큰 변화가 있었을까요? 과연 엘리야가 기대한 대로 이스라엘 백성이 마음을 돌이켜서 하나님께 돌아왔을까요? 갈멜산에서는 일시적으로 마음에 동요가 일어난 듯했습니다. 바알 선지자들을 처단하는 일에 협조한 것으로 보입니다. 그러나 그뿐이었습니다. 이들은 엘리야를 앞세워 아합 정권에 저항한 흔적이 없습니다. 엘리야는 갈멜산에서 백성의 태도 변화를 촉구하며 다음과 같이 호소합니다.

> 엘리야가 모든 백성에게 가까이 나아가 이르되 너희가 어느 때까지 둘 사이에서 머뭇머뭇 하려느냐? 여호와가 만일 하나님이면 그를 따르고 바알이 만일 하나님이면 그를 따를지니라 하니 백성이 말 한마디도 대답하지 아니하는지라(왕상 18:21).

이와 같이 엘리야가 간절한 마음으로 권면을 했음에도 백성은 한마디도 답을 하지 않았습니다. 엘리야의 설교를 듣고도 마음이 움직이지 않았던 것입니다. 이들의 눈앞에서 하늘에서 불이 내리는 기적이 일어났습니다. 그러자 순간적으로 이들은 바알의 선지자들을 죽이는 일에 동참했습니다. 그러나 이후의 변화나 회개의 여부에 대해서는 성경이 아무런 언급을 하지 않고 있습니다. 오히려 성경은 정반대의 상황을 기록합니다. 갈멜산 전투 이후 이세벨의 입장은 더욱 강경해졌습니다. 엘리야를 처단해 버리겠다고 공언했습니다. 열왕기상 19장 1-2절에서 이세벨은 다음과 같이 말합니다.

> 아합이 엘리야가 행한 모든 일과 그가 어떻게 모든 선지자를 칼로 죽였는지를 이세벨에게 말하니 이세벨이 사신을 엘리야에게 보내어 이르되 내가 내일 이맘때에는 반드시 네 생명을 저 사람들 중 한 사람의 생명과 같게 하리라 그렇게 하지 아니하면 신들이 내게 벌 위에 벌을 내림이 마땅하

니라 한지라(왕상 19:1-2).

이렇게 정권에서 탄압의 강도를 높이니까 엘리야의 마음이 움츠러들었습니다. '아, 이제는 나도 죽겠구나!' 공포감에 사로잡혀 엘리야가 도주합니다. 40주 40야를 걸어서 여호와의 산 호렙(시내산)까지 걸어갔습니다. 이처럼 먼 길을 떠나기 전에 엘리야는 로뎀나무 아래에서 잠시 머물렀습니다. 로뎀나무 아래에서 엘리야는 하나님께 자신을 죽여 달라고 간구합니다.

> 그가 이 형편을 보고 일어나 자기의 생명을 위해 도망하여 … 한 로뎀 나무 아래에 앉아서 자기가 죽기를 원하여 이르되 여호와여 넉넉하오니 지금 내 생명을 거두시옵소서 나는 내 조상들보다 낫지 못하니이다(왕상 19:3-4).

'나는 내 조상들보다 낫지 못합니다.'
'모세는 홍해의 기적을 통해 이스라엘을 인도했습니다. 저는 하늘에서 불이 내리는 기적을 응답받았음에도 백성은 변화되지 않았고, 저는 이 백성을 인도할 수 없네요. 저는 모세와 같은 훌륭한 선지자가 아닙니다.'
지금 엘리야는 절망에 빠졌습니다. 무력감으로 인해 살아갈 희망을 상실했습니다. 급기야 하나님께서 자신의 생명을 취해가시길 간구했습니다. 엘리야의 말대로 되었다면 로뎀나무는 절망과 죽음을 연상시키는 나무가 되었을 것입니다. 오늘날 로뎀나무가 우리에게 아름다운 이름으로 기억되는 것은 오로지 하나님의 은혜 때문입니다, 이곳에 하나님의 위로가 임했기 때문입니다. 하나님은 엘리야에게 천사를 보내어 특별한 말씀을 하시지 않습니다. 오히려 그를 잠재우십니다. 한참 자는 엘리야를 깨워서 숯불에 구운 떡과 한 병의 물을 먹고 마시게 하신 후에 다시 재우십니다. 얼마 후 잠들어 있는 엘리야를 깨우십니다. 그리고 다시 한번 먹고 마시게 하십니다. 이렇게 엘리야의 기력을 회복시키신 후에 하나님은 엘리야를 40주 40야를 걸어 호렙산으로 이끄셨습니다.

3. 호렙산에서

> 이에 일어나 먹고 마시고 그 음식물의 힘을 의지하여 사십 주 사십 야를 가서 하나님의 산 호렙[시내산]에 이르니라(왕상 19:8).

왜 하나님께서 40주 40야를 걸어서 호렙산(시내산)으로 인도했을까요? 시내산은 하나님과 이스라엘에게 매우 의미 있는 장소이기 때문입니다. 출애굽 때 모세는 이스라엘을 시내산으로 인도했습니다. 시내산에서 하나님께서는 이스라엘과 결혼 언약을 맺고 이스라엘을 자기 백성으로 삼으셨습니다. 바로 시내산 언약의 역사적 장소로 하나님은 엘리야를 인도하십니다.

> 엘리야가 그곳 굴에 들어가 거기서 머물더니(왕상 19:9).

주석가들은 "그곳 굴"이 특별한 굴이었다고 생각합니다. 히브리어 원문 성경을 보면 '하메아라'(הַמְּעָרָה)로 되어 있습니다. '굴'을 의미하는 '메아라' 앞에 정관사 '하'가 붙어 있습니다. '어떤 동굴'이 아니라 '그 동굴'(the cave)이라는 의미입니다. 학자들은 이 동굴을 출애굽기 33장에 기록된 '모세의 동굴'로 이해합니다. 모세가 하나님의 얼굴을 보길 원할 때 하나님은 '바위 틈' 사이에 모세를 감추셨습니다. 여기서 '바위 틈'을 공동번역 성경에는 '바위 굴'로 번역했습니다. 모세는 하나님과 이스라엘의 결혼 언약을 중매한 선지자입니다. 모세가 하나님의 현현을 체험했던 역사적인 장소로 하나님은 오늘 엘리야를 이끄신 것입니다. 과연 이곳에서 엘리야는 어떤 일을 했을까요? 로마서 11장 2-3절에 따르면 엘리야는 이곳에서 이스라엘을 하나님 앞에서 고발했습니다.

> 너희가 성경이 엘리야를 가리켜 말한 것을 알지 못하느냐 그가 이스라엘을 하나님께 고발하되 주여 그들이 주의 선지자들을 죽였으며 주의 제단들을 헐어 버렸고 나만 남았는데 내 목숨도 찾나이다 하니(롬 11:2-3).

마치 법정에서 검사가 피고를 고발하듯이 엘리야는 이스라엘을 하나님께 고소하고 있습니다. 이스라엘이 하나님과 맺은 언약을 철저히 깨뜨렸다고 고발하는 것입니다. 오래전 이스라엘 백성이 금송아지 신상을 만들고 우상을 섬겼을 때, 모세가 취했던 태도와 대조를 이룹니다. 언약을 파괴한 이스라엘을 진멸하시겠다는 하나님 앞에서 모세는 "이제 그들의 죄를 사하시옵소서 그렇지 아니하시오면 원하건대 주께서 기록하신 책에서 내 이름을 지워 버려 주옵소서"(출 32:32)라고 말하며 이스라엘을 위해 중보기도를 드렸습니다. 일종의 변호사로서 역할 한 것입니다. 후일 예수님은 변화산에서 엘리야와 모세를 만나십니다. 왜 이들을 만나셨을까요? 단순하게 생각하면 모세와 엘리야는 율법과 선지자, 곧 구약 전체를 상징한다고 볼 수 있습니다. 언약의 관점에서 좀 더 의미를 부여해 볼 수도 있습니다. 시내산 언약에서 모세는 하나님과 이스라엘의 결혼을 중매하는 역할을 했습니다. 한편 엘리야는 하나님과 이스라엘의 언약 관계가 파괴되었음을 선언하는 고소자의 역할을 담당한 선지자입니다. 쉽게 이야기하자면 모세는 결혼을, 엘리야는 이혼을 중재했다고 말할 수 있습니다. 어떤 커플이 결혼과 이혼한 후에 다시 의미 있는 관계를 맺는다면 이는 어떤 관계일까요? 예, 재혼입니다. 바로 메시아께서 감당하시는 사역의 성격을 보여줍니다. 앞으로 메시아께서 예루살렘에서 담당하실 속죄 사역으로 말미암아 깨어진 이스라엘과 하나님의 관계가 온전히 회복될 것입니다. 이를 결혼 언약의 관점에서 보면 재혼이라고 규정할 수 있다는 것입니다.

이제 본문으로 돌아오겠습니다. 호렙산의 동굴 앞에 선 엘리야에게 하나님께서 보여주신 표적은 무엇일까요? 그리고 그 의미는 무엇일까요?

> 여호와 앞에 크고 강한 바람이 산을 가르고 바위를 부수나 바람 가운데에 여호와께서 계시지 아니하며 바람 후에 지진이 있으나 지진 가운데에도 여호와께서 계시지 아니하며 또 지진 후에 불이 있으나 불 가운데에도 여호와께서 계시지 아니하더니 불 후에 세미한 소리(a gentle whisper)가 있는지라(왕상 19:11-13).

학부 때 교환학생으로 미국 일리노이 대학교에서 공부한 일이 있습니다. 이 학교는 광활한 평야 지대를 가득 채우고 있는 옥수수밭으로 둘러싸여 있습니다. 아주 신기했습니다. 차를 타고 가다 보면 집 한 채가 있고 집 옆에는 작은 비행기 있었습니다. 이 비행기는 농작물을 재배하는 데 필요한 비행기였습니다. 또 한참 가다 보면 집 한 채와 비행기 한 대가 나오는 장면이 계속 반복되었습니다. 학교에 도착해서 오리엔테이션에 참여했습니다. 한국에서 민방위 훈련할 때 듣던 익숙한 사이렌 소리를 들려주었습니다. 토네이도 경고음이었습니다. 언제든지 이 소리가 들리면 가까운 건물의 지하로 내려가서 피해야 한다고 안내해 주었습니다. 일단 토네이도가 형성되면 그 파괴력이 어마어마해서 집도 다 날아갑니다. 수년 후 다른 주에서 토네이도가 지나간 후에 지붕이 날아가고 나무가 뿌리째 뽑혔던 것을 직접 본 적이 있었습니다.

잘 생각해 보세요. 이처럼 강한 바람도 산을 가르지는 못합니다. 산에 심긴 나무들을 뿌리째 뽑을 수는 있습니다. 그러나 산 자체를 어떻게 바람이 가르겠어요? 그런데 엘리야가 환상 가운데 보고 있는 바람은 산을 가르는 바람이에요. 아마도 출애굽 때 홍해를 가르던 것 이상의 위력을 가진 바람이었을 것입니다. 하나님께서는 이와 같은 바람의 표적 가운데 계시지 않았다고 성경은 말합니다. 바람 후에는 지진이 그다음에는 불의 표적이 이어졌습니다. 아마도 지진과 불 또한 자연 재앙급이었을 것입니다. 이번에도 하나님께서는 거기에 안 계셨습니다. 이후에 '세미한 소리'가 들렸습니다.

4. 세미한 소리

도대체 이를 통해 하나님께서 엘리야에게 들려주고자 하신 말씀은 무엇이었을까요?
"엘리야야, 지금 내가 홍해를 갈랐던 바람으로 산을 가르고, 어마어마한 규모의 지진과 불로 사람을 겁박하면 이스라엘 백성이 마음을 돌이켜 회개하고 나에게로 돌아올 것으로 생각하느냐? 그렇지 않단다. 이런 방식으로 사람의 마음을 변화시키거나 얻을 수 있는 것이 아니란다."

아마도 엘리야에게 이렇게 말씀하셨을 것입니다. 비상한 표적을 일으키시기 전에 하나님께서는 엘리야에게 다음과 같이 명하셨습니다.

> 여호와께서 이르시되 너는 나가서 여호와 앞에서 산에 서라 하시더니(왕상 19:11).

"나가서 … 산에 서라"에 해당하는 영어 표현은 "go out and stand"입니다. 하나님의 명령에 따라 엘리야는 어마어마한 규모의 자연 재앙을 홀로 맞섰습니다. 영어 '스탠드'(stand)는 '서다'라는 의미도 있지만 '버텨내다' 혹은 '견디다'라는 뜻도 가지고 있습니다. 성경은 엘리야가 두려움에 무릎 꿇었다거나 숨었다고 말하지 않습니다.

"엘리야, 네 모습을 보거라. 이 무시무시한 자연 재앙 앞에서 너도 무릎 꿇지 않지 않았느냐? 그럼에도 왜 너는 나에게 이렇게 행하라고 요구하느냐? 사람은 이러한 재앙 앞에서 쉽게 무릎 꿇는 존재가 아니다. 내가 사람을 그렇게 창조하지 않았단다." 하나님께서는 마치 박넝쿨 교훈으로 요나를 일깨우신 것과 같이 지금 엘리야의 뒤통수를 '탁' 치시는 것입니다.

그렇습니다. 노아의 시대에 하나님께서는 물로 세상을 심판하셨습니다. 과연 이후 인류는 의인으로 변화되었던가요? 또다시 죄의 역사가 되풀이되지 않았나요? 물론 눈앞에서 이러한 자연 재앙이 일어나고 하나님께서 무섭게 겁박하신다면, 우리는 순간적으로 무릎을 꿇을 것입니다. 그렇다고 해서 우리의 마음이 진정 변화된다고 말할 수는 없습니다. 하나님께서는 이런 방식으로 억지 회개를 끌어내고자 원하지 않으십니다.

그렇다면 하나님께서 선택하신 방법은 무엇일까요? 이 질문에 대한 답이 열왕기상 19장 13절에 기록되어 있습니다.

> 여호와께서 계시지 아니하더니 불 후에 세미한 소리가 있는지라(왕상 19:12).

"세미한 소리"(a gentle whisper), 바로 오늘의 설교 제목입니다. 이것은 무슨 의미일까요? 말로 하시겠다는 겁니다. 사람의 마음을 얻고 우리를 회심시키고,

우리를 변화시켜 하나님의 거룩한 백성으로 만들어가는 하나님의 해법이 무엇입니까? 예, 말씀입니다.

하나님께서는 사람에게 말씀으로 다가오셨는데 우리는 종종 사람을 겁박하는 방식으로 내가 원하는 대상을 변화시켜달라고 간구할 때가 있습니다.

"저 사람의 다리를 부러뜨려서라도 하나님을 만나게 해주세요."

물론 하나님은 이 기도에도 응답하실 수 있는 분입니다. 때때로 사울과 같은 사람을 고꾸라뜨리는 방식으로 부르시기도 하십니다. 그런데 하나님께서 사도 바울을 회심시키신 것은 다소 예외적인 방식이에요. 일반적으로는 하나님께서 말씀의 사역자가 전하는 말씀과 전도의 방식을 통해 회심의 역사를 일으키십니다. 그런데 말로 하시는 경우에도 다소 무섭게 말하는 방식이 있습니다. 특히 권력자의 겁박하는 말은 사람을 두렵게 만듭니다. 이에 비해 하나님께서 선택하신 어조는 매우 부드럽습니다. 본문의 표현을 빌리자면 "세미한 소리"입니다. 영어로는 '부드러운 속삭임'의 의미를 갖는 '젠틀 위스퍼'(gentle whisper)로 번역했습니다.

하나님께서 강단에 세우는 설교자들은 하나님의 '세미한 소리'를 대변하는 '말씀의 사역자'입니다. 하나님께서는 오늘날도 설교자가 선포하는 말씀을 통해서 하나님의 백성을 만나주십니다. 어떤 때는 그 소리도 잘 들리지 않습니다. 거의 '속삭임'에 가깝기 때문에 그렇습니다. 그래서 때론 졸리기도 합니다. 너무 부드럽게 말씀하시기 때문에 때로는 지루하게 다가올 때도 있습니다. 그럼에도 하나님은 이러한 방식으로 우리에게 다가오시길 선택하셨습니다. 이는 하나님께서 우리를 인격적으로 대우해 주시는 방식입니다. 우리에게 말씀하시며 인격적으로 우리를 설득하시겠다는 것입니다.

5. 엘리사와 함께하신 하나님

과연 '말씀의 사역자'로서 엘리야의 소명은 엘리사에게로 그대로 계승되었습니다. 이 말씀 사역과 함께 성령 하나님께서 엘리사와 함께하셨습니다. 성령 하나님께서는 엘리사를 통해 여러 가지 표적을 행하심을 통해 이스라엘을 포기하지 않았음을 증거하셨습니다. 제일 먼저 엘리사를 위해 요단강을 기적적으로 가르셨습니다. 약속의 땅을 재정복한다는 의미가 있다고 말씀드린 바 있습니다. 요단강을 건너자마자 첫 번째 방문한 곳이 여리고입니다. 여리고에서 엘리사는 먹을 수 없는 물을 치료하는 표적을 일으켰습니다.

> 여호와의 말씀이 내가 이 물을 고쳤으니 이로부터 다시는 죽음이나 열매 맺지 못함이 없을지라 (왕하 2:21).

여리고에서 죽음과 저주가 풀어지는 표적이 갖는 의미를 알기 위해서는 이전의 역사를 살펴보아야 합니다. 열왕기상 16장 34절을 읽어봅시다.

> 그[아합왕] 시대에 벧엘 사람 히엘이 여리고를 건축하였는데 그가 그 터를 쌓을 때에 맏아들 아비람을 잃었고 그 성문을 세울 때에 막내 아들 스굽을 잃었으니 여호와께서 눈의 아들 여호수아를 통하여 하신 말씀과 같이 되었더라 (왕상 16:34).

성경은 아합 시대에 여리고 성이 재건되었다고 기록합니다. 그런데 이상한 일이 발생합니다. 여리고 성을 재건한 히엘이 여리고 성 터를 쌓을 때 장자를 잃었고, 성문을 세울 때 막내를 잃었습니다. 이것은 우연한 사건이 아닙니다. 예언의 성취였습니다. 여호수아 장군과 이스라엘 백성이 요단강을 건너 첫 번째 전투를 치른 장소가 바로 여리고 성입니다. 약속의 땅을 정복하는 것은 곧 하나님의 심판을 의미하기도 했습니다. 하나님의 심판으로 무너진 여리고 성에 대해 여호수아 장군은 다음과 같이 예언합니다.

> 여호수아가 그 때에 맹세하게 하여 이르되 누구든지 일어나서 이 여리고 성을 건축하는 자는 여호와 앞에 저주를 받을 것이라 그 기초를 쌓을 때에 그의 맏아들을 잃을 것이요 그 문을 세울 때에 그의 막내아들을 잃으리라 하였더라(수 6:26).

여호수아는 "앞으로 누구든지 여리고 성을 재건하는 자는 여호와의 저주를 받을 것이라"라고 예언합니다. 이스라엘 백성은 그 저주의 말씀을 기억하고 오랜 기간 여리고성을 건축하지 않았습니다. 그런데 아합왕 때 변화가 있었습니다. 주지하다시피 아합왕은 이스라엘의 배도가 극에 달했을 때 이스라엘을 통치한 왕입니다. 바로 그의 시대에 여리고 성 재건이 이루어집니다. 그것은 저주를 자초한 일이었습니다.

이제 하나님께서 그 여리고 성을 치료하십니다. 여리고 성에 임한 하나님의 저주가 이제 사라지게 되었음을 의미합니다. 저주가 사라지고 이 땅이 하나님께 귀속되었음을 보여주는 표적이었습니다. 이제 엘리사 선지자와 함께 요단강을 건너신 하나님께서 가나안 재정복의 역사를 시작하신 것입니다.

여호수아 장군과 이스라엘 백성이 여리고 성을 정복한 후에 어디로 향했지요? 아이 성입니다. 아이성 전투에서 이스라엘 군인들은 아이 성과 벧엘 사이에 매복을 했습니다. 학자들은 아이 성 전투에 벧엘 주민들도 참여했다고 생각합니다. 오늘 엘리사 선지자는 벧엘을 향하여 걸어갑니다. 가다가 암콤 두 마리가 나와서 아이들 42명을 찢어버리는 정말 끔찍한 일이 일어납니다. 인간적인 눈으로 봤을 때는 이해하기 힘든 사건입니다. 어떻게 어린아이들을 그렇게 죽일 수 있을까요? 여기서 어린아이라고 번역하기에는 다소 무리가 있습니다. 본문에서 사용된 '나아르'(נַעַר)와 '엘레드'(יֶלֶד)라는 단어는 골리앗 앞에 선 다윗이나(삼상17:55) 르호보암의 젊은 자문단(왕상12:10)을 가리키는 데 사용된 단어예요. 오늘날로 말하자면, 이들은 10대 청소년들쯤 되는 아이들이었습니다. 그런데 그들이 엘리사를 향해 이렇게 조롱합니다.

"대머리야, 올라가라! 올라가라!"(왕하 2:23)

이 말의 의미가 무엇일까요?

"네 선생 엘리야가 하늘로 올라갔다며? 그렇다면 너도 올라가지 그래? 왜 다시 돌아왔니? 이 땅은 여호와의 땅이 아니라, 바알과 아세라의 땅이야."
이런 조롱이었습니다. 단순한 장난이나 놀림이 아니라, 하나님의 사람에 대한 공개적인 모독이었고, 엘리사에게 위협이 되는 분위기였다고 볼 수 있습니다. 어쩌면 엘리사의 생명에 위협이 될 만한 상황이 이미 조성되어 있었던 것입니다. 하나님은 이들에 대해 심판을 행하십니다. 이후 선지자들이 메시지를 통해 구원과 회복의 메시지를 전할 때에도 하나님은 항상 심판의 메시지를 함께 선포하셨습니다. 여리고에서 엘리사가 일으킨 표적은 구원과 회복을, 벧엘을 향하여 가는 길에서 일어난 사건은 하나님의 심판을 상징했습니다. 이렇듯 엘리야의 승천 이후로도 하나님께서 베푸시는 심판과 구원의 역사는 계속되었습니다.

6. 적용

북왕국 이스라엘과 남왕국 유다의 백성은 결국 열국 중에 흩어집니다. 지난 시간에 말씀드린 바대로 이스라엘은 축복과 저주의 길에서 후자를 선택했습니다. 스스로 자초한 저주의 마지막 단계에까지 이른 것입니다. 이제 희망이 사라졌습니다. 과연 그럴까요? 아닙니다. 아직 끝난 게 아니었습니다.

다시 신명기 28장으로 돌아가 봅시다. 신명기 28장 1절부터 14절은 축복의 길을 묘사합니다. 14절부터 68절까지의 긴 구절은 저주의 길을 제시합니다. 그런데 하나님의 말씀을 자세하게 읽어보면 축복과 저주의 길만 제시하시는 것이 아님을 알 수 있습니다. 제3의 길도 제시되어 있었습니다. 이스라엘 백성은 제3의 길이 있음을 후일에 깨달았습니다. 쫓겨간 나라에서 시내산 언약의 내용을 다시 읽게 되었습니다. 그리고 자신들에게 임한 재앙이 언약적인 저주였음을 깨달았습니다. 그리고 언약적 저주가 임했을 때에도 여전히 희망을 제시하는 제3의 길이 있음을 발견합니다. 그것은 바로 회개의 길입니다. 열국 중에 흩어진 상태에서 하나님께로 돌아와 진심으로 회개하면, 하나님께서 흩어진 하나님의 백성을 다시 모아 약속의 땅으로 돌아오게 하신다는 약속이 주어져 있었습니다. 이러한 회복의 길을 발견하는 것 자체가 이스라엘에게는 회복의 첫 걸음이었습니다. 일례로 다니엘은 바벨론에 포로로 끌려간 이후에 희망을 발견합니다. 하나님의 백성을 열국 중에 흩으신 것이 하나님이시고 다시 약속의 땅으로 돌아오게 하실 분도 하나님이시라는 사실을 깨달은 후에 하나님 앞에 그 유명한 회개의 기도를 드립니다. 과연 그렇습니다. 하나님의 백성이 열국 중에 흩어져 하늘 끝에 있더라도 하나님께서는 이들을 회복시켜 약속의 땅으로 모으실 것이라는 약속이 처음 모세에게 주셨던 언약에 명기되어 있었습니다. 신명기 30장 1-10절을 읽어봅시다.

제3의 길: 회개와 회복 (신 30:1-10)

¹내가 네게 진술한 모든 복과 저주가 네게 임하므로 네가 네 하나님 여호와로부터 쫓겨간 모든 나라 가운데서 이 일이 마음에서 기억이 나거든 ²너와 네 자손이 네 하나님 여호와께로 돌아와 내가 오늘 네게 명령한 것을 온전히 따라 마음을 다하고 뜻을 다하여 여호와의 말씀을 청종하면 ³네 하나님 여호와께서 마음을 돌이키시고 너를 긍휼히 여기사 포로에서 돌아오게 하시되 네 하나님 여호와께서 흩으신 그 모든 백성 중에서 너를 모으시리니 ⁴네 쫓겨간 자들이 하늘 가에 있을지라도 네 하나님 여호와께서 거기서 너를 모으실 것이며 거기서부터 너를 이끄실 것이라 ⁵네 하나님 여호와께서 너를 네 조상들이 차지한 땅으로 돌아오게 하사 네게 다시 그것을 차지하게 하실 것이며 여호와께서 또 네게 선을 행하사 너를 네 조상들보다 더 번성하게 하실 것이며

...

⁹⁻¹⁰네가 네 하나님 여호와의 말씀을 청종하여 이 율법책에 기록된 그의 명령과 규례를 지키고 네 마음을 다하며 뜻을 다하여 여호와 네 하나님께 돌아오면 네 하나님 여호와께서 네 손으로 하는 모든 일과 네 몸의 소생과 네 가축의 새끼와 네 토지 소산을 많게 하시고 네게 복을 주시되 곧 여호와께서 네 조상들을 기뻐하신 것과 같이 너를 다시 기뻐하사 네게 복을 주시리라.

상기한 약속은 이스라엘 포로 공동체 안에서 회개 운동을 일으키는 충분한 이유가 되었습니다. 하나님께서는 그분 자신의 약속을 지키셨습니다. 나라를 잃었던 유다 백성을 포로에서부터 약속의 땅으로 귀환시키셨습니다. 이후 성

전이 재건되고 메시아가 오시기까지 구약의 역사는 계속 진행되었습니다. 성경은 이처럼 하나님의 포기하지 않는 언약적인 사랑을 가리켜 '헤세드'라고 합니다. 하나님께서는 헤세드 사랑, 포기하지 않으시는 언약적 사랑으로 하나님의 백성을 품어 주십니다. 때때로 우리는 하나님의 사랑을 의심할 때가 있습니다. 하나님께서 우리의 눈에 띄게 일하지 않으실 때, 마치 하나님께서 아무것도 안 하시는 것 같은 생각이 들 때도 있습니다. 엘리야도 이런 생각을 했습니다. 구약 성경의 마지막 책인 말라기와 복음서 사이의 400년을 흔히 중간기라고 부릅니다. 어떤 이들은 이 기간에 하나님께서 아무 일도 하지 않으신 것처럼 오해하기도 합니다. 그런데 이는 잘못된 생각입니다. 400년 동안 하나님께서 하신 일들이 얼마나 많은지 모릅니다. 복음이 한순간에 폭발력 있게 꽃피고 로마 제국 전체를 정복하도록 만들기 위해서 하나님께서는 치밀하게 밑그림을 그리셨습니다. 로마 제국의 정치, 외교, 법, 문화, 기술 문명과 도시 등을 준비시켰습니다. 또한, 고도로 발달한 헬라의 학문과 언어, 문화도 사용하셨습니다. 유대인의 흩어진 디아스포라 공동체 역시 기독교 복음이 세계로 확산되는 데 활용되었습니다. 로마 제국에 의해 마련된 '도로 시설'도 복음 전파를 위해 선용되었습니다.

여러분, 모소 대나무에 대해 들어보셨나요? 중국 극동 지방에 사는 모소 대나무는 특이한 성장 패턴을 가지고 있습니다. 약 4-5년 동안 영양분을 잘 공급받아도 기껏해야 몇 센티미터도 자라지 않습니다. 그런데 5년째가 될 때는 하루에 30cm씩 자라서 5-6주 만에 15~20m까지 자라난다고 합니다. 어떻게 이렇게 폭발적인 성장을 할 수 있었을까요? 처음 4-5년 동안 가만히 있는 것이 아닙니다. 실제로는 이 기간에 뿌리를 내리는데 지하 뿌리줄기의 확장력이 어마어마하다고 합니다. 사람의 눈에만 띄지 않을 뿐이지 모소 대나무는 한순간도 쉬지 않고 폭발적인 성장을 땅 밑에서 준비하고 있었던 것입니다.

하나님께서도 이와 같은 방식으로 일하셨습니다. 북이스라엘과 남왕국이 나라를 빼앗긴 후에 포로기와 포로 귀환기를 지나는 동안, 또한 소위 '중간기'를 거쳐 예수 그리스도께서 오실 때까지 하나님은 쉬지 않고 일하셨습니다. 신약 시대가 도래하기 전에도 하나님께서는 선지자들을 통해 끊임없이 '세미한 소리'로 하나님의 백성에게 말씀하셨습니다.

새 언약 시대에 '세미한 소리'는 마침내 우리 가운데 가시적인 모습으로 임하셨습니다.

> 말씀이 육신이 되어 우리 가운데 거하심에 우리가 그의 영광을 보니 아버지 독생자의 영광이요 은혜와 진리가 충만하더라(요 1:14).

예수님은 '세미한 음성'의 사역을 이어가셨습니다. 예수님께서는 사람들을 인격적으로 대하셨습니다. 늘 말씀으로 가르치셨습니다. 그분 자신을 십자가에 못 박는 자들을 향해서도 용서를 구하셨습니다. 예수님께서는 부활하신 후에도 부활의 능력을 가지고 사람들을 겁박하지 않으셨습니다. 자신을 십자가에 못박은 자들 앞에 나타나 "꼼짝 마, 너희들은 다 죽었어!" 이렇게 협박하지 않으셨습니다. 오히려 엠마오를 향해 가던 제자들에게 나타나셔서 따뜻하게 말을 건네며 성경 공부를 시키셨습니다. 제자들을 전도자와 말씀의 사역자로 세워 땅끝까지 가서 전도하라고 파송하셨습니다. 이렇게 하여 '세미한 소리'의 사역은 예수님의 부활 사건 이후로도 우리에게까지 이어져 왔습니다.

이제 구약의 역사를 마무리하고 다음 주부터 신약 시대로 나아가겠습니다. 이미 구약 시대에 예언된 새 언약에서 약속된 내용들이 예수 그리스도 안에서 어떤 방식으로 성취되었는지 자세하게 살펴보도록 하겠습니다.

13.
새 언약: 신약교회의 탄생

사도행전 2:36-41

³⁶그런즉 이스라엘 온 집은 확실히 알지니 너희가 십자가에 못 박은 이 예수를 하나님이 주와 그리스도가 되게 하셨느니라 하니라. ³⁷그들이 이 말을 듣고 마음에 찔려 베드로와 다른 사도들에게 물어 이르되 형제들아 우리가 어찌할꼬 하거늘 ³⁸베드로가 이르되 너희가 회개하여 각각 예수 그리스도의 이름으로 세례를 받고 죄 사함을 받으라 그리하면 성령의 선물을 받으리니 ³⁹이 약속은 너희와 너희 자녀와 모든 먼 데 사람 곧 주 우리 하나님이 얼마든지 부르시는 자들에게 하신 것이라 하고 ⁴⁰또 여러 말로 확증하며 권하여 이르되 너희가 이 패역한 세대에서 구원을 받으라 하니 ⁴¹그 말을 받은 사람들은 세례를 받으매 이 날에 신도의 수가 삼천이나 더하더라.

1. 서론

오늘 본문은 엘리야의 오랜 기도가 응답받는 감격적인 사건에 대한 기록입니다. 오순절 날, 성령님께서 임하셨고, 방언의 역사가 일어났으며 하나님의 큰일이 선포되었습니다. 그 말씀을 들은 사람들은 참 회개에 이르렀습니다. 마음을 찢고 하나님께 돌아온 것입니다.

> 그들이 이 말을 듣고 마음에 찔려 베드로와 다른 사도들에게 물어 이르되 형제들아 우리가 어찌할꼬 하거늘 … 그 말을 받는 사람들은 세례를 받으매 이 날에 신도의 수가 삼 천이나 더하더라(행 2:37, 41).

여기서 말하는 삼천 명은 성인 남자의 수를 의미합니다. 가족 단위까지 고려하면 적어도 만 명, 많게는 이만 명에 이르는 사람들이 그날 회심했습니다. 바로 그날, 신약 교회가 탄생한 것입니다. 오늘 이 역사적인 순간으로 여러분을 안내하려고 합니다. 과연 오순절에 무슨 일이 일어났던 것일까요?

2. 성령님과 말씀

신약교회가 탄생하는 데에는 두 가지 중요한 요소가 있습니다. 첫째는 성령님입니다. 오순절 날 성령님께서 강림하셨다는 사실은 우리가 모두 잘 알고 있는 내용입니다. 그날 성령의 충만함을 받은 사람들에게 방언의 역사가 일어났습니다. 하지만 여기서 한 가지를 더 깊이 생각해 보아야 합니다. 단순히 방언의 역사가 일어났다는 사실보다 더 중요한 것은, 왜 성령께서 사람들이 방언의 표적을 경험하도록 하셨는가를 이해하는 것입니다.

> 오순절 날이 이미 이르매 그들이 다같이 한 곳에 모였더니 … 그들이 다 성령의 충만함을 받고 성령이 말하게 하심을 따라 다른 언어들로 말하기를 시작하니라(행 2:1, 4).

> 우리가 다 우리의 각 언어로 하나님의 큰 일을 말함을 듣는도다(행 2:11).

방언의 역사를 통해 모든 사람이 언어의 장벽을 넘어 하나님께서 행하신 큰 일, 곧 복음의 내용을 말하고 또 듣게 되었습니다. 오순절 성령 강림의 역사로 말미암아 하나님께서 이루신 구원의 일이 선포되었고, 그 복음이 다양한 언어를 통해 모든 사람의 귀에 들려지고, 이해되게 된 것입니다. 이것은 단순한 신비체험이 아닙니다. 하나님께서 열방을 향해 복음의 문을 여시는 역사적인 사건이었습니다.

둘째는 말씀입니다. 사도행전 2장에는 베드로의 설교가 자세히 기록되어 있습니다. 베드로는 오순절 성령 강림의 의미를 모인 회중 앞에서 예언의 성취로 설명하며, 하나님께서 이루신 큰일이 무엇인지를 명확히 선포합니다.

> 베드로가 열한 사도와 함께 서서 소리를 높여 이르되 유대인들과 예루살렘에 사는 모든 사람들아 이 일을 너희로 알게 할 것이니 내 말에 귀를 기울이라(행 2:14).

> 그들이 이 말을 듣고…(37절).

그 말을 받은…(41절).

이처럼 선포된 하나님의 말씀을 믿음으로 받아들인 자들이 세례를 받고 신약교회의 첫 교인이 되었습니다. 따라서 우리는 신약교회가 탄생하는 현장에 성령님의 역사와 하나님의 말씀 선포, 이 두 가지 요소가 함께 있었음을 반드시 기억해야 합니다.

그렇다면, 이날 베드로의 설교 내용은 무엇이었을까요? 이 내용을 잘 숙지하는 것이 매우 중요합니다. 왜냐하면, 이 선포된 말씀 위에 신약교회가 세워졌기 때문입니다. 하나님께서는 이날 베드로가 전한 설교의 서론과 본론, 결론을 아주 간결하면서도 핵심적으로 정리하여 사도행전 2장에 기록해 두셨습니다.

1) 베드로의 설교: 서론

오순절 성령 강림의 사건, 방언의 역사, 그리고 사람들의 놀라운 체험이 일어났을 때, 사람들은 큰 충격과 당황 속에 서로 웅성거리기 시작했습니다.

"도대체 이게 무슨 일인가?"

그들이 한 번도 경험해 보지 못한 일이 벌어진 것입니다. 그때 베드로가 열한 사도와 함께 일어나 소리를 높여 말합니다.

"여러분, 당황할 필요가 없습니다. 지금 여러분의 눈앞에서 일어나고 있는 이 일은, 오래전 선지자 요엘을 통해 하나님께서 미리 예언하신 바로 그 일입니다."

> 말세에 내가 내 영을 모든 육체에 부어 주리니 너희의 자녀들은 예언할 것이요 너희의 젊은이들은 환상을 보고 너희의 늙은이들은 꿈을 꾸리라 누구든지 주의 이름을 부르는 자는 구원을 받으리라(행 2:14-17).

베드로는 오순절 성령 강림의 사건이, 요아스 왕이 다스리던 시기(B.C. 835년경)에 활동했던 요엘 선지자의 예언이 역사적으로 성취된 것이라고 선포했습니다. 일찍이 요엘 선지자를 통해 하나님은 말씀하셨습니다.

> 그 때에 내가 또 내 영을 남종과 여종에게 부어 줄 것이며(욜 2:29).

이 예언의 말씀이 지금 이 자리에서 성취된 것입니다. 요엘 선지자가 전한 예언의 결론은 다음과 같습니다.

> 누구든지 여호와의 이름을 부르는 자는 구원을 얻으리니(욜 2:32).

구원의 메시지가 선포된 것입니다. 제가 주일학교 학생 때, 오순절과 베드로의 설교에 관해 공부했던 기억이 납니다. '베드로의 설교는 요엘서의 예언 성취를 말하는 것이다'라고 배웠습니다. 이것이 전부인 줄 알았습니다. 그런데 자세히 읽어보니, 요엘 2장 28-32절에 기록된 예언이 성취되었음을 선포하는 것은 서론에 해당했습니다. 이후 베드로는 본격적으로 메시아 시편에 관한 주해 설교를 시작합니다. 하나님께서 이루신 큰 일, 곧 예수 그리스도의 십자가 죽음과 부활, 승천과 보좌 우편에 앉으심을 모두 다룹니다. 곧 예수 그리스도의 복음이 가진 핵심 요소를 모두 선포하고 있습니다.

2) 베드로의 설교: 본론

그날 베드로 설교의 본론은 예수 그리스도의 십자가와 부활을 중심으로 전개됩니다.

> 그가 하나님께서 정하신 뜻과 미리 아신 대로 내준 바 되었거늘 너희가 법 없는 자들의 손을 빌려 못 박아 죽였으나(행 2:23).

예수님께서 십자가에 못 박히신 사건은 바로 50일 전, 이들의 눈앞에서 실제로 일어났던 역사적 사건이었습니다. 따라서 베드로는 이 십자가 사건이 예언의 성취였다는 사실을 굳이 입증할 필요가 없었습니다. 그들은 이미 그것을 보았고, 알고 있었기 때문입니다. 베드로가 더 많은 시간을 들여 강조한 것은, 예수님께서 과연 육체적으로 부활하셨는가? 하는 점이었습니다. 예수님의 부활도 역사적 사건임을 확실하게 선포하면서 이 역시 구약 예언의 성취임을 논증합니다. 예수님의 부활과 관련하여 베드로는 시편 16편 8절부터 11절까지의 말씀을 통째로 인용합니다.

> 다윗이 그를 가리켜 이르되 … 그러므로 내 마음이 기뻐하였고 … 육체도 희망에 거하리니 … 이는 내 영혼을 음부에 버리지 아니하시며 주의 거룩한 자로 썩음을 당하지 않게 하실 것임이로다 … 주께서 생명의 길을 내게 보이셨으니 주 앞에서 내게 기쁨이 충만하게 하시리로다(행 2:26-32).

이 말씀은 원래 다윗이 한 고백이지만, 다윗은 자신에 관한 내용을 말한 것이 아니라고 베드로는 논증합니다. 다윗은 죽어서 무덤에 묻혔고, 그의 육체는 썩었기 때문입니다. 그러나 예수님은 그렇지 않으셨습니다. 따라서 이 시편의 예언은 예수 그리스도의 부활을 가리킨 것이며, 하나님께서 그 예언을 예수님 안에서 정확히 성취하셨다는 것이 베드로 설교의 핵심입니다.

3) 베드로의 설교: 결론

설교의 결론에서 베드로는 또 하나의 다윗의 시편을 인용합니다. 바로 시편 110편 말씀입니다.

> 여호와께서 내 주에게 말씀하시기를 내가 네 원수로 네 발판이 되게 하기까지 너는 내 오른쪽에 앉아 있으라 하셨도다(시 110:1).

그리고 이 말씀을 사도행전 2장 34-35절에서 그대로 인용하여 이렇게 선포합니다:

> 다윗은 하늘에 올라가지 못하였으나 친히 말하되 주께서 내 주에게 말씀하시기를 내가 네 원수로 네 발등상이 되게 하기까지 너는 내 우편에 앉아 있으라 하셨도다(행 2:34-35).

베드로는 이 시편 말씀을 통해, 예수님께서 부활하신 후 승천하시고 지금 하나님의 보좌 우편에 앉아 계신다는 사실을 증언합니다. 이것을 신학적으로는 '재위'(在位)라 부릅니다. 이 모든 일, 곧 예수님의 십자가, 부활, 승천, 그리고 재위는 이미 선지자 다윗을 통해 하나님께서 예언하신 것이며, 지금 우리의 눈앞에서 그대로 성취되었다고 베드로는 선포하는 것입니다.

정리하자면, 베드로의 설교는 서론, 본론, 결론 그 어느 한 부분도 새로운 직통계시나 즉흥적 영감에 근거한 것이 아니었습니다. 모든 내용은 이미 회중이 잘 알고 있는 구약 성경, 특별히 시편 말씀을 중심으로 구성되어 있었습니다. 게다가 시편은 노래였기 때문에 유대인들은 절기 때마다 이 찬양을 부르며 자연스럽게 익숙해져 있었던 말씀입니다. 그러므로 이 설교는 구약 계시의 말씀을 중심으로 한 말씀 해석 설교였고, 그 말씀을 성령께서 조명하시고 풀어주신 설교였습니다. 그리고 그 설교의 주제는 처음부터 끝까지 단 하나였습니다. 바로 예수 그리스도였습니다.

3. "우리가 어찌할꼬?"

일찍이 엘리야가 간절히 보기를 원했던 일, 곧 하나님의 백성이 마음을 찢고 하나님께로 돌아오는 회개가 오순절 날 예루살렘에서 실제로 일어났습니다. 선포된 말씀 앞에서 회중은 "형제들아, 우리가 어찌할꼬?"(행 2:37)라고 반응했습니다. 그렇다면, 어떤 메시지가 그날 그들의 마음을 깊이 찢어놓았던 것일까요? 물론, 자신들이 메시아를 십자가에 못 박았다는 사실에서 오는 두려움과 충격도 컸을 것입니다. 그러나 성경이 말하는 참된 회개는 단순한 두려움에서 비롯된 행동이 아닙니다. 참 회개의 중심에는 하나님을 향한 사랑과, 그 사랑에서 나오는 거룩한 경외심이 자리 잡고 있습니다. 그렇기에, 이 날 베드로의 설교를 통해 선포된 십자가의 사랑과 용서의 메시지가 이들을 참된 회개로 이끌었다고 말할 수 있습니다. 그날 회중의 마음을 움직인 수많은 요소 가운데, 특히 중요한 두 가지를 함께 살펴보고자 합니다.

첫째, 이들은 하나님께서 오랫동안 준비하신 용서의 사랑에 감동했습니다.

> 그가 하나님께서 정하신 뜻과 미리 아신 대로 내준 바 되었거늘…(행 2:23).

예수 그리스도의 십자가 사건은, 예수님께서 이 땅에서 살다가 사람들과 정이 들어 우발적으로 죽음을 택하신 일이 아니었습니다. 이 사건은 이미 하나님의 뜻 안에서 오래전부터 계획된 일이었습니다. 최소한 다윗 선지자가 활동하던 기원전 1,000년경에, 아니 그보다 오래전부터, 하나님께서는 자기 아들을 세상에 보내시고, 십자가에 내어주시고, 부활시키실 계획을 세우셨던 것입니다. 이것이 바로 "정하신 뜻"이며, "미리 아신 대로"라는 표현의 의미입니다. 여기에서 이들은 크게 감동했다고 생각합니다.

2009년, 한국에서 <창끝>(End of the Spear)이라는 영화가 개봉되었습니다. 이 영화를 꼭 한 번 보시기를 권합니다. 실화를 바탕으로 한 이야기인데, 그 감동이 매우 큽니다. 이야기의 중심에는 위클리프 성경번역선교회(Wycliffe Bible Translators)가 있습니다. 이 단체는 성경을 갖지 못한 소수 부족에게 찾아가 문자부터 만들어 주고, 그 문자로 성경을 번역하고 복음을 전하며 교회를 세우는 사역을 감당하는 선교 공동체입니다.

1956년 1월 8일, 위클리프에 소속된 다섯 명의 젊은 미국 선교사들이 지금의 에콰도르 지역에 있는 아우카 부족(지금은 '와오라니' 부족으로 불림)에게 복음을 전하러 들어갑니다. '아우카'란 말 자체가 '야만인', '잔인한 자'라는 뜻을 가진 이름입니다. 그들은 조심스럽게 단계적으로 부족민과 접촉했지만, 결국 한 순간에 다섯 명 모두 창에 찔려 순교하게 됩니다. 선교사들은 대부분 휘튼(Wheaton) 대학 출신, 20-30대의 젊고 유능한 언어학자들이었습니다. 그 중 가장 널리 알려진 인물이 짐 엘리엇(Jim Elliot)입니다. 엘리엇과 동료들은 오랫동안 이 부족에게 접근하기 위해 준비했습니다. 먼저 몇 달간 소형 비행기를 이용해 하늘에서 선물을 떨어뜨리는 방식으로 접근했습니다. "하늘에서 내려오는 것은 좋은 선물이다"라는 인식을 심어주려 했습니다. 그 후에 자기들의 사진을 떨어뜨렸습니다. 처음의 접촉은 매우 평화로웠습니다. 그러나 안타깝게도 두 번째 접촉 때, 아우카 부족은 갑자기 창을 들고 나타나 그 다섯 명의 선교사를 모두 살해했습니다. 이들은 미국 시민이었기 때문에 결국 미군이 파송되어 시신을 수습했습니다. 수습 과정에서 밝혀진 일입니다. 당시에 그들의 몸에서는 총이 발견되었습니다. 그런데 총알은 한 발도 발사되지 않았던 것으로 확인되었습니다. 그들은 끝까지 무기를 사용하지 않았던 것입니다.

이 이야기는 여기서 끝나지 않습니다. 짐 엘리엇의 아내인 엘리자베스 엘리엇(Elisabeth Elliot)은 당시 세 살이었던 딸 말레(Marlee)를 데리고 자신의 남편을 죽인 바로 그 부족을 찾아 들어갑니다. 그녀는 간호사로 훈련을 받았고, 식모처럼 섬기며 그들과 함께 살기 시작합니다. 다행히 그 부족은 여자는 죽이지 않는 전통이 있었습니다.

어느 날, 부족의 추장이 엘리자베스에게 물었습니다.

"당신은 기술도 많고 아는 것도 많은데, 왜 이곳에 와서 고생하며 사는가?"

그녀는 대답합니다.

"몇 년 전, 백인들이 당신들에게 선물을 주며 다가오지 않았습니까?"

추장이 대답합니다.

"그런 일이 있었지. 우리가 모두 죽여버렸소."

엘리자베스는 이렇게 말합니다.

"우리는 당신들이 죽인 그 선교사들의 아내이고 누이입니다. 우리 남편이 당신들에게 꼭 전해주고 싶었던 이야기를 전하러 온 것입니다."

추장은 큰 충격과 감동을 받았습니다. 그들의 전통에 따르면 가족을 죽인 자에게는 반드시 보복을 해야만 했습니다. 그런데 이 사람들은 원수를 용서하고, 오히려 용서의 복음을 전하러 왔다는 것입니다. 결국, 부족 전체의 마음이 움직였습니다. 얼마 지나지 않아 부족 전체가 기독교로 집단 회심하게 되었습니다. 이는 위클리프 선교 단체의 역사에서 제일 크게 알려진 집단 개종 가운데 하나라고 합니다.

영화의 내용을 보다가 추가로 감동 받은 내용이 있었습니다. 주인공인 스티브 세인트(Steve Saint)는 순교자 다섯 명 가운데 한 사람인 네이트 세인트(Nate Saint)의 아들입니다. 스티브는 자기 아버지를 찔러 죽인 추장이 누구인지 궁금했습니다. 어느 날 추장은 강변으로 스티브를 데려갔습니다. 거기서 스티브 앞에서 무릎을 꿇습니다. 스티브에게 자기 아버지를 죽였던 그 창을 건네면서 이렇게 말합니다.

"우리를 찔러라. 내가 당신 아버지를 찔러 죽였다. 나도 그때 가담했던 사람이다." 우리 전통에는 가족을 살해하면 아들이나 가족이 그 원수를 갚아야 한다고 말했답니다. 물론 스티브는 추장의 말을 듣지 않았습니다. 그는 이들을 용서하고 세례까지 베풀었습니다. 놀라운 것은, 그 살해에 직접 가담했던 이들 중 4명이 훗날 목사가 되었다는 사실입니다. 그 가운데 한 명인 민카예니(Mincaye), 즉 스티브의 아버지를 찌른 바로 그 추장은 신앙을 갖고 남은 생을 복음 증거자로 살다가 2020년에 하나님의 부르심을 받았습니다. 영화 <창끝>의 마지막 장면에는 실제 인물들이 등장합니다.

이 이야기에서 부족민이 감동을 받은 이유는 무엇일까요? 엘리자베스 엘리엇은 단순히 남편을 잃은 슬픔에, 세월이 흐른 뒤 부족민들과 정이 들어서 "어쩔 수 없이 용서했다"라고 이야기하지 않았습니다. 그녀는 보복을 위해 아우카 부족을 찾아간 것이 아니라, 이미 그들을 용서했기 때문에 그곳을 찾아간 것입니다. 부족의 전통과 가치관으로는 도저히 이해할 수 없는 사랑과 용서의 태도였습니다. 도대체 어떤 마음으로 이처럼 미리 용서를 결심하고 그것도 모자라 예수님의 사랑을 전하기 위해 우리를 찾아올 수 있었을까? 이 생각이 이들의 가슴을 찢어놓았던 것이죠.

이와 비슷한 일이 오순절 날 베드로의 설교를 통해 사람들의 가슴에 전달되었습니다. 그날 회중은 깨닫기 시작했습니다. "하나님께서 정하신 뜻과 미리 아신 대로 십자가 사건은 이미 일어났고, 우리가 못 박은 그 예수 그리스도야말로 우리가 그토록 기다려왔던 메시아였구나! 그분이 바로 하나님의 아들이셨구나!"라고 그들은 깨달은 것입니다.

> 그가 하나님께서 정하신 뜻과 미리 아신 대로 내준 바 되었거늘 너희가 법 없는 자들의 손을 빌려 못 박아 죽였으나(행 2:23).

이들의 마음이 찢어졌습니다. 왜냐하면, 이들이 저지른 일은 메시아, 곧 하나님의 아들을 십자가에 못 박은 일이었기 때문입니다. 그런데 더 놀라운 사실은 이것입니다. 하나님께서는 그 사실을 다 아시면서도, 우리가 죄인 되었을 때 이미 우리를 위해 십자가를 준비하셨다는 것입니다.

> 우리가 아직 죄인 되었을 때에 그리스도께서 우리를 위하여 죽으심으로 하나님께서 우리에게 대한 자기의 사랑을 확증하셨느니라(롬 5:8).

우리가 잘해서 하나님의 사랑을 얻어낸 것이 아닙니다. 우리가 의롭고 착해서 십자가를 받은 것이 아닙니다. 우리가 아직 원수 되었을 때, 우리가 아직 죄인 되었을 때, 하나님께서는 이미 우리를 품으셨고, 우리의 죄를 아시고도 미리 용서하시며, 십자가를 계획하셨던 것입니다. 그 하나님의 마음이 베드로의 설교를 통해 선포되었고, 그 마음이 회중에게 계시되었을 때, 그들은 마음을 찢고 회개하며 하나님 앞에 돌아왔습니다.

둘째, 베드로의 주해 설교를 통해 드러난 '그리스도의 마음'이 회중의 마음을 깊이 움직였다고 생각됩니다. 베드로가 인용한 시편 16편 8-11절 말씀 속에는 특별히 한 단어가 반복되며 강조되고 있습니다. 그것은 바로 "기쁨"입니다. 우리가 잘 아는 시편 22편이 예수 그리스도의 십자가 고난과 죽음의 고통을 생생하게 묘사하고 있다면, 시편 16편은 의외로 그리스도의 '기쁨'을 부각시키는 시편입니다. 예수님은 십자가를 앞에 두고도, 그분 자신의 부활과 승천, 그리고 그 결과로 얻게 될 하나님의 백성들과의 연합을 바라보시며 기쁨을 품으셨던 것입니다. 이 기쁨은 무엇이었을까요? 시편 16편 3절은 그리스도의 기쁨이 바로 그의 백성들, 곧 교회에 있다는 것을 명시적으로 보여줍니다.

> 땅에 있는 성도들은 존귀한 자들이니 나의 모든 즐거움이 그들에게 있도다(시 16:3).

지금 십자가와 죽음을 향해 나아가시는 그리스도께서는 과연 누구를 향해 사랑의 고백을 하실까요? 바로 "땅에 있는 성도들"이 땅 위에 있는 하나님의 교회를 향해 지극한 사랑을 고백하고 계시는 것입니다. "땅에 있는 성도들은 존귀한 자들이니, 나의 모든 즐거움이 그들에게 있도다." 얼마나 놀라운 말씀입니까? 베드로는 이 그리스도의 기쁨을 담은 시편 16편 9-11절을 인용합니다.

> 이러므로 나의 마음이 기쁘고 나의 영도 즐거워하며 내 육체도 안전히 살리니 … 주께서 생명의 길을 내게 보이시리니 주의 앞에는 충만한 기쁨이 있고 주의 오른쪽에는 영원한 즐거움이 있나이다(시 16:9, 11).

지금 시편 기자 다윗과 그 말씀을 인용한 베드로는 모두 "그리스도의 기쁨"을 증거하고 있습니다. 보냄을 받아 이 땅에 성육신하신 하나님의 독생자, 곧 십자가를 향해 나아가시는 예수 그리스도의 마음 안에는 기쁨이 있었습니다. 십자가는 고통의 상징이지만, 그리스도께는 기쁨의 길이었습니다. 왜냐하면, 그 길 끝에는 자신의 피로 살리실 교회, 곧 땅에 있는 존귀한 성도들이 있었기 때문입니다. 그분은 십자가를 마지못해 지신 분이 아니라, 자발적으로 그 길을 걸으신 분이셨습니다. 그리고 그 발걸음 속에는, 당신의 모든 즐거움을 두시는 대상, 곧 교회와 성도들을 향한 사랑과 기쁨이 충만했던 것입니다.

그렇습니다. 그리스도께서 십자가를 지신 이유는, 그 앞에 놓인 기쁨 때문입니다. 그 기쁨이, 그 사랑이, 십자가를 향한 주님의 발걸음을 멈추지 않게 했고, 결국 그 기쁨은 우리에게 구원의 기쁨이 되었습니다.

'그리스도의 기쁨'으로 표현된 교회를 향한 그리스도의 사랑은, 이천 년 전 예루살렘에서 베드로의 설교를 듣고 있던 수천 명의 마음을 찢어놓았습니다. 예수 그리스도의 복음 안에 담긴 주님의 애절한 사랑, 그 사랑이 말씀을 통해 그들의 마음속에서 풀어지고 깨달아졌을 때, 이 말씀은 이들의 마음을 울리는 진동이 되었습니다. 사람들은 자신의 가슴을 찢고, 자신의 죄를 슬퍼하며, 진심으로 회개함으로써 주님께 돌아왔습니다. 그리고 그날, 그리스도의 마음과 회중의 마음이 서로 맞닿은 그 자리, 십자가의 사랑과 회개의 눈물이 교차한 바로 그 현장에서 하나님께서는 초대교회를 탄생시키셨습니다.

4. 적용

오순절 날, 성령님께서 임하셨을 뿐만 아니라 이미 주어진 구약 계시의 말씀을 회중의 마음 깊숙이 풀어주셨을 때, 그들은 마음을 찢고, 그 자리를 떠날 수 없었습니다. 집으로 돌아갈 수가 없었습니다. 그 자리에서 통회하는 참 회개를 했고, 바로 그곳에서 교회가 세워졌습니다.

그런데 오순절 이전에도 이날에 이루어진 일을 예고하는 사건들이 여러 차례 있었습니다. 누가복음 24장에 기록된 이야기도 그중 하나입니다. 누가복음 24장에 따르면 엠마오로 향하던 두 제자에게 부활하신 예수님이 나타나십니다. 처음에는 이들의 눈이 가려져 예수님인 줄 알지 못했습니다. 그때 예수님은 구약 전체에 기록된 그리스도에 관한 말씀과 예언을 이들에게 풀어주시며, 왜 그리스도가 십자가를 지셔야만 했는지 자세히 설명해 주셨습니다. 말씀을 통해 성경의 중심이 곧 예수 그리스도이심을 밝혀 주셨던 것입니다.

> 모세의 율법과 선지자의 글과 시편에 나를 가리켜 기록된 모든 것이 이루어져야 하리라 한 말이 이것이라 하시고 이에 그들의 마음을 열어 성경을 깨닫게 하시고(눅 24:44-45).

> 그들이 서로 말하되 길에서 우리에게 말씀하시고 우리에게 성경을 풀어주실 때에 우리 속에서 마음이 뜨겁지 아니하더냐?(눅 24:32)

이 말씀을 보면, 오순절 날 있었던 일과 정확히 같은 일이 이미 부활하신 예수님께서 엠마오로 가던 제자들에게도 행하셨음을 알 수 있습니다. 이미 계시된 구약의 말씀을, 예수 그리스도를 중심으로 풀어주셨을 때, 그들의 마음은 뜨거워졌고, 비로소 눈이 열려 말씀을 깨닫게 되었습니다. 그리고 그 말씀이 그들 안에서 살아 움직일 때, 다시 제자 공동체로 돌아가는 장면이 이어집니다. 그렇다면, 그때 그 말씀을 누가 풀어주셨습니까? 바로 성령님께서 풀어주신 것입니다. 그리스도께서 직접 설명하실 때, 그들의 마음을 열고 성경을 깨닫게 하신 분은 성령 하나님이셨습니다. 오순절 날에도 마찬가지였습니다. 그들이 이미 알고 있었던 구약의 말씀, 모세의 율법, 선지자들, 시편에 기록된 말씀들이 성령님의 조명 가운데 그리스도 중심적으로 풀어졌을 때, 회중의 마음은 뜨거워졌고, 그 자리가 바로 교회의 출발점이 된 것입니다.

왜 그들의 마음이 그렇게 뜨거워졌을까요?
첫째, 이들을 감동시킨 하나님의 사랑은 우연이 아니라 오래전에 계획된 사랑이었기 때문입니다. 하나님께서는 태초부터 우리를 향한 구원의 계획을 세우셨고, 예수 그리스도의 십자가를 통해 그 사랑을 완성하셨습니다.

둘째, 메시아의 시편을 통해 그리스도의 마음과 사랑이 계시되었기 때문입니다. "나의 모든 즐거움이 땅에 있는 성도들에게 있다"(시 16:3). 그리스도의 모든 즐거움이 머무는 그 자리, 바로 그곳에서 회중은 하나님의 마음을 깊이 깨달았습니다. 그리고 그 마음이 계시된 자리에서 자신들의 마음을 찢고, 하나님 앞에 나아갔던 것입니다.

교회란 어떤 곳입니까? 교회는 단순히 사람들이 모이는 공간이 아닙니다. 주님의 모든 마음의 즐거움이 머무는 곳, 하나님의 사랑이 부어지는 곳입니다. 이곳이 우리의 사역자들의 마음이 머무는 곳, 우리 성도의 즐거움과 소망이 머무는 곳이 될 때, 오순절 때 초대교회를 탄생시킨 하나님의 은혜는 오늘도 우리와 함께하실 줄 믿습니다.
이제부터 우리는 새 언약의 원리를 함께 배워가려 합니다. 이미 구약에서 예언되고 선포된 새 언약이 어떻게 예수 그리스도의 복음 안에서 성취되었는지를 살펴보면서, 하나님의 언약에 대한 이해의 지평을 더욱 넓혀갈 것입니다.

14. 새 언약의 원리: 자명성

예레미야 31:31-34

³¹여호와의 말씀이니라 보라 날이 이르리니 내가 이스라엘 집과 유다 집에 새 언약을 맺으리라. ³²이 언약은 내가 그들의 조상들의 손을 잡고 애굽 땅에서 인도하여 내던 날에 맺은 것과 같지 아니할 것은 내가 그들의 남편이 되었어도 그들이 내 언약을 깨뜨렸음이라 여호와의 말씀이니라. ³³그러나 그 날 후에 내가 이스라엘 집과 맺을 언약은 이러하니 곧 내가 나의 법을 그들의 속에 두며 그들의 마음에 기록하여 나는 그들의 하나님이 되고 그들은 내 백성이 될 것이라 여호와의 말씀이니라. ³⁴그들이 다시는 각기 이웃과 형제를 가르쳐 이르기를 너는 여호와를 알라 하지 아니하리니 이는 작은 자로부터 큰 자까지 다 나를 알기 때문이라 내가 그들의 악행을 사하고 다시는 그 죄를 기억하지 아니하리라 여호와의 말씀이니라.

1. 새 언약의 원리

새 언약 시대의 교회는 어떤 특징들을 가지고 있을까요? 먼저 확인할 사실이 있습니다. 신약 성경에 기록된 교회들만 새 언약 시대의 교회에 속하는 것이 아닙니다. 지금 우리가 살아가는 이 시대도 새 언약 시대에 포함됩니다. 하나님께서는 일찍이 예레미야 선지자를 통해 새 언약 시대의 특징을 분명하게 예언해 주셨습니다. 이 말씀에 근거하여 우리가 앞으로 몇 주간 살펴볼 새 언약의 세 가지 대표적인 특성은 다음과 같습니다.

1. 자명성(自明性)
2. 자발성(自發性)
3. 완전성(完全性)

오늘은 첫 번째, 자명성에 대해 말씀드리고자 합니다. 하나님께서 새 언약 시대에 속한 교회의 특징을 미리 예고하셨기 때문에 우리는 이 예언의 말씀을 기준 삼아 현재 우리가 속한 교회의 건강성을 점검할 수 있습니다. 물론 나를 포함하여 새 언약 시대 신자의 신앙을 평가하는 기준으로 삼을 수도 있습니다. 새 언약의 특징 혹은 원리가 명시적으로 기록된 구절은 예레미야 31장 31-34절입니다. 먼저 34절 말씀을 읽어 봅시다.

> 그들이 다시는 각기 이웃과 형제를 가르쳐 이르기를 너는 여호와를 알라 하지 아니하리니 이는 작은 자로부터 큰 자까지 다 나를 알기 때문이라 (렘 31:34).

이 말씀은, 새 언약의 시대에는 하나님을 아는 지식이 자명해질 것을 선언합니다. 곧, 주일학교의 어린아이로부터 장년과 노년에 이르기까지, 누구든지 따로 가르치지 않아도 하나님을 아는 시대가 도래하리라는 것입니다. 물론 이것이 주일학교 교육이 더 이상 필요 없다는 의미는 아닙니다. 오히려 그만큼 하나님에 대한 인식이 명백하고 분명한 시대, 즉 복음이 성령 안에서 모든 사람의 마음에 명확히 전달되는 시대가 바로 새 언약의 시대라는 뜻입니다.

2. 하나님을 아는 지식

첫째, 자명성은 하나님을 아는 지식으로부터 시작됩니다. 제임스 스웨트남(James Swetnam)은 새 언약의 새로움에 대해 이렇게 말했습니다:

> 예레미야의 새 언약의 '새로움'은 다음 사실에 있다. 곧, 앞으로 모세 율법의 사본들이 공식적으로 이스라엘 백성이 있는 모든 곳에 보급될 것이며, 이 사본들은 율법에 대한 지식이 직접적으로 전달되는 예배(liturgy)의 중요한 요소로 사용될 것이라는 점이다.[26]

이 말은 곧 하나님의 말씀에 대한 접근성이 이전 시대와는 완전히 차별화될 정도로 쉽고 널리 확대되어 결국 하나님을 아는 지식이 보편화되는 시대가 도래할 것이고, 이것이 새 언약의 새로움이 갖는 핵심이라는 의미입니다.

---

26) 스웨트남은 새 언약의 새로움이 언약의 내용보다는 언약이 제시되는 방식에서의 새로움이라는 전제에서 예레미야 31:31-34절에 접근한다. James Swetnam, "Why Was Jeremiah's New Covenant New?" in D. Lys (ed.), *Studies on Prophecy*, VTSup 26 (Leiden: Brill, 1974), 112-15. 인용문은 115쪽을 보라.

실제로 오랜 세월 동안 일반 신자들이 하나님의 말씀을 개인적으로 소유하고 읽는 것은 거의 불가능에 가까운 일이었습니다. 한 가정에 성경 한 권이 널리 보급된 것도 불과 400년 전 종교개혁 이후부터의 일입니다. 2천 년 교회사 전체로 보면, 우리가 지금처럼 개인이 성경 66권 전체를 소장하고, 자유롭게 읽고 묵상하며, 하나님을 아는 지식에 이를 수 있다는 것 자체가 얼마나 새 언약의 시대적 특징인지 모릅니다. 유대인에게도 마찬가지입니다. 아주 오래전부터 유대인은 하나님의 말씀을 생명처럼 여겼습니다. 그런데 개인이 토라를 소장하고 직접 읽으며 공부한다는 것은 상상할 수 없는 일이었습니다. 그런데 이 시대에는 그 일이 실제로 일어나고 있습니다. 오늘날 우리는 성경을 통해 하나님을 아는 지식에 접근할 수 있고, 어린아이부터 노인에 이르기까지 개인적인 성경 읽기와 공부를 통해 하나님을 알 수 있는 시대가 온 것입니다. 이것이 바로 새 언약의 시대, 곧 하나님을 아는 지식이 자명해지는 시대의 첫 번째 특징입니다.

중세 시대에 성경은 어떤 존재였을까요? 오늘날 우리는 스마트폰으로 성경을 읽고, 앱으로 원어를 검색하고, 집에 성경이 여러 권씩 있는 시대에 살고 있지만, 중세 시대에는 개인이 성경을 소유한다는 것은 거의 불가능한 일이었습니다. 왜 그랬을까요? 성경 자체가 너무 비쌌기 때문입니다. 성경 한 권을 만들기 위해서는 양이나 송아지 2-300마리의 가죽이 필요하고 나라에서 제작하는 큰 성경의 경우에는 먼저 천 마리 정도의 양을 키우는 목장을 만들고 가죽을 공급하는 경우가 있었습니다. 그러니 제작 원가만 해도 엄청 비쌌습니다. 그리고 제작 과정에도 큰 비용을 요구했습니다. 가죽 위에 글씨를 쓰는 사람은 당대의 엘리트 계층인 성직자들이었고, 수도원에서 하루에 일정 시간 소량씩 필사해 나갔습니다. 또한, 각 페이지를 장식하는 비용도 만만치 않았습니다. 예술가들의 노동으로 이루어졌기 때문입니다. 성경 각 장의 첫 글자는 미술가에게 보내어 장식하게 했는데, 비싼 물감과 함께 금과 은이 사용되기도 했습니다. 성경의 겉장을 보석으로 장식하는 예도 많았습니다. 이 모든 과정을 거쳐 완성된 성경 한 권의 가치는 오늘날로 치면 큰 건물 하나를 건축하는 비용에 해당했다고 합니다. 그렇기에 성경은 개인이 소유할 수 있는 물건이 아니었습니다. 설령 어떤 대부호가 그것을 손에 넣었다 해도, 그것은 읽는 책이 아니라 보물처럼 전시되는 '성물'(聖物)에 가까웠습니다. 그러니 생각해 보십시오. 성경이 일반인에게 전달된다는 것, 누구나 하나님 말씀을 개인적으로 소장하여 직접 읽고 묵상할 수 있다는 것, 이 자체가 기적이며 새로운 시대의 표지임을 이해할 만합니다. 오늘날 우리가 성경을 직접 읽고 하나님을 아는 지식을 풍성하게 누리게 되었다는 것이 새 언약 시대의 첫 번째 특징인 하나님 지식의 자명성과 밀접하게 연결이 됩니다.

구약 시대의 경우도 마찬가지입니다. 예전에는 성직자나 특별한 특권층에 의해서 도움을 받지 않고도 일반인이 성경을 읽고 하나님 말씀을 이해하는 것은 불가능했습니다. 예레미야 선지자가 활동했던 시기의 사람들은 제사장이나 서기관의 도움 없이 하나님 말씀을 스스로 읽고 이해한다는 것은 정말 꿈과 같은 얘기로 들렸을 것입니다. 그러나 현재 우리는 하나님의 계시 말씀인 성경을 개인적으로 읽고 묵상하고 적용합니다. 어떤 면에서는 하나님과 일반 신자가 성직자라는 특별 계층 없이 직접 하나님의 말씀을 대면하는 시대가 도래했다고 말할 수 있습니다.

성경은 교회의 탄생과 갱신에 있어서 핵심적인 역할을 해왔습니다. 우선, 초대 교회는 어떻게 탄생했습니까? 이미 주어진 구약의 계시 말씀이 오순절 날 예루살렘에 모인 무리들 앞에서 선포되었습니다. 그리고 성령께서는 베드로를 통해 선포된 그 말씀이 회중의 마음에서 풀어지게 하셨습니다. 그 결과, 사람들은 자신의 마음을 찢고, 회개하며 복음을 받아들였습니다. 그 자리에서 바로 신약 교회가 탄생한 것이죠. 이미 앞서 나눈 것처럼 교회의 시작은 말씀과 성령의 역사 위에 세워진 사건이었습니다. 그리고 이러한 역사는 예루살렘 교회에서만 있었던 일이 아닙니다. 이후로도 새로운 지역에 교회가 세워질 때마다, 또한 기존의 교회가 말씀에서 벗어나 타락했을 때, 그것이 개혁되고 회복될 때마다 항상 말씀이 앞서 나갔습니다.

영국의 종교개혁 역시 성경과 깊이 연결되어 있었습니다. 중세 말, 존 위클리프(John Wycliffe)는 당시 라틴어 성경인 불가타를 영어로 번역했습니다. 이는 영어 사용자들이 하나님의 말씀을 직접 읽을 수 있도록 하려는 혁신적인 시도였습니다. 그의 제자들은 이 영어 성경을 들고 영국 전역을 누비며 집집마다 복음을 전했습니다. 이른바 '롤라드 운동'(The Lollard Movement)이 시작되었죠. 하지만 그 대가는 혹독했습니다. 수많은 전도자들이 이 성경을 소지하고 대중에게 읽히며 설교했다는 이유로 화형을 당했습니다. 그럼에도 이 운동은 하나님의 말씀이 중심이 된 종교개혁의 불씨가 되었고, 그 복음의 씨앗은 이후에 일어난 영국 종교개혁의 밑거름이 되었습니다.

위클리프 성경은 1380년경에 처음 번역되어 수많은 필사본으로 복사되었고, 오늘날까지 약 250여 개의 사본이 남아 있습니다. 제가 어제 확인해 보니, 위클리프 성경의 한 사본이 미국 경매 시장에서 약 5만 5천 달러, 한화로 약 6,800만 원에 거래되고 있었습니다. 놀라운 건 그것이 14세기 원본도 아닌, 18세기에 인쇄된 사본이라는 점입니다. 그렇다면 진짜 고문서는 어떨까요? 2016년 12월 5일, 실제 경매장에서 14세기 판본 위클리프 성경이 약 21억 원에 거래되었다고 합니다. 여러분, 지금 여러분 손에 있는 성경은 위클리프가 목숨 걸고 번역했던 것보다 훨씬 더 정확하고 쉽게 읽히는 번역입니다. 그런데 그 성경을 우리는 매일 읽지도 않고, 가볍게 여기고, 당연히 여기는 시대에 살고 있는 것입니다.

독일 종교개혁의 심장부에는 바로 '루터 성경'이 있습니다. 루터는 종교개혁자로 공적으로 선언된 이후, 가장 먼저 한 일이 무엇이었을까요? 그는 바르트부르크 성에 숨어 있는 11주 동안 신약성경 전체를 독일어로 번역했습니다.[27] 루터가 번역한 신약성경은 1522년에 약 3천 부에서 5천 부 정도가 유럽 전역에서 팔렸습니다. 당시로서는 엄청난 수량이었고, 이 성경은 곧 독일어의 표준을 만들었고, 종교개혁의 불길을 퍼뜨리는 도구가 되었습니다. 제가 최근 확인한 바에 따르면, 루터 성경 1523년 판본, 그러니까 원본보다 사료적 가치가 다소 떨어지는 판본조차도 12만 5천 달러, 한화로 약 1억 6천만 원에 거래되고 있었습니다.

스위스 종교개혁의 중심에도 성경이 있었습니다. 루터 성경이 독일에서 종교개혁을 널리 확산시켰다면, 스위스 취리히에서는 '취리히 성경'(Zürcher Bibel, 1531)'이 그 역할을 감당했습니다. 이 성경은 츠빙글리와 콘라드 펠리칸(Conrad Pellican), 그리고 레오 유트(Leo Jud) 등이 성경 원문(히브리어와 헬라어)으로부터 독일어로 번역한 성경입니다. 1531년 판본 하나가 8만 7천 달러, 한화로 약 1억 원에 거래되었다고 합니다.

17세기에 이르러서야 비로소 한 가정에 성경 한 권 정도가 보급되기 시작했습니다. 종교개혁이 일어났지만, 여전히 성경 한 권의 가격은 매우 비쌌습니다. 예를 들어 1520년경 독일에서 성경 한 권은 약 360페니에 거래되었는데, 이는 당시 노동자 1년 치 연봉에 해당하는 금액이었습니다.

청교도가 뉴잉글랜드로 건너갈 때, 이들은 제네바 성경(*Geneva Bible*)을 가지고 갔습니다. 이후 이 성경은 대부분의 가정에 보급되었고, 그로 인해 '대중의 성경'(The Bible of the People)이라는 별명을 얻었습니다. 물론 이 시기에도

---

27) 구약까지 완역되어 신구약 합본 형태로 만들어진 루터 성경은 1534년에 출판되었다.

성경은 여전히 값비싼 책이었지만, 이전 시대에 비해 대부분의 사람이 이제 가정에서도 개인적으로 성경을 읽을 수 있게 되었습니다. 제가 청교도 신학과 관련한 논문을 작성하면서 이들의 말씀 신앙에 깊이를 가까이에서 맛보고 감동을 받았습니다. 일례로 오늘날 미국의 코네티컷주에서 목회하신 토마스 후커(Thomas Hooker)가 담임하던 교회에는 매튜 그랜트(Matthew Grant)라는 신자가 있었습니다. 이 사람은 후커 목사님의 설교를 들을 때마다 노트 필기를 했고, 그 노트가 지금까지 전해지고 있습니다. 1647년 6월 20일 설교 노트만 해도 무려 11장에 달합니다. 저는 이 설교 전체 원문을 갖고 있는데, 대략 1시간 반에서 2시간 정도 되는 분량입니다. 1638년 10월 추수감사절 설교는 무려 31페이지에 이릅니다. 당시 기준에서 토마스 후커 목사님은 예외적인 경우가 아니었습니다. 대다수의 뉴잉글랜드 목사는 긴 설교를 했고, 회중도 이것을 원했다고 합니다. 성경의 말씀대로 여호와를 아는 지식이 뉴잉글랜드 지역에 충만했다고 해도 과언이 아닐 것입니다. 실제로 초기 뉴잉글랜드의 청교도 신학자들과 목회자들이 남긴 저작들에는 하박국 2장 14절과 이사야 11장 9절이 의미 있게 인용되고 있습니다.

　　　이는 물이 바다를 덮음 같이 여호와의 영광을 인정하는 것이 세상에 가득함이니라(합 2:14).

　　　이는 물이 바다를 덮음 같이 여호와를 아는 지식이 세상에 충만할 것임이라(사 11:9).

오늘 본문에서 하나님께서는 예레미야 선지자를 통해 이렇게 말씀하십니다.

> 그들이 다시는 각기 이웃과 형제를 가르쳐 이르기를 너는 여호와를 알라 하지 아니하리니, 이는 작은 자로부터 큰 자까지 다 나를 알기 때문이라 (렘 31:34).

이 말씀은 이사야 11장 9절의 예언과도 맥을 같이합니다. "물이 바다를 덮음 같이 여호와를 아는 지식이 세상에 충만할 것임이니라." 이처럼 하나님은 새 언약 시대에 이르러 하나님의 계시, 곧 하나님을 아는 지식이 온 세상에 충만할 것이라 말씀하셨습니다. 그리고 실제로 지금 우리가 살고 있는 이 시대가 바로 그 시대입니다. 원하기만 하면 누구나 무수히 많은 설교와 성경공부 자료들을 무상으로 접할 수 있는 시대, 하나님의 말씀이 넘쳐흐르는 시대에 우리는 살고 있습니다. 여러분, 천국에 가면 천 년 전, 이천 년 전에 살았던 신앙의 선배들이 우리에게 이렇게 말할지도 모릅니다.

"자네는 2000년대에 교회를 다녔구먼! 성경을 얼마나 많이 알고 있겠는가?" 이렇게 묻는다면 여러분, 그때 부끄럽지 않으시겠습니까?

우리나라 역시 예외가 아니었습니다. 여러분, 한국에 성경이 처음 들어온 때가 언제인지 아십니까? 충남 서천군 마량진에 가면 "한국 최초의 성경 전래지"를 기념하는 비석이 세워져 있습니다. 1816년 9월 4일, 영국 해군 군함 두 척—알세스터(Alceste)호와 리라(Lyra)호—이 마량진에 입항했습니다. 이 배들의 함장이었던 맥스웰(Maxwell)과 바질 홀(Basil Hall)은 당시 지역 관리였던 조대복 첨사와 현감에게 영어 킹제임스 성경을 선물로 건넸습니다. 일종의 기념품이었습니다. 그러나 이 사건은 공식적인 개신교 선교가 시작되기 훨씬 이전, 성경이 우리 땅에 처음 전해진 역사적 사건으로 평가됩니다.

한글로 된 성경이 들어온 것은 그보다 수십 년이 지난 1880년대부터입니다. 그 이전에는, 1832년에는 주기도문이 한글로 번역되었고, 독일 루터파 선교사들이 한문 성경을 고대도에서 배포하기도 했습니다. 또 잘 알려진 사건은 1866년 8월 31일, 대동강에서 참수 순교한 토마스 선교사의 이야기일 것입니다. 그는 숨지기 전 사람들에게 한문 성경을 나눠주었고, 이 성경책이 훗날 믿음을 낳는 씨앗이 되었습니다. 한글로 번역된 성경이 실제로 조선인에게 직접 전달된 첫 사례는 1882년입니다. 이때 로스(John Ross) 선교사가 번역한 누가복음이 조선에 전달되었고, 1885년에는 이수정 선생이 일본에서 복음을 받아들여 마가복음을 한글로 번역했습니다. 이 성경이 바로 언더우드와 아펜젤러 선교사가 1885년 4월 5일 제물포(인천)를 통해 조선에 들어올 때 들고 온 번역본이었습니다. 그리고 마침내 1887년, 로스와 매킨타이어 선교사, 그리고 조선인 협력자들이 함께 번역한 『예수교셩경젼셔』라는 이름의 신약성경 완역본이 출판됨으로써, 한국 개신교 선교와 교회 역사의 중대한 이정표가 세워졌습니다. 여기서 우리가 주목해야 할 핵심은 선교사들보다 앞서 성경이 먼저 이 땅에 들어왔다는 사실입니다. 선교사들은 이 점에서 분명한 신념을 가지고 있었습니다. "성경 말씀만 들어가면, 그곳에 반드시 교회가 세워질 수 있다." 말씀 자체가 복음 전도의 능력이 되는 것입니다. 왜냐하면, 하나님의 말씀은 살아 있고 운동력이 있기 때문입니다. 성경 말씀만 제대로 읽어도, 회심과 구원의 역사는 얼마든지 일어날 수 있습니다. 말씀 없이 믿음은 결코 생겨날 수 없습니다.

정리하겠습니다. 새 언약 시대의 원리 중 '자명성'이 의미하는 첫 번째 요소는 바로 '성경'과 깊이 관련되어 있습니다. 하나님께서는 장차 누구나 하나님의 말씀을 접하고 이해할 수 있는 시대가 올 것이라고 선포하셨고, 이 예언은 신약 시대에 실제로 성취되었습니다. 이 자명성의 원리는 오늘날 우리에게도 중요한 교훈을 줍니다. 하나님의 말씀인 성경을 얼마나 귀하게 여기고, 읽고 배우며, 깨닫고자 하는지가 중요하다는 것입니다. 선교 현장에서도 이것은 매우 분명하게 드러냅니다. 문맹률이 높은 지역이나, 문자 자체가 없는 부족에게 복음을 전할 때, 선교사들은 가장 먼저 글자를 가르치고, 심지어 문자가 없으면 새로 만들어 가르칩니다. 오늘날에도 위클리프 성경번역선교회(Wycliffe Bible Translators)와 같은 단체들이 전 세계에서 문자를 개발하고 각 종족의 언어로 성경을 번역하는 이유가 바로 여기에 있습니다. 그만큼 성경은 교회 설립의 출발점이며, 말씀 없이는 참된 교회가 세워질 수 없습니다. 말씀이 없으면 문자를 만들어서라도, 모르고 이해하지 못하면 가르쳐서라도 성경을 배우고 깨닫는 것, 그것이 전도와 선교의 기초입니다.

3. 하나님은 사랑이시라

둘째, '자명성'의 원리가 가리키는 또 하나의 핵심 요소는 바로 '하나님의 사랑'입니다. 새 언약 시대가 도래하면 하나님의 사랑이 너무도 분명하고 선명하게 드러나게 된다는 것, 바로 이것이 자명성이 의미하는 바입니다. 그리고 이것이야말로 자명성을 이해하는 데 있어 가장 핵심적인 요소라 할 수 있습니다. 초대교회는 어떻게 세워졌다고 배웠나요? 하나님의 말씀이 베드로의 입을 통해 주해(註解)되어 선포될 때, 성령님께서 역사하셔서 그 말씀 안에 담긴 하나님의 사랑이 회중의 마음속에 충격적으로 전해졌습니다. 십자가에서 나타난 하나님의 사랑이 그들의 심령 깊숙한 곳에 자명하게 새겨진 것입니다. 바로 그 사랑이 사람들의 마음을 찢었고, 회개하게 만들었고, 예수 그리스도를 믿고 교회 공동체로 들어오게 했습니다. 성경은 이 사랑을 다음과 같이 증언합니다.

> 우리가 아직 죄인 되었을 때에 그리스도께서 우리를 위하여 죽으심으로

하나님께서 우리에게 대한 자기의 사랑을 확증하셨느니라 (롬 5:8).

하나님의 사랑이 우리에게 이렇게 나타난 바 되었으니 하나님이 자기의 독생자를 세상에 보내심은 그로 말미암아 우리를 살리려 하심이라. 사랑은 여기 있으니 우리가 하나님을 사랑한 것이 아니요 하나님이 우리를 사랑하사 우리 죄를 속하기 위하여 화목제물로 그의 아들을 보내셨음이라 (요일 4:9-10).

오늘날 크리스천이 아닌 사람들도 기독교가 사랑의 종교라는 사실은 다 알고 있습니다. "하나님이 세상을 얼마나 사랑하셨으면 자기 아들을 십자가에까지 내어주셨을까?"
이러한 생각은 교회 안에서만 통용되는 것이 아닙니다. 기독교가 사랑의 종교라는 사실은 이미 자명한 지식이 되었고, 우리 자녀들이 배우는 교과서에도 실려 있을 정도입니다. 오늘 우리는 하나님께서 자기 아들을 십자가에 내어주셨다는 것을 더 이상의 설명이 필요 없는 기독교의 교리로 받아들이는 시대에 살고 있습니다. 하나님이 누구신지를 보이기 위해 더 많은 기적이나 증거가 필요한 것이 아닙니다. 십자가 자체가 하나님의 사랑을 가장 극명하게 보여준 사건이기 때문입니다. 이것이 기독교의 본질입니다. 기독교의 "하나님은 사랑이시라." 여기에 더 이상의 설명이 필요 없습니다.
이 자명한 하나님의 사랑은 어떻게 오늘 우리의 마음에까지 전달되었을까요? 제일 중요하게는 성경을 통해 우리는 하나님의 사랑을 깨닫게 되었습니다. 그러나 그 성경을 들고 우리를 찾아온 선교사들의 삶을 통해서도 하나님께서 사랑이시라는 사실을 우리의 조상들은 생생하게 체험하게 되었습니다. 이들의 사랑은 말에 그치는 사랑이 아니었습니다. 직접 오지로 들어가고, 병든 자를 돌보며, 문맹을 깨우치고, 죽기까지 헌신했습니다. 바로 선교사들의 삶 속에서 한국인은 "하나님께서 정말 사랑이시구나!" 알게 되었습니다. 오늘은 조선 땅을 밟은 많은 선교사들 가운데 한 분을 여러분께 소개드리고자 합니다.

제임스와 로제타 선교사님입니다. 제임스 홀은 캐나다 사람이고 로제타 홀은 뉴욕에서 의사였습니다. 뉴욕 빈민가 선교 사역을 하고 있었는데 그러다가 둘이 서로 사랑하게 됐어요. 제임스 홀이 첫눈에 반해서 로제타에게 프러포즈했는데 로제타 홀이 이렇게 말을 했어요. "저는 이미 조선에 헌신한 몸입니다." 그러고는 이듬해에 한국의 선교사로 들어왔습니다. 사실 제임스도 선교 사역에 관심이 있고 중국에 관심을 두고 있었습니다. 원래 조선이라는 나라는 알지도 못했지만 결국 로제타 때문에 조선행을 결심합니다. 여자 때문에 선교지를 바꿔서 태평양을 건너 조선 땅에 들어온 거죠. 자기를 쫓아온 제임스에게 로제타는 마음을 열고 결혼했습니다. 국내에서는 이것이 최초의 서양식 결혼이었습니다. 결혼한 후에 제임스의 조선 사랑은 불붙게 되었습니다. 아무것도 아닌 풍토병 질병에 죽어가는 조선 사람들을 보고 안타까워합니다. 아내를 서울에 두고 제임스는 평양으로 올라갑니다. 청일전쟁 때 전염병이 창궐하여 많은 환자들이 발생했기 때문입니다. 그곳에서 환자들을 돌보던 중 제임스도 풍토병에 걸립니다. 그리고 결혼 생활 2년 만에 죽게 돼요. 너무 아쉽지요. 제임스는 사랑하는 아내의 품에서 숨을 거두게 됩니다. 이때 큰아들 셔우드 홀이 있었고, 로제타의 태중에는 딸이 있었습니다. 로제타는 남편이 죽은 후에 미국 친정으로 돌아옵니다. 1895년 1월 18일에 딸 에디스를 출산합니다. 이후 다시 조선 땅으로 들어오게 돼요. 남편이 못다 이룬 조선 사랑을 이루라는 소명을 받았다고 합니다. 그런데 한국에 오자마자 둘째 딸 에디스가 아빠가 걸린 똑같은 풍토병에 걸려 이른 나이에 생을 마감합니다. 3년 4개월 살고 죽었습니다. 로제타 마음도 무너져 내렸습니다. 저는 이 시기에 남긴 로제타의 일기를 읽으면서 많이 울었습니다.

"아마 아빠가 우리 에디스를 보질 못해서 천국에 빨리 데려간 것 같다"라고 셔우드가 말하죠. 평양에서 죽었는데 아빠 옆에다가 묻기 위해서 에디스를 썩지 않게 동여매고 일주일을 걸려서 평양에서 서울로 가서 남편 옆에다가 딸을 묻게 됩니다. 1893년 5월 23일 일기에 로제타는 다음과 같이 기록합니다.

> 나는 사랑하는 딸이 아빠의 산소에 묻히기를 원했다. 그레이엄 리는 고맙게도 공기가 통하지 않게 주석으로 봉한 관을 준비한 다음 살아서 보지 못했던 딸을 아빠 옆에 묻기 위해 김창식과 함께 서울로 운반해 갔다. 에디스가 가는 여로는 아빠가 생전에 자주 왕래했던 길이다. 5월 26일 평양을 떠나서 6월 1일 서울에 도착할 예정이다.[28]

일찍이 남편 죽었을 때 로제타는 남편을 기념하는 홀 기념병원을 세웠습니다. 이제 에디스가 죽었을 때 로제타는 에디스를 기념하여 어린이 병동을 세웠습니다. 치료 못 받고 죽어가는 어린아이들을 위한 병원이었습니다. 오늘날 이화여대 병원, 고려대 의과대 전신인 경성의학전문대학교와 인천 간호대학교도 세우고 광성고등학교도 세웁니다. 그리고 85세 정도까지 장수하시고 아들 셔우드도 98세까지 사셨습니다. 이들은 평생을 한국을 위해 헌신하며 섬긴 사람들이었습니다. 셔우드 홀은 한때 일본에 의해 추방되었으나, 훗날 1984년에 다시 한국을 방문하게 됩니다. 광성고등학교 100주년 기념행사에, 이 학교를 세운 가족으로 초청된 것이었습니다. 그의 아내도 역시 의사였으며, 부부는 그 행사에서 채플 시간에 다음과 같이 유언과도 같은 말을 남깁니다.

---

28) 셔우드 홀, 『닥터 홀의 조선 회상』 김동열 역. 개정판 (서울: 좋은씨앗, 2009) 192쪽

> I still love Korea. 나는 여전히 한국을 사랑합니다. 내가 죽거든 양화진에 묻어주세요. 미국도 아니고 캐나다도 아니고, 내가 태어나서 자라고, 내가 사랑하는 이 나라, 그리고 내 부모님 로제타 홀이 묻혀 있고, 내 여동생이 있는 이곳, 한국에 묻어주세요.

셔우드 홀은 1991년 4월 5일, 캐나다 밴쿠버에서 98세의 나이로 타계하였고, 그의 유언에 따라 부모님이 묻혀 있는 서울 양화진 외국인 묘지에 안장되었습니다. 같은 해인 9월 19일, 그의 아내 메리안 홀(Marian Hall)도 95세의 나이로 소천하여, 남편과 함께 양화진에 안장되었습니다.

홀 선교사 가족의 삶을 돌아보면, 우리의 선조들은 이들이 단지 말로만 하나님의 사랑을 전한 것이 아니라, 삶으로 그것을 증언했다는 사실을 분명히 깨달을 수 있었습니다. 자녀까지 이 땅에 묻으며 우리를 사랑한 이 선교사들의 모습을 통해 조선 사람들은 이렇게 깨닫게 된 것입니다. "아, 이들은 진심으로 우리를 사랑하는구나! 하나님의 사랑이 이런 것이구나!" 양화진 외국인 선교사 묘역에 가보면 약 65명의 선교사 자녀들이 묻혀 있습니다. 그들 중 대부분은 태어난 지 1년도 되지 않아 세상을 떠났습니다. 하나님께서 선교사라고 해서 질병으로부터 특별히 보호해 주신 것이 아니었습니다. 그들도 우리 조선 사람들처럼 자녀를 잃는 아픔을 경험해야 했습니다. 이들의 상실과 아픔의 자리에서, 조선 사람들은 하나님의 사랑을 깨닫게 되었습니다.

사랑은 때로 설명이 필요 없는 것입니다. 양화진의 이 작은 무덤들 앞에 서면, 우리는 더 이상 "하나님이 사랑이라는 증거를 말해보라"라고 요구할 수 없습니다. 하나님의 사랑은 이미 말이 아니라 삶으로, 희생으로 증명되었습니다. 자기 아들을 아끼지 아니하시고 우리를 위해 내어주신 그 하나님의 사랑을, 선교사들은 자기 가족의 생명까지도 기꺼이 내어놓으며 삶으로 입증했습니다. 원래 진짜 사랑은 말로 증명하지 않아도 그 자체로 전달됩니다. 말하지 않아도 아는 것, 그것이 바로 사랑의 자명성입니다. 이것이 바로 하나님의 사랑이고, 선교사들의 삶 속에 증거된 복음의 실체였습니다.

4. 적용

오늘은 새 언약의 첫 번째 원리인 '자명성'에 대해 함께 배웠습니다. 하나님께서는 새 언약의 시대에 이르면, 여호와를 아는 지식이 보편화되는 날이 올 것이라고 약속하셨습니다. 다소 피상적인 접근일 수 있지만, 성경 보급률만을 보더라도 우리는 그와 같은 시대를 살아가고 있다고 말할 수 있습니다. 현재 전 세계에서 성경을 자신의 언어로 읽을 수 있는 사람은 약 60억 명에 이릅니다. 전체 성경이 아닌 일부만 번역된 경우까지 포함하면 약 73억 명, 즉 전 세계 인구의 99.5%에 해당된다고 합니다. 성경을 읽고 싶다면, 설교를 듣고자 한다면, 지금은 얼마든지 할 수 있는 시대입니다. 성경 공부 교재도 참으로 풍성합니다. 이런 시대를 살아가는 우리는 참으로 큰 복을 누리고 있는 것입니다. 그러나 이 복이 진정한 복이 되기 위해서는, 우리가 더욱 성경 말씀을 가까이하고 진리를 사모하는 마음으로 배워야 할 줄 압니다.

그런데 가장 중요한 자명성의 요소는 십자가에서 드러난 하나님 사랑이라고 말씀드렸습니다. 이 사랑을 삶으로 구현하는 것이 우리의 과제입니다. 양화진 외국인 선교사 묘역에 가보면, 루비 켄드릭(Ruby Kendrick)이라는 젊은 여성 선교사의 묘비가 있습니다. 그녀는 불과 25살밖에 되지 않았습니다. 그러나 한국 선교를 위해 어린 나이에 헌신했고, 한국말도 배우고, 한문도 익히며 철저히 준비했습니다. 그렇게 모든 것을 준비하고 조선 땅에 도착했지만, 안타깝게도 1년도 채 사역하지 못하고, 도착한 지 10개월 만에 충수염으로 세상을 떠났습니다. 얼마나 억울한 죽음입니까? 저는 미국에서 선교 단체 자료를 통해 이 이야기를 처음 접하고, 그만 눈물이 쏟아졌습니다. 너무 안타까운 마음에 "하나님, 이건 좀 너무하신 거 아닌가요? 1년이라도 사역하게 하셨어야죠." 탄식했던 기억이 납니다. 그런데 루비 켄드릭의 묘비에는 이런 글귀가 새겨져 있습니다.

나에게 만약 천 개의 생명을 주신다면 천 개를 내가 다 조선을 위해서 바치겠습니다(If I had a thousand lives to give, Korea should have them all).

한국인으로서 저는 부끄러운 생각이 들었습니다. '과연 나는 이처럼 조국을 사랑하는가?' 자문해 보았습니다. "만일 천 개의 생명을 주시면 그중에 한 개 정도는 어디 좋은 나라에서 태어나서 한번 살아보고 싶습니다." 이렇게도 말할 만도 한데 그녀는 천 개의 생명을 모두 조선을 위해 바치겠노라고 고백했습니다. 그리고 머나먼 타국땅에서 조용히 눈을 감았습니다. 루비 켄드릭의 묘비 앞에서 우리는 새 언약의 자명성을 다시 한번 확인합니다.

너는 여호와를 알라 하지 아니하리니 이는 작은 자로부터 큰 자까지 다 나를 알기 때문이라(렘 31:34).

루비 켄드릭은 삶과 죽음으로 우리에게 하나님의 사랑이 어떤 것인지 분명히 보여줍니다. 그 앞에 서면 우리는 자연스럽게 숙연해질 수밖에 없습니다. 참사랑 앞에서 우리는 "증거를 대보라"라고 말하지 못합니다. 설명을 요구하지도 못합니다. 말이 필요 없는 사랑, 그저 삶으로 증명된 사랑 앞에서 우리는 조용히 고개를 숙이게 됩니다. 그것이 사랑입니다. 아내와 자녀가 말없이 남편과 부모의 희생 앞에서 눈물짓는 것처럼, 진짜 사랑은 설명이 아니라 존재로, 조건이 아니라 헌신으로 나타납니다. 사랑은 계산하거나 따지는 것이 아니라, 그저 그렇게 조건 없이, 온전히 주는 것입니다. 이 사랑이 바로 하나님께서 우리에게 보여주신 사랑이며, 선교사들이 이 땅 위에 남긴 흔적입니다. 오늘 우리는 그 사랑 앞에서 어떤 삶으로 응답하고 있습니까?

하나님의 말씀과 하나님의 사랑은 자명한 성격을 지니고 있습니다. 하나님의 말씀은 곧 진리이며, 성경 스스로 그것을 증거합니다. 하나님은 사랑이십니다. 십자가의 복음이 그 증거입니다. 더 이상의 설명이 필요하지 않습니다. 하나님께서는 복음을 우리에게 맡기셨습니다. 그리고 복음의 자명한 진리와 사랑을 우리 같은 질그릇에 두셨습니다. 우리는 입술로만이 아니라 삶 전체로 진리를 증거해야 합니다. 우리의 이웃과 형제가 우리의 삶을 통해 '하나님을 아는 지식'에 이르게 되어야 합니다. 성경은 이렇게 말합니다.

> 그들이 다시는 각기 이웃과 형제를 가르쳐 이르기를 너는 여호와를 알라 하지 아니하리니 이는 작은 자로부터 큰 자까지 다 나를 알기 때문이라 (렘 31:34).

이 말씀은 새 언약의 약속입니다. 이 약속이 저와 여러분의 삶 속에서도 실제로 이루어지기를 간절히 소망합니다. 말과 행실로, 삶 전체로 하나님을 아는 지식을 전하고, 복음을 증거하는 새 언약의 일꾼이 되시길 기원합니다.

15.
새 언약의 원리: 자발성

예레미야 31:31-34

³¹여호와의 말씀이니라 보라 날이 이르리니 내가 이스라엘 집과 유다 집에 새 언약을 맺으리라. ³²이 언약은 내가 그들의 조상들의 손을 잡고 애굽 땅에서 인도하여 내던 날에 맺은 것과 같지 아니할 것은 내가 그들의 남편이 되었어도 그들이 내 언약을 깨뜨렸음이라 여호와의 말씀이니라. ³³그러나 그 날 후에 내가 이스라엘 집과 맺을 언약은 이러하니 곧 내가 나의 법을 그들의 속에 두며 그들의 마음에 기록하여 나는 그들의 하나님이 되고 그들은 내 백성이 될 것이라 여호와의 말씀이니라. ³⁴그들이 다시는 각기 이웃과 형제를 가르쳐 이르기를 너는 여호와를 알라 하지 아니하리니 이는 작은 자로부터 큰 자까지 다 나를 알기 때문이라 내가 그들의 악행을 사하고 다시는 그 죄를 기억하지 아니하리라 여호와의 말씀이니라.

1. 자발적 순종

오늘은 새 언약의 원리를 공부하는 두 번째 시간입니다. 오늘 우리가 살펴볼 원리는 '자발성'입니다. 하나님께서 신자들 안에서 어떻게 자발적인 순종을 일으키시는지를 함께 배우고자 합니다. 예레미야 31장 33절에는 하나님께서 "내가 나의 법을 그들의 속에 두고 그들의 마음에 기록하겠다"라고 말씀하십니다. 여기서 알 수 있듯이, 하나님의 율법이 요구하는 핵심은 전심으로 하나님을 사랑하고 이웃을 사랑하라는 것입니다. 그러나 사랑하라는 이 명령은 단순히 외면적인 순종으로는 이루어질 수 없습니다. 마음 깊은 곳에서 우러나오는 자발적인 순종, 곧 사랑으로부터 나오는 순종이어야만 가능합니다. 그 어떤 외부의 강요도 필요 없는, 아무도 막을 수 없는 사랑의 순종입니다.

과연 이런 순종이 가능할까요? 가능합니다. 하나님께서 그렇게 자발적으로 하나님을 사랑하고 이웃을 사랑하는 시대가 올 것이라고 약속하셨기 때문입니다. 하지만 이러한 자발적인 순종을 실천하려면 두 가지 중요한 요소가 필요합니다. 바로 '새 마음'과 '새 영'입니다. 하나님께서는 에스겔 36장 26절과 27절에서 이 두 가지에 대해 이렇게 말씀하십니다.

> 또 새 영을 너희 속에 두고 새 마음을 너희에게 주되 너희 육신에서 굳은 마음을 제거하고 부드러운 마음을 줄 것이며 … 또 내 영을 너희 속에 두어 너희로 내 율례를 행하게 하리니 너희가 내 규례를 지켜 행할지라(겔 36:26-27).

왜 새 마음이 필요할까요? 이전의 마음은 굳은 마음이기 때문입니다. 돌처럼 단단하고 고집스러워서 하나님의 뜻에 무감각한 상태입니다. 하나님은 이 굳은 마음을 제거하시고, 부드러운 마음을 주십니다. 하나님의 뜻에 감응하고 순종하는 마음이 부드러운 마음입니다.

또한, 하나님은 새 영을 주시겠다고 하십니다. 이는 하나님의 영, 곧 성령께서 인간 안에 내주하신다는 뜻입니다. 인간의 노력이나 결단만으로는 하나님의 뜻을 따를 수 없기에 하나님께서 친히 그의 영을 주셔서 우리로 하여금 하나님의 율법을 자발적으로 지켜 행하게 하시는 것입니다. 이처럼 이 두 가지가 있어야 이 자발성의 원리가 실천되는 것입니다. 그렇다면 이 두 가지 약속이 언제 성취됐습니까? 역시 오순절 성령 강림으로 말미암아 성령 하나님께서 신약 교회가 탄생하는 현장에 강림하시고 이들에게 새 마음을 주셨어요. 그래서 이들이 마음을 찢고 하나님 앞으로 돌아오는 역사가 일어난 것입니다. 이 역사적 성취가 오순절 성령 강림과 더불어 이루어졌고 그날 신약 교회가 탄생했습니다. 교회가 성립되고 유지되는데 이 자발성의 원리가 핵심 요소로 필요하다는 의미이기도 합니다.

정말 그렇습니다. 교회가 잘 세워져 나가기 위해서는 자발성의 원리가 건강하게 자리 잡고 있어야 합니다. 연말이 되면 목사님들이 일꾼을 찾느라고 바빠집니다. "집사님, 자꾸 거절하지 마시고 내년에는 꼭 교사로 섬겨주세요." 그러나 건강한 교회의 분위기는 사뭇 다릅니다. 목사님이 이렇게 부탁하기 전에 일꾼들이 먼저 목사님을 찾아옵니다. "교사가 필요한 부서가 있을까요? 제가 섬겨보고 싶습니다." 이런 게 자발성의 원리거든요. 교회가 성립되고 유지되는 데 있어서 오늘날도 건강한 교회란 이 자발성의 원리가 잘 실현되는 교회라고 말할 수 있습니다.

2. 오순절

오순절에 선포된 하나님의 말씀을 다시 한번 살펴보겠습니다. 신약 교회가 탄생하는 그 날, 본서에서 다루는 새 언약의 여러 원리가 모두 폭발력 있게 드러났습니다. 특히 베드로의 설교를 통해 시편 16편에 계시된 '그리스도의 기쁨'이 회중의 마음에 풀어졌다는 말씀을 드린 바 있습니다.

> 땅에 있는 성도는 존귀한 자들이 나의 모든 즐거움이 그들에게 있도다(시 16:3).

불가타 성경에서는 이 구절의 '나의 모든 즐거움'을 "omnes voluntates meas"(70인역 기준) 혹은 "omnis voluntas mea"(히브리어 본문 기준)로 번역하고 있습니다. 여기서 사용된 voluntas 또는 복수형 voluntates는 영어의 '자발주의'(voluntarism)라는 단어의 어원이 되는 말입니다. 중세 라틴어 성경에서 voluntas는 주로 '의지', '욕구', '호의' 등을 뜻하지만, 본문과 같은 문맥에서는 '기쁨'(delight)의 의미로도 사용되었습니다. 이 단어는 일종의 중의적 표현으로, '의지'와 '기쁨'을 동시에 암시합니다. 곧, 기쁨에서 우러나오는 자발적인 순종, 다시 말해 사랑의 순종을 의미하는 것입니다.

이러한 맥락에서 마틴 루터는 시편 16편을 주해하면서 voluntas가 여기서는 단순한 '의지'가 아니라 '기쁨'과 동일한 의미를 지닌다고 설명했습니다.[29] 종교개혁 시대 루터의 설교를 들었던 신자들이나, 중세 교회에서 불가타 성경으

---

29) Martin Luther, *Martin Luther's Complete Commentary on the First Twenty-Two Psslms*, translated by Rev. Henry Cole, vol.2(London: Simpsin & Marshall, 1826), 119.

로 시편을 읽고 들었던 신자들도 이 구절 속에서 그리스도의 자발적이고 기쁨에 찬 순종을 발견할 수 있었습니다. 실제로 예수 그리스도께서는 십자가를 기쁨의 순종으로 감당하셨습니다. 그리고 그분의 제자들 또한 같은 자발성과 기쁨으로 순교의 길까지 나아갔습니다. 그러나 이러한 자발성은 순교자들에게만 해당되는 특별한 미덕이 아닙니다. 모든 교회와 모든 신자에게 요구되는 원리입니다. 신자는 그리스도를 따르는 자들입니다. 그리고 그리스도께서 몸소 보여주신 자발성은 모든 신자가 따라야 할 모델이자 원형입니다.

3. 교회사: 신자의 자발적 순종

과연 이러한 자발성의 원리가 교회사 속에서 실제로 구현된 예가 있을까요? 저는 이 질문에 대해 페르페투아(Perpetua)의 이야기를 들려드리고 싶습니다. 제가 신학을 공부하기 전에, 미국에서 '초기 중세사' 과목을 수강한 적이 있었습니다. 당시 교재로 사용된 사료집에서 처음으로 페르페투아의 이야기를 접하게 되었고, 그 기록을 읽으며 큰 감동을 받았습니다. 부족한 실력이었지만 그 내용을 직접 번역하여 우리 교회 청년부와 함께 나누기도 했습니다. 페르페투아는 로마 시대 고위 귀족의 딸이었습니다. 결혼한 지 오래되지 않았고, 갓난아이를 둔 젊은 어머니이기도 했습니다. 그런 그녀가 주후 203년 3월 7일, 자발적인 신앙 고백과 순종으로 순교의 길을 걸었습니다. 페르페투아가 카르타고의 원형 경기장에서 어떤 방식으로 순교했는지에 대해 비교적 상세한 기록이 오늘날까지 전해지고 있습니다. 다음에 소개할 글은 제가 몇 년 전 「기독교개혁신보」에 기고한 내용입니다.

페르페투아는 로마의 고위 귀족 가문의 딸로서 북아프리카 카르타고에서 살다가 202년 기독교인이란 죄목으로 붙잡혔습니다. 이듬해 3월 7일 원형 경기장에서 사나운 짐승과 검투사의 칼날에 의해 순교했습니다. 20대 초반의 젊은 나이였고 더욱 안타까운 것은 아직 품 안에 젖먹이 아기가 있었다는 것입니다.

군중들은 이들의 몸을 칼로 베는 것을 지켜보기 위해 이들이 보이는 곳으로 나와야 한다고 요구했습니다. 순교자들은 일어나서 사람들이 원하는 곳으로 스스로 나아갔습니다. 이들은 서로 입을 맞추었고 평화의 입맞춤의 예식으로 그들의 순교를 인쳤습니다.

다음은 페르페투아의 차례였습니다. 그녀의 경우 아직 고통의 맛을 더 보아야 했는지 칼날이 그만 뼈 사이를 빗맞았을 때 페르페투아는 크게 비명을 질렀습니다. 그러자 그녀는 아직 초보였던 검투사의 떨리는 손을 잡아 자신의 목에 갖다 대고 제대로 찌르도록 도왔습니다. 아마도 너무나도 고귀한 그녀이기에 (더러운 영에 의함이 아니라) 오직 자기 스스로의 결정에 의해서 그렇게 죽음을 맞이한 것이었습니다.

페르페투아의 순교사화를 통해서 우리는 하나님을 향한 성도의 '자유로운 사랑'이 무엇인지 배울 수 있습니다. 타락 이후 우리는 자유를 '죄지을 자유'로 밖에는 이해하지 못하게 되었습니다. 그러나 예수님 안에서 새 피조물로 거듭난 신자들에게 주님은 십자가의 사랑을 알게 하시고 새 마음을 주셨습니다. 그리고 '하나님을 사랑할 자유'를 가르쳐주셨습니다. 페르페투아와 같은 순교자의 이야기는 우리에게 '사랑할 자유'가 주어졌음을 상기시켜줍니다. 이 자유는 극심한 고통 가운데에도 하나님을 원망하지 않을 자유입니다. 극한의 상황에서 조차도 그 분을 끝까지 배신하지 않을 자유입니다. 또한, 환난 중에서도 하나님을 끝까지 사랑할 자유입니다. 이러한 신자의 자유와 사랑을 가지고 페르페투아는 순교의 자리까지 기쁘게 나아갔습니다.[30]

---

30) 안상혁, '흥미로운 교회사이야기'(1), 「기독교개혁신보」 2021. 2.17

그녀는 단 한 번만이라도 예수님을 부인하면 살 수 있었습니다. 마지막 순간까지도 아버지가 찾아와 이렇게 설득했습니다.

"네 아이가 불쌍하지 않니? 이 아비를 봐서라도 단 한 번만 예수 모른다고 말하렴."

그러자 페르페투아는 오히려 아버지에게 이렇게 말합니다.

"아빠, 여기 이게 뭐예요?"

"화병이지."

"화병을 화병이라고 부를 수밖에 없는 것처럼, 우리 크리스천은 크리스천이라고 불릴 수밖에 없어요."

그녀는 끝까지 신앙을 지키며 오히려 아버지를 설득하는 모습을 보여줍니다. 한편 페르페투아와 함께 순교했던 펠리키타스는 노예 출신의 여성이었습니다. 당시 로마법에는 임신한 여자는 원형 경기장에서 짐승에 찢기지 않도록 보호한다는 규정이 있었습니다. 펠리키타스는 "나는 페르페투아와 함께 순교하고 싶다"라고 간절히 원했고, 감옥에 갇힌 지 여드레 만에 조산하게 됩니다. 아기는 다른 사람이 맡아 기르게 되었고, 펠리키타스는 소원대로 페르페투아와 같은 날 순교했습니다.

실제로 원형 경기장에서 기독교인들이 어떻게 순교했는지를 우리는 페르페투아 순교사화를 통해 비교적 상세히 알 수 있습니다. 보통은 사자, 표범, 멧돼지 같은 짐승들에게 찢겨 죽임을 당했습니다. 페르페투아의 경우는 소에 받혀 죽임을 당했습니다. 이 짐승들이 즉시 사람을 죽이지는 않았습니다. 짐승이 사람을 들이받거나 물어뜯어 피를 흘리게 한 뒤, 관중은 사람들이 고통 속에서 천천히 죽어가는 광경을 지켜보는 것을 즐겼습니다. 이 과정이 길어지면, 몸이 찢긴 순교자들은 '생명의 문'이라 불리는 출구를 통해 끌려 나갔습니다. 그리고 그곳에서 검투사들이 칼로 목을 베는 방식으로 마무리되었습니다. 때로는 군중이 마지막 장면도 보고 싶다고 요구하는 경우가 있어, 경기장 안에서 공개적으로 처형하기도 했습니다. 이 경우 순교자들이 죽음을 맞이하는 장면을 지켜본 군중들은 큰 충격을 받았다고 합니다.

"어떻게 죽음을 저토록 담담히 받아들일 수 있을까?"

"어떻게 죽어가면서도 찬양을 부를 수 있을까?"

심하게 상처를 입어 걷지 못하는 사람들은 들것에 실려 나갔지만, 조금이라도 걸을 수 있고 의식이 남아 있는 순교자들은 참수대까지 걸어 나갔습니다. 그들은 함께 모여 마지막으로 서로 평화의 입맞춤을 나누고, 함께 찬양을 부르며 차례대로 칼에 찔리거나 목 베임을 당하여 순교했습니다.

미국에서 주일학교 학생들에게 영화 <쿼바디스>의 한 장면을 보여준 일이 있었습니다. 물론 어린이들도 관람할 수 있는 영화였습니다. 설교를 마치고 집에 돌아왔는데, 초등학교 4학년인 큰아이가 이렇게 묻는 것이었습니다.

"아빠, 근데 왜 하나님이 안 도와줬어?"

그 아이 눈에는 하나님께서 순교자들을 그냥 죽도록 내버려 두신 것이 이해되지 않았던 것입니다. 어린아이지만 그 장면을 보고 마음에 시험이 든 것이죠. 처음에는 아들의 그 예상치 못한 질문에 제대로 대답해 주지 못했습니다. 하루 정도 생각한 끝에, 다음 날 아들을 따로 불러 앉혔습니다. 그리고 페르페투아의 이야기를 들려주었습니다. 그 후 제가 똑같은 질문을 했습니다.

"왜 하나님께서 안 도와주셨을까?"

그러자 아들이 이렇게 대답했습니다.

"페르페투아가 원했으니까?"

"맞아. 아빠도 그렇게 생각해. 페르페투아는 얼마든지 감옥에서 나올 수 있었어. 아빠 말대로 한 마디만 하면 살 수 있었을 거야. 그런데 주변에서 다 말려도, 자기가 순교하려고 스스로 선택한 거야."

이렇게 설명해 주었더니, 아들이 이해를 하더군요.

자발성의 원리는 초대 교회사 안에서 실제로 실현되었습니다. 예수님만 죽음의 자리를 자발적 순종으로 가신 것이 아닙니다. 수많은 교회가 세워질 때마다, 믿음의 선진들은 말 한마디면 충분히 모면할 수 있었던 순교의 자리로 자발적으로 걸어 나갔습니다. 우리나라도 예외는 아닙니다. 처음 복음이 들어올 때, 얼마나 많은 신자들이 자발적으로 순교의 길을 선택했습니까?

작년 6월, 교수님들과 함께 여수 지역을 방문한 적이 있습니다. 그때 저는 우리나라에 이렇게 순교자가 많은 줄 미처 몰랐습니다. 염산교회를 찾아갔더니, 교인들 대부분이 순교했다는 사실을 알게 되었습니다. 교회 옆에는 순교 기념비가 세워져 있었고, 문준경 전도사님 순교기념관도 아주 잘 조성되어 있었습니다. 그리고 애양원을 방문했습니다. 손양원 목사님의 다양한 사연이 소개되어 있습니다. 그곳에서 저는 흥미로운 전시물을 발견했습니다. 손 목사님의 두 아들, 동인과 동신이가 순교했을 때, 목사님은 감사헌금을 드렸습니다. 감사헌금 봉투에 이렇게 적혀 있었습니다.

"순교의 두 아들이나 주신 것에 감사하여 1만 환 드립니다."

당시 손 목사님의 월급이 80원이었는데, 무려 1만 환이라는 거액을 감사헌금으로 바치신 것입니다. 세상 사람들은 "도대체 어떻게 그럴 수 있냐"고 말했습니다. 그런데, 손 목사님은 그보다 더한 일을 하셨습니다. 자기 아들들을 죽인 원수를 양아들로 삼으셨던 것입니다. 무엇을 의미할까요? 무엇보다 우리 안에 이러한 용서와 사랑을 실천할 수 있는 자유가 있다는 것을 보여주고 있습니다. 손양원 목사님만 특별해서 그런 자유를 누린 것이 아닙니다. 우리 모든 신자에게도 이러한 자유가 주어졌습니다.

저는 이것이 바로 창조적인 자유라고 생각합니다. 누군가를 진심으로 사랑하면, 사람들이 미처 생각하지 못하는 일을 할 수 있습니다. 사랑하는 대상에게 감동을 줄 만한 창조적인 행동을 할 수 있지요. 저는 손양원 목사님이 보여 주신 그 순종이야말로, 자발적이면서도 창조적인 순종이었다고 생각합니다.

4. 주권적 은혜와 자유의지

개혁주의는 하나님의 주권을 강조하는 전통을 가지고 있습니다. 특히 하나님의 주권적인 은혜를 강조하죠. 이러한 전통 안에서 우리가 무언가를 적극적으로 행해야 한다고 말하면, 자칫 하나님의 주권을 약화시키는 주장처럼 오해되기 쉽습니다. 그러나 실제로는 그렇지 않습니다. 개혁주의 전통은 오히려 하나님의 주권적인 은혜와 신자의 책임과 순종이 어떻게 조화를 이루는지를 매우 섬세하게 설명합니다.

이 주제를 다룰 때, 제가 종종 소개하는 책이 하나 있습니다. 바로 17세기 옥스퍼드의 청교도 신학자 토마스 굿윈(Thomas Goodwin)이 저술한 『믿음의 본질』(The Object and Acts of Justifying Faith)입니다. 굿윈은 하나님의 주권적인 은혜가 신자 안에서 믿음을 만들어 과정을 다음과 같이 설명합니다.

"이스라엘이 어렸을 때 내가 사랑하여 … 내가 걸음을 가르치고 내 팔로 안았도다"(호 11:1).[31]

---

31) 호세아 11장 1절에 따르면 이스라엘이 어렸을 때 하나님께서 사랑하여 그분 자신이 걸음을 가르치고 그분 자신의 팔로 안았다고 말한다. 굿윈이 주해하는 호세아 11장 1-4절은 다음과 같다.
이스라엘이 어렸을 때에 내가 사랑하여 내 아들을 애굽에서 불러냈거늘 선지자들이 그들을 부를수록 그들은 점

하나님이 택자들의 마음에 믿음을 만들어 주실 때 전능한 능력을 발휘하신다. 그렇더라도 하나님은 압도적인 능력을 항상 눈에 띄게 하지 않으신다 … 종종 자기를 은근히 드러내시고, 사람의 마음속으로 부드럽게 스며들어 가시고 … 사람의 마음속에 있는 자연스러운 움직임에 보조를 맞춰 주신다. 부드럽고 조용하지만 전능하게 사람들의 마음을 그렇게 행동하도록 꾸준히 이끄신다 … 엄마가 아이에게 걸음을 가르칠 때 그 아이를 다루듯이 다루신다. 엄마는 아이가 걸음을 뗄 때마다 힘을 뺀다 … 하나님은 약간의 힘을 그 사람의 능력 속으로 슬며시 집어넣으신다.

믿음을 일으킬 때 하나님이 모든 능력을 주신다. 믿음은 우리에게서 나오는 것이 아니다. 하나님의 선물이다. 하지만 그리스도를 부활시킨 능력을 사람의 감각에 맞춰 주신다. 그리스도께서 "나를 보내신 아버지께서 이끌지 아니하시면 아무도 내게 올 수 없으니"라고 하신 요한복음 6장 44절에 있는 바로 그 이끄심을 호세아 11장 4절의 "내가 사람의 줄 곧 사랑의 줄로 그들을 이끌었고"라는 말씀에 의해 해석하면 된다.[32]

굿윈에 따르면, 하나님께서는 그분 자신의 전능한 능력을 우리가 강압적으로 느끼지 않도록, 우리도 모르는 사이에 부드럽게 스며들게 하시며, 우리의 자연스러운 심장의 박동에 맞추어 은혜를 주신다고 설명합니다. 이는 마치 엘리야가 호렙산에서 들었던 '세미한 소리'(a gentle whisper)와도 같습니다. 그 전능

점 멀리하고 바알들에게 제사하며 아로새긴 우상 앞에서 분향하였느니라 그러나 내가 에브라임에게 걸음을 가르치고 내 팔로 안았에도 내가 그들을 고치는 줄을 그들은 알지 못하였도다 내가 사람의 줄 곧 사랑의 줄로 그들을 이끌었고 그들에게 대하여 그 목에서 멍에를 벗기는 자 같이 되었으며 그들 앞에 먹을 것을 두었노라(호 11:1-4).

[32] 토마스 굿윈, 『믿음의 본질』, 임원주 역 (서울: 부흥과개혁사, 2013), 제2권: 605-606.

한 능력은 살랑살랑 부는 봄바람처럼, 정말 그렇게 섬세하고 세밀한 음성으로 우리에게 다가옵니다.

"부드럽고 조용하지만 전능하게."

마치 어느 시나 영화의 제목 같지 않습니까? 실제로 하나님의 주권적 은혜는 우리에게 종종 그런 방식으로 임합니다.

굿윈은 계속해서 호세아의 말씀을 빗대어 비유를 들고 있습니다. 마치 엄마가 아기에게 걸음마를 가르치는 것과 같다는 것입니다. 여러분도 아이에게 걸음마를 가르쳐 본 기억이 있다면 한번 떠올려 보십시오. 아이는 일어서는 것조차 힘들어하는데, 엄마는 말합니다.

"잘한다, 이렇게 일어나 보자."

그러면서 살짝 손을 잡아 앞으로 당겨 첫발을 떼게 해줍니다. 하지만 그다음 순간, 엄마는 힘을 뺍니다. 아이 입장에서는 생애 처음 느끼는 배신감일 수 있습니다.

'일어나게 해 놓고, 왜 이제는 손을 놓으려고 하지?'

두 발 중 하나를 떼는 순간, 자신은 무너질 것만 같고, 오직 엄마만 의지할 수밖에 없는 상황이 되는 것이죠. 그런데 그 순간, 엄마는 아이가 완전히 넘어지지 않을 만큼만 다시 살짝 힘을 주는 것입니다. 절대로 강압적으로 끌거나 억지로 일으키지 않습니다. 아이에게 넘어질 듯 말 듯한 상황을 반복하게 하며, 결국 스스로 한 걸음, 한 걸음 내딛게 만드는 것이죠. 그렇게 우리는 자라나 뚜벅뚜벅 걸어서, 지금 이 자리에 앉아 있는 어른이 된 것입니다. 하나님께서도 우리를 그와 같이 훈련시키시고 인도하신다는 것이 굿윈의 설명입니다. 하나님의 은혜는 부드럽고 조용하지만 전능하게, 그리고 사랑으로 훈련시키는 방식으로 임합니다. 하나님의 주권적 은혜는 바로 이러한 방식으로 우리에게 임합니다. 처음에는 교회에 전혀 관심도 없던 사람이, 누군가 하도 귀찮게 전도

하니까 '한번 나가줘야지' 하고 마지못해 교회에 나옵니다. 맨 뒷자리에 앉아 설교는 하나도 이해되지 않는데, 어느새 점점 앞으로 나아오게 되는 것이죠. 그러다 맨 앞자리에 앉게 되고, 집사가 되고, 장로가 되는 것입니다. 하나님께서 우리 한 사람 한 사람을 엄마가 아이의 걸음마를 가르치듯이, 그렇게 인도해 오셨다는 것입니다. 이것이 바로 하나님의 주권적인 은혜입니다.

굿윈의 설명에서 마지막 부분에 이르면, 그는 이렇게 말합니다. 믿음은 우리의 행위가 아니라 하나님의 선물이라는 것이죠. 심지어 믿을 수 있는 능력조차도 하나님께서 전적으로 주시는 것이라고 말합니다. 하지만 중요한 것은, 그 전능하신 능력조차도 우리에게 억지로 밀어붙이는 방식이 아니라, 우리 심장의 자연스러운 박동에 맞춰 은밀하고 부드럽게 스며든다는 점입니다. 그리고 굿윈은 요한복음 6장 44절을 인용합니다.

> 나를 보내신 아버지께서 이끌지 아니하시면 아무도 내게 올 수 없으니 오는 그를 내가 마지막 날에 다시 살리리라(요 6:44).

이것이 바로 하나님의 주권적 은혜입니다. 그런데 이 은혜를 우리는 어떻게 이해할 수 있을까요? 호세아 11장 4절을 보면 하나님께서 이렇게 말씀하십니다.

> 사람의 줄, 곧 사랑의 줄로 그들을 이끌었고…(호 11:4).

하나님은 엄마가 아이에게 걸음마를 가르치듯, 부드럽고 세밀하게 우리를 이끄십니다. 이 말씀은, 하나님의 절대적인 주권과 인간의 자유로운 의지, 자발적인 순종이 얼마나 아름답게 조화를 이루는지를 우리 일상의 언어로 이해할 수 있도록 설명해 주는 것입니다. 이와 같은 맥락에서 굿윈은 결론적으로 이렇게 권면합니다. 제가 보기에 하나님의 주권적 은혜로부터 이끌어내는 매우 탁월한 적용입니다.

"모든 사람은 하나님의 성령이 자신을 움직이게 할 힘을 발견하는 만큼 하나님께 나아가라."

이 말은 무슨 뜻일까요? 예를 들어, 내가 한 걸음 떼어 보려고 발을 들었더니, 그 순간 엄마가 잡아주던 손에서 스르르 힘이 빠지는 것 같은 느낌이 드는 것입니다. 마치 하나님께서 그나마 도와주시던 손길마저 거두시는 것처럼 느껴지는 때가 있습니다. 정말 이 세상에 나 혼자 버려진 듯한 느낌, '나는 이제 곧 쓰러지겠구나' 하는 절박한 순간 말입니다.
그런데 바로 그때가 어떤 때냐 하면, 바로 걸음을 내디딜 타이밍이라는 것입니다. 그리고 내가 그 걸음을 떼고, '이제 끝났구나!' 싶을 그 순간, 그때 하나님께서 다시 나를 붙들어 주십니다. 오늘도 하나님은 우리 각자에게 바로 이 일을 하고 계십니다. 사랑의 줄로, 조용하지만 전능한 손길로, 우리로 하여금 자발적인 순종의 걸음을 한 걸음씩 내디딜 수 있도록 하시는 방식으로 말입니다. 결국, 자발성이라는 것은 인간 내면에서 자연스럽게 솟아나는 것이 아닙니다. 진정한 의미에서 자발성은 하나님의 은혜로 말미암아 주어지는 선물입니다. 하나님께서 나를 이끌어 가시고, 하나님께서 나를 빚어 가시며, 하나님께서 나를 변화시키는 모든 과정에서 '자발성'의 원리를 하나님의 주권과 아름답게 조화를 이루며 구현됩니다. 이전에는 하나님의 계명이 부담이었습니다. 그러나 이제는 그 계명이 기쁨입니다. 예전에는 예배가 귀찮고 의무처럼 느껴졌지만, 이제는 예배가 그립고, 기다려집니다. 과거에는 순종이 억지로 하는 일이었는데, 이제는 기쁨에서 우러나는 순종이 되었습니다. 심지어 목사님이 아주 작게 어떤 부탁을 하셨을 뿐인데, "목사님, 제가 이렇게 한 번 더 해볼게요" 하고 더 창조적으로, 더 자발적으로 섬기려는 마음이 나옵니다. 바로 이러한 삶의 태도가 하나님의 은혜가 실제로 내 안에서 역사하고 자발성이 은혜로부터 비롯된다는 사실을 보여주는 증거입니다.

5. 적용: 신자의 자유

에덴동산에서 인간은 하나님께서 선물로 주신 자유를 오용함으로써 타락에 이르렀습니다. 행위 언약의 실패, 곧 타락의 본질은 결국 사랑의 실패였습니다. 그러나 이와 대조적으로, 새 언약 안에서 하나님께서는 우리가 상실했던 자유가 제 기능을 할 때 어떤 열매를 맺는지를 우리에게 보여주십니다. 그것은 바로 거듭난 신자에게 주어진 창조적 자유입니다. 신자는 이 자유를 활용하여, 하나님 사랑과 이웃 사랑을 창조적인 방식으로 실천할 수 있습니다. 설사 누군가가 "이런 상황에서는 차라리 마음껏 하나님을 원망해. 그게 당연한 거야"라고 말할 만한 환경에 있을지라도, 신자는 이렇게 말할 수 있습니다.
"아니요. 나는 하나님을 원망하지 않을 거예요. 오히려 하나님께 감사할 거예요." 심지어 죽음의 위협 앞에 서 있는 순간에도, 신자는 이렇게 고백할 수 있습니다. "내가 죽는다 해도, 나는 그리스도를 위해 이 길을 갈 것입니다."
그렇습니다. 우리는 단지 죄를 지을 자유만을 가진 존재가 아닙니다. 오히려 모든 환경을 넘어 하나님을 사랑할 자유가 우리에게 주어졌습니다. 이것이 은혜로 회복된 신자의 자유입니다. 자발성은 은혜의 열매입니다. 하나님의 사랑이 내 안에 넘칠 때, 그 사랑이 나를 이끌어 자발적인 순종의 삶을 살게 합니다.

하나님이 내 안에 계시고, 성령님께서 나를 변화시키시며, 예수 그리스도의 마음을 내 안에 부어주셔서 내가 하나님을 기쁘시게 하는 삶을 살 수 있게 하십니다. 바로 이것이 복음입니다. 오늘 선포된 말씀을 마음에 품고 함께 기도했으면 좋겠습니다.

"하나님, 제 마음이 굳어 있을 때, 제 안에 새 마음을 주옵소서. 하나님의 영으로 제 속을 새롭게 하셔서, 기쁨으로 순종하게 하소서. 억지로나 두려움이 아니라, 자발적으로 하나님을 따르게 하소서. 새 언약의 백성답게 살아가게 하소서."

인생이 한 걸음 앞도 예측할 수 없을 만큼 막막할 때, 우리가 그 한 걸음을 내디딜 수 있는 것은 믿음 때문입니다. 믿음은 하나님을 향한 신뢰와 연결되어 있습니다. 이번 한 주간 하나님 앞에 믿음으로 한 걸음 내딛으십시오. 믿음의 한 걸음을 내디뎠을 때, 하나님의 붙들어 주시는 은혜가 함께 하실 것입니다.

 16.
새 언약의 원리: 완전성

예레미야 31:31-34

³¹여호와의 말씀이니라 보라 날이 이르리니 내가 이스라엘 집과 유다 집에 새 언약을 맺으리라. ³²이 언약은 내가 그들의 조상들의 손을 잡고 애굽 땅에서 인도하여 내던 날에 맺은 것과 같지 아니할 것은 내가 그들의 남편이 되었어도 그들이 내 언약을 깨뜨렸음이라 여호와의 말씀이니라. ³³그러나 그 날 후에 내가 이스라엘 집과 맺을 언약은 이러하니 곧 내가 나의 법을 그들의 속에 두며 그들의 마음에 기록하여 나는 그들의 하나님이 되고 그들은 내 백성이 될 것이라 여호와의 말씀이니라. ³⁴그들이 다시는 각기 이웃과 형제를 가르쳐 이르기를 너는 여호와를 알라 하지 아니하리니 이는 작은 자로부터 큰 자까지 다 나를 알기 때문이라 내가 그들의 악행을 사하고 다시는 그 죄를 기억하지 아니하리라 여호와의 말씀이니라.

1. 완전한 용서와 연합

오늘은 새 언약 시리즈의 세 번째 시간으로, 주제는 '완전성'입니다. 예레미야 31장 33절은 하나님과 그의 백성 사이의 관계가 완전한 연합으로 나아감을 선포합니다.

> 나는 그들의 하나님이 되고 그들은 내 백성이 될 것이라(렘 31:33).

하나님과 그의 백성 사이의 연합은 신구약 전체에 걸쳐 계시된 언약의 핵심 요소입니다. 그러나 하나님과 신자가 연합을 이루기 위해서는 반드시 선결되어야 할 조건이 있습니다. 그것은 바로, 하나님과 우리의 관계를 단절시킨 죄의 문제가 해결되어야 한다는 것입니다. 하나님께서는 "내가 그들의 악행을 사하고 다시는 그 죄를 기억하지 아니하리라"(34절)라고 말씀하셨습니다. 이처럼 온전한 연합과 완전한 용서는 마치 동전의 양면처럼 서로 뗄 수 없는 관계입니다. 용서와 연합, 이 두 가지는 오늘의 주제인 '완전성'을 구성하는 핵심적인 요소입니다.

여기서 한 가지 의문이 생깁니다. 하나님께서는 이 본문에서 마치 이전과는 차별화되는 용서를 선언하시는 것처럼 말씀하십니다. 그렇다면 구약의 성도는 완전하지 못한 용서를 받았던 것일까요? 결코, 그렇지 않습니다. 예를 들어, 다윗이나 히스기야와 같은 왕들이 경험한 하나님의 용서는 신약의 성도가 누리는 용서와 본질적으로 다르지 않습니다. 구약과 신약의 모든 신자는 동일하게, 오직 그리스도의 피로 말미암은 온전한 용서를 받았습니다.

그렇다면 신약 시대의 성도들이 누리는 용서가 구약 시대의 신자들과 비교해 어떤 점에서 차별화된 것일까요? 이에 대한 단서를 히브리서 9장 13-14절에서 찾을 수 있습니다.

> 염소와 황소의 피와 및 암송아지의 재를 부정한 자에게 뿌려 그 육체를 정결하게 하여 거룩하게 하거든 하물며 영원하신 성령으로 말미암아 흠 없는 자기를 하나님께 드린 그리스도의 피가 어찌 너희 양심을 죽은 행실에서 깨끗하게 하고 살아 계신 하나님을 섬기게 하지 못하겠느냐?(히 9:13-14).

이 구절이 말하는 대로, 구약 시대의 성도들은 황소와 염소의 피를 희생 제사에 사용하는 예식을 통해 하나님의 죄 사함을 경험했습니다. 그런데 과연 황소와 염소의 피 자체에 죄를 씻는 신비한 능력이 있었을까요? 그렇지 않습니다. 그 피는 그리스도의 보혈을 가리키는 기표(signifier)에 불과합니다. 다시 말해, 구약의 신자들이—다윗이나 히스기야를 포함하여—죄 사함을 받은 근거도 바로 그리스도의 보혈입니다.

하나님의 관점에서 보면, 구약 성도에게 베푸신 용서와 신약 성도에게 베푸신 용서 사이에는 질적인 차이가 없습니다. 모두 그리스도의 피에 근거한 완전한 용서입니다. 차이가 있다면, 기표가 달라졌다는 점입니다. 구약 시대에는 황소와 염소의 피가 그리스도를 예표하는 기표로 사용되었고, 신약 시대에는 성찬의 떡과 포도주가 그리스도의 살과 피를 상징하는 기표로 주어졌습니다. 누가복음 22장에서 주님은 십자가를 지시기 전날, 제자들과의 만찬에서 새 언약의 성례를 제정하셨습니다. 포도주잔을 들고 "이 잔은 내 피로 세우는 새 언약이다"라고 말씀하심으로써, 포도주가 십자가에서 흘리신 자신의 피를 가리키는 기표임을 밝히신 것입니다.

오늘날 우리가 성찬에 참여하며 받는 떡과 포도주 자체가 우리의 죄를 사하는 것은 아닙니다. 그 떡은 십자가에서 찢기신 그리스도의 몸을, 포도주는 흘리신 피를 가리키는 상징적 기표입니다. 요컨대, 구약의 성례와 신약의 성례 모두 한 실체, 곧 그리스도를 가리키는 기표입니다. 차이는 있습니다. 구약의 성도들은 장차 오실 메시아를 그림자처럼 바라보았고, 신약의 성도들은 역사적으로 성취된 십자가와 부활을 분명히 인식하며 바라봅니다. 바로 이 점에서 신약의 성례는 구약의 그것보다 더 명료한 기표입니다. 그러나 이 기표의 분명함이 곧 우리가 받는 용서나 하나님과의 연합이 구약 성도들과 본질적으로 다르다는 것을 의미하지는 않습니다. 본질은 동일합니다. 모두 그리스도의 피로 말미암은 완전한 용서와 연합입니다.

2. 용서와 연합의 유기적 관계

왜 우리는 하나님의 백성이 누리는 연합과 하나님이 베푸시는 용서가 서로 연결되어 있다고 말할 수 있을까요? 신자의 입장에서 말씀드리면 우리가 하나님과 온전한 연합을 이루기 위해서는, 하나님께서 내 죄를 사하셨다는 확고한 사죄의 확신이 전제되어야 합니다. 그 확신 없이는 하나님과 깊은 사랑의 연합을 이룰 수 없습니다. 왜냐하면, 내가 아직도 정죄받을 수 있다는 두려움 속에 있다면, 마음을 다해 하나님을 사랑할 수 없기 때문입니다. 요한일서 4장 17절부터 19절 말씀은 이 점을 분명히 가르칩니다.

> 이로써 사랑이 우리에게 온전히 이루어진 것은 우리로 심판 날에 담대함을 가지게 하려 함이니 … 사랑 안에 두려움이 없고 온전한 사랑이 두려움을 내쫓나니 두려움에는 형벌이 있음이라 두려워하는 자는 사랑 안에

서 온전히 이루지 못하였느니라 … 우리가 사랑함은 그가 먼저 우리를 사랑하셨음이라(요일 4:17-19).

사도 요한은 여기서 진정한 하나님 사랑은 심판과 형벌에 대한 두려움으로부터의 자유 위에 세워진다고 말합니다. 만약 우리가 마음속 깊이 이렇게 생각한다면 어떨까요?
'하나님이 지금은 내 죄를 눈감아 주시지만, 마지막 심판 날에는 내 죄를 낱낱이 드러내서 나를 정죄하실지도 몰라.'
이런 두려움이 있는 한, 우리는 결코 하나님과 온전한 사랑의 연합을 누릴 수 없습니다. 온전한 사랑은 두려움과 양립할 수 없기 때문입니다. 하나님을 두려움으로 섬기는 것은 참된 사랑이 아닙니다. 용서받지 못한 죄에 대한 두려움이 남아 있는 한, 신자의 사랑은 하나님과의 인격적 연합으로 자라날 수 없습니다. 그러므로 하나님과의 연합은 반드시 완전한 사죄에 대한 확신 위에서 이루어집니다. 이 확신이 바로 신자의 자유와 담대함, 그리고 온전한 사랑의 뿌리입니다.

조금 쉽게 비유를 들어 설명해 보겠습니다. 어떤 분이 "저는 남편을 정말 사랑해요"라고 말합니다. 그런데 주변에서 보기엔 상황이 심각합니다. 남편이 술만 마시면 폭력을 행사하고, 지난달에는 갈비뼈가 부러져 응급실에 실려서 갔고, 이번 달에는 얼굴이 멍들 정도로 맞았다고 한다면, 이건 분명히 위태로운 관계입니다. 그런데도 그분이 계속해서 "남편은 본심으로는 날 사랑해요. 그래서 저도 남편을 사랑해요"라고 말한다면, 그것은 건강한 사랑이라고 보기 어렵습니다. 폭력에 대한 두려움과 공포가 관계 속에 자리 잡고 있는 한, 그 사랑은 온전할 수 없습니다.

마찬가지로 우리가 하나님을 사랑한다고 말하면서도, 마음속 깊은 곳에 '하나님이 언젠가 내 죄를 들추어 정죄하실지도 몰라', '심판 날에 나를 버리실지도 몰라'라는 두려움을 품고 있다면, 그 고백 역시 온전한 사랑의 고백이 되기가 어렵습니다. 온전한 용서는 하나님과의 인격적인 연합을 가능하게 하는 전제 조건입니다. 하나님은 우리의 죄를 참으로 용서하시고, 다시는 그것을 기억하지 않으신다고 약속하셨습니다. 그러므로 하나님을 사랑하라는 명령 안에는 "내가 너의 죄를 기억하지 않겠다"라는 복음의 약속이 함께 담겨 있는 것입니다.

2012년 고종석 사건을 기억하시나요? 잠자고 있는 7살짜리 여자아이를 이불째로 납치해서 아이를 강간했어요. 그리고 그때 태풍이 오고 일기가 안 좋았는데 벌거벗긴 채로 그냥 방치를 해뒀어요. 엄마 아빠는 게임방에 있느라고 아이가 그렇게 사고가 난 줄을 알지도 못했습니다. 결국, 고정석이 붙잡혀서 지금까지 무기징역을 선고받고 감옥에 있습니다. 그는 어떻게 이렇게 악한 일을 저질렀을까요? 그 사람을 조사해 보니까 그는 아동 포르노 중독자였어요. 이 사실을 확인하고 한국 사회에는 여론이 들끓어 올랐습니다. 이 기회에 아동 포르노를 뿌리 뽑자! 이윽고 검찰청에서 강경책을 발표했습니다. 실수로라도 어린아이와 관련된 포르노 영상물을 다운받으면 설사 바로 삭제하더라도 처벌하겠다고 선언했습니다. 또한, 초범이라도 기소하는 무관용 원칙을 발표했어요. 많은 시민은 기뻐했습니다.
그런데 이상한 일이 벌어졌습니다. 일부 남성 네티즌들을 중심으로, 검찰청의 강화된 정책에 반대하는 움직임이 시작된 것입니다. 이들은 "실수로 다운로드한 경우와 고의로 아동 포르노를 수집한 경우를 똑같이 처벌하는 것은, 모든 국민을 잠재적 범죄자로 만드는 것"이라며 강하게 반발했습니다. 앞서 사회 전체가 분노하며 "이번 기회에 이런 악은 반드시 뿌리 뽑아야 한다!"라며 국민적인 합의가 형성되는 듯 보였습니다. 그런데 정작 그 정의가 자신에게 적용될 수 있다는 가능성이 떠오르자, 사람들의 마음에 두려움이 스며들기 시작했습니다. "혹시 나도 실수로 걸릴 수 있지 않을까?" 이런 불안이 생기자, 정의에 대한 지지는 점점 흔들리고, 사람들의 입장도 바뀌기 시작했습니다.

마찬가지입니다. 하나님께서 아무리 선한 법을 제정하셔서 우리가 그 옳음을 인정하고 박수친다고 하더라도, 인간의 부패한 본성은 그 하나님의 선한 법을 온전히 받아들일 수 없습니다. 사실, "하나님을 전심으로 사랑하라, 이웃을 네 몸과 같이 사랑하라"라는 법이 얼마나 선하고 아름답습니까? 그러나 이처럼 선한 법이 정작 나에게 적용되어 나를 죄인으로 정죄한다면, 우리의 태도는 쉽게 변하게 됩니다. 가령 누군가 이렇게 말한다고 해봅시다.

"율법이 '이웃을 네 몸과 같이 사랑하라'라고 했는데, 너는 굶어 죽어가는 아이들을 보면서 어떻게 가만히 있을 수 있지? 이 때문에 너는 정죄 받아야 해."

이런 말을 듣는다면, 우리는 언제 그랬냐는 듯이 태도를 돌변하고 방어적으로 변할 수 있습니다. 바로 이러한 인간의 부패한 마음을 꿰뚫어 본 마르틴 루터는 자연인이 율법을 지키는 것은 불가능하다고 말했습니다. 여기서 말하는 율법은 "전심으로 하나님을 사랑하고 이웃을 사랑하라"라는 법입니다. 정말 루터의 지적대로, 자연인이 하나님을 사랑하는 것이 불가능할까요? 예, 불가능합니다. 율법을 피상적으로 이해한다면, "그래도 어느 정도 노력하면 가능하지 않을까?"라고 말할 수도 있을지 모릅니다. 그러나 하나님의 율법이 요구하는 것이 무엇인지 제대로 안다면, 그 앞에서 함부로 "가능하다"라고 말할 수 없습니다. 왜냐하면, 하나님을 전심으로 사랑하기 위해서는 먼저 심판에 대한 두려움으로부터의 자유가 전제되어야 하기 때문입니다. 우리의 양심 깊은 곳에 아직도 하나님의 법이 나를 심판하실지 모른다는 공포가 남아 있다면, 우리는 결코 하나님을 전심으로 사랑할 수 없습니다. 온전한 사랑은 두려움과 함께할 수 없습니다. 율법의 정죄 아래 있는 한, 인간은 하나님을 향한 참된 사랑과 인격적 연합을 이룰 수 없습니다.

그러므로 루터는 인간의 본성이 타락한 이상, 자연인의 상태로는 결코 율법의 요구, 즉 전심의 사랑을 이룰 수 없다고 말한 것입니다. 그럼에도 성경은 우리에게 이렇게 명령합니다.

"너는 마음을 다해 하나님을 사랑하라."

그렇다면 우리는 이 명령 속에 하나님의 숨겨진 약속이 있다는 사실을 놓치지 말아야 합니다. 과연 그 약속은 무엇일까요? 바로 하나님께서 우리의 죄를 진정으로 용서하시겠다는 약속입니다. 하나님은 우리의 죄를 마음 깊은 곳에서부터 기억하지 않겠다고 선언하셨습니다. 이 약속은 우리가 하나님과 사랑의 연합을 이루는 데 있어서 죄라는 요소가 더 이상 아무런 영향력을 행사하지 못하도록 하려는 복음의 전제입니다. 그래서 이제 우리는 하나님을 사랑하라는 그 명령 앞에서, 더 이상 정죄감이나 두려움이 아니라 감사와 확신으로 "아멘"으로 응답할 수 있게 된 것입니다.

이것이 바로 새 언약의 시대에 신자들이 누려야 할 특권, 곧 사죄의 확신과 완전한 용서입니다. 그리고 이 완전한 용서가 우리에게 주어지는 근거는 무엇입니까? 우리가 먼저 죄를 회개하기에 앞서 하나님께서 우리를 먼저 사랑하셨기 때문입니다. 하나님의 사랑은 우리의 회개를 전제로 시작된 것이 아니라, 그리스도의 십자가 안에서 이미 선포된 은혜의 사랑입니다.

> 사랑은 여기 있으니 우리가 하나님을 사랑한 것이 아니요 하나님이 우리를 사랑하사 우리 죄를 속하기 위하여 화목제물로 그 아들을 보내셨음이라(요일 4:10).

우리가 하나님을 먼저 사랑한 것이 아닙니다. 우리가 아직 죄인이었을 때, 하나님은 우리를 지극히 사랑하셔서 그 죄 문제를 해결하시기 위해 아들을 화목제물로 보내셨습니다. 이 진리를 깨달을 때, 우리는 마음 깊은 곳에서부터 자유함을 누릴 수 있습니다. 왜냐하면, 우리가 누리는 완전한 용서는 우리 안에 있는 무엇—회개의 진정성이나 믿음의 강도—에 뿌리를 두고 있는 것이 아니라, 완전한 하나님의 사랑에 그 근거를 두고 있기 때문입니다.

그렇습니다. 우리의 구원은 결국 완전한 하나님의 사랑으로부터 시작되었고, 그 사랑 안에서 완성됩니다. 새 언약 시대를 살아가는 저와 여러분은 이 사실을 확신하며, 하나님이 베푸시는 완전한 용서를 '아멘'으로 받아들여야 합니다.

> 새 계명을 너희에게 주노니 서로 사랑하라 내가 너희를 사랑한 것 같이 너희도 서로 사랑하라(요 13:34).

이 명령을 주신 예수님께서 우리를 먼저 사랑하셨고, 그분 자신의 속죄 사역으로 하나님과 우리 사이의 막힌 담이 허무셨기 때문에, 예수님 안에서 새 계명은 성취될 수 있습니다. 같은 맥락에서 사도 바울은 이렇게 말합니다.

> 그런즉 우리가 믿음으로 말미암아 율법을 폐하느뇨 그럴 수 없느니라 도리어 율법을 굳게 세우느니라(롬 3:31).

율법의 요구는 자연인, 곧 죄 가운데 있는 사람에게는 결코 성취될 수 없음을 확인했습니다. 그러나 이제 죄와 사망의 권세로부터 완전히 해방된 우리 신자들은, 그리스도 안에서 하나님을 전심으로 사랑할 수 있게 되었고, 그 사랑을 힘입어 형제자매를 진심으로 사랑할 수 있게 되었습니다. 바로 이것이 율법의 본래 목적이 우리 안에서 이루어지는 방식이며, 바울이 말한 대로, 율법이 믿음을 통해 굳게 세워지는 길입니다.

이제 우리는 완전한 '용서'와 '연합'이 어떤 방식으로 깊이 연결되어 있는지, 왜 이 둘을 따로 떼어 살필 수 없는지 이해할 수 있게 되었습니다. 또한, 율법과 용서의 복음이 그리스도 안에서 하나로 통합되었음을 확인했습니다.

3. 연합의 비유들

신약 시대에 들어와 하나님께서 우리와 사랑의 연합을 이루신다는 사실은, 예수님께서 사용하신 다양한 비유를 통해 더욱 분명하게 드러납니다. 구약 시대에도 하나님과 이스라엘 사이의 관계는 '결혼'이라는 은유를 통해 설명되었습니다. 하나님은 그 백성을 신부로 삼으시고, 자신을 신랑으로 묘사하심으로써, 사랑과 언약의 관계로 그 연합을 이해하게 하셨습니다. 이러한 비유는 신약에서도 동일하게 유지되며, 그리스도와 교회의 관계 역시 부부 관계에 비유됩니다. 사도 바울은 에베소서에서 이렇게 말합니다.

> 그러므로 사람이 부모를 떠나 그의 아내와 합하여 그 둘이 한 육체가 될지니 이 비밀이 크도다 나는 그리스도와 교회에 대하여 말하노라 그러나 너희도 각각 자기의 아내 사랑하기를 자신 같이 하고 아내도 자기 남편을 존경하라(엡 5:31-33).

구약의 신부인 이스라엘은 이 결혼 언약을 깨뜨리고 하나님을 배반했습니다. 이로 인해 하나님과의 관계는 마치 이혼과도 같은 단절을 경험하게 됩니다. 이제 예수님은 교회와의 관계를 혼인 언약에서 한 걸음 더 나아가 생명체의 연합으로 표현하십니다. 그 대표적인 비유가 요한복음 15장의 '참포도나무와 가지'의 비유입니다. 이는 법적인 결합이 아니라, 유기체적이며 생명의 연합을 뜻합니다.

> 나는 포도나무요 너희는 가지라(요 15:5).

포도나무의 비유에서 드러나듯, 하나님과 우리의 관계는 뗄 수 없는 생명의 관계입니다. 부부는 설령 이혼한다고 하더라도, 심리적, 정서적으로는 깊은 상처를 입고 큰 고통을 겪지만, 물리적으로 생명을 잃지는 않습니다. 그러나 포도나무는 다릅니다. 가지가 본체에서 떨어지면, 그 가지는 반드시 말라 죽습니다. 예수님께서 이렇게 말씀하셨습니다.

> 나를 떠나서는 너희가 아무것도 할 수 없음이라(요 15:5).

이 말씀은 곧 우리가 그리스도 안에 거하지 않으면, 생명도 능력도 존재할 수 없다는 것을 의미하며, 유기체적 연합의 본질을 정확하게 보여줍니다. 그런데 성경은 여기서 한 걸음 더 나아가, 하나님께서 그리스도와 우리의 관계를 머리와 몸의 관계로까지 비유하고 있습니다.

> 그는 몸인 교회의 머리시라(골 1:18).

> 우리는 사랑 안에서 참된 것을 하여 범사에 그에게까지 자랄지라. 그는 머리니 곧 그리스도라(엡 4:15-16).

포도나무의 비유에서는 가지가 떨어지면 가지만 죽고 본체는 살아남을 수 있습니다. 그러나 머리와 몸의 관계는 더욱 절대적입니다. 어느 한쪽이 끊어지면, 양쪽 모두가 생명을 유지할 수 없습니다. 이처럼 성경은 그리스도와 신자의 연합을 지나치다 싶을 정도의 비유를 사용하면서까지 강조합니다. 하나님께서 우리를 얼마나 사랑하시는지를 생각할 때, 우리가 누군가를 너무 사랑하면 마치 뼈가 으스러지도록 껴안고 싶은 마음이 드는 것처럼, 하나님의 사랑은 그보다도 훨씬 더 깊고 강렬하다는 것을 느낍니다.

성경은 그리스도와의 연합을 머리와 몸의 관계로 비유하는 데서 멈추지 않습니다. 예수님께서는 이보다 훨씬 더 깊고 놀라운 방식으로, 우리와의 연합을 설명하셨습니다. "내 살을 먹고 내 피를 마셔라." 성찬 예식을 제정하시면서 주신 말씀입니다. 이 성례는 새 언약의 표징입니다. 우리가 성찬에서 떡과 잔을 받을 때마다, 예수 그리스도의 살과 피에 참여하는 것처럼, 우리는 믿음을 통해 그리스도와의 연합에 참여합니다. 말씀과 성령님 안에서 이루어지는 신비한 연합입니다.

4. 연합에 대한 잘못된 이해

성경이 말하는 그리스도와 신자 사이의 '연합'은 매우 귀하고 신비로운 진리이지만, 우리는 이 개념을 오해해서는 안 됩니다. 성경이 말하는 연합은 어떤 신비주의적 '신인합일'(神人合一) 사상이 아닙니다. 예수님의 살과 피를 먹는다고 해서 내 존재가 소멸되고, 내가 신이 되어버리는 것이 아닙니다. 성경은 그런 방식의 연합을 말하지 않습니다. 이와는 전혀 다른, 성경과 무관한 잘못된 연합 개념의 사례를 하나 소개하겠습니다.

헨리 수소(Henry Suso, 1295-1366)는 중세 독일의 대표적인 신비주의 신학자입니다. 그는 매우 극단적인 금욕주의자였으며, 기도굴에 들어가 자해와 고행을 통해 하나님과의 연합을 추구했습니다. 기도굴 밖까지 피가 흘러나오곤 했고, 그의 제자들이 안으로 들어가 실신한 그를 간신히 치료하는 일도 있었습니다. 어느 날 그는 철필을 손에 들고, 이렇게 외칩니다. "예수님, 제가 주님을 얼마나 사랑하는지 보여드리겠습니다." 그러고는 자신의 가슴을 깊이 찔러, 피 흘리는 가운데 '예수'를 뜻하는 라틴어 약자 IHS를 가슴에 새겨 넣었습니다. 이후 그는 심장이 뛸 때마다 그 글자가 움직이는 것을 느꼈다고 고백했습니다. 이처럼 중세 시대에는 하나님을 향한 사랑을 자해로 표현하는 전통이 있었고, 오늘날도 일부 지역—예를 들면 필리핀의 부활절 행렬—에서는 사람들이 스스로 채찍질하며 등을 피로 물들이는 퍼포먼스를 통해 연합을 표현하려 합니다. 이러한 신비주의적 연합에는 공통된 전제가 있습니다. "하나님은 영이시고, 인간은 영과 육으로 되어 있으니, 육체는 연합을 방해하는 장애물이다." 그래서 그들은 육체를 학대함으로써 영적 연합에 이르려 했습니다. 이 사고방식은 결국 영육이원론에서 비롯된 것이며, 이는 성경이 말하는 복음적 연합의 이해와 전혀 다릅니다. 오히려 복음은 정반대로 말합니다. 영이신 하나님께서 인간과 연합하시기 위해 스스로 육신을 입으셨다고 선포합니다.

> 말씀이 육신이 되어 우리 가운데 거하시매 우리가 그 영광을 보니 아버지의 독생자의 영광이요 은혜와 진리가 충만하더라(요 1:14).

복음은 인간에게 "하나님이 되라"고 요구하지 않습니다. 오히려 복음은 이렇게 선포합니다. "하나님이 사람이 되셨다." 하나님께서는 우리와 연합하시기 위해, 친히 육신을 입고 인간이 되셨습니다. 그런데 우리가 만일, 사람 됨을 포기하고 '해탈'하려는 방식으로 하나님과의 연합을 추구한다면, 그것은 복음의 방향과 충돌하는 잘못된 신앙입니다. 육체를 무가치한 것으로 여기고, 그것을 벗어나야만 신에게 도달할 수 있다고 생각하는 모든 시도는, 사실상 영지주의적 이원론에 가까우며, 성경이 말하는 복음적 연합의 본질과는 거리가 먼 것입니다. 우리는 이런 '인간다움을 벗어남으로써 하나님과 연합하려는 시도'를 분별하고 경계해야 합니다. 복음은 인간을 해체하거나 파괴하지 않습니다. 오히려 복음은, 하나님의 형상대로 지음받은 인간을 회복시키고, 영과 육이 모두 온전하게 하나님과 인격적으로 연합하도록 인도합니다. 그리스도 안에서 이루어지는 연합은, 우리 존재의 본질을 무화(無化)시키는 것이 아니라, 오히려 우리 존재를 가장 깊고 충만하게 회복시키는 연합입니다. 이것이 바로 복음이 말하는 진정한 연합의 방식입니다.

한편, 우리는 하나님께서 창조하신 자연적 본성 자체를 죄로 오해하고, 그것을 학대하는 태도를 반드시 분별하고 경계해야 합니다. 그 대표적인 예로, 4세기에 활동했던 사막 교부 힐라리온(Hilarion the Great, 291-371)의 삶을 소개할 수 있습니다. 힐라리온은 무려 73년 동안 고기, 버터, 우유를 전혀 먹지 않았고, 몸을 씻지도 않았습니다. 또한, 이성과의 접촉을 피하고자 사막에서 홀로 살아가는 삶을 선택했습니다. 그러나 이 모든 고행은 하나님께서 명령하신 것이 아니라, 자기 스스로 선택한 종교적 열심이었습니다.

마르틴 루터 역시 과거 수도사 시절, 이러한 고행주의적 삶을 직접 실천해 보았습니다. 하지만 복음을 발견하고 종교개혁의 길을 걷게 된 후, 그는 자신의 과거를 돌아보며 이렇게 고백합니다. "그런 고행은 말짱 헛된 일이었다. 왜냐하면, 그것은 성경이 명령하지 않은 일이었기 때문입니다." 루터는 그것을 무가치한 일이라 부르며, "만일 누군가가 73년 동안 고기를 먹지 않고 이성과 접촉하지 않으며 살았다는 이유로 자신이 의롭다고 여긴다면, 그것은 어둠 중의 어둠

이며 실로 악한 일"이라고 단언합니다. 은혜는 자연과 싸우는 것이 아니라, 죄와 싸우는 것입니다.

우리가 싸워야 할 대상은 자연적인 인간 본성이 아니라, 타락으로 인해 들어온 죄입니다. 예를 들어, 배고플 때 음식을 먹는 것은 지극히 자연스러운 일입니다. 부부 관계 역시 마찬가지입니다. 이는 하나님께서 타락 이전부터 허락하신 창조 질서이며, 결혼을 통해 가정을 이루도록 하신 것은 죄가 들어오기 전부터 주어진 복된 명령입니다. 이러한 점에서, 성욕이나 식욕과 같은 본능을 죄악시하거나 억압하려는 태도는 문제가 있습니다. 도를 닦기 위해 사막으로 들어갔던 힐라리온이, 가장 많은 시간을 들여 묵상했던 주제가 무엇인지 아십니까? 벗은 여자와 음식이었습니다. 참으로 아이러니하지 않습니까? 자연적인 것을 죄악시하며 금욕적인 삶을 살겠다고 했지만, 그의 마음속을 끊임없이 떠나지 않았던 것은 바로 그가 억제하려 했던 자연의 본성이었습니다. 이것이야말로 자연과의 투쟁이 얼마나 헛된 일인지를 보여주는 사례입니다. 이런 잘못된 금욕주의는 자연적인 것을 악으로 간주하고, 하나님의 창조 질서 자체를 부정하는 태도입니다. 하나님이 지으신 창조는 본래 선하며, 은혜는 그것을 회복하고 충만하게 하는 방식으로 역사합니다.

5. 인격적인 연합

오늘날 현대인이 한 번쯤 깊이 생각해 보아야 할 주제가 있습니다. 바로 애완동물에 대한 사랑입니다. 요즘은 개와 고양이를 자식처럼 사랑하고 정성껏 돌보는 사람들이 많습니다. 저 역시 어릴 때부터 개와 고양이와 함께 자라며 즐거운 시간을 보냈습니다. 미국에서 생활할 때, 인상 깊은 경험을 했습니다. 올

타리도 없이 마당에서 자유롭게 지내는 개들이, 옆집으로 넘어가지 않고 정해진 구역 안에만 머무르는 모습이 신기했습니다. 처음에는 '정말 잘 훈련된 개들이구나'라고 생각했습니다. 그런데 나중에 알고 보니, 특수한 목줄 덕분이었습니다. 그 목줄은 일정 반경 이상을 벗어나면, 자동으로 바람을 분사하거나 전기 충격을 주는 장치였습니다. 상점에 진열된 제품 상자에 적힌 문구가 기억납니다.

이 원격 제어 스프레이 목줄을 사용하면 두 가지 중요한 작업을 수행할 수 있습니다. 당신 강아지의 원치 않는 행동을 제어할 수 있고, 또한 긍정적인 반응을 강화할 수 있습니다.

만약 하나님께서 우리와의 관계에서도, 이와 같은 방식으로 우리를 통제하신다면 어떨까요? 그리고 다시 생각해 봅니다. 우리가 애완동물을 사랑한다고 말하지만, 혹시 그 사랑은 실제로 개의 '개 됨'과 고양이의 '고양이 됨'을 파괴하는 방식의 사랑은 아닐까요? 예를 들어, 아파트에서 개를 키우기 위해 성대 제거 수술을 시키는 경우가 있습니다. 개에게서 목소리를 빼앗아 놓고, "함께 살려면 어쩔 수 없어"라고 말합니다. 또 "건강을 위해서", "필수 조치니까"라는 이유로 중성화 수술을 시킵니다. 심지어 외모를 가꾼다는 이유로 꼬리를 자르는 일도 있습니다. 넓은 공간에서 뛰어놀아야 할 견종을, 좁은 실내 공간에 홀로 가두어 두는 일도 흔합니다. 이러한 일들은 정말로 동물을 위한 것일까요? 사실은 대부분 사람의 입장에서 자기 방식대로 사랑하고 싶기 때문입니다. "내가 너를 너무 사랑해서 내 곁에 두고 싶으니까, 너의 자연적 본성은 억압하거나 통제할 수 있어"라고 생각하는 것입니다. 우리는 말합니다. "나는 너를 사랑해." 하지만 실제로는 그 사랑이 개의 개 됨을 파괴하고, 고양이의 고양이 됨을 훼손하는 사랑이라면, 그것은 왜곡된 사랑이라고 말할 수 있습니다. 이와 좋은 대조를 이루는 이야기가 있어 소개해 드립니다. 1969년, 호주의 20대 청년 존 렌달(John Rendall)과 앤서니 버크(Anthony Bourke)는 영국의 한 백화점에서 행사용으로 전시되었던 아기 사자 한 마리를 구입하게 됩니다. 당시는 법적인 제재가 아직 마련되지 않았던 터라, 이런 일이 가능했습니다. 그 사자의 이름은 '크리스천'(Christian)이었습니다. 처음에는 작고 사랑스러웠던 아기 사자는, 1년 만에 무려 몸무게 185파운드(약 84kg)까지 자라게 되었고, 한 번 앞발을 휘두르면 집안의 변기가 부서질 정도로 위협적인 존재가 되었습니다. 결국, 두 사람은 더 이상 사자를 집에서 기를 수 없다는 결론에 이르렀고, 전문가와 상담하며 크리스천을 야생으로 돌려보내기 위한 훈련을 시작하게 됩니다. 그렇게 해서 마침내 크리스천은 아프리카의 자연으로 돌아가게 되었고, 이후 한 무리의 리더가 되었다고 전해집니다.

시간이 흐른 뒤, 렌달과 버크는 자신들이 키웠던 크리스천을 그리워하게 됩니다. 그리고 크리스천이 적응해 살아가고 있다는 야생 지역을 직접 찾아가 보기로 결심합니다. 현지 전문가들은 만류했습니다. 이미 야생성을 회복한 사자가 사람을 알아보지 못하고 공격할 수도 있다는 이유에서였습니다. 하지만 두 사람은 조심스럽게 그 지역을 찾아갔고, 전문가의 동행 아래 크리스천의 이름을 반복해 불렀습니다.

"크리스천! 크리스천!"

그렇게 약 두 시간 동안 부르고 또 부르던 순간, 놀랍게도 멀리서 사자의 모습이 나타났습니다. 그리고 믿을 수 없는 일이 일어났습니다. 그 사자는 자신을 부르던 두 사람을 알아보고, 전속력으로 달려와 옛 주인을 끌어안듯 품에 안기고 얼굴을 비비며 교감을 나누었습니다. 이 감동적인 장면은 영상으로도 남아 수많은 이들의 눈물샘을 자극했고, 그 이야기는 책으로 출간되어 전 세계에 큰 감동을 안겨주었습니다.[33]

이 이야기는 우리에게 중요한 교훈을 줍니다. 이들이 사자를 너무 사랑하고 정이 들어서 함께 살고 싶어 한다고 가정해 보십시오. 그런데 사자가 함께 산책을 하다가 다른 동물을 해치거나 죽일 수도 있겠죠. 그러면 그 사자가 안전하게 동거하도록 만들기 위해 사자의 이빨을 뽑고, 발톱을 제거하는 등의 조치를 취할지도 모릅니다. 그러고는 이렇게 말할 수도 있겠죠. "우리가 너를 너무 사랑해서 이렇게 하는 거야." 하지만 이것은 왜곡된, 변태적인 사랑입니다. 사자의 '사자다움'을 파괴하면서까지 사람의 기준에 맞추어 통제하려는 사랑은 진정한 사랑이 아닙니다.

이 점에서 우리는 자녀를 대하는 우리의 태도를 돌아보아야 합니다. 혹시 우리도 자녀들의 개성과 자유를 무너뜨리고, 부모 자신의 기대와 뜻대로 자녀들을 길들이려는 것은 아닌가요? 아이들의 이빨과 발톱을 뽑듯, 자녀의 고유한 개성과 자유를 억압하는 방식으로 '사랑'을 실천하고 있지는 않은지 돌아보아야 합니다.

예수님이 말씀하신 탕자의 비유를 보면, 아버지는 아들을 억지로 붙잡지 않습니다. 오히려 아들이 스스로 깨닫고 돌아오기를 기다립니다. 그 아버지의 모습은 어떤 면에서는 유약해 보일 정도로 아들에게 휘둘리는 모습처럼 느껴질 수도 있습니다. 작은아들이 "재산을 달라"고 요구하자 곧바로 내어줍니다. 집을 나간 아들이 돌아올 때까지는 눈이 빠지도록 기다리고, 돌아왔을 때는 먼 길을 달려가 끌어안고 환대합니다. 그뿐만 아니라 큰아들의 반항적인 태도 앞에

---

33) Anthony Bourke & John Rendall, *A Lion Called Christian* (Garden City, NY: Doubleday & Company, 1972); idem, *Christian the Lion* (New York: Delacorte Press, 2009).

서도, 아버지는 단호하게 꾸짖지 않고 다정히 말합니다. "얘야, 내 것이 다 네 것이 아니냐." 이 아버지는 자녀들을 강압적으로 다루지 않습니다. 자녀들의 실수와 오해에도 불구하고, 끝까지 인격적으로 대합니다.

바로 이것이 하나님께서 우리를 사랑하시는 방식입니다. 하나님의 사랑은 우리의 인간됨을 훼손하거나 억압적으로 통제하는 방식이 아닙니다. 하나님은 우리의 자유와 개성을 보존하는 방식으로, 인격적인 사랑으로 우리에게 다가오십니다. 우리의 성품을 제거하지 않고, 오히려 회복하시는 사랑입니다.

6. 적용

우리는 새 언약의 원리를 통해 '완전성'의 의미를 배웠습니다. 특히, 새 언약 시대에 신자가 그리스도와 더불어 누리는 연합의 성격에 대해 살펴보았습니다. 하나님과의 사랑의 연합은 신비주의나 신인합일(神人合一) 혹은 고행주의에서 말하는 비성경적 연합이 아닙니다. 하나님께서는 인간을 지성과 감정과 의지를 지닌 인격체로 창조하셨기에, 하나님과의 연합은 곧 전인격적인 연합입니다. 이제 이 연합의 실천적 적용을 지성·감정·의지의 세 차원에서 살펴보겠습니다.

첫째, 지성적인 차원에서 하나님과 그분의 계시 말씀을 깊이 알아가기 위해 노력해야 합니다. 우리는 날마다 성경을 읽고 배우며, 진리 가운데 하나님을 더 깊이 알아가는 삶을 살아가야 합니다.

> 그러므로 우리가 여호와를 알자, 힘써 여호와를 알자(호 6:3).

둘째, 감정적인 차원에서 복음을 믿고 회심한 신자는 마음 깊은 곳에서부터 사죄의 확신을 누리는 자리까지 자라가야 합니다. 복음 안에 계시된 하나님의 약속을 붙들 때, 우리는 심판과 정죄에 대한 두려움에서 벗어나 자유를 경험할 수 있습니다. 죄 사함의 확신 속에서, 그리스도와의 연합이 주는 신자의 특권을 누리시기 바랍니다.

> 사랑 안에 두려움이 없고, 온전한 사랑이 두려움을 내쫓나니(요일 4:18).

셋째, 의지적인 차원에서 예수님께서 명하신 새 계명을 따르기 위해 의지적인 순종의 삶을 살아야 합니다. 주님은 우리에게 뜻을 다해 하나님을 사랑하라고 명령하셨고, 예수님이 우리를 사랑하신 것 같이 서로 사랑하라고 하셨습니다

> 네 마음을 다하고 목숨을 다하고 뜻을 다하여 주 너의 하나님을 사랑하라(마 22:37).

> 새 계명을 너희에게 주노니 서로 사랑하라 내가 너희를 사랑한 것 같이 너희도 서로 사랑하라(요 13:34).

사랑은 행동으로 실천될 때 비로소 그 깊이를 알게 됩니다. 우리가 사랑을 실제로 행할 때, 우리를 위해 십자가에서 죽으신 하나님의 사랑이 더욱 분명하게 깨달아집니다. 결국, 우리는 지성적으로 하나님을 알아가고, 감정적으로 그분의 사랑을 확신하며, 의지적으로 그분을 따르는 삶을 통해 그리스도와의 전인격적인 연합이 주는 참된 기쁨을 누리게 됩니다.

새 언약의 완전성은 신자 개인에게만 적용되는 것이 아닙니다. 그것은 교회 공

동체에도 동일하게 적용됩니다. 그렇다면 우리가 속한 교회가 진정으로 하나 되기 위해 우선적으로 해야 할 일은 무엇일까요? 바로 완전한 용서입니다. 공동체의 하나 됨은 용서 없이는 불가능합니다. 사랑은 용서에서 시작됩니다. 하나님께서 우리를 먼저 용서하신 것처럼, 우리도 서로를 용서할 수 있어야 합니다. 마음에 남아 있는 원망과 상처를 내려놓으십시오. 하나님께 받은 용서가 진정한 것이라면, 지금 마음에 걸리는 그 관계, 그 사람을 용서하십시오. 털어내십시오. 우리가 서로 용서하며 하나 됨의 공동체를 이룰 때, 교회의 참모습은 회복되고, 하나님 나라의 모형으로서 세상 가운데 진정한 빛이 될 것입니다. 예수님께서는 이렇게 말씀하셨습니다.

> 너희가 서로 사랑하면 이로써 모든 사람이 너희가 내 제자인 줄 알리라 (요 13:35).

세상은 용서와 사랑으로 하나 된 교회를 통해 "저들은 예수 그리스도의 제자들이다"라고 고백하게 될 것입니다. 이 복을 누리시는 한 주 되시기를, 주님의 이름으로 축원합니다.

17. 새 언약의 원리: 확실성[34]

히브리서 8:8-13

⁸그들의 잘못을 지적하여 말씀하시되 주께서 이르시되 볼지어다 날이 이르리니 내가 이스라엘 집과 유다 집과 더불어 새 언약을 맺으리라. ⁹또 주께서 이르시기를 이 언약은 내가 그들의 열조의 손을 잡고 애굽 땅에서 인도하여 내던 날에 그들과 맺은 언약과 같지 아니하도다 그들은 내 언약 안에 머물러 있지 아니하므로 내가 그들을 돌보지 아니하였노라. ¹⁰또 주께서 이르시되 그 날 후에 내가 이스라엘 집과 맺을 언약은 이것이니 내 법을 그들의 생각에 두고 그들의 마음에 이것을 기록하리라 나는 그들에게 하나님이 되고 그들은 내게 백성이 되리라. ¹¹또 각각 자기 나라 사람과 각각 자기 형제를 가르쳐 이르기를 주를 알라 하지 아니할 것은 그들이 작은 자로부터 큰 자까지 다 나를 앎이라. ¹²내가 그들의 불의를 긍휼히

---

[34] 본장의 본론은 필자의 『나의 모든 즐거움이 그들에게 있도다』(수원: 영음사, 2024)의 제13장을 교정하고 보완한 내용임을 밝힌다.

여기고 그들의 죄를 다시 기억하지 아니하리라 하셨느니라. ¹³새 언약이라 말씀하셨으매 첫 것은 낡아지게 하신 것이니 낡아지고 쇠하는 것은 없어져 가는 것이니라.

1. 히브리서 8장: 새 언약의 중보자

오늘은 새 언약 시리즈 네 번째 시간입니다. 주제는 '확실성'입니다. 하나님께서 약속하시고 성취하신 구원이 얼마나 확실한 것인지 함께 살펴보겠습니다. 히브리서 8장은 예레미야 31장에 나오는 새 언약에 관한 말씀을 통째로 인용하고 있습니다. 이는 예레미야를 통해 예언된 새 언약의 말씀이 예수 그리스도 안에서 성취되었음을 선포하는 본문입니다. 이 구조를 보다 쉽게 이해하기 위해 히브리서 8장의 흐름을 다음과 같이 정리할 수 있습니다.

주제	새 언약의 중보자이신 "대제사장 예수 그리스도"
대제사장	(히 8:1) 지금 우리가 하는 말의 요점은 이러한 대제사장[예수 그리스도]이 우리에게 있다는 것이라.

히 8:8-12(렘 31:31-34 인용)

(히 8:8-12) 그들의 잘못을 지적하여 말씀하시되 주께서 이르시되 볼지어다 날이 이르리니 내가 이스라엘 집과 유다 집과 더불어 새 언약을 맺으리라 ⁹또 주께서 이르시기를 이 언약은 내가 그들의 열조의 손을 잡고 애굽 땅에서 인도하여 내던 날에 그들과 맺은 언약과 같지 아니하도다 그들은 내 언약 안에 머물러 있지 아니하므로 내가 그들을 돌보지 아니하였노라 ¹⁰또 주께서 이르시되 그 날 후에 내가 이스라엘 집과 맺을 언약은 이것이니 내 법을 그들의 생각에 두고 그들의 마음에 이것을 기록하리라 나는 그들에게 하나님이 되고 그들은 내게 백성이 되리라 ¹¹또 각각 자기 나라 사람과 각각 자기 형제를 가르쳐 이르기를 주를 알라 하지 아니할 것은 그들이 작은 자로부터 큰 자까지 다 나를 앎이라 ¹²내가 그들의 불의를 긍휼히 여기고 그들의 죄를 다시 기억하지 아니하리라 하셨느니라.

| 새언약 | (히 8:13) 새 언약이라 말씀하셨으매 첫 것은 낡아지게 하신 것이니 낡아지고 쇠하는 것은 없어져 가는 것이니라. |

이 구조가 의미하는 바는 분명합니다. 히브리서 8장 전체는 예레미야 31:31-34절에 대한 신학적 주해이자, 지금까지 우리가 살펴본 새 언약의 주요 특징들—자명한 사랑, 자발적 순종, 완전한 용서, 그리고 하나님과의 연합—이 예수 그리스도 안에서 완전하게 성취되었음을 선포하는 장입니다. 히브리서 기자는 특별히 예수 그리스도께서 '새 언약의 중보자'이자 '영원한 대제사장'으로서 감당하신 사역을 중심으로 설명합니다. 이는 새 언약 아래 있는 성도들이 왜 구원의 확신을 가질 수 있는지를 매우 설득력 있게 보여주는 근거가 됩니다.

이 흐름 속에서 우리가 주목할 단어는 '영원한 대제사장이신 예수 그리스도'입니다. 일부 한글 성경에서는 히브리서 8장의 소제목을 바로 이 표현으로 붙이고 있으며, 다른 주석 성경에서는 8장 5절에 근거하여 '새 언약의 중보자 예수 그리스도'라고 정리하기도 합니다. 두 표현 모두 새 언약의 핵심을 잘 담고 있습니다. 예수 그리스도께서 영원하신 대제사장으로서 새 언약을 완전히 성취하셨다는 사실이기 때문입니다.

이 진리를 올바르게 이해하면, 하나님께서 우리에게 주신 구원이 얼마나 확실한 것인지를 분명히 확인할 수 있습니다. 이제 우리는 예수님께서 영원한 대제사장으로서 어떤 사역을 행하셨는지, 그 내용을 하나씩 구체적으로 살펴보겠습니다.

2. 영원한 대제사장 예수 그리스도

1) 성육신

하나님께서는 자녀들에게 천국을 약속하셨습니다. 하나님 나라를 약속하실 때, 하나님께서는 종종 특별한 단어를 사용하십니다. 바로 "기업"이라는 단어입니다.

> 이로 말미암아 그는 새 언약의 중보자시니 이는 첫 언약 때에 범한 죄에서 속량하려고 죽으사 부르심을 입은 자로 하여금 영원한 기업(inheritance)의 약속을 얻게 하려 하심이라. 유언은 유언한 자가 죽어야 되나니(히 9:15-16).

어떤 한글 역본은 "유업"으로 번역했는데 좀 더 이해하기 쉬운 단어입니다. 기업은 "유업" 혹은 "유산"과 같은 의미입니다. 하나님께서는 자녀들에게 "너희가 천국을 유산으로 상속받게 해주겠다"라고 말씀하신 것입니다. 그런데 여기에 신학적 난제가 있습니다. 흔히 유산으로 무엇을 상속받는다고 말할 때 이는 유언자의 죽음을 전제합니다. 자녀가 부모의 재산을 법적으로 상속받기 위해서는 먼저 부모님께서 돌아가셔야 합니다. 어떤 의미에서 부모는 자신의 죽음으로 상속을 확정 짓는 것이지요. 그런데 하나님께서는 영원히 살아 계신 분입니다. 결코, 죽으실 수 없는 존재이십니다. 유산을 약속하신 유언자가 죽지 않으시니, 그 약속된 유산은 어떻게 되겠습니까? 하나님의 백성 입장에서는 하나님 나라를 유산으로 상속받게 되는 것이 영원히 불확실하지 않겠습니까? 사실 하나님의 죽음을 언급하거나 생각하는 것은 그 자체로 신성모독이라고 할 수 있습니다. 그럼에도 히브리서 기자는 감히 하나님이신 유언자의 죽음을 화두로 던지고 있습니다.

> 유언은 유언한 자가 죽어야 되나니 유언은 그 사람이 죽은 후에야 유효한 즉 유언한 자가 살아 있는 동안에는 효력이 없느니라(히 9:16-17).

히브리서 기자의 설교를 듣고 있는 유대인에게 하나님의 죽음은 일평생 한 번도 생각해 보지 못한 주제였을 것입니다. 하나님의 성호를 부르는 것조차 두려워서 성경을 읽다가 "하나님"이란 단어가 나오면 "주님"(아도나이)으로 바꿔서 읽어야 했던 유대인 입장에서는 충분히 그럴 수 있습니다. 이러한 유대인에게 본문 말씀은 엄청난 충격으로 다가왔을 것입니다. 게다가 위에서 인용된 말씀에 따르면, 유언자이신 하나님께서 살아 계시는 한 천국을 유산으로 주시겠다는 유언은 효력이 없습니다. 신성모독뿐만 아니라 구원의 확신을 앗아가 버리는 선언입니다. 아마 제가 회당에서 이렇게 설교했으면 살아서 밖으로 못 나갔을 것입니다. 그만큼 오늘 본문에서 다루는 문제 제기는 매우 도발적인 주제였습니다. 이 내용을 처음 히브리서 기자가 오늘 그 질문을 던지는 것입니다.

이러한 신학적 난제를 해결하는 유일한 답은 예수 그리스도의 성육신 안에서 발견됩니다. 하나님께서는 사랑하는 자녀들에게 천국을 유업으로 주시길 원하십니다. 그런데 하나님은 죽으실 수 없는 분입니다. 그래서 하나님께서 선택하신 해법이 바로 성육신입니다. 죽으실 수 없는 하나님께서 죽을 수 있는 사람이 되신 것입니다. 사람이 되신 하나님께서는 유언자인 자신의 죽음으로 자녀들에게 천국을 보증해 주셨습니다. 이런 의미에서 성육신의 신비는 천국을 유업으로 주시겠다는 하나님의 약속 안에 처음부터 숨겨져 있었던 것입니다.

유대교는 일신교입니다. 유대인들은 하나님이 오직 한 분이라는 것을 알고 있습니다. 그런데 초대교회는 예수 그리스도께서 완전한 사람이자 완전한 하나님이라는 고백 위에 세워졌습니다. 유대인의 입장에서 보면 참 사람이신 예수님을 하나님으로 고백하는 것은 기적과 같은 사건입니다. 만일 예수 그리스도의 복음이 이들에게 전혀 새로운 계시와 전혀 새로운 신학으로 다가왔다면, 유대인은 초대교회의 구성원이 될 수 없었을 것입니다. 그러나 예수 그리스도의 복음은 이들에게 전혀 낯선 복음이 아니었습니다. 그들이 이미 받았던 구약의 계시 안에 그리스도의 복음이 포함되어 있었던 것입니다. 심지어 성육신의 신비와 논리도 포함되어 있었던 것이지요.

부모님께서 돌아가신 후에 자녀들은 부모님의 재산을 상속받습니다. 인간의 죽음도 상속권을 보증하는 확실한 효력을 발휘합니다. 하물며 영원히 죽을 수 없는 하나님께서 당신의 나라를 자녀들에게 유업으로 주시기 위해 죽을 수 있는 사람이 되셨고, 하나님의 죽음으로 상속권을 보증해 주셨다면, 우리가 얻은 구원이 얼마나 확실한 것이겠습니까?

2) 십자가

한 가지 생각해 봐야 할 질문이 있습니다. 자녀가 유산 상속을 받기 위해 부모님이 꼭 피를 흘리고 죽으실 필요가 있을까요? 유산 상속의 조건으로 부모님의 고통스러운 죽음을 요구하는 법은 세상에 없습니다. 이에 비해 본문은 하나님의 죽음이 어떤 죽음이어야만 하는지를 규정하는 단서가 등장합니다. 바로 우리의 죄를 속량하는 죽음입니다.

> 이로 말미암아 그는 새 언약의 중보자시니 이는 첫 언약 때에 범한 죄에서 속량하려고 죽으사 부르심을 입은 자로 하여금 영원한 기업(inheritance)의 약속을 얻게 하려 하심이라 (히 9:15).

하나님의 죽음은 보통의 죽음이 아니고 영원한 속죄를 이루는 속죄의 죽음이라는 것입니다. 바로 십자가의 죽음입니다. 흥미로운 것은 본문 말씀 안에 성육신의 신비뿐만 아니라 십자가의 신비도 계시되어 있다는 사실입니다. 이 내용을 처음 배울 때, 저는 성경 공부가 너무 재미있게 느껴졌습니다.

히브리서 9장 15, 16, 17절에는 "유언"이라는 단어가 반복적으로 등장합니다. 헬라어로는 디아테케($\delta\iota\alpha\theta\eta\kappa\eta$)라는 단어입니다. "디아테케"에는 "언약"(Covenant) 혹은 "유언"(Testament)이라는 두 가지 의미가 있습니다. 많은 경우 주로 "언약"으로 번역됩니다. 오늘 본문에 쓰인 "디아테케"의 경우는 "유언"으로 번역되어 있습니다. 문맥상 "유언"으로 번역하는 것이 자연스럽습니다. 그러나 어떤 학자들은 본문의 "디아테케"를 "언약"으로 번역해야 한다고 주장합니다. "디아테케"에 상응하는 히브리어의 "언약" 개념에는 "피"가 관련되어 있습니다. 그리스도의 죽음은 십자가의 죽음이고 언약적인 죽음임을 고려해 볼 때, "디아테케"를 "언약"으로 번역하는 것도 설득력이 있습니다.

신학교에서 신약 과목을 수강할 때의 일입니다. 오늘 본문의 "디아테케"를 "유언"으로 번역할지, "언약"으로 번역할지를 두고 조별로 연구하여 발표하는 과제물을 수행한 경험이 있었습니다. 그때에는 양자택일을 해야만 하는 줄 알고 많이 고민했던 기억이 납니다. 그런데 교회사를 공부하면서 보니 16-17세기 신학자들도 이 문제를 가지고 고민한 흔적을 발견했습니다. 흥미롭게도 우리의 선배들은 이 문제를 간단히 해결했습니다. 일례로 존 오웬(John Owen)이나 프란시스 튜레틴(Francis Turretin)과 같은 유명한 개혁주의 신학자들은 모두 "디아테케"라는 단어 자체가 이중적 의미를 지닌다고 지적합니다. 따라서 "디아테케"를 "언약적 유언" 혹은 "유언적 언약"이라고 번역할 수 있다고 주장합니다. 이를 신학적으로 해석하자면 다음과 같습니다. 우리가 "디아테케"를 "유언"으로 해석할 때, 그리스도의 성육신을 쉽게 이해할 수 있습니다. 유언자의 죽음을 위해 하나님께서는 사람이 되신 것입니다. 한편 "디아테케"를 "언약"으로 해석할 때, 우리는 그리스도의 십자가를 발견할 수 있습니다. 그리스도의 죽음은 유언자의 죽음에 그치지 않습니다. 피를 흘리는 죽음입니다. 속죄의 죽음이 되기 위해서는 피가 필요하기 때문입니다. 죄인이 천국에 들어가기 위해서는 죄 문제를 해결 받는 것이 필수적입니다. 따라서 유언자의 죽음은 속죄의 죽음, 곧 십자가의 죽음이어야만 하는 것입니다. 결국 "디아테케"라는 단어 안에 그리스도의 성육신과 십자가의 신비를 푸는 열쇠가 들어있는 셈입니다. 아마도 이런 이유에서 성경은 의도적으로 이중적인 의미를 가진 "디아테케"를 사용한 것 같습니다.

우리는 이미 하나님께서 "하나님의 죽음"으로 천국을 확실하게 보증해 주셨다는 사실을 살펴보았습니다. 본문은 여기서 한 걸음 더 나아갑니다. 유언자의 죽음은 속죄의 죽음이기도 합니다. 죄인은 의인에게 예비된 천국을 상속받을 수 없습니다. 이 때문에 하나님은 십자가에서 자녀들의 죄를 완전히 사해 주시는 속죄의 죽음을 죽으신 것입니다. 하나님의 피로 죄인이 의인이 된 것입니다.

> 염소와 송아지의 피로 하지 아니하고 오직 자기의 피로 영원한 속죄를 이루사 단번에 성소에 들어가셨느니라. 염소와 황소의 피와 및 암송아지의 재를 부정한 자에게 뿌려 그 육체를 정결하게 하여 거룩하게 하거든 하물며 영원하신 성령으로 말미암아 흠 없는 자기를 하나님께 드린 그리스도의 피가 어찌 너희 양심을 죽은 행실에서 깨끗하게 하고 살아 계신 하나님을 섬기게 하지 못하겠느냐?(히 9:12-14).

우리의 유월절 양이신 그리스도(고전 5:7)께서는 자신의 피, 곧 하나님의 피로 우리의 죄를 용서해 주셨습니다. 우리에게 천국을 확실히 상속해 주시기 위해 하나님께서는 속죄의 죽음과 하나님의 피로 천국을 보증해 주신 것입니다. 이 얼마나 확실한 구원입니까?

3) 부활과 승천

다음으로 살펴볼 주제는 그리스도의 부활입니다. 유월절 어린양으로서 돌아가신 그리스도께서 부활하셨습니다. 성경은 그리스도의 직분을 삼중직으로 제시합니다. 그리스도는 선지자로서 하나님의 말씀을 우리에게 계시하시고, 제사장직과 왕직을 수행하셨습니다. 그리스도께서는 두 가지 방식으로 제사장직을 성취하셨습니다. 하나는 유월절 어린양으로서, 다른 하나는 대제사장으로서 직무를 완수하셨습니다. 유월절 어린양으로서 예수 그리스도께서는 십자가에서 속죄의 죽음을 죽으셨습니다. 무덤에 장사되신 예수님은 3일 만에 부활하셔서 대제사장으로서의 직무를 수행하셨습니다. 히브리서 기자는 부활하신 그리스도께서 대제사장으로서 하늘 성소에 들어가셨다고 표현했습니다.

> 그리스도께서는 … 대제사장으로 오사 … 자기의 피로 영원한 속죄를 이루사 단번에 성소에 들어가셨느니라(히 9:11-12).

> 오직 둘째 장막은 대제사장이 홀로 일 년에 한 번 들어가되 자기와 백성의 허물을 위하여 드리는 피 없이 아니하나니(히 9:7).

이 구절은 중요합니다. 구약의 제사법에 따르면 일 년에 한 번 대제사장은 희생제물의 피를 가지고 지성소 안으로 들어갑니다. 새 언약의 중보자이신 예수 그리스도께서도 유월절 희생양의 피를 가지고 하늘 지성소로 들어가심으로 우리를 위한 대제사장직을 수행하셨다는 것이 바로 히브리서 기자가 논증하고 있는 내용입니다.

여기서 잠시 부활하신 주님께서 승천하신 의미에 대해 생각해 보겠습니다. 과연 우리의 죄가 사함 받는데 그리스도의 승천이 꼭 필요했을까요? 만일 그리스도께서 승천하시지 않고 제자들과 함께 머물러 계셨다면 어떻게 되었을까요? 우리의 구원을 위해 그리스도의 십자가와 부활이 꼭 필요하다고 믿는 신자들도 그리스도의 승천이 우리의 구원을 위해 어떤 역할을 했는지에 대해서는 깊이 생각하지 않는 경향이 있습니다. 이 주제에 대해서는 초대교회 안에 있었던 유대인 신자들이 훨씬 쉽게 이해할 수 있었다고 생각합니다. 유대인들은 전통적인 속죄 예식의 틀 안에서 예수 그리스도의 십자가 부활, 승천, 재위의 의미를 쉽게 파악할 수 있었기 때문입니다.

유대인의 입장에서 볼 때, 예수 그리스도께서 유월절 어린양으로서 죽으셨다는 것만큼 십자가의 의미를 잘 설명하는 것은 없을 것입니다. 이는 곧 십자가의 죽음이 우리의 죄를 사하기 위한 속죄의 죽음임을 드러냅니다. 여기서 한 가지 중요한 차이가 존재합니다. 예수님은 완전한 사람이자 완전한 하나님이십니다. 예수님께서 유월절 어린양으로 희생되셨다는 것은 곧 속죄를 위한 하나님의 피가 마련되었음을 의미합니다. 하나님의 피는 짐승의 피와 다릅니다. 짐승의 피는 썩습니다. 아무리 냉장고에 보관을 잘해도 몇 개월 지나면 썩습니다. 이와 달리 하나님의 피는 썩지 않습니다. 영원히 효력을 갖습니다. 그래서 더 이상 반복하여 짐승을 희생시킬 이유가 없습니다. 영원히 사시는 하나님께서 사람이 되셔서 유월절 어린양으로 희생되심을 통해 우리를 위한 영원히 썩지 않는 완벽한 희생제물의 피를 마련하신 것입니다. 이런 의미에서 그리스도의 십자가는 완전한 속죄제사를 위한 가장 완벽한 재료가 마련되었다는 의미를 갖습니다.

이제 죽으신 예수님께서 부활하셨습니다. 유월절 어린양으로서라기보다는 대제사장으로 부활하셨습니다. 유대인의 관점에서 볼 때 그리스도의 부활은 필수적입니다. 속죄제사가 이루어지기 위해서는 희생제물과 더불어 대제사장이 반드시 필요하기 때문입니다. 대제사장은 이스라엘의 죄를 위해 희생제물의 피를 가지고 지성소 안으로 들어가서 피를 뿌리고 나와 사죄를 선언합니다. 이러한 속죄 예식을 위해 지금 십자가를 통해 희생양으로서의 하나님의 피가 마련되었고, 부활을 통해 대제사장이 마련된 것입니다. 부활하신 대제사장은 인간 대제사장과 완전히 차별화됩니다. 인간 대제사장은 단회적으로 사역을 수행합니다. 매년 속죄 예식을 반복해야 합니다. 또한, 인간 대제사장은 나이가 들면 죽습니다. 이 때문에 늘 새로운 대제사장이 필요합니다. 이에 비해 부활하신 대제사장은 영원히 죽지 않고 살아계십니다. 더 이상 새로운 대제사장이 필요 없습니다.

그리스도의 십자가와 부활로 완벽한 희생제물의 피와 완전한 대제사장이 마련되었습니다. 속죄 예식에 필요한 제일 중요한 두 가지가 마련된 것입니다. 이제부터가 시작입니다. 이제 영원하신 대제사장은 하나님 자신의 피를 들고 지성소로 들어가셔야 합니다. 구약에서 대제사장은 희생제물의 피를 가지고 두 번째 휘장 안에 있는 지성소 안에 들어가서 뿌림의 예식을 수행해야 하기 때문입니다. 그런데 여기서 문제가 생겼습니다. 예수님께서 십자가에서 "다 이루었다"라고 말씀하시고 돌아가셨을 때, 예루살렘에 있던 지성소의 휘장이 위로부터 아래로 찢어졌습니다. 주님께서 친히 지성소를 파괴하신 것입니다. 이 지성소는 이 세상에 단 하나밖에 없었습니다. 예루살렘 성전 안에 있었던 지상의 유일한 지성소였던 것입니다. 그렇다면 대제사장으로서 부활하신 예수님은 어디로 가셔야 할까요? 지상의 유일한 지성소가 이미 파괴되었으니 선택은 오직 하나입니다. 주님께서는 하늘 지성소로 올라가신 것입니다. 이것이 바로 그리스도의 승천입니다. 유대인의 시각에서 볼 때, 그리스도의 승천은 속죄 사역의 완성을 위해 필수적이었습니다. 여기서 잠시 하늘 지성소와 예루살렘 지성소의 관계에 대해 살펴보겠습니다.

> 그리스도께서는 참 것의 그림자인 손으로 만든 성소에 들어가지 아니하시고 바로 그 하늘["하늘에 있는 성소"; 현대인의 성경]에 들어가사 이제 우리를 위하여 하나님 앞에 나타나시고(히 9:24).

> 그들이 섬기는 것은 하늘에 있는 것의 모형과 그림자라. 모세가 장막을 지으려 할 때에 지시하심을 얻음과 같으니 이르시되 삼가 모든 것을 산에서 네게 보이던 본을 따라 지으라 하셨느니라(히 8:5).

예루살렘 성전이 건축되기 이전에 이미 성막이 존재했습니다. 하나님께서 모세를 시내산에서 부르시고 성막의 설계도를 주셨습니다(출 25-27장). 환상 중에 모세는 하늘에 있는 성소를 보았습니다. 이것이 성막의 원형에 해당합니다. 그것을 보고 일종의 모형을 만든 것이 바로 성막입니다. 쉬운 말로 하면 하늘에 원본이 있고 지상에는 복사본이 있는 것입니다. 신학적인 개념으로는 원형과 모형에 해당합니다. 성경은 이 세상에 있는 성막과 성전이 일종의 그림자라고 설명합니다. 그 원본은 하늘에 있는 것이지요. 예수 그리스도께서 십자가 위에서 "다 이루었다"라고 말씀하시며 파괴하신 것은 바로 모형입니다. 지상에 있는 모형이 파괴되었으니, 이제 남은 것은 하늘에 있는 원본입니다. 그래서 대제사장으로서 부활하신 예수는 하늘에 있는 지성소로 자기 피를 가지고 들어가신 것입니다.

이러한 내용을 알고 나면 부활하신 주님이 남기신 말씀들의 의미가 명확해집니다. 일례로 무덤 앞에서 마리아가 부활하신 주님을 붙잡으려고 했을 때, "나를 붙들지 말라 내가 아직 아버지께로 올라가지 아니하였노라"(요 20:17)라고 말씀하셨습니다. 아직 끝난 것이 아니라고 말씀하신 것입니다. 다시 한번 말씀드립니다. 구약의 속죄 예식의 틀에서 그리스도의 사역을 조명하면, 예수 그리스도의 승천은 필수적입니다. 우리의 죄를 속하기 위해 대제사장이 지성소를 반드시 들어가야 했듯이, 부활하신 그리스도께서도 승천하여 하늘 지성소로 들어가셔야만 했던 것입니다.

4) 재위: 하나님 보좌 우편에 앉으심

> 오직 그리스도는 … 하나님 우편에 앉으사(히 10:12).

> 죽으실 뿐 아니라 다시 살아나신 이는 그리스도 예수시니 그는 하나님 우편에 계신 자요 우리를 위하여 간구하시는 자시니라(롬 8:34).

> 여호와께서 내 주에게 말씀하시기를 내가 네 원수들로 네 발판이 되게 하기까지 너는 내 오른쪽에 앉아 있으라 하셨도다(시 110:1).

마지막으로 "하나님 우편에 앉으사"라는 문구에 대해 생각해 보겠습니다. 한 단어로 "재위"라고 표현하기도 합니다. 승천하여 하늘 지성소로 들어가신 주님께서는 하나님의 보좌 우편에 앉으셨습니다. 이 의미가 무엇일까요? 지성소 안에는 법궤 혹은 언약궤가 있습니다. 법궤는 일종의 의자입니다. 하나님께서 보좌에 앉아 다스리심을 상징하지요. 하나님께서는 대제사장이신 그리스도께 "너는 내 오른쪽에 앉아 있으라"(시110:1) 하고 말씀하십니다. 우리를 위한 대제사장께서 하늘 보좌 우편에 앉으셨습니다. "보좌 우편"은 왕권을 상징합니다. 왕 같은 대제사장으로서 주님께서는 하나님의 보좌 우편에 앉으신 것입니다. 인간 대제사장과 달리 영원한 대제사장께서는 하나님 보좌 우편에 영원히 머물러 계시며 다스리십니다. 그리고 우리를 위해 간구하십니다. 그리스도께서는 구속 사역을 온전히 성취하시고 자신의 공로에 근거해서 우리를 의롭다고 칭할 수 있는 공로적 의를 확보하셨습니다. 이를 근거로 대제사장이신 그리스도께서는 자기 백성의 죄를 사할 것을 당당하게 요구하고 스스로 시행하실 수 있습니다. 왕 같은 대제사장이신 그리스도께서 우리를 위한 중보자가 되셔서 모든 구속 사역을 성취하시고, 지금도 하나님 보좌 우편에서 우리를 위해 간구하시니 이보다 더 우리의 구원을 확실하게 보장할 것이 무엇이겠습니까? 또한, 우리에게 천국을 주시겠다고 약속하신 분이 그분 자신이시니 이 약속이 얼마나 확실한 것입니까?

히브리서 기자는 그리스도께서 성취하신 구속 사역을 유대인이 쉽게 이해할 수 있도록, 구약의 제도와 속죄 예식을 일종의 해석의 틀로 활용하여 복음을 자세히 설명하고 있습니다. 유대인의 입장에서 이 해석의 틀은 오랜 세월을 통해 완전히 체화된 것이었습니다. 히브리서의 메시지를 통해 이들은 예수 그리스도의 복음을 전혀 낯설지 않게 받아들이게 되었습니다. 구약 안에 이미 계시되었고, 이미 경험해온 복음을 재발견하고, 이 복음이 역사적으로 성취되었음을 확인한 것이었습니다. 같은 맥락에서 오순절 날 베드로의 설교를 통해 예수 그리스도의 복음이 선포되었을 때, 유대인 신자들은 그 복음을 온몸으로 흡수할 수 있었습니다. 유대인의 입장에서 상상해 보십시오. 이들이 오랫동안 기다리던 메시아가 바로 유월절 어린양이었다는 사실에 얼마나 놀랐겠습니까? 바로 얼마 전에도 유월절 의식을 치르지 않았겠습니까? 왜 어린양이 필요할까요? 내가 죽을 수 없으니까 나 대신 희생양이 죽는 것 아니겠습니까? 나와 우리 가족을 위해 그동안 수없이 많은 희생양이 대신 죽음을 맞이한 것입니다. 그런데 "예수 그리스도께서 바로 그 희생양이었다니!" 게다가 우리를 위한 희생양은 바로 하나님 그분 자신이었던 것입니다. 민족적인 고통 가운데서 "하나님은 어디 있는가?"라고 외치며 울부짖었던 유대인들이 이제 하나님은 처음부터, 그리고 항상 그들 곁에 계셨다는 사실을 깨달은 것입니다. 얼마나 큰 전율이 있었겠습니까? 이러한 그리스도의 복음과 하나님의 사랑 앞에서 유대인들은 가슴을 찢고 아버지의 품으로 돌아온 것입니다. 그리고 그날 신약 교회가 탄생하게 된 것이지요. 이들에게 그리스도의 복음은 낯선 복음이 아니었습니다. 처음부터 그들에게 익숙했던 확실한 복음이었던 것입니다.

히브리서 기자는 하나님께서 우리에게 주신 구원이 얼마나 확실한 것인지를 설득력 있게 선포하고 있습니다. 그리스도의 존재와 사역이 확실한 이상, 우리의 구원도 확실한 것입니다. 오늘날 그리스도의 성육신, 십자가, 부활, 승천, 재위가 역사적으로 성취된 이래 그리스도의 재림을 기다리며 종말의 때를 사는 저와 여러분에게 하나님은 확실한 복음을 주셨습니다. 새 언약의 중보자이신 그리스도를 믿는 신자들은 적어도 하나님 나라를 상속받는 것을 의심하면 안 됩니다. 이를 의심하는 일은 그리스도께서 성취하신 이 모든 내용을 불신하는 것과 같습니다. 하나님께서 얼마나 마음 아파하시겠습니까? 하나님 아버지께서는 자기 자녀들이 구원의 확신을 가지고 건강하게 신앙생활 하기를 원하십니다.

> 너희는 그 은혜에 의하여 믿음으로 말미암아 구원을 받았으니 이것은 너희에게서 난 것이 아니요 하나님의 선물이라. 행위에서 난 것이 아니니 이는 누구든지 자랑하지 못하게 함이라(엡 2:8-9).

오늘날 많은 신자들은 공예배에 참여할 때 사도신경의 내용을 고백합니다. 사도신경의 내용을 살펴보면 예수 그리스도의 성육신, 십자가, 부활, 승천, 재위가 핵심을 차지하고 있습니다.

> 나는 그의 유일하신 아들, 우리 주 예수 그리스도를 믿습니다.
> 그는 성령으로 잉태되어 동정녀 마리아에게서 나시고(성육신),
> 본디오 빌라도에게 고난을 받아, 십자가에 못 박혀 죽으시고(십자가),
> 장사된 지 사흘 만에 죽은 자 가운데서 다시 살아나셨으며(죽음과 부활),
> 하늘에 오르시어(승천),
> 전능하신 아버지 하나님 우편에 앉아계시다가(재위),
> 거기로부터 살아 있는 자와 죽은 자를 심판하러 오십니다(심판).

우리의 모든 신앙고백은 오직 예수 그리스도께 초점이 있습니다. 그동안 우리가 사도신경의 의미를 완벽하게 파악하지 못했을지라도 우리는 이미 우리 구원의 확실한 근거에 대해 수없이 신앙 고백을 해왔던 것입니다. 우리의 입이 이미 사도신경의 내용에 익숙해 있습니다. 이미 하나님께서는 우리의 입술을 통해 예수 그리스도와 그분의 속죄 사역에 대한 신앙 고백을 받으신 것입니다. 우리는 이미 확실한 구원에 대해 고백한 것입니다.

3. 적용

몇 주 전, 저희 형님 가정과 함께 하동에 있는 박경리 문학관을 다녀왔습니다. 박경리 선생과 그의 대표작 『토지』를 기념하는 문학관은 하동 외에도 통영과 원주에도 있습니다. 『토지』는 드라마로도 제작되었는데, 하동에는 그 드라마의 세트장을 그대로 보존해 전시하고 있습니다. 방문객들은 드라마 장면을 떠올리며 최참판댁 앞에서 사진을 찍고 즐거운 시간을 보냅니다.

그런데 생각해보면, 이 소설은 전부 '픽션', 곧 허구입니다. 역사적 사실이 아니라 상상 속 인물과 배경을 토대로 만든 이야기입니다. 그럼에도 불구하고 사람들은 그 이야기를 기념하고, 그 이야기 속 공간을 실제처럼 누비며 감동을 받습니다. 이곳에서 제 마음에 깊은 인상을 남긴 문장이 하나 있었습니다. 바로 박경리 선생이 남긴 말입니다.

> "난 특별히 문학을 내 인생과 갈라놓지 않습니다."
> "내 인생이 문학이고 지금 문학이 내 인생입니다."

이 말에 가슴이 뭉클해졌습니다. 그녀에게 『토지』는 단순한 소설이 아니었습니다. 그것은 곧 그녀의 인생이었습니다. 그녀의 삶과 떼어놓을 수 없는 존재였던 것입니다.

그 순간, 이런 생각이 들었습니다. 한 사람이 만들어낸 소설도 이렇게 그 사람의 인생과 하나가 될 수 있다면, 하물며 하나님께서 친히 써 내려가신 이 위대한 이야기, 곧 복음의 이야기, 구원의 이야기는 나의 삶과 얼마나 깊이 하나 되어야 하는가? 우리가 매일 고백하는 사도신경은, 사실 '하나님께서 하신 위대한 일'을 짧게 요약한 신앙 고백입니다. 이보다 더 놀랍고 장엄한 이야기는 세상에 존재하지 않습니다. 그 어떤 드라마, 어떤 대하소설보다도 크고 깊은 이야기입니다. 하나님께서는 백 년도 안 되는 짧은 인생을 살아가는 우리에게, 우주의 시작과 끝을 관통하는 이 위대한 스토리를 심어주셨습니다. 이 이야기를 가슴과 뼛속 깊이 새기며 살아가게 하신 것입니다. 바로 이것이 신자의 삶입니다. 이 이야기가 우리 안에 있을 때, 우리는 확실한 용서와 확실한 구원을 누릴 수 있습니다. 다른 사람이 뭐라 해도, 우리는 건강한 신앙생활을 할 수 있습니다. 인생의 고난과 시련 앞에서도 능히 이겨낼 수 있습니다. 왜냐하면, 이 위대한 하나님의 이야기가 오늘 하루를 살아갈 힘이 되기 때문입니다.

사랑하는 여러분, 다음 주일 다시 만날 때까지, 아니 주님 앞에 서는 그날까지 이 이야기를 매일 되새기십시오. 묵상하십시오. 그리고 그 이야기를 따라 살아가십시오. 하나님께서 베푸신 이 크고 놀라운 구원의 이야기가 오늘 여러분이 살아갈 충분한 이유가 되기를, 주님의 이름으로 축원합니다.

구속 언약

> **시편 2:7-8**
>
> ⁷내가 여호와의 명령을 전하노라 여호와께서 내게 이르시되 너는 내 아들이라 오늘 내가 너를 낳았도다 ⁸내게 구하라 내가 이방 나라를 네 유업으로 주리니 네 소유가 땅 끝까지 이르리로다.

1. 구속 언약이란?

오늘 설교의 제목은 "구속 언약"입니다. 다소 낯설게 들릴 수 있는 표현이지만, 구속 언약은 창세기부터 히브리서에 이르기까지 이어지는 '언약 시리즈'의 출발점이자 절정이라고 할 수 있습니다. 오늘은 언약 시리즈를 마무리하며, 하나님의 은혜 언약 전체의 기초가 되는 구속 언약에 대해 함께 묵상하고자 합니다. 구속 언약은 매우 신비로운 성격을 지닌 언약입니다. 신학자들은 택자의 구원과 관련하여 삼위 하나님 사이에 어떤 형태의 합의 또는 약속이 있었다고 설명합니다. 이 언약은 하나님께서 창세 전에, 즉 우주를 창조하시기 전부터 인간의 타락과 예수 그리스도의 구속 사역에 이르기까지의 모든 계획을 삼위 하나님 안에서 미리 의논하시고 정하신, 영원한 언약을 의미합니다. 좀 더 자세한 정의는 다음과 같습니다.

> 구속 언약이란 초시간적인 의미에서 창조 이전에 혹은 영원에서부터 사람의 구원과 특히 그리스도의 구속 사역에 관하여 삼위 사이에 맺은 영원한 언약으로 정의될 수 있습니다 … 특히 성부 하나님과 성자 하나님께서 언약의 당사자로 참여합니다. 여기서 성부는 영원한 작정 가운데 성자를 선택하시고 성자의 구원 사역에 대한 보상으로 성자께 택자들을 약속하십니다. 성자는 택자의 구원을 위해 성육신과 십자가와 같은 특별한 사역을 수행하기로 자발적으로 동의합니다. 이러한 구속 언약은 영원부터 이미 확정되고 결론지어진 언약입니다. 무엇보다 언약의 당사자가 영원한 하나님이시기 때문입니다.[35]

구속 언약은 단지 사변적 추측이 아니라, 성경에 근거한 교리입니다. 예를 들어 삼위일체 교리를 보더라도, "하나님은 삼위일체이시다"라는 명시적 표현은 성경에 없지만, 우리는 성경 곳곳의 증거를 통해 삼위일체가 성경이 가르치는 진리임을 확신합니다. 구속 언약의 교리도 이와 유사합니다. 성경에 '구속 언약'이라는 표현은 직접 등장하지 않지만, 그 내용을 지지하는 구절들이 여러 곳에 나타납니다. 그 가운데 대표적인 본문이 바로 시편 2편입니다.

---

35) 사무엘 루더포드, 「생명언약 제2부: 구속언약」, 안상혁 역 (수원: 합신출판부, 2020), 7-8. 역자 서문

2. 시편 2편 7절과 히브리서 5장 5절

> 내가 여호와의 명령을 전하노라 여호와께서 내게 이르시되 너는 내 아들이라 오늘 내가 너를 낳았도다(시 2:7).

이 말씀이 의미하는 바가 무엇일까요? 시편 2편 7절의 말씀은 3천 년 전에 주어진 하나님의 계시 말씀입니다. 이 말씀의 해석과 관련하여 초대교회부터 큰 논쟁이 있었습니다. 초대교회 이단 중 아리우스가 있습니다. 아리우스는 예수 그리스도의 신성을 부정했습니다. "만일 [예수가] 피조물보다 먼저 나셨다면, 분명 그 역시 피조물 가운데 하나이다."[36] 시편 2편 7절의 표현 "오늘 내가 너를 낳았다"와 관련해서도 아리우스는 이렇게 주장했습니다. "아들이 나셨다면, 그가 존재하지 않았던 때가 있었던 것이다"[37] 이와 같은 주장은 곧 삼위일체 교리를 부정하는 것이었습니다. 정통 교회는 이 구절을 다르게 해석했습니다. 일례로 아타나시우스는 "오늘"이라는 표현을 우리의 시간적 개념으로 해석하지 않았습니다. 삼위일체 하나님은 영원한 존재이시기 때문입니다. 따라서 "성자를 낳으셨다"라는 표현은 어느 한 시점에서 성자가 존재하게 되었다는 뜻이 아니라, 성부와 성자 사이의 영원하고 본질적인 관계를 묘사한 것입니다. 즉, 성자는 성부로부터 영원히 나심을 표현한 것입니다.[38]

---

36) Athanasius, *Orations Against the Arians*, I.5, in *Nicene and Post-Nicene Fathers*, series 2, vol. 4, ed. Philip Schaff and Henry Wace (Peabody, MA: Hendrickson, 1994), 309.

37) *Ibid.*

38) "그들은 또한 '내가 너를 낳았도다'(시편 2:7)라는 말씀을 인용하면서, 마치 그것이 시간 속에서 이루어진 출생인 것처럼 주장한다." *Ibid*; 또한 다음을 보라. Athanasius, *Defence of the Nicene Definition*, §14, in *Nicene and Post-Nicene Fathers*, series 2, vol. 4, ed. Philip Schaff and Henry Wace (Peabody, MA: Hendrickson, 1994), 158.

한편, 우리는 시편 2편 7-8절을 해석할 때 반드시 기억해야 할 중요한 성경 해석의 원리가 있습니다. 그것은 바로 "성경은 성경으로 해석한다"는 원리입니다. 이 원리를 따라 본문을 살펴볼 때, 가장 먼저 던져야 할 질문은 이것입니다. "과연 시편 2편 7-8절을 해석하는 데 도움이 되는 다른 성경 구절이 있는가?" 라는 것입니다. 흥미롭게도 히브리서 5장 5절은 시편 2편 7절을 직접 인용하고 있습니다. 그렇다면 신약 성경, 특히 히브리서 기자가 시편 2편을 어떻게 해석하고 있는지를 살펴보면, 우리는 시편 본문의 의미를 더욱 분명하게 이해할 수 있습니다.

> 또한 이와 같이 그리스도께서 대제사장 되심도 스스로 영광을 취하심이 아니요 오직 말씀하신 이가 그에게 이르시되 너는 내 아들이니 내가 오늘 너를 낳았다 하셨고(히 5:5).

히브리서 기자에 따르면, 시편 2편 7-8절은 삼위 하나님 사이에서 있었던 모종의 언약적 예식, 곧 성자 하나님께서 영원한 대제사장으로 임명되시는 장면을 보여주는 본문입니다. 그리스도의 사역은 왕, 선지자, 제사장이라는 삼중직으로 요약되는데, 이 가운데 히브리서 5장 5절은 그리스도의 대제사장 사역을 특별히 강조합니다. 이 구절에서 히브리서 기자는 시편 2편의 말씀, "너는 내 아들이니 내가 오늘 너를 낳았다"(시 2:7)를 인용합니다.

히브리서 5장 5절에 따르면, 이 시편 구절은 성자께서 창세 전에 우리를 위한 대제사장으로 임명되신 장면을 묘사합니다. 이는 신학적으로 매우 중요한 의미를 지닙니다. 이 말씀을 통해 우리는, 창세 전에 이미 삼위 하나님 사이에 우리를 위한 구원의 계획이 존재했음을 알 수 있습니다. 에베소서 1장 4절은 이 사실을 다음과 같이 뒷받침합니다.

> 곧 창세 전에 그리스도 안에서 우리를 택하사(엡 1:4).

이 말씀은 곧, 하나님께서 그리스도를 메시아로 보내시겠다는 뜻을 인간의 타락 이전부터 예정하셨다는 사실을 보여줍니다. 만일 우리가 죄인이 아니었다면, 성자께서 대제사장이 되실 필요도 없었을 것입니다. 하지만 하나님께서는 인간의 타락을 미리 아시고, 그리스도를 우리를 위한 대제사장으로 미리 세우신 것입니다.

이제 오늘의 본문으로 다시 돌아가 봅시다. 시편 2편에서 성부 하나님과 성자 하나님 사이의 신비로운 대화는 계속 이어집니다. 성부께서 성자께 이렇게 말씀하십니다.

> 내게 구하라. 내가 이방 나라를 네 유업으로 주리니, 네 소유가 땅 끝까지 이르리로다(시 2:8).

여기서 우리는 '유업'이라는 단어에 주목할 필요가 있습니다. 유업이란 하나님께서 택하신 백성에게 주시는 천국의 기업을 의미합니다. 그런데 이 말씀 속에는 단순히 유산을 물려받는 의미를 넘어서, 대제사장으로 임명받으시는 그리스도께서 감당하실 모든 사역의 내용이 함축되어 있습니다.

성부 하나님께서 "내가 유업을 주겠다"라고 하실 때, 그 유업은 아무 조건 없이 주어지는 것이 아닙니다. 그것은 성자 하나님께서 대제사장으로서 감당하실 성육신과 십자가의 속죄 사역을 전제로 한 약속입니다. 다시 말해, 유업은 대제사장적 사역의 결과로 주어지는 보상입니다. 그리스도께서 십자가에서 속죄 사역을 완수하신 결과로, 하나님께서는 그에게 이방 나라들, 곧 땅끝까지 이르는 소유권을 유업으로 주신 것입니다. 그리고 그 땅끝 속에는 바로 저와 여러분, 우리 모두가 포함되어 있습니다.

요컨대 시편 2편 7절과 8절 속에는 예수 그리스도의 복음, 그 핵심 진리가 모두 담겨 있습니다. 예수 그리스도께서 대제사장이시며, 그 대제사장으로서 어떤 사역을 감당하셨는지, 그리고 그 사역의 결과로 무엇을 유업으로 받으셨는지가 이 말씀 안에 분명히 계시되어 있는 것입니다.

히브리서의 핵심 주제도 바로 여기에 있습니다. 우리는 흔히 히브리서를 떠올릴 때 11장, 즉 '믿음장'을 먼저 생각하며, 히브리서를 '믿음의 서신'으로만 인식하기 쉽습니다. 물론 히브리서 11장은 매우 중요한 장이지만, 히브리서 전체의 중심 주제는 예수 그리스도께서 누구이시며, 그분이 대제사장으로서 우리를 위해 어떤 사역을 하셨는가를 밝히는 데에 있습니다. 히브리서 11장은 바로 그 중심 주제에 대한 신자의 응답을 보여주는 장입니다. 즉, 우리가 그 대제사장을 어떻게 믿음으로 바라보며 살아야 하는지를 가르쳐줍니다.

히브리서는 이렇게 가르칩니다. 예수 그리스도는 우리 믿음을 온전하게 하시는 분이시며, 우리가 바라보아야 할 대제사장이십니다. 그리고 구약의 성도 또한 그리스도를 믿음으로 바라보며 살았기 때문에, 이제 우리도 그들과 같이 믿음으로 그리스도를 바라보며 살아야 한다고 권면합니다. 결국 히브리서 전체는 예수 그리스도께서 어떤 분이신가, 그리고 그분이 대제사장으로서 행하신 사역—곧 성육신, 십자가, 부활, 승천, 그리고 지금 하나님의 보좌 우편에 앉아 계시는 사역의 전 과정을 중심으로 펼쳐지는 책입니다.[39]

---

39) 히브리서의 중심 주제가 영원한 대제사장 예수 그리스도의 존재와 사역임을 전제로 히브리서를 읽을 때 우리는 그리스도의 성육신, 십자가, 부활, 승천, 재위를 증언하는 히브리서의 구절을 다음과 같이 요약할 수 있다.
  1. 성육신 (히 10:5) 그러므로 주께서 세상에 임하실 때에 … 오직 나를 위하여 한 몸을 예비하셨도다.
  2. 십자가 (히 12:2) 그는 그 앞에 있는 기쁨을 위하여 십자가를 참으사 부끄러움을 개의치 아니하시더니.
  3. 부활 (히 13:20) 우리 주 예수를 영원한 언약의 피로 죽은 자 가운데서 이끌어 내신 평강의 하나님이.
  4. 승천 (히 9:24) 그리스도께서는 … 바로 그 하늘에 들어가사 이제 우리를 위하여 하나님 앞에 나타나시고.
  5. 재위 (히 1:5) 죄를 정결하게 하는 일을 하시고 높은 곳에 계신 지극히 크신 이의 우편에 앉으셨느니라.

3. 히브리서 5장 6절과 시편 110편 4절

이제 히브리서에서 인용된 시편 2편 7절의 의미를 좀 더 깊이 살펴보겠습니다.

> 또한 이와 같이 다른 데서 말씀하시되 네가 영원히 멜기세덱의 반차를 따르는 제사장이라 하셨으니(히 5:6).

예수 그리스도께서 성자 하나님으로서, 영원 전에 우리의 대제사장 메시아로 임명되셨다는 사실은 단지 시편 2편에만 나타난 것이 아닙니다. 히브리서 5장 6절은 시편 110편 4절의 말씀을 인용하며, 시편 2편과 시편 110편의 주제가 본질적으로 동일하다는 점을 강조하고 있습니다. 즉, 이 두 시편은 모두 삼위 하나님 안에서 이루어진 '구속 언약', 특별히 성자께서 영원한 대제사장으로 임명되시는 사건을 증언하고 있다는 것입니다.

> 여호와는 맹세하고 변하지 아니하시리라 이르시기를 너는 멜기세덱의 서열을 따라 영원한 제사장이라 하셨도다(시 110:4).

이 시편에서는 중요한 개념 하나가 추가로 등장합니다. 바로 "멜기세덱의 서열을 따라"라는 표현입니다. 앞으로 오실 메시아, 곧 예수 그리스도는 대제사장으로 오시되, 아론의 계통이 아닌 멜기세덱의 반차를 따르는 영원한 제사장으로 임명되신 것입니다. 이는 그리스도의 대제사장직이 율법 아래 있는 일시적 제사장직과는 본질적으로 다르며, 영원하고 변치 않는 언약 안에서 세워진 직분임을 보여줍니다. 히브리서 기자는 이 두 시편의 인용을 통해, 예수 그리스도의 사역이 단순한 구약 제사장의 연장이 아니라, 영원 전부터 삼위 하나님 안에서 정해진 구속 사역의 완성임을 밝히고 있는 것입니다.

그렇다면 여기서 한 가지 중요한 질문이 생깁니다.
"멜기세덱은 누구인가?"
이 질문과 관련하여 저는 2019년 11월 5일, 정암신학강좌에서 있었던 D. A. 카슨 교수님의 강의를 떠올립니다. 당시 은퇴를 앞두고 계시던 카슨 교수님은 미국 트리니티 복음주의 신학교에서 오랜 시간 신약학을 가르치신 세계적인 신학자이십니다. 그날 강의에서 교수님은 멜기세덱이라는 주제를 탁월하고도 깊이 있게 다루어 주셨습니다. 창세기, 시편, 히브리서를 종횡무진 오가며 성경의 유기적 통일성과 그 안에 담긴 신학적 깊이를 체험할 수 있었던 시간, 저에게는 지금도 생생한 기억으로 남아 있습니다.
이제 우리도 카슨 교수님의 안내를 따라, 성경이 말하는 멜기세덱의 정체에 대해 함께 살펴보도록 하겠습니다. 성경은 지금 우리를 시편 2편에서 히브리서 5장 5절과 6절로 인도하고, 다시 시편 110편을 지나 창세기 14장으로 거슬러 올라갑니다. 바로 이 창세기 14장에서 멜기세덱이 처음 등장합니다. 전쟁에서 돌아오던 아브라함 앞에 나타난 이 인물은 살렘의 왕이자 지극히 높으신 하나님의 제사장으로 소개됩니다. 그는 아브라함에게 떡과 포도주를 내어주며 축복했고, 아브라함은 그에게 십일조를 바쳤습니다.
놀랍게도 성경은 그의 출생이나 죽음, 족보에 대해 아무런 언급도 하지 않습니다. 이는 단순한 생략이 아닙니다. 오히려 히브리서 기자는 이를 통해 멜기세덱이 계보도, 시작도, 끝도 없는 영원한 제사장의 예표라는 점을 강조하고자 합니다. 이처럼 시간의 제약을 초월한 존재로서의 멜기세덱을 히브리서는 예수 그리스도와 연결시킵니다. 예수님은 레위의 자손도 아니고, 아론의 반열에 속한 제사장도 아닙니다. 그분은 오히려 멜기세덱의 반차를 따르는, 초월적이고 영원한 대제사장이십니다.

히브리서 7장을 보면, 성경은 멜기세덱에 대해 이렇게 말합니다.

> 그 이름을 해석하면 먼저는 의의 왕이요, 그 다음은 살렘 왕이니, 곧 평강의 왕이요, 아버지도 없고 어머니도 없고 족보도 없고 시작한 날도 없고 생명의 끝도 없어 하나님의 아들과 닮아서 항상 제사장으로 있느니라(히 7:2-3).

본문에 따르면, 멜기세덱은 먼저 '의의 왕'이며 동시에 '살렘의 왕', 곧 '평강의 왕'으로 묘사됩니다. 이어지는 표현은 흥미롭습니다. "아버지도 없고, 어머니도 없고, 족보도 없고, 시작한 날도 없고, 생명의 끝도 없다" 이것은 멜기세덱이 실제로 부모가 없거나 하늘에서 내려온 존재라는 뜻이 아닙니다. 오히려 성경이 그의 족보나 출생, 죽음에 대해 아무런 언급도 하지 않고 있다는 점을 의도적으로 강조하는 표현입니다. 다시 말해, 멜기세덱은 계보나 연대 없이 갑작스럽게 등장했다가 사라지는 인물로, 그의 존재 방식 자체가 "영원성"을 상징합니다. 히브리서 기자는 바로 이 점을 들어 멜기세덱을 "하나님의 아들과 닮은 자", 즉 예수 그리스도를 예표하는 인물로 해석합니다.

그뿐 아니라 히브리서 7장은 멜기세덱이 살렘의 왕이었을 뿐 아니라, "지극히 높으신 하나님의 제사장"이었다는 사실을 분명히 밝힙니다. 이는 멜기세덱이 단순히 왕만이거나 제사장만이 아니라, 왕이면서 동시에 제사장인 인물이라는 것을 뜻합니다. 성경 전체를 살펴보아도, 왕과 제사장의 직분이 하나의 인물에게 동시에 주어진 예는 매우 드뭅니다. 구약의 율법 체계 속에서는 이 두 직무가 철저히 구분되어 있었기 때문입니다.

하지만 멜기세덱은 그 예외적 존재로, 왕과 제사장이라는 두 직분을 모두 지닌 인물로 등장합니다. 바로 이 점이 멜기세덱이 장차 오실 메시아, 곧 예수 그리스도의 직분을 예표하는 인물로 받아들여지는 이유입니다. 예수님께서도 의의 왕이시며 평강의 왕이시고, 동시에 우리의 대제사장이신 분이기 때문입니다. 멜기세덱은 바로 그러한 그리스도의 영원하고 독특한 사역을 미리 보여주는 그림자입니다.

사회주의 국가의 독재자들은 죽은 이후에도 권력을 놓지 않습니다. 마치 고대 이집트의 파라오들이 사후에 미라로 만들어져 거대한 무덤에 안치되었듯이, 현대의 사회주의 독재자들 또한 미라로 보존되어 여전히 숭배의 대상이 되고 있습니다. 실제로 북한을 비롯한 몇몇 나라에서는, 정치 지도자에게 거의 신적 존재처럼 경의를 표하도록 강요하는 문화가 자리 잡고 있습니다.

북한의 사례는 그 대표적인 예입니다. 김일성과 김정일의 거대한 동상 앞에서 인민들이 절을 하고 꽃을 바치는 모습은 더 이상 낯선 장면이 아닙니다. 이는 단순한 정치 지도자에 대한 존경의 표현을 넘어, 정치권력이 종교적 숭배로 전이되는 우상화의 양상을 그대로 보여줍니다. 특히 지도자를 미라로 보존하는 행위는 단지 상징적 의미에 그치지 않습니다. 한 기사에 따르면, 미라를 제작하는 데는 막대한 비용이 들며, 이를 매년 보존·관리하는 데에도 수억 원이 소모된다고 합니다. 국민의 삶이 극도로 피폐한 상황에서도, 죽은 독재자를 미라로 떠받들기 위해 막대한 자원이 소모되고 있는 것입니다.

예수님께서 "이 드라크마의 형상이 누구냐?"라고 물으셨던 장면을 기억하실 것입니다. 당시 유통되던 로마 동전에는 앞면에 황제의 얼굴이 새겨져 있었고, 그 옆에는 "신의 아들"(*Divi Filius*)이라는 칭호가 적혀 있었습니다. 뒷면에는 라틴어로 "폰티펙스 막시무스"(*Pontifex Maximus*), 곧 '대제사장'이라는 표현도 함께 새겨져 있었습니다. 이것은 단순한 정치적 상징을 넘어, 로마 황제가 정치적 권위는 물론 종교적 권위까지 자신에게 집중시키며 신격화되었음을 보여주는 증거입니다. 즉 정치권력이 종교 권위로 넘어가며 절대 권력화되는 고전적인 양상입니다.

이러한 권력 구조는 오늘날의 사회주의 독재 체제에서도 똑같이 반복되고 있습니다. 정치 권력을 장악한 독재자들이 결국 종교의 영역을 침범하고, 스스로를 숭배의 대상으로 만들기 시작한 것입니다. 북한의 경우, 김일성·김정일 부자의 우상화는 이미 정치 선전의 차원을 넘어선, 종교적 구조로 고착화된 체제입니다. 국가와 지도자가 곧 신의 자리를 대신하는 이 체제는, 마치 고대 신정 정치처럼 국민의 충성과 경배를 강제합니다. 정치적 충성은 곧 종교적 숭배로 전환되고, 권력은 비판과 견제를 벗어난 절대적 지위에 오르게 됩니다. 이러한 역사적 반복은 오늘을 사는 우리에게 매우 중요한 교훈을 줍니다.

"절대 권력은 반드시 부패한다."

따라서 권력은 반드시 분산되어야 하며, 한 사람에게 정치, 군사, 종교적 권한이 집중될 때, 그 나라는 결국 독재와 우상화의 길로 나아갈 수밖에 없습니다. 하나님께서는 이스라엘에게 율법을 통해 정치와 종교, 곧 왕권과 제사장직을 철저히 구분하셨습니다. 왕은 유다 지파에서만 나올 수 있었고, 제사장은 반드시 아론 계열의 레위 지파 출신이어야 했습니다. 왕이 제사장이 될 수 없고, 제사장이 왕이 될 수도 없었습니다. 이스라엘 역사 속에서 이 경계를 넘으려 했던 왕들은 하나님의 강력한 징계를 받았습니다. 예를 들어, 사울 왕은 블레셋과의 전쟁 중 사무엘이 늦자 자신이 제사를 직접 드렸고, 그 일로 인해 하나님께서 그를 버리셨습니다. 또한, 웃시야 왕은 처음에는 선하고 경건하게 통치했지만, 점차 교만해진 끝에 성소에 들어가 직접 분향하려는 죄를 범했습니다. 당시 대제사장 아사랴와 여호와께 충성된 80명의 제사장이 그를 막아서며 이렇게 경고했습니다.

여호와께 분향하는 일은 왕이 할 바가 아니요, 오직 분향하기 위하여 구별된 아론의 자손 제사장들이 할 바니, 성소에서 나가소서. 왕이 범죄하였으니 여호와께 영광을 얻지 못하리이다(대하 26:18).

그러나 웃시야 왕은 분노로 가득 차 제사장들에게 화를 내었고, 그 순간 하나님의 징계가 임하여 그의 이마에 한센병이 생겼습니다. 제사장들이 급히 그를 성전에서 내쫓았고, 웃시야 자신도 두려워하며 서둘러 떠났습니다. 그 결과, 그는 죽는 날까지 한센병 환자로 살게 되었고, 성전에도 출입하지 못한 채 별궁에서 격리된 삶을 살았습니다. 그의 아들 요담이 그를 대신하여 백성을 다스렸습니다.[40]

이 사건은 하나님께서 이스라엘 공동체 안에서 왕의 직분과 제사장의 직분을 얼마나 철저히 구분하셨는지를 분명하게 보여주는 사례입니다. 웃시야 왕은 하나님께서 정하신 권한의 경계를 넘어섰기 때문에, 큰 징벌을 받았고, 남은 생을 질병과 수치 가운데 살아야 했습니다. 이것은 이스라엘의 모든 왕이 반드시 기억해야 할 교훈이었습니다.

그런데 우리 주 예수 그리스도는 우리의 왕이시며 동시에 대제사장이신 분입니다. 이 점에서 구약의 어떤 인물도 예수님의 온전한 모형이 될 수 없습니다.

---

[40] 자세한 내용은 역대하 26:16-21에 기록되어 있다.
그가 강성하여지매 그의 마음이 교만하여 악을 행하여 그의 하나님 여호와께 범죄하되 곧 여호와의 성전에 들어가서 향단에 분향하려 한지라. 제사장 아사랴가 여호와의 용맹한 제사장 팔십 명을 데리고 그의 뒤를 따라 들어가서 웃시야 왕 곁에 서서 그에게 이르되 웃시야여 여호와께 분향하는 일은 왕이 할 바가 아니요 오직 분향하기 위하여 구별함을 받은 아론의 자손 제사장들이 할 바니 성소에서 나가소서. 왕이 범죄하였으니 하나님 여호와에게서 영광을 얻지 못하리이다. 웃시야가 손으로 향로를 잡고 분향하려 하다가 화를 내니 그가 제사장에게 화를 낼 때에 여호와의 전 안 향단 곁 제사장들 앞에서 그의 이마에 나병이 생긴지라. 대제사장 아사랴와 모든 제사장이 왕의 이마에 나병이 생겼음을 보고 성전에서 급히 쫓아내고 여호와께서 치시므로 왕도 속히 나가니라. 웃시야 왕이 죽는 날까지 나병환자가 되었고 나병환자가 되매 여호와의 전에서 끊어져 별궁에 살았으므로 그의 아들 요담이 왕궁을 관리하며 백성을 다스렸더라.

다윗도 종종 예수 그리스도의 예표로 언급되지만, 그는 왕이자 선지자였을 뿐, 결코 제사장은 아니었습니다. 바로 이러한 이유로 하나님께서는 멜기세덱이라는 독특한 인물을 구약의 한 장면 속에 등장시키신 것입니다. 히브리서 기자는 바로 이 점을 강조하고 있습니다.

그렇다면 우리의 메시아이신 예수 그리스도는 어느 지파에서 나셨습니까? 그분은 다윗의 자손, 곧 유다 지파에서 나셨습니다. 그런데 여기서 한 가지 문제가 발생합니다. 율법에 따르면 제사장은 반드시 레위 지파, 특히 아론의 후손이어야 했기 때문입니다. 그러므로 유다 지파의 자손이신 예수님이 대제사장으로서 속죄 사역을 감당하신다는 것은, 겉으로 보기에는 율법의 규정과 모순되어 보일 수 있습니다. 바로 이 지점에서 히브리서 기자는 율법이 제정되기 이전에 등장했던 한 제사장, 곧 멜기세덱을 언급합니다. 멜기세덱은 의의 왕, 평강의 왕, 살렘의 왕이었으며, 동시에 지극히 높으신 하나님의 제사장으로 소개됩니다. 그리고 그는 레위 지파가 등장하기도 전, 즉 율법 이전 시대에 이미 활동하던 인물입니다. 따라서 히브리서가 말하는 "멜기세덱의 반차를 따라" 대제사장이 되셨다는 표현은, 장차 오실 메시아께서 율법적 제사장이 아니라, 더 본질적이고 영원한 제사장직을 지니실 분임을 예표하는 말씀입니다. 멜기세덱은 왕이면서 동시에 제사장이었던 유일한 인물이기에, 오직 예수 그리스도만이 그 모습을 온전히 성취하신 분이십니다.

하나님께서 구약 시대에는 왕과 제사장의 직분을 철저히 분리하신 이유는 무엇일까요? 타락한 인간에게 이 두 권한이 동시에 주어질 경우, 반드시 권력의 집중과 부패로 이어질 수밖에 없기 때문입니다. 그러나 만일 죄가 없고, 완전하게 의로우신 분이 계신다면, 그분은 왕으로 다스리시고, 제사장으로 중보하시며, 선지자로 가르치시는 이상적인 메시아 왕국의 완전한 통치자가 되실 수 있습니다. 바로 이 점에서 멜기세덱의 존재가 신학적으로 필요하며, 예수 그리스도만이 이 완전한 왕적·제사장적 사역을 감당하실 수 있는 분임이 드러납니다. 칼빈 역시 그의 창세기 14장 주석에서 이 부분을 다음과 같이 설명합니다

> 여기에서 멜기세덱은 제사장적 존엄과 왕적 존엄을 함께 지닌 인물로 나타납니다. 그는 '평화'라는 뜻을 가진 살렘이라는 도시를 다스렸으며, 지극히 높으신 하나님의 제사장이었습니다. 따라서 그는 그리스도의 참된 형상(veram Christi imaginem)으로 자신을 드러냅니다. 마치 한 형상이 주님의 오심에 앞서 그 모습을 미리 보여주듯, 이 장면은 장차 오실 그리스도께서 영원한 제사장이 되실 것을 예표합니다.[41]

4. 시편 110편

우리는 앞서 시편 2편의 말씀을 통해, 성자 하나님께서 창세 전에 이미 우리를 위한 대제사장으로 임명되셨다는 사실을 확인했습니다. 히브리서 기자는 이 구속사적 진리를 더욱 분명히 하기 위해, 시편 110편의 말씀을 인용합니다. 그는 예수 그리스도께서 단순한 제사장이 아니라, 왕이신 대제사장이라는 점을 강조합니다. 그리고 시편 110편 4절의 인용을 통해, 독자들은 자연스럽게 시편 110편 전체의 문맥을 떠올리게 됩니다. 시편 110편은 메시아 되신 예수 그리스도의 영광과 권세, 그리고 그분의 대제사장으로서의 위임을 함께 보여주는 중

---

41) Jean Calvin, *Commentarius in Librum Genesin*, in *Ioannis Calvini Opera quae supersunt omnia*, vol. 23, ed. Wilhelm Baum, Eduard Cunitz, and Eduard Reuss (Brunswick: Schwetschke, 1864), 391.

요한 구절입니다. 이 시편은 예수님의 승귀(昇貴)와 통치, 그리고 영원한 중보 사역을 예언적으로 조명하고 있습니다.

> 여호와께서 내 주에게 말씀하시기를 내가 네 원수들로 네 발판이 되게 하기까지 너는 내 오른쪽에 앉아 있으라 하셨도다 여호와께서 시온에서부터 주의 권능의 규를 내보내시리니 주는 원수들 중에서 다스리소서 … 너는 멜기세덱의 서열을 따라 영원한 제사장이라 하셨도다 주의 오른쪽에 계신 주께서 그의 노하시는 날에 왕들을 쳐서 깨뜨리실 것이라 뭇 나라를 심판하여(시 110:1-7).

마태복음 22:41-45절에서 예수님께서는 바리새인들에게 매우 중요한 질문을 던지십니다.
"앞으로 오실 메시아, 곧 그리스도에 대하여 너희는 어떻게 생각하느냐?"
그들이 대답합니다.
"다윗의 자손입니다."
그러자 예수님께서 다시 물으십니다.
"그렇다면 다윗이 어찌하여 성령에 감동되어, 자기 후손으로 오실 그 메시아를 가리켜 '내 주'라 부를 수 있느냐?"
이 질문은 단순한 신학적 논쟁이 아니라, 예수님께서 자신의 정체성을 분명히 드러내시는 장면입니다. 예수님은 이 대화를 통해 시편 110편 1절의 말씀을 직접 인용하시며, 그 구절의 깊은 의미를 바리새인들의 오랜 전통적 해석을 넘어서서 새롭게 조명하십니다.

> 여호와께서 내 주에게 말씀하시기를 내가 네 원수들을 네 발 아래 두기까

지 너는 내 오른쪽에 앉아 있으라 하셨도다(시편 110:1).

이 구절에서 다윗은 장차 오실 메시아를 가리켜 '내 주'(אֲדֹנִי, 아도니)라고 부릅니다. 이는 단순한 존칭이 아니라, 하나님께만 사용하는 표현이며, 메시아가 단지 다윗의 자손이 아니라, 다윗보다 더 크신 분, 곧 하나님 자신이심을 고백하는 말입니다. 예수님께서는 이 인용을 통해, 메시아는 단순한 정치적 주권자나 인간적 왕이 아니라, 하나님과 동등한 권위와 신성을 지니신 참 하나님이시며, 동시에 다윗의 육체적 후손으로 이 땅에 오신 분임을 선포하신 것입니다. 따라서 시편 110편은 단순한 시가 아니라, 메시아의 신성과 통치를 선포하는 기념비적 본문입니다. 특별히 이 시편은 성육신하신 예수 그리스도께서 참 하나님이심을 분명하게 증언하고 있습니다.

이 시편은 사도행전 2장, 곧 오순절에 베드로가 전한 설교에서도 인용된 본문입니다. 그날 베드로는 시편 16편과 함께 시편 110편을 인용하여, 예수 그리스도의 죽음과 부활, 승천에 대해 증언했고, 그 설교를 통해 3천 명이 회개하고 세례를 받는 놀라운 구원의 역사가 일어났습니다. 베드로는 단지 시편을 상징적으로 인용한 것이 아닙니다. 그는 시편 110편 1절의 말씀을 직접 인용하며, 예수 그리스도께서 우리의 죄를 위하여 십자가에 죽으시고, 무덤에 계신 지 사흘 만에 부활하시고, 승천하셔서 지금 하나님의 보좌 우편에 앉아 계신다는 것을, 성경적 근거를 들어 선포한 것입니다. 이제 시편 110편 전체를 다시 보면, 단지 4절의 "멜기세덱의 반차를 따라 영원한 제사장이라"라는 말씀만이 아니라, 1절 말씀부터 예수님과 베드로가 반복적으로 인용하며 사용했다는 사실을 알게 됩니다. 이로써 우리는 시편 110편 전체가 단순한 시가 아니라, 장차 오실 메시아께서 다윗보다 더 크신 왕이시며, 동시에 영원한 대제사장이심을 선포하는 예언적 말씀임을 확인할 수 있습니다.

결국, 시편 110편 전체, 그리고 히브리서 5장 5절과 6절의 메시지는 동일한 진리를 선포합니다. 곧 장차 오실 메시아는 단순한 다윗의 후손이 아니라, 다윗의 주님이시며, 왕으로 다스리시고 동시에 대제사장으로 중보하시는 분, 하늘 보좌에 앉으신 예수 그리스도이심을 분명히 가르쳐 주고 있는 것입니다.

5. 시편 2편 6절

"시편 2편 7-8절 말씀의 의미가 무엇일까?"라는 질문으로 시작한 여정은, 우리를 성경 전체를 꿰뚫는 중요한 신학적 고백으로 인도했습니다. 우리는 이 말씀 속에서, 장차 오실 메시아가 단순한 통치자가 아니라, 우리의 죄를 위한 대제사장으로 임명되신 분임을 발견하게 됩니다. 이 진리는 히브리서 5장 5-6절로 이어지며, 다시 시편 110편으로 연결됩니다. 그리고 그 시편을 통해 우리는 메시아가 단지 제사장에 그치지 않고, 왕이신 대제사장이심을 분명히 알게 됩니다. 이러한 성경 전체의 연결 구조를 따라가다 보면, 히브리서 5장 말씀이나, 마태복음 22장에서 예수님이 인용하신 시편 110편, 또 사도행전 2장에서 베드로가 오순절에 전한 설교 등에서 메시아의 제사장직과 왕직이 함께 선포되고 있음을 확인할 수 있습니다.

그러면 자연스럽게, 다시 출발점이었던 시편 2편 7-8절 말씀으로 돌아가 다음과 같은 중요한 질문을 던지게 됩니다.

"혹시 시편 2편 말씀도 메시아가 대제사장이실 뿐 아니라 왕이라는 진리를 함께 선포하고 있는 것이 아닐까?"

그런 의문이 생기게 됩니다. 사실 시편 110편은 일반적으로 '제왕시'(Kingly Psalm)로 분류됩니다. 그런데 우리가 처음에 살펴보았던 시편 2편도 같은 장르, 즉, 제왕시입니다. 시편 2편 7-8절은 이렇게 말합니다.

> 너는 내 아들이라 내가 오늘 너를 낳았도다. 내게 구하라 내가 이방 나라를 네 유업으로 주리니 네 소유가 땅끝까지 이르리로다(시 2:7-8).

그런데 바로 그 앞 절인 6절에 이렇게 말합니다.

> 내가 나의 왕을 내 거룩한 산 시온에 세웠다 하시리로다(시 2:6).

이 말씀을 함께 보면, 시편 2편, 시편 110편, 히브리서의 메시지가 한 흐름 안에 있다는 사실을 분명하게 확인할 수 있습니다. 즉, 시편 2편 역시 단순히 이스라엘 역사 속의 한 왕을 찬미하는 시가 아니라, 장차 오실 메시아, 곧 예수 그리스도의 통치와 구속 사역을 예언하는 시편인 것입니다. 따라서 메시아는 단지 왕이실 뿐 아니라, 하나님께로부터 세움을 받은 대제사장으로서 우리의 죄를 속하시는 사역을 감당하실 분이라는 사실을 이스라엘 백성들도 성령의 감동을 통해 알고 기대하고 있었던 것입니다. 이러한 메시아상은 구약의 예언자들, 시편 기자들, 그리고 신약의 사도들을 통해 일관되게 증언되고 있는 구속사적 진리입니다.

6. 시편 2편 8절

> 내게 구하라 내가 이방 나라를 네 유업으로 주리니 네 소유가 땅 끝까지 이르리로다(시 2:8).

이 말씀은 오늘날 수많은 선교사들의 가슴에 깊은 울림을 주는 구절로 널리 알려져 있습니다. 단지 시적인 감동을 넘어서, 예수 그리스도의 대위임령(The Great Commission)의 구약적 기반이라 할 수 있습니다. 이 예언은 신약 성경 사도행전 1장 8절과 자연스럽게 연결됩니다.

> 오직 성령이 너희에게 임하시면 너희가 권능을 받고 예루살렘과 온 유대와 사마리아와 땅 끝까지 이르러 내 증인이 되리라 하시니라(행 1:8).

예수님께서 이 말씀을 하신 것은 단지 선포적 수사법이 아닙니다. 이것은 이미 창세 전, 삼위 하나님 사이에서 맺어진 구속 언약 안에서 성자 그리스도께 주어진 유업이 성취되어 땅끝까지 확장되는 것을 선언하신 말씀입니다. 즉, 예수 그리스도께서 대제사장으로서 속죄 사역을 완성하신 결과로 그분이 왕으로 받게 되실 유업이 "땅끝까지" 확장되는 것을 보여주는 말씀입니다. 그래서 부활하신 예수님께서 제자들에게 "땅끝까지 이르러 복음을 전하라"고 명령하신 것은, 시편 2편의 예언이 현실이 된 구속사의 결정적 성취였습니다. 이 말씀은 두 가지 깊은 의미를 동시에 내포하고 있습니다.

첫째, 대제사장으로서의 그리스도의 속죄 사역이 지리적·민족적 장벽을 넘어 온 열방에 구원의 효력을 미친다는 것입니다.

둘째, 동시에, 그분은 왕이시기 때문에, 그분의 통치 영역 역시 땅끝까지 확장된다는 뜻입니다. 요컨대 시편 2편 7-8절에는 이미 신약의 복음과 선교 명령이 농축된 형태로 계시되어 있습니다. 시편 2편의 이 말씀은 복음의 본질과 선교의 사명이 어떻게 구약에서부터 준비되어 있었는지를 보여주는 구속사의 신비로운 궤적입니다. 이 예언이 예수 그리스도 안에서 얼마나 정확하고 아름답게 성취되었는지를 목격할 때, 우리는 하나님의 구속 역사 앞에서 깊은 경외와 감탄을 금할 수 없습니다.

7. 적용

17세기 스코틀랜드의 신학자 사무엘 루더포드에 따르면, 구속 언약은 구원의 확신 교리의 견고한 기초가 됩니다. 제가 루더포드의 『생명 언약』을 번역하면서 서문에서 다음과 같이 소개한 바 있습니다.

> 구속 언약은 성도가 누리는 구원의 확신의 확실한 근거가 됩니다. 구속 언약 안에서 모든 성도는 구원의 확신에 대한 영원히 흔들리지 않는 근거를 발견할 수 있기 때문입니다. 구속 언약에 따르면 성도 한 사람 한 사람은 영원부터 성부가 그리스도에게 약속한 택자들 안에 이미 포함되어 있고 그리스도는 그들을 자기의 양으로 이미 알고 있습니다(딤후 2:19; 요 10장). 루더포드는 이 구속 언약을 가리켜 '사랑의 근원'이요 '은혜의 근원'이라고 말했습니다.[42]

구속 언약은 단순한 교리가 아니라, 하나님과 신자 사이에 맺어진 영원한 언약 관계를 보여줍니다. 이 언약에 따르면, 하나님께서는 성도 한 사람 한 사람을 이름으로 알고 계시며, 우리는 우연한 존재가 아니라, 창세 전부터 성부께서 성자께 주신 유업 안에 포함된 백성이었습니다. 그리스도는 우리를 이미 자기의 양으로 아셨으며, 하나님은 우리를 이미 사랑하셨습니다. 그러므로 하나님과 우리 사이에는 그리스도 안에서 언약적 관계가 형성되어 있었고, 이 구속 언

---

42) 사무엘 루더포드, 『생명 언약 제2부: 구속언약』, 안상혁 역 (수원: 합신출판부, 2020), 역자 서문을 보라.

약은 하나님께서 세상을 창조하시고 인류의 역사 속에서 구속을 이루시는 모든 은혜의 역사에 대한 영원한 근거가 됩니다. 이 사실을 알게 되면, 우리는 하나님을 찬양하지 않을 수 없습니다. 이것이야말로 참으로 놀라운 은혜입니다. 루더포드는 이 구속 언약을 묵상하며 깊은 감격으로 이렇게 고백합니다.

> 아, 우리는 얼마나 무가치한 존재였는가! 그럼에도 하나님은 우리를 원하신 것이다. 우리에게 입히신 사랑에 비해 우리의 값어치는 얼마나 낮은가? 과연 사람이 하나님의 면류관이 된다거나, 사람을 얻기 위해 하나님이 무엇을 걸고, 달리며, 이들을 경쟁에서 승리하여 상으로 얻는다는 것이 있을 수 있겠는가? 과연 무로부터 지음 받은 비천한 한 조각 안에 그토록 높으시고, 깊으시며, 광범하고 오랜 기간에 걸친 계획과 높으신 목표를 담을 수 있는 공간이 있겠는가? 우리의 이성은 다음과 같이 말하는지 모른다. "가난한 자를 사는 데는 적은 돈이 들고, 죄인들을 얻기 위해서는 좀 더 낮은 계획으로도 충분하지 않겠는가?" 그러나 사랑은 이렇게 말하지 않는다. 결코, 더욱 적은 사랑으로 이를 성취할 수 없는 것이다. 게다가 우리를 값주고 사는데 있어 이 사랑은 실수할 수 없는 사랑이다. 또한, 값 없이 베푸시는 사랑의 계획에 있어 이 무한하신 사랑은 결코 오류를 범할 수도 없다.[43]

우리는 본래 타락한 죄인이요, 무가치한 존재입니다. 그러나 구속 언약의 관점에서 볼 때, 신자에게는 무한한 가치와 영원한 정체성이 부여되어 있습니다. 하나님은 만세 전부터 자기 백성을 구원하시기로 작정하셨고, 그 계획 안에

---

43) 루더포드, 「생명 언약 제2부: 구속언약」, 219-20.

서 독생자 예수 그리스도를 우리를 위해 내어주셨습니다. 예수 그리스도께서는 이미 작정된 언약을 따라 속죄 사역을 완성하셨습니다. 이 놀라운 사실 앞에서 신자는 자신이 어떤 존재인지, 하나님 앞에서 어떤 가치를 지닌 존재인지 다시금 깨닫고 감격하지 않을 수 없습니다.

아이들이 종종 이렇게 묻습니다.
"하나님은 우리가 타락할 것을 아셨을 텐데 왜 굳이 선악과를 만드셨나요?"
이 질문 속에는 하나님께서 우리의 죄와 타락을 모르셨던 것은 아니라는 전제가 담겨 있습니다. 맞습니다. 하나님은 아셨습니다. 그럼에도 세상을 창조하셨습니다. 그렇다면 하나님의 창조 목적은 인간의 죄로 인해 실패한 것일까요? 결코, 그렇지 않습니다. 하나님은 처음부터 확실한 목적을 가지고 우리를 지으셨습니다.

> 이 백성은 내가 나를 위하여 지었나니 나의 찬송을 부르게 하려 함이니라 (사 43:21).

우리는 하나님의 찬양을 위해 창조된 존재입니다. 하나님의 영광을 노래하기 위해, 하나님을 영화롭게 하기 위해 우리는 이 땅에 보내졌습니다. 하지만 문제는, 우리가 타락한 죄인이 되었다는 것입니다. 그 결과 우리는 찬양할 자격조차 없는 자가 되었습니다. 그러나 그 죄인을 하나님께서 다시금 부르시고 구속하셨습니다. 성경은 놀랍게도 용서받은 죄인이 부를 수 있는 찬양을 소개해줍니다. 바로 하나님의 놀라운 은혜를 찬양할 수 있게 되었다고 말합니다. 천사들도 하나님을 찬양합니다. 그들은 밤낮 쉬지 않고 "거룩하다 거룩하다 거룩하다"라고 외칩니다. 하지만 그들은 은혜를 찬양하지는 않습니다. 왜냐하면,

천사들은 죄의 구속을 경험한 존재들이 아니기 때문입니다. 성경은 말합니다

> 하나님이 범죄한 천사들을 용서하지 아니하시고(벧후 2:4).

은혜는 오직 구속받은 죄인만이 체험하고, 찬양할 수 있는 주제입니다. 그래서 우리가 부르는 찬양의 제목은 "어메이징 그레이스"(Amazing Grace), 놀라운 은혜입니다. 사실 찬송가 '어메이징 그레이스'를 쓴 존 뉴턴은 한때 노예무역을 하던 자였습니다. 비참한 죄인이었습니다. 그러나 하나님의 은혜는 그런 자에게도 임했습니다. 이후 그는 온 인류가 부르는 찬송을 남기게 됩니다.

> 나 같은 죄인 살리신 주 은혜 놀라워!

그렇습니다. 우리는 죄인이었기 때문에 더욱 깊은 은혜를 찬양할 수 있는 존재입니다. 사랑하는 여러분, 우리는 창조주 하나님을 찬양하고, 또한 구속받은 신자로서 구원자 하나님을 찬양합니다. 일평생 이 은혜를 찬양하며 살아가십시오. 놀라운 은혜를 찬양하십시오. 창조부터 영원까지 이어진 그 사랑을 찬양하십시오. 이것이 바로 하나님께서 우리를 창조하시고 구속하신 목적입니다.